건축 & 인테리어 디자이너를 위한

손쉬운 3차원 그래픽

JN426992

박남용 · 이재호 · 장훈익 공저

쉽게 따라하는 SketchUP & V-Ray point UP

SEOWOO PUBLICATIONS

Preface [저자의 글]

본 도서는 건축 및 인테리어, 조경, 토목 분야에서 3차원 설계 프로그램으로 많이 알려져 있는 SketchUP Pro 8.0 활용에 대하여 소개하고 있습니다.

출시 이래 Google SketchUP 소프트웨어는 지속적으로 기능 개선 및 발전을 거듭하고 있습니다. SketchUP은 초창기 단순 모델링 툴에서 시작하여 현재 건축 및 인테리어 3차원 컴퓨터 그래픽 구현의 선두로 자리매김하고 있습니다. 최근 출시된 SketchUP Pro 8.0은 보다 **적극적인 Google earth와의 연동을 시도**하여 전세계 디자이너들과 각종 정보, 자료 및 디자인 컨셉을 상호 교환할 수 있습니다.

3DS-MAX를 활용한 건축 및 인테리어 3차원 설계에 대한 부담스러움과 때론 의미조차 모르고 활용하였던 수많은 기능들에 대하여 아쉬움을 가질 때 즈음 2002년 필자가 접한 SketchUP은 3DS-MAX와는 분명히 다른 보다 쉬운 **사용자 중심의 인터페이스와 기능**들로 필자의 마음을 사로잡았습니다. 또한 PHOTOSHOP, V-RAY 등의 그래픽 소프트웨어와 및 실사구현 소프트웨어의 호환성 극대화는 이제 SketchUP 소프트웨어가 DIGITAL DESIGN 전반의 핵심 소프트웨어로 인식되는 듯 합니다.

또한 전세계 SketchUP 사용자들이 개발하고 제공되는 **다양한 RUBY SCRIPT**는 기본 SketchUP 기능을 더욱 강력하게 만들고 있습니다.

이에 필자는 SketchUP에 입문하였던 초심에서부터 시작하여 다년간 학업 현장에서 학생들을 지도한 경험을 바탕으로 본 도서를 집필하고자 노력하였으며, 본 도서가 SketchUP를 배우고자 하는 초보 학습자들에게 자신감을 갖기 위한 지침서가 되기를 바랍니다.

본 도서의 특징으로는 다음과 같습니다.

❶ SketchUP 소프트웨어의 많은 기능 중에서 기초 기능에서부터 출발하여 **실무에 자주 활용되어지는 필수 기능**을 익히고 이에 관련한 기초 및 **실무 예제**를 많이 담아 보다 현장감을 높이도록 하였습니다.

❷ 중요성을 따지지 않고 체계 없이 명령어들만을 나열하였던 기존 도서에서 벗어나 각각의 기능마다의 예제를 제시함과 동시에 학습자가 즉시 해당 예제를 해결할 수 있도록 따라하기 방식의 실행 순서를 구체적으로 기술하였습니다.

❸ SketchUP Pro 8.0 버전에 접어들면서 보다 활용 및 중요도가 높은 기능 위주로 기술하였습니다.

❹ 실무에서 활용 가능한 **SketchUP의 숨은 기능**을 필수 학습 기능과 함께 다루었습니다.

❺ 예제를 통하여 실사 구현 플러그인으로서 **SketchUP을 위한 V-RAY[브이레이]의 사용법**을 기술하였습니다.

본 도서가 출간되기까지 물심양면으로 애써주신 서울전문학교 정성근 학과장님과 이기웅 교수님 그리고 도서출판 서우 대표이사님 및 편집부 직원들에게 깊은 감사의 뜻을 전하며, 부족한 가장의 자리를 사랑으로 늘 채워주는 아내와 존엄하신 하나님께 감사의 마음을 전합니다.

저자 씀

[POINT UP] SketchUP Pro 8

CONTENTS

PART 1 [SketchUP Pro 8.0의 소개 및 설치]

PART 2 [예제로 배워보는 기본 도구 학습 I]

CONTENTS

SketchUP Pro 8 [POINT UP]

CONTENTS

CONTENTS

CONTENTS

Gallery

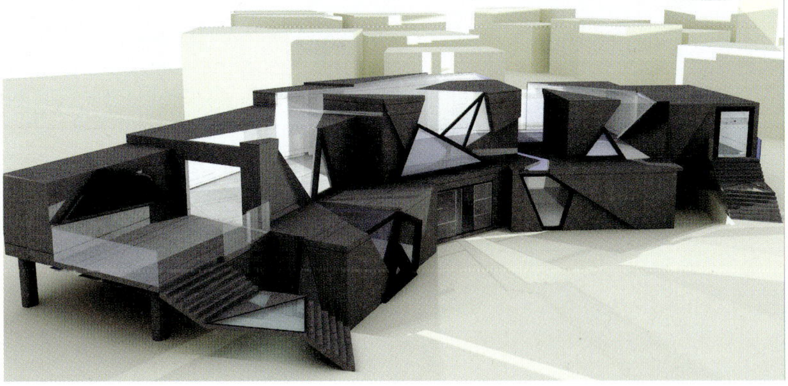

도심 속의 미술관 계획

[김보라] - 학생작

친환경 건축 빌딩 계획

[최지성] - 학생작

전원 주택 계획

[이두환] - 학생작

[POINT UP]
SketchUP Pro 8

Gallery

LAONJENA

소통하는 한 지붕 두
세대 주거 계획
[신혜원] - 학생작

Coffee Shop

계획
[최영동] - 학생작

More Than High

[한상훈] - 학생작

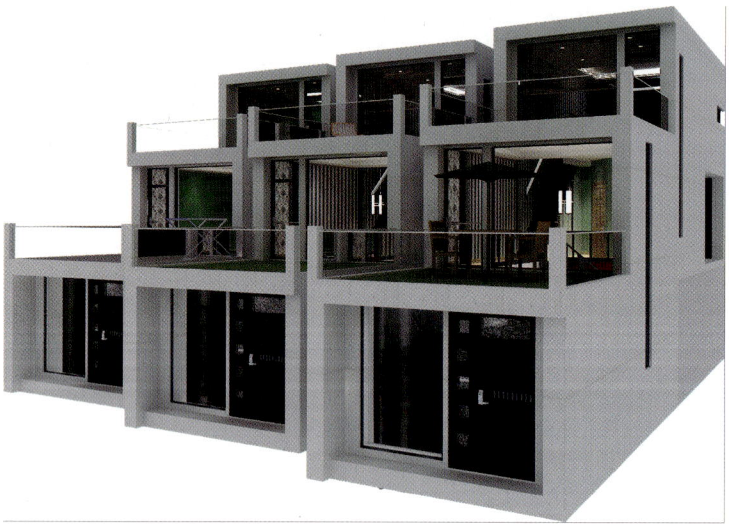

ELEVATION

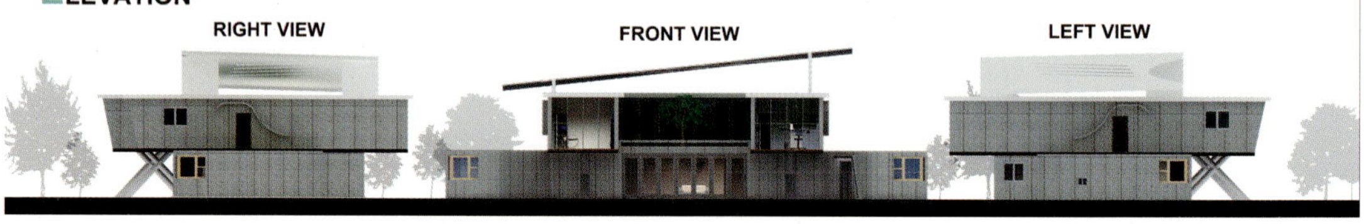

자연 속에서 느림을 배우다 [최지성] - 학생작

[POINT UP]
SketchUP Pro 8

P. A. R. T 1

스케치업의 시작

SketchUP Pro 8.0
소개[Intro] 및 설치[Install]

01] SketchUP Pro 8.0의 소개

스케치업은 미국 Google사에서 개발한 3D모델링 툴로 사용자가 사용하기에 매우 편리[직관적인 도구의 활용]하게 구성이 되어있고, 무료 버전도 공개하고 있어 그 이용자가 폭발적으로 증가하고 있습니다.

타사의 3D모델링 프로그램에 비해 스케치업은 이용하는 툴의 갯수 및 그 사용방법 또한 매우 편리하기 때문에 향후 3D모델링 분야의 대중적인 선두주자로 자리매김할 것이 분명합니다.

또한 스케치업은 전 세계의 이용자들이 서로의 모델 작품들을 공유하고 평가해주는 3D모델의 온라인 데이터베이스 'Google 3D WAREHOUSE' 기능을 제공하고 있어 그 가치는 더욱 더 높아집니다.

건축 및 인테리어, 조경, 토목분야의 3차원 그래픽 구현에 최적화된 SketchUP 소프트웨어는 관련 업종의 디자이너들에게 절대적인 지지를 얻고 있습니다.

02] SketchUP Pro 8.0의 활용 효과

- 사용하기 쉬운 직관적인 인터페이스 제공으로 누구나 3D를 쉽고 정확하게 모델링하도록 합니다.
- 편리한 네트워킹을 활용하여 디자이너의 아이디어를 전 세계에 공유할 수 있습니다.
- 다양한 RUBY SCRIPT의 활용은 기본 스케치업의 기능을 더욱 빛나게 합니다.
- PHOTOSHOP, AUTOCAD 및 기타 3차원 소프트웨어와의 다양한 호환성 극대화는 컴퓨터 그래픽 디자인의 한계를 넘어서게 합니다.
- 스케치업을 위한 렌더링 플러그인[Ruby]의 지속적인 개발로 3차원 건축 및 인테리어 그래픽 이미지는 실제 사진에 가깝습니다.
- 단축 버튼 및 직관적 도구 명령어의 활용으로 타사의 3차원 그래픽 프로그램을 활용한 작업속도를 능가합니다.
- PHOTOSHOP 및 PHOTO TEXTURE 기능을 활용한 다양한 재질의 표현이 가능합니다.
- Google Earth를 활용하여 전 세계 어느 곳이든 사용자가 원하는 대지에 3차원 건축물을 표현합니다.
- 일조 및 그림자 표현 기능을 활용하여 도심 건축물간의 명확한 생활환경 분석을 가능케 합니다.
- 전 세계에 자유롭게 공유되는 스케치업 3차원 모델링 파일은 건축 및 인테리어 컴퓨터 그래픽의 풍부한 자료로 활용됩니다.

03] SketchUP Pro 8.0의 설치

SketchUP Pro 8.0은 100MB이하의 소프트웨어로서 설치과정 또한 비교적 간단하며, 누구나 쉽게 설치할 수 있습니다. 설치 과정은 한글과 영문 모두 동일하며, 이해를 돕기 위하여 한글 버전의 설치 과정으로 진행하겠습니다.

SketchUp Pro 8.0은 [http://sketchup.google.com/intl/ko/download] 사이트에서 자유롭게 다운받을 수 있으며, 데모버젼일 경우 사용 기일에 제한이 있습니다.

❶ 설치파일[GoogleSketchUpProWKO.exe]을 더블클릭하여 설치를 진행합니다.

❷ 다음[N]을 클릭하여 다음 과정의 설치를 진행합니다.

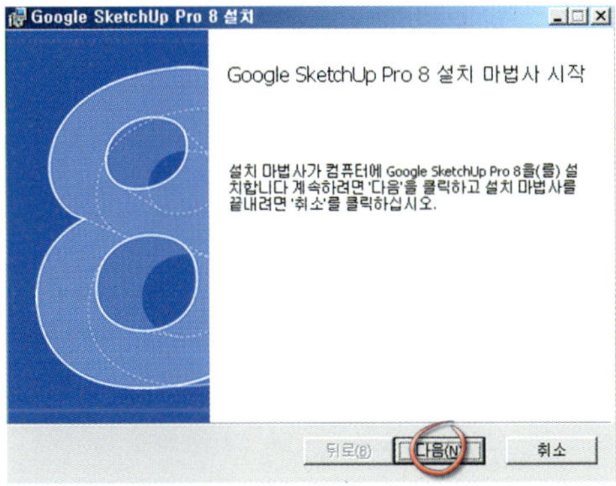

❸ 동의함에 체크 후 다음[N]을 클릭합니다.

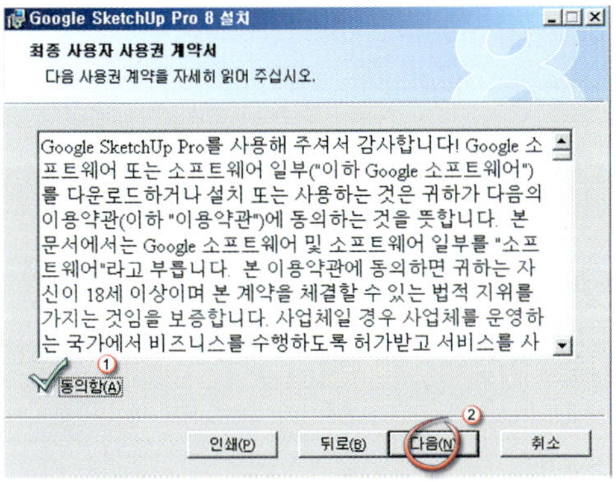

❹ 설치 폴더를 확인 후 다음[N]을 클릭합니다.

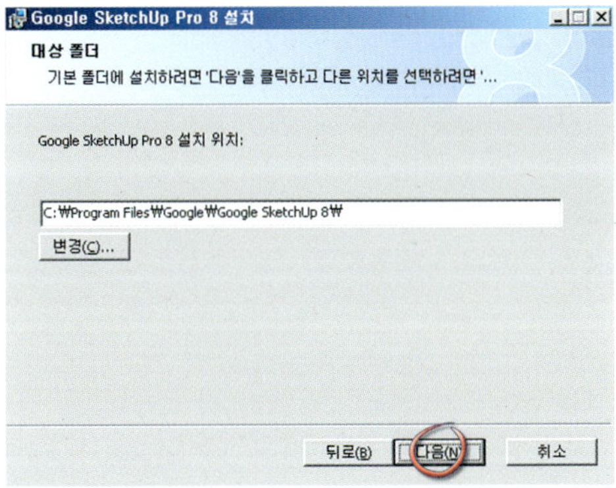

❺ 설치[I]를 클릭합니다.

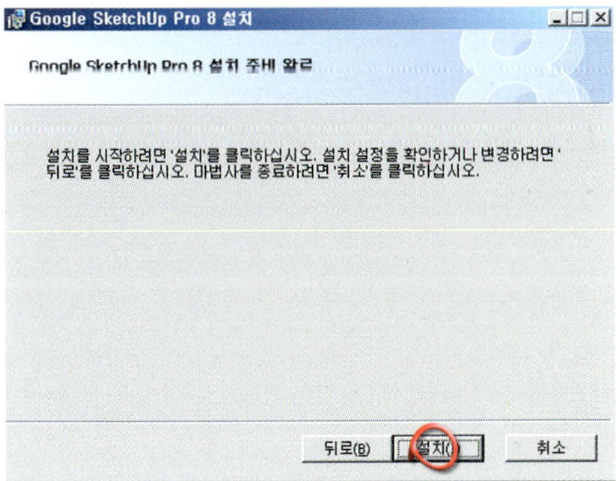

❻ 설치 진행 중

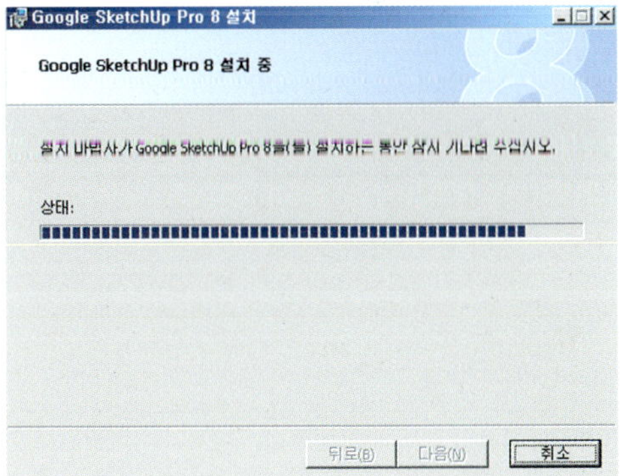

❼ 완료[F]를 클릭하여 설치를 종료합니다.

❽ 바탕화면의 [Google SketchUP]의 아이콘[]을 윈도우 프로그램 메뉴에서 [Google SketchUP]을 선택하여 실행합니다.

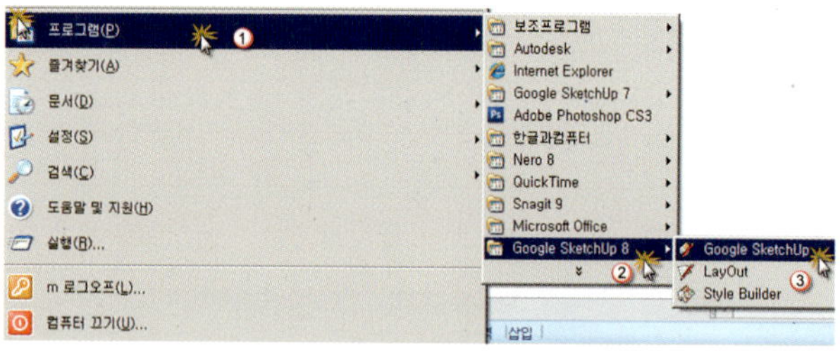

❾ 사용자 이름, 일련번호, 인증번호를 입력하지 않을 경우 데모버젼[기간 제한]으로만 사용가능 합니다.

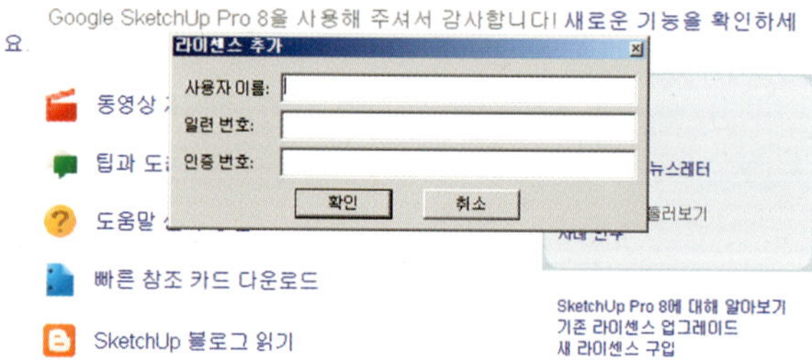

SketchUP Pro 8

기본 작업 환경 설정

04] SketchUP Pro 8.0의 기본 템플릿[Template] 및 화면구성

[1] SketchUP Pro 8.0의 기본 템플릿[Template] 설정 및 화면 구성 살펴보기

❶ 스케치업을 처음 시작할 경우 기본 템플릿[사용 환경] 설정이 되어 있지 않습니다. [Template]란 작업의 기본 단위[mm, inch, m...]를 설정하는 것입니다.

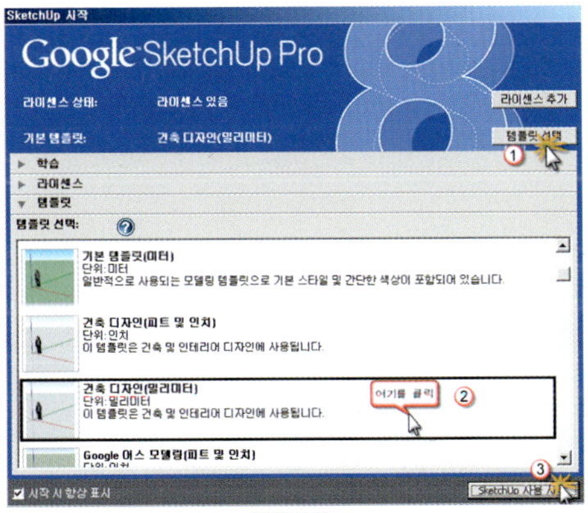

한글버젼

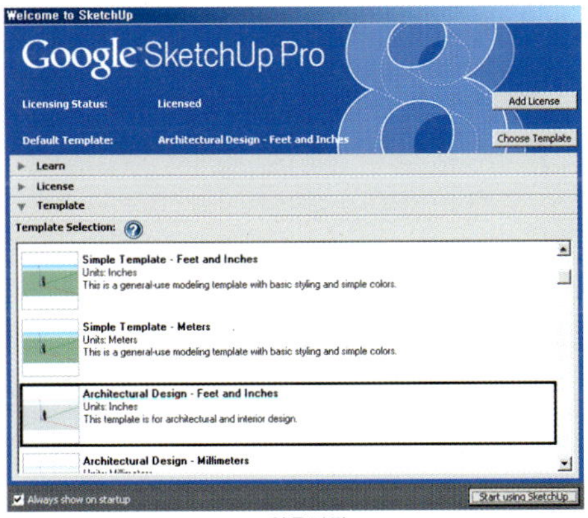

영문버젼

❷ [템플릿 선택] 버튼 클릭 ▸ [건축 디자인 - 피트&밀리미터]] 선택 ▸ [스케치업 사용 시작] 버튼을 클릭합니다.

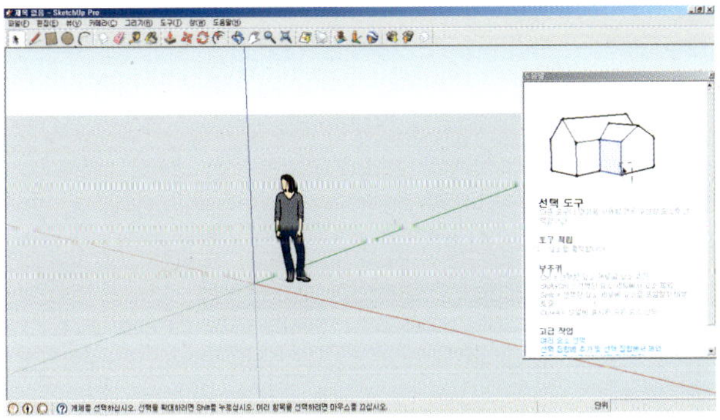

❸ 스케치업 시작 화면이 나타납니다. 스케치업의 주요 구성은 아래의 내용을 참고하세요.

① 제목표시줄 [Untitled - SketchUp Pro] : 스케치업 작업 제목을 표시합니다.

② 상단 메뉴 [File Edit View Camera Draw Tools Window Plugins Help] : 스케치업의 명령어 및 기타 기능들을 주제별로 나뉘어져 있습니다.

③ 도구막대[Tools bar ]
: 스케치업의 명령 도구들이 아이콘화 되어 사용자가 쉽게 필요 기능을 인지하도록 되어있습니다.

④ 작업공간[Workspace ] : 도구를 활용하여 직접 사용자가 작업하는 공간입니다.

⑤ 수치입력창[VCB Box Measurements , 단위]
: 정확한 모델 작성을 위하여 특정 수치[반지름, 지름, 길이, 면수 등] 값을 입력합니다.

[2] SketchUP Pro 8의 도구 상자 설정

[2-1] 필수 도구 불러내기

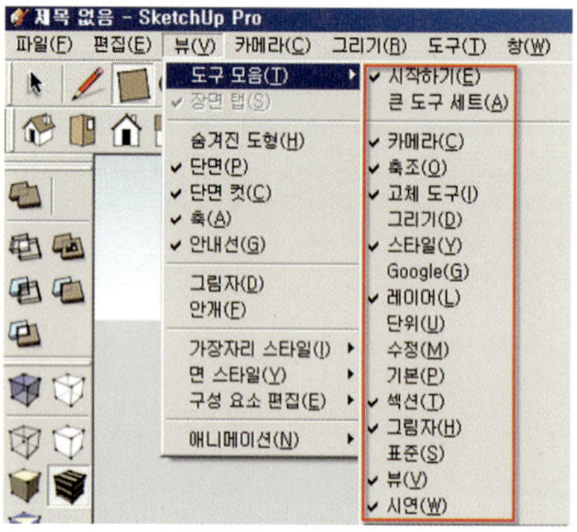

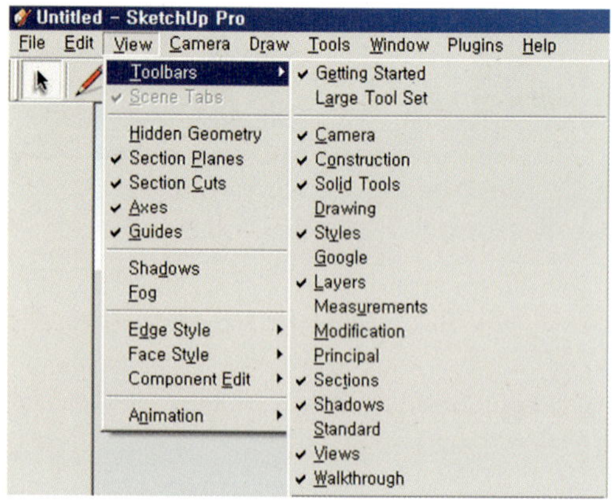

❶ 실행 순서 : 화면 상단의 [뷰[V]] 메뉴 클릭 ▸ [도구모음[T]] 메뉴 클릭 ▸ [카메라[C] · 축조[O] · 고체도구 [I] · 스타일[Y] · 레이어 [L] · 섹션 [T] · 그림자[H] · 뷰[V] · 시연 [W]] 도구 체크하면 해당 도구상자들이 화면상에 나타납니다. 이외 다른 도구상자들도 불러내 봅니다.

✐TIP] 큰 도구 세트[A, Large Tool Set]를 클릭하면 스케치업에서 자주 사용되어지는 도구 위주로 손쉽게 자동 생성되어집니다.

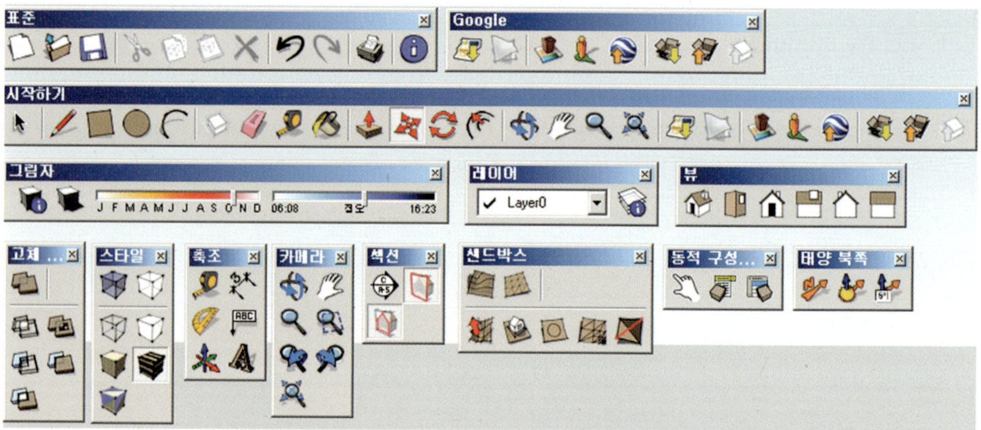

❷ 스케치업에서 자주 활용되어지는 도구들은 위의 그림과 같습니다.

도구 모음 중 [고체도구[Solid Tools]]는 SketchUP Pro 7.0 버전에서 없던 기능입니다.

[고체도구]의 기능 추가를 기대하였던 저자 역시 너무나 반가운 도구로 여겨집니다.

스케치업 7.0 버전에서는 [면 교차 ▸ 모델 Intersect Faces ▸ With Model] 기능을 활용하여 각각의 필요 없는 면과 선을 제거하였으나 스케치업 프로 8.0에서는 고체[Solid] 도구를 활용하여 편리하게 작업을 하게 됩니다.

고체[Solid] 도구의 세부기능 중 주요 기능으로 합집합[UNION] · 차집합[SUBTRACT] · 교집합[INTERSECT]을 꼽을 수 있다. 이러한 스케치업의 고체[Solid]도구는 3DS-MAX의 [BOOLEAN]과 ADOBE ILLUSTRATOR의 [PATH FINDER], AUTOCAD의 [UNION, SUBTRACT, INTERSECT] 기능과 유사합니다.

고체[Solid]도구의 명확한 이해는 타 그래픽 소프트웨어의 유사 기능의 습득 및 연습에 많은 도움을 줄 것으로 생각됩니다.

현 스케치업 프로 8.0에서는 고체[Solid] 도구 이외 추가된 도구 및 기능이 있으나 후행 학습에서 자세히 살펴보도록 하겠습니다.

[2-2] 불러낸 도구 상자 삽입하기

❶ 불러낸 도구 상자의 상단 제목 표시줄을 마우스로 클릭 후 끌어 사용자가 원하는 위치로 이동하거나 기존의 도구 상자의 빈 곳에 삽입시킵니다.

❷ 도구 상자의 제목 표시줄을 마우스를 활용하여 더블클릭하면 자동으로 해당 도구상자가 임의의 위치를 찾아가게 됩니다.

❸ 도구 상자 상단 제목표시줄 우측에 표시된 닫기[X] 버튼은 불러낸 도구 상자를 닫아 주는 역할을 합니다.

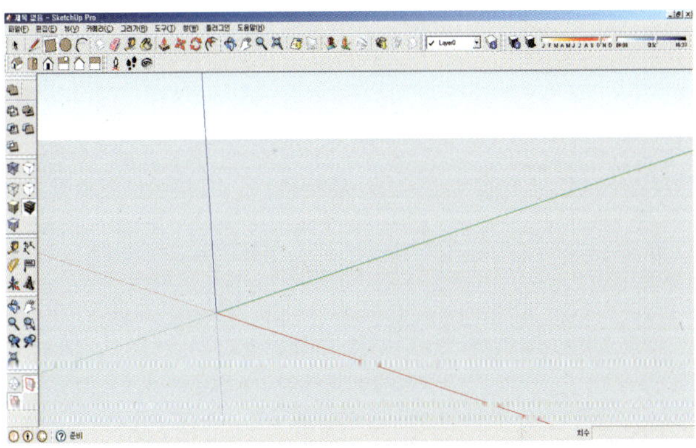

❹ 위의 그림은 불러낸 도구상자들을 배치한 후의 스케치업 화면입니다.

[2-3] 삽입된 도구 상자 이동하기

❶ 삽입된 도구 상자의 상단 또는 좌측 선택 줄을 마우스로 클릭한 후 이를 끌어[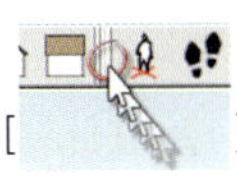] 사용자가 원하는 위치로 이동하거나 빈 곳으로 재배치합니다.

❷ 스케치업의 각종 도구 상자는 기능별로 구분되어 있기에 사용자의 필요에 의하여 언제든지 편리하게 추가 및 제거, 이동 등이 가능합니다.

[3] SketchUP Pro 8.0의 확장 도구 상자

[3-1] 필수 확장 도구 상자 추가하기

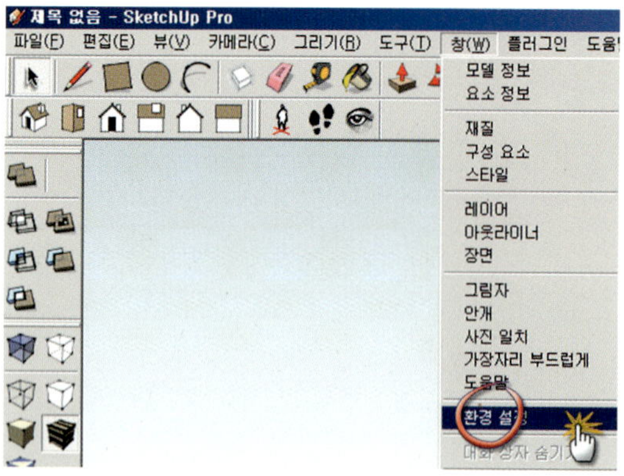

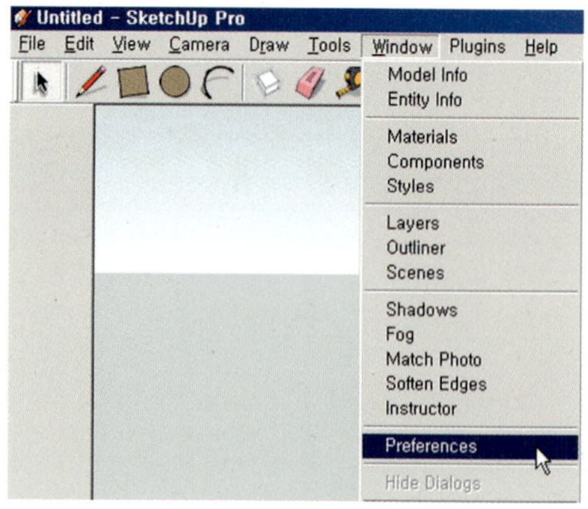

❶ 스케치업의 [상단 메뉴바 ▸ 창[Window] ▸ 환경 설정[Preferences]] 클릭합니다.

[Alt + W]를 키보드에서 직접 입력하면 [창 W]]의 풀다운 메뉴가 즉시 펼쳐집니다.

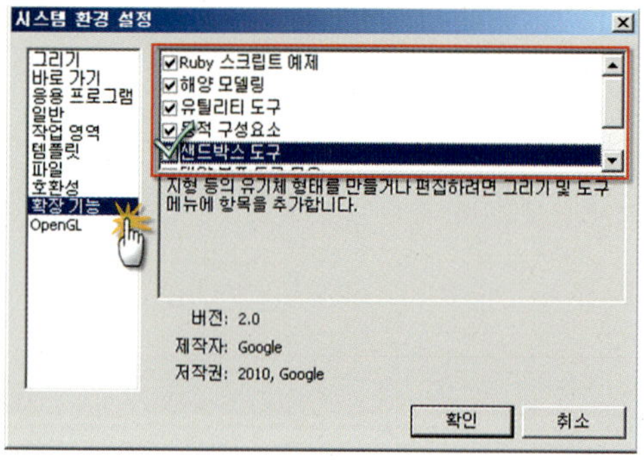

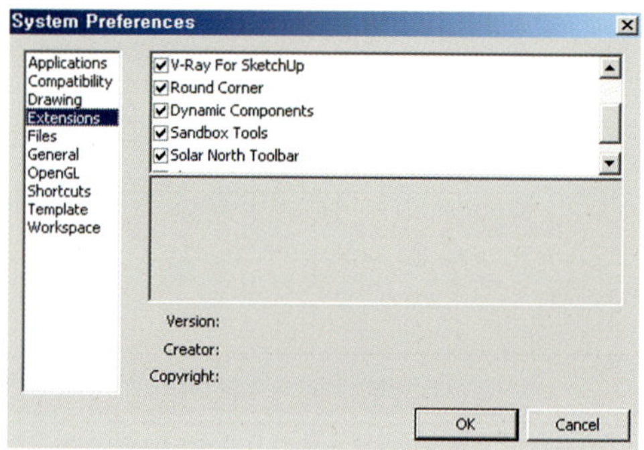

❷ 좌측의 [확장 기능[Extensions]] 메뉴를 클릭 후 우측 빈 체크 상자를 클릭합니다.

❸ 사용자는 필요에 따라 확장기능의 체크 유무를 선택하여 활용할 수 있습니다. 특히 샌드박스[Sandbox] 도구는 다양한 지형 및 곡선 표현 등에 자주 활용됨으로 필히 체크하여 활용하도록 합니다.

❹ 이 외 스케치업의 다양한 [플러그인 Plug-in]들을 추가로 설치 할 수 있습니다.

❺ 모든 [도구 상자]의 아이콘은 해당 명령어의 기능을 미리 표현해주고 있습니다. 그러나 스케치업의 기능을 활용하다보면 키보드의 단축키를 활용하여 모델링 작업을 하는 것이 더욱 편리합니다.

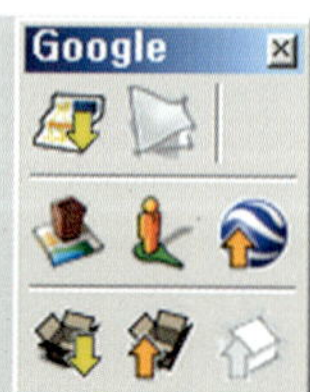

❻ 스케치업 프로 8.0에서는 [고체 도구 Solid Tools]와 [구글 Google]과 같은 도구 상자가 추가 및 보완되었습니다.

SketchUP Pro 8

작업 화면의 조작

05] SketchUP Pro 8.0 작업 화면의 조작

[1] 화면의 확대 및 축소[Zoom In & Out]하기

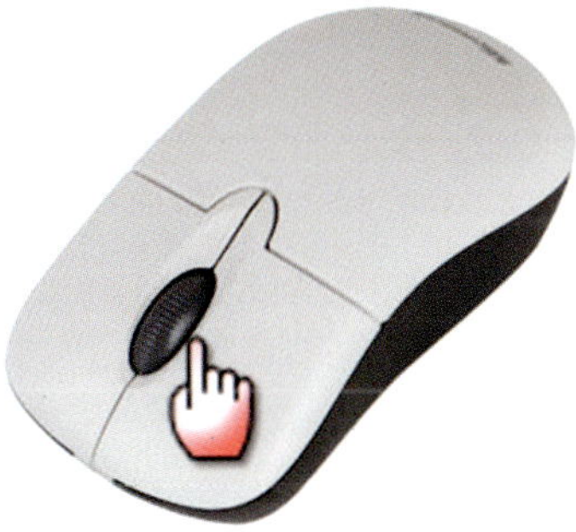

❶ 마우스의 휠을 손 바깥쪽으로 돌리면 작업 화면이 확대됩니다. ▸ ZOOM in 기능
마우스의 휠을 손 안쪽으로 돌리면 작업 화면이 축소됩니다. ▸ ZOOM out 기능

❷ 키보드에서 단축키 [Z]를 누르면 마우스의 커서가 돋보기[🔍]로 전환됩니다.
돋보기 아이콘을 작업 화면에 두고 마우스의 왼쪽 버튼을 누른 채 위로 올리면 작업 화면이 확대되며, 아래로 내리면 작업 화면이 축소됩니다.

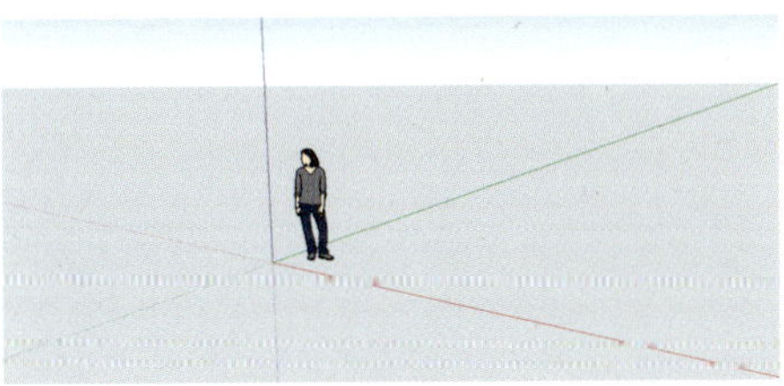

ZOOM OUT

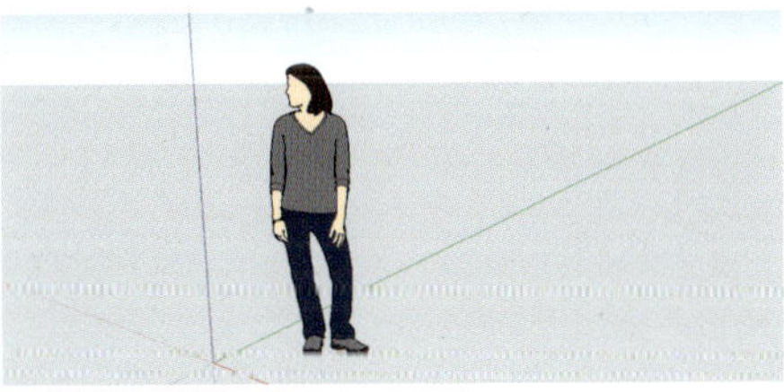

ZOOM IN

❦ TIP] 키보드에서 [Z]를 누르면 돋보기 아이콘이 활성화 됩니다. 마우스 왼쪽 버튼을 누른 채 아래와 위로 마우스를 움직이면 동일하게 [ZOOM in / ZOOM out]이 가능합니다.

[2] 화면의 궤도[Orbit]

❶ 마우스의 휠을 꾹 누르고 있으면 궤도 아이콘이 활성화 됩니다. 궤도 아이콘을 활용하여 화면을 돌려가면서 작성된 객체에 대한 관찰을 할 수 있습니다.

[3] 화면의 이동 [Pan]

❶ 키보드의 [Shift]키와 마우스의 휠을 동시에 누르고 있으면 손바닥 도구가 활성화 됩니다. 손바닥 도구를 활용하여 사용자가 원하는 대로 화면을 이동할 수 있습니다. 이는 객체를 이동시키는 것이 아니며 화면을 이동하여 작업의 편리성을 도모하는 하는 의미입니다.

❷ 키보드에서 [H]버튼을 누르면 손바닥[ ] 도구가 활성화 되며 마우스 왼쪽 버튼을 계속 누른 상태에서 움직이면 화면 이동이 가능합니다.

[4] 작업 모델 중심으로 화면 확대[Zoom Extents]하기

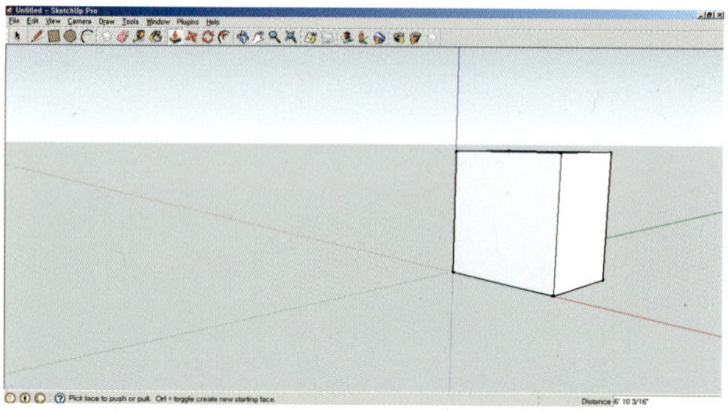

▼

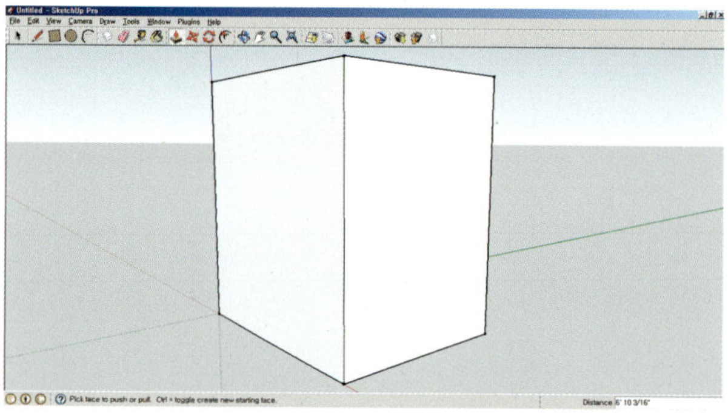

❶ 키보드에서 [Shift+Z] 버튼을 누르면 화면 중심 상에서 멀어진 객체가 자동으로 화면의 사이즈에 맞춰 화면 중심으로 정렬됩니다.

[POINT UP] SketchUP Pro 8

P. A. R. T 2

예제로 배워보는 기본 도구 학습 I

SketchUP Pro 8

블럭[Block] 모델 작성

01] 블럭[Block] 모델 작성

스케치업 프로그램은 타 3차원 소프트웨어와는 다르게 초보 사용자들이 쉽게 활용 할 수 있도록 제작되어있습니다.
블록[Block] 예제를 활용하여 Rectangle[사각형], Pull / Push[밀고/당기기], Erase[지우개] 도구의 활용법에 대하여 알아봅니다.

❶ 사각형 [Rectangle Icon [ ]] : 사각형의 도형을 작성합니다. [단축키 : R]

❷ 밀고/당기기 [Pull / Push Icon [ ]] : 선택된 면을 밀고 당길 수 있습니다. [단축키 : P]

❸ 지우개 [Erase Icon[ ]] : 선택된 면이나 선 등의 객체를 지우기 / 숨기기 / 매끄럽게 다듬을 수 있습니다. [단축키 : E]

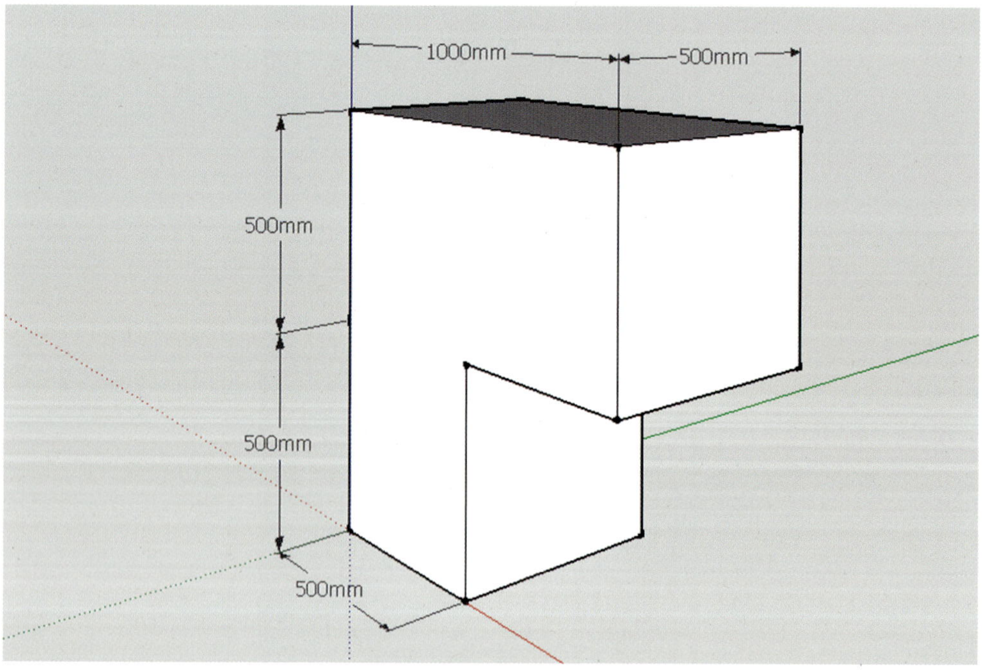

❹ 위의 예제를 주어진 치수를 참고하여 순서대로 학습해 봅니다.

[1] 블럭(Block) 모델 작성 따라하기

❶ 키보드에서 단축키[R]을 누르거나 사각형[Rectangle] 도구를 선택합니다.

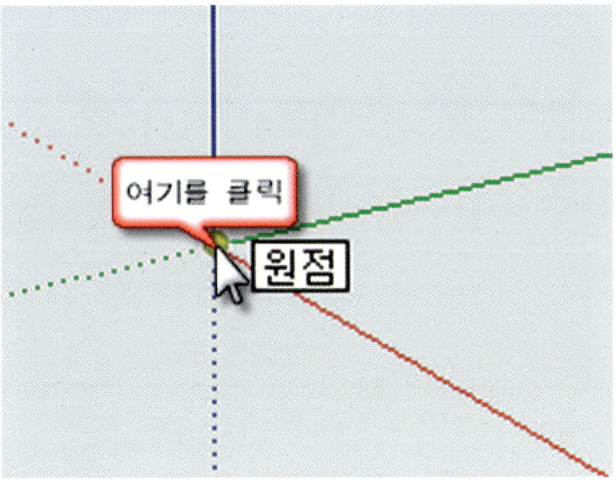

❷ 사각형의 시작점을 빨강[X축]/연두[Y축]/파랑[Z축]의 상호 교차점에 마우스 왼쪽 버튼을 눌러 지정합니다.
스케치업은 자동 Osnap[특정점 찾기 기능 = 추정기능]이 가능하므로 화면에 보이는 빨강[X축]/연두[Y축]/파랑[Z축]의 상호 교차점에 마우스를 가져나 놓으면 보다 쉽게 시작점을 지정할 수 있습니다.

치수 6281.9mm, 4601.0mm

❸ 사각형을 작성하기 위한 다음[next]점은 사용자가 마우스를 움직여 임의로 지정할 수 있으나 정확한 사각형을 작성하기 위하여 스케치업 화면 우측 아래의 수치 입력창[VCB BOX]에 키보드의 숫자 버튼과 쉼표 버튼을 활용하여 정확히 입력합니다.
입력시 수치 입력창을 마우스로 클릭할 필요 없이 바로 키보드에서 수치 값을 입력하면 됩니다.
수치 입력 Box를 [VCB BOX]라 하며 입력 값은 [500,500]으로 입력합니다.

치수 500,500

❹ 수치 입력[VCB]창의 값이 [500,500]으로 바뀌었습니다.

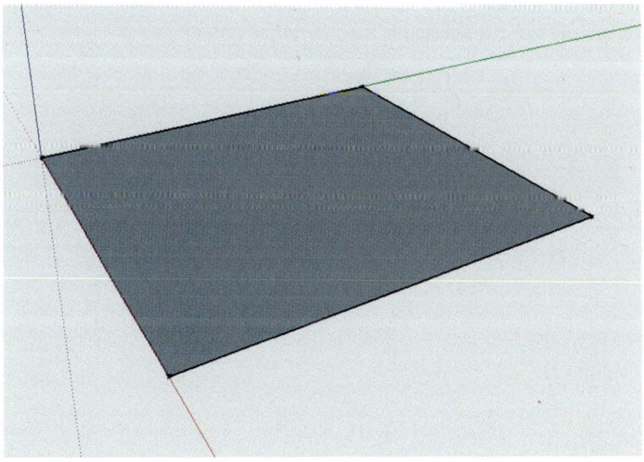

❺ [가로 및 세로 500,500]의 값 입력으로 화면에 위와 동일한 사각형 면이 생성 되었습니다.

❻ 키보드에서 단축키 [P] 또는 해당 Pull / Push[] 도구를 직접 선택합니다.

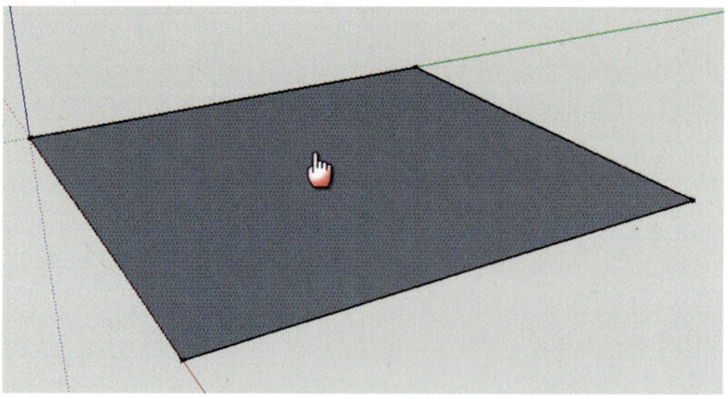

❼ 밀고/당기기[Pull/Push ] 도구를 변화를 줄 해당 면을 클릭합니다. 화면상에 보이는 면의 표현 상태가 변화되게 됩니다.

❽ 높이를 줄 방향으로 마우스를 움직인 후 수치 입력 박스에 높이 값 [500]을 입력합니다.

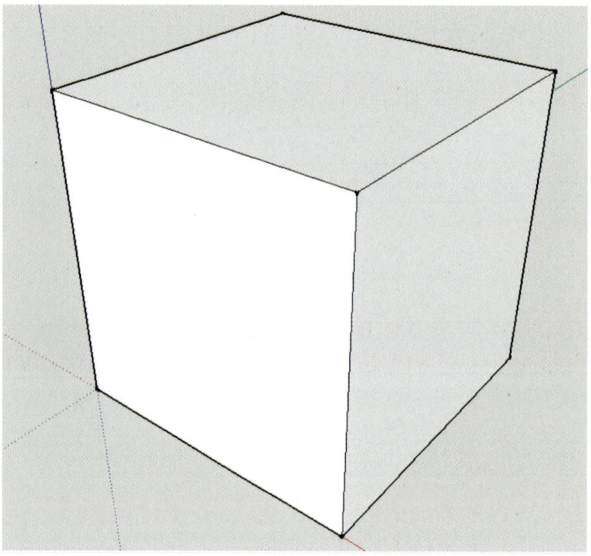

❾ 화면에 가로 / 세로 / 높이 각각 [500]의 입체 사각형이 만들어 집니다.

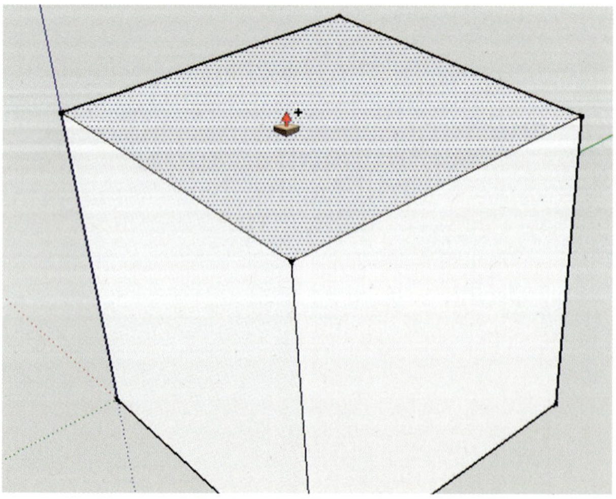

❿ 이제 다시 상부 면에 Pull/Push[ ] 아이콘을 올려두고 키보드의 [Ctrl] 버튼을 누릅니다.

Pull/Push[ ] 아이콘 옆에 [+]표시가 추가됩니다.

이 기능은 기존의 면을 그대로 두고 새로운 면을 추가하여 밀고/당기기를 할 수 있는 기능입니다. 즉 [+]표시가 없는 상태에서는 단순히 기존의 면을 밀고/당기기만을 할 수 있습니다.

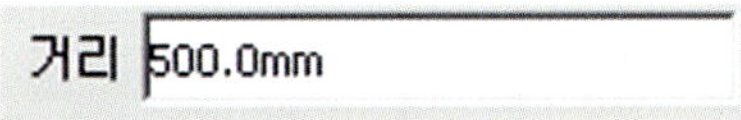

⓫ 마우스 왼쪽 버튼을 눌러 해당 면을 클릭한 후 수치 입력 박스에 [500]이라고 입력합니다.

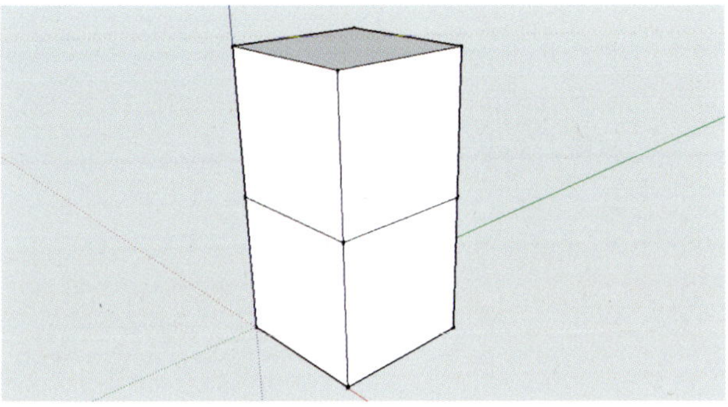

⓬ 기존의 도형 위로 또 하나의 도형이 만들어 집니다.

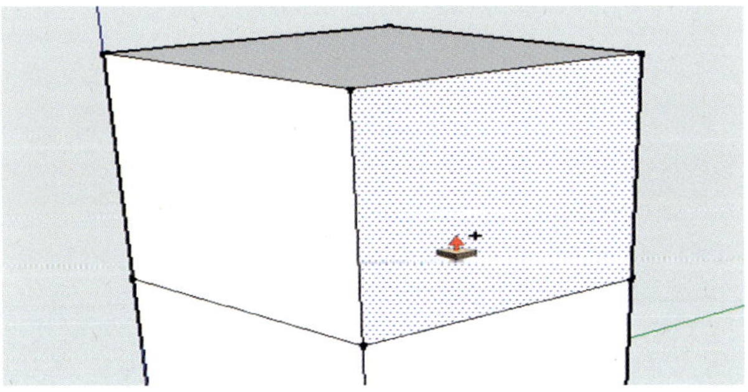

⓭ 작성된 상부 도형의 측면을 [ ] 도구로 선택한 후 변화 방향을 마우스를 움직여 지시한 후 수치 입력 박스에 [500]을 입력합니다.

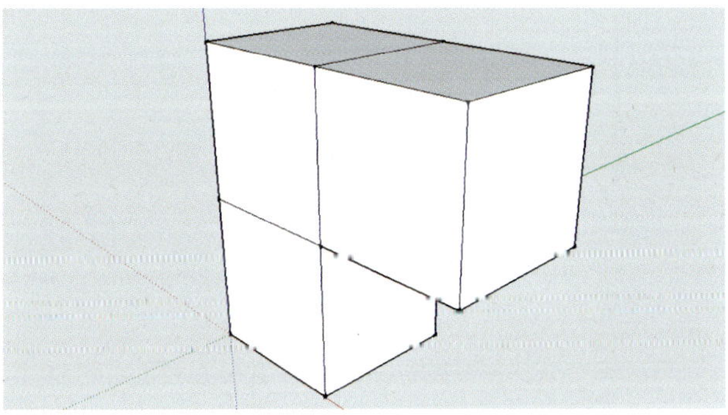

⓮ 지금까지의 작업으로 완성된 객체는 위와 같습니다.

⓯ 키보드에서 단축키 [E] 또는 [Erase] 도구를 선택합니다.

지우개 즉 [Erase] 도구는 선택된 객체 / 면 / 선 등을 삭제 / 숨김 / 매끄럽게 다듬기를 할 수 있습니다.

⓰ 스케치업에서는 선[Line] 도구를 활용하여 면의 나누기가 가능하며, [Erase] 도구를 활용하여 선을 제거함으로 나누어진 면을 하나의 면으로 변화시킬 수 있습니다. 즉, 선[Line] 도구를 활용하여 사용자는 언제든지 면을 분할하여 다양한 형태의 모델을 작성하게 됩니다.

SketchUP

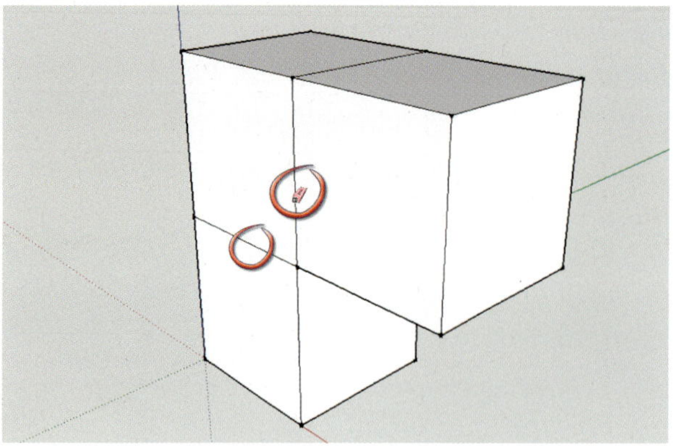

⑰ 위의 그림에서와 같이 지우개[Erase ] 도구를 활용하여 두 군데의 선[Line]을 클릭합니다.

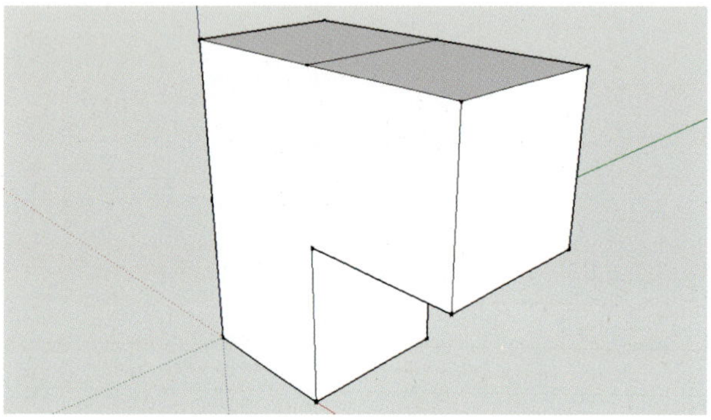

⑱ 지우개[Erase ] 도구로 선택된 두 개의 선이 지워지면서 세 개의 면이 하나의 면으로 수정되었습니다.

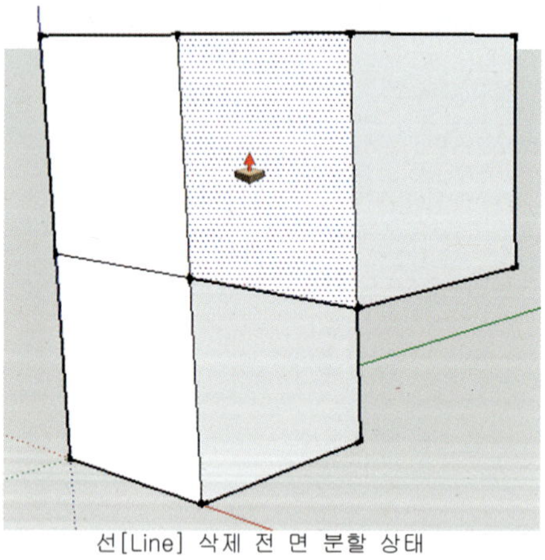

선[Line] 삭제 전 면 분할 상태

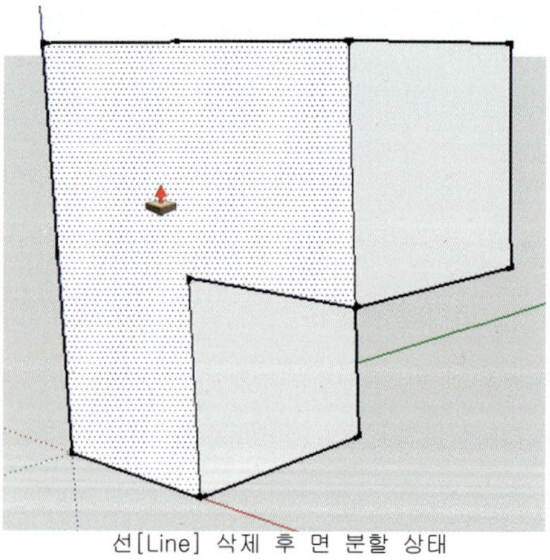

선[Line] 삭제 후 면 분할 상태

⑲ 지우개[Erase ] 도구로 선[Line]을 삭제하기 전/후의 면의 상태를 위의 그림을 통해 알 수 있습니다.

[2] 지우개[Erase] 도구의 추가 기능 학습하기

스케치업에서 각각의 도구[기능]는 하나의 기능만을 가지고 있는 것이 아닙니다. 키보드의 [Ctrl], [Shift], [Alt] 버튼과 함께 사용함으로 보다 다양한 도구별 추가 기능을 활용하게 됩니다.

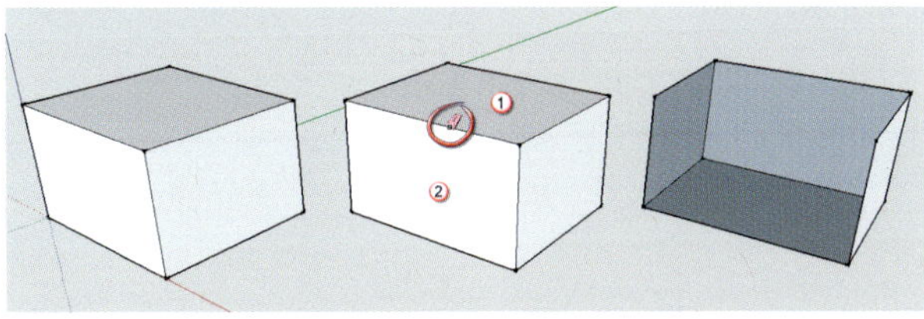

❶ 단순히 지우개[Erase] 도구를 활용하여 위의 지시된 경계선을 클릭하면 경계선 더불어 이와 접한 두개의 면이 동시에 지워지게 됩니다.

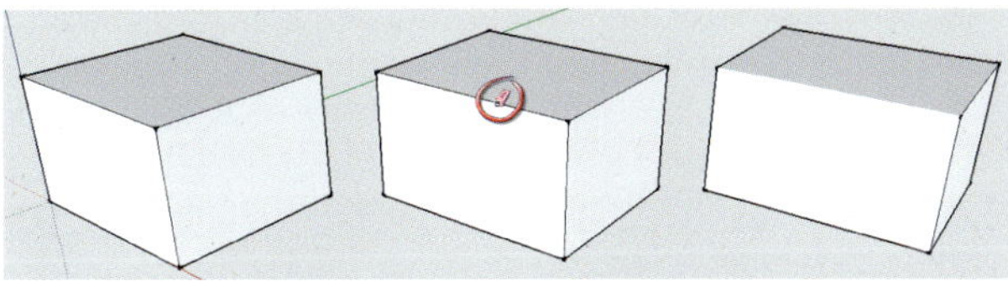

❷ 키보드의 [Shift] 버튼을 누른 채 위의 지시된 경계선을 클릭하면 인접된 면은 그대로 남겨두고 선택한 경계선만 화면상에서 숨겨집니다.

❸ 앞서 ❷번 과정에서 지우개 도구로 숨겨진 선[Line]은 위의 그림과 같이 편집[Edit] 메뉴의 숨기기 취소[Unhide] 기능을 활용하여 되살릴 수 있습니다.

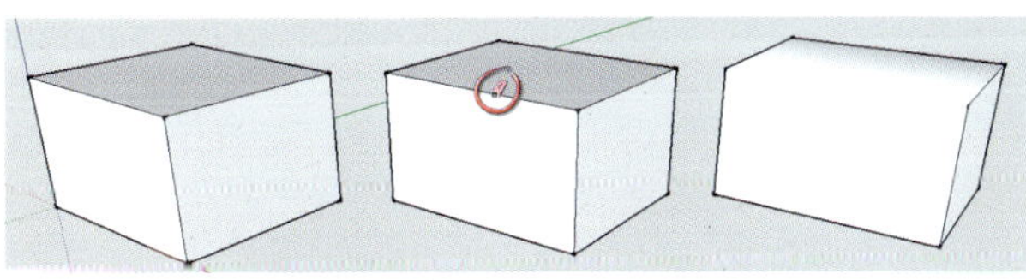

❹ 키보드의 [Ctrl]버튼을 누른 채 위의 지시된 경계선을 클릭하면 인접된 면은 그대로 남겨두고 선택한 경계선이 부드럽게 처리됩니다.

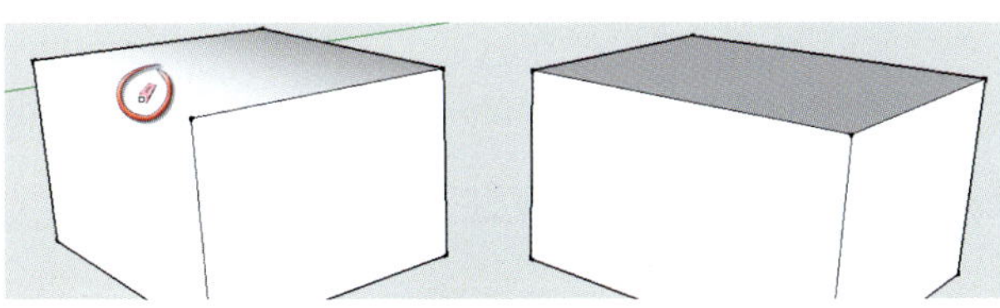

❺ 키보드의 [Ctrl+Shift]버튼을 동시에 누른 채 좌측 그림처럼 부드럽게 처리되었던 경계선 부위를 클릭하면 위의 우측 그림과 같이 원래의 경계선으로 되돌릴 수 있습니다.

[3] 밀고/당기기[Pull/Push] 도구의 추가 기능 학습하기

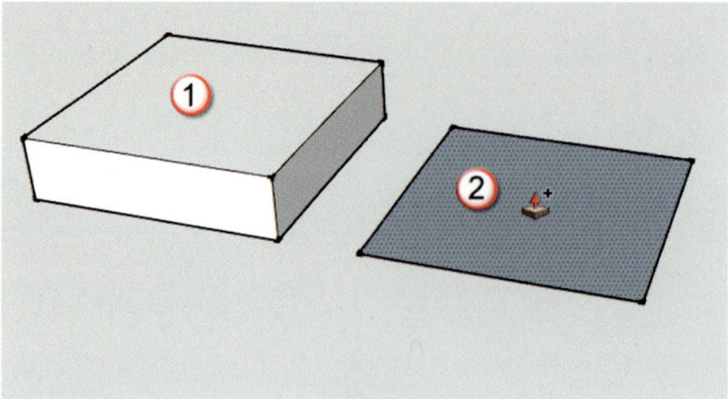

❶ 밀고/당기기[Pull/Push] 도구는 항상 바로 전 단계에서 입력된 수치 입력 값을 기억하고 있습니다. 사각형[Rectangle] 도구로 가로 및 세로 [2000]의 사각형 두 개를 작성 한 후 작성된 ①번 면을 밀고/당기기[ ] 도구로 선택 후 높이 방향을 지시한 다음 수치입력창에 [500]을 입력합니다.

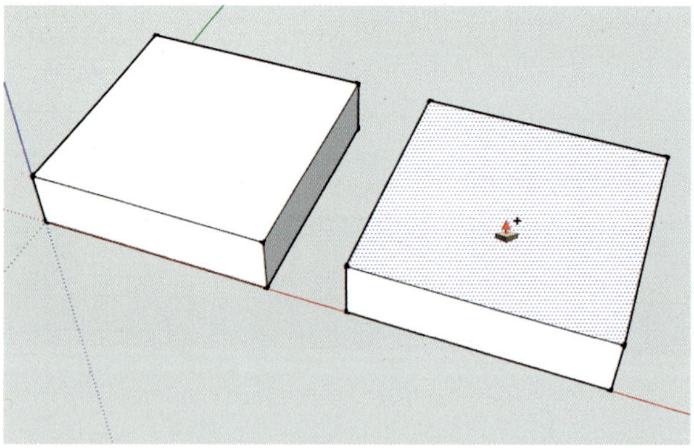

❷ 밀고/당기기[ ] 도구를 ②번 면 위에 두고 마우스 좌측 버튼으로 더블 클릭을 하면 수치를 입력할 필요 없이 동일한 높이의 도형이 만들어집니다. 생성된 윗면을 다시 한번 더블 클릭하면 동일한 높이만큼 반복적으로 높이가 증가됩니다.

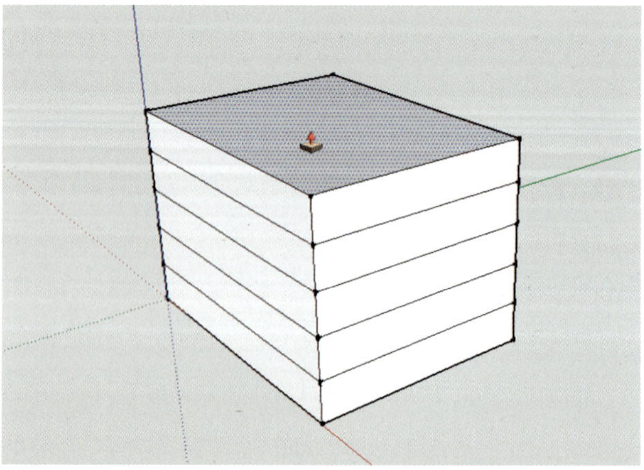

❸ 밀고/당기기[Pull/Push] 도구를 활용하면 위의 그림과 같이 동일한 높이의 반복된 모델을 편리하게 작성할 수 있습니다.

SketchUP

SketchUP Pro 8

아치 창문 모델 작성

02] 아치 창문 모델 작성

아치 창문 모델을 활용하여 선[Line] / 호[Arc] / 간격복사[Offset] / 페인트 통[Paint Bucket]에 대하여 알아봅니다.

❶ 선 [Line Icon] 도구 : 선을 작성합니다. 면의 다양하게 분할할 수 있습니다. [단축키 : L]

❷ 호 [Arc Icon]] : 호를 작성할 수 있습니다. [단축키 : A]

❸ 간격복사 [Offset Icon] : 선택된 면이나 선 등의 간격 복사가 가능합니다. [단축키 : F]

❹ 페인트 통 [Paint Bucket] : 선택된 객체나 면에 재질을 부여합니다 [단축키 : B]

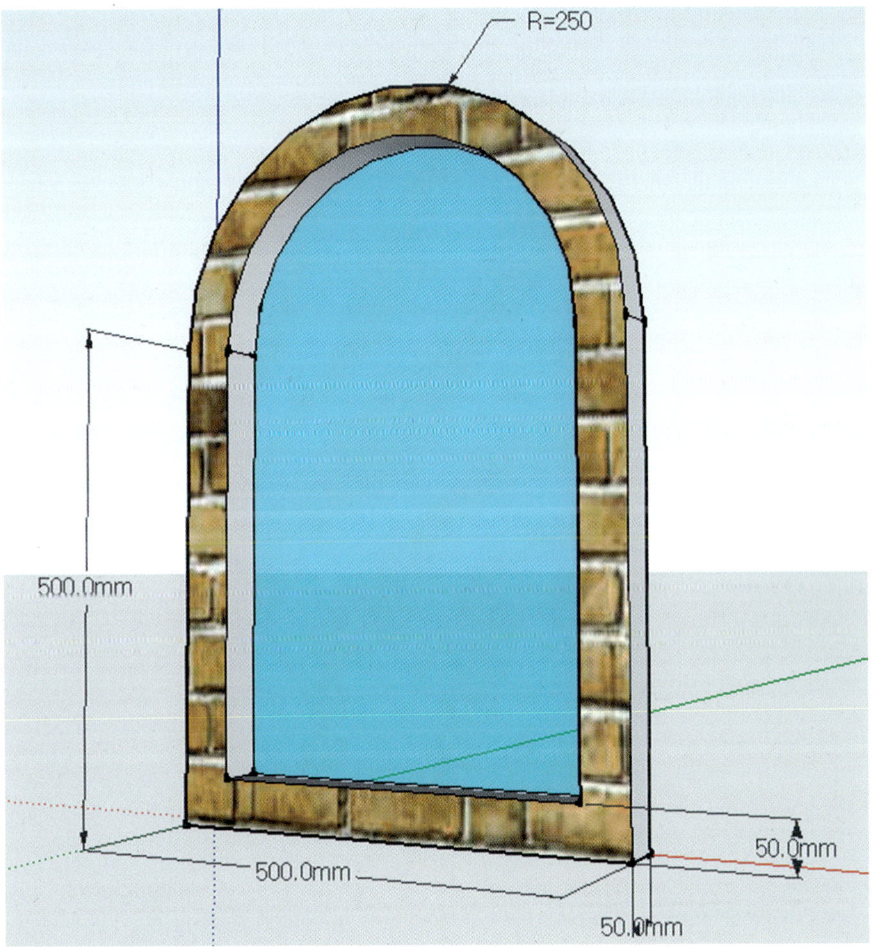

❺ 위의 예제를 주어진 치수를 참고하여 다음 페이지에 제시된 순서대로 따라해 보겠습니다.

SketchUP

[1] 아치 창문 모델 작성 따라가기

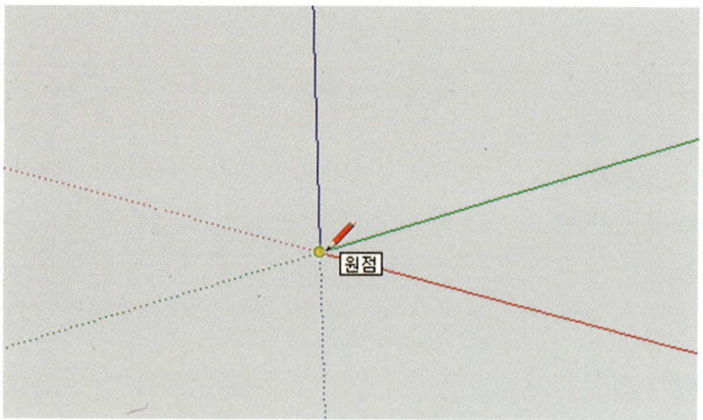

❶ 키보드에서 [L] 또는 선[Line] 도구를 선택한 후 [X, Y, Z 축]의 교차 지점에 시작점을 마우스 왼쪽 버튼을 눌러 지정합니다.

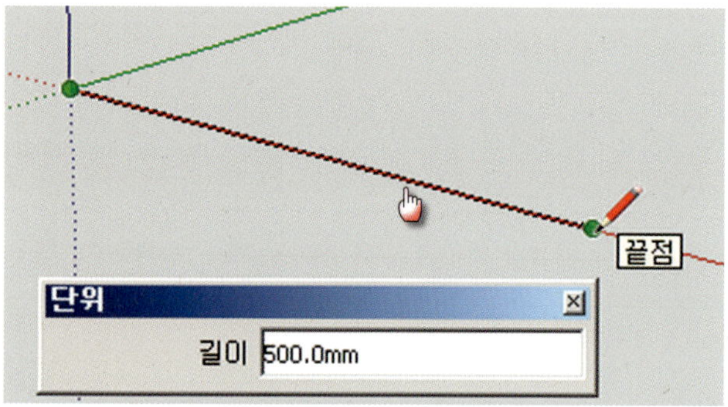

❷ 마우스를 우측 X축[빨강]으로 지정한 상태에서 수치입력[VCB]창에 길이 값 [500]을 입력합니다.

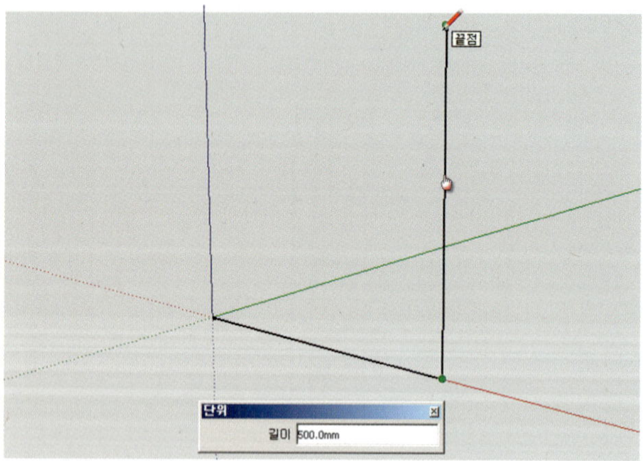

❸ 마우스를 상측 Z축[파랑]으로 지정한 상태에서 수치입력창에 길이값 [500]을 입력합니다.

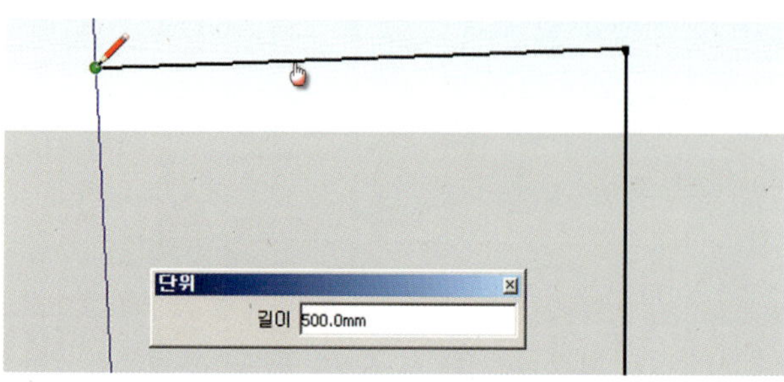

❹ 마우스를 좌측 X축[빨강]으로 지정한 상태에서 수치입력창에 길이값 [500]을 입력합니다.

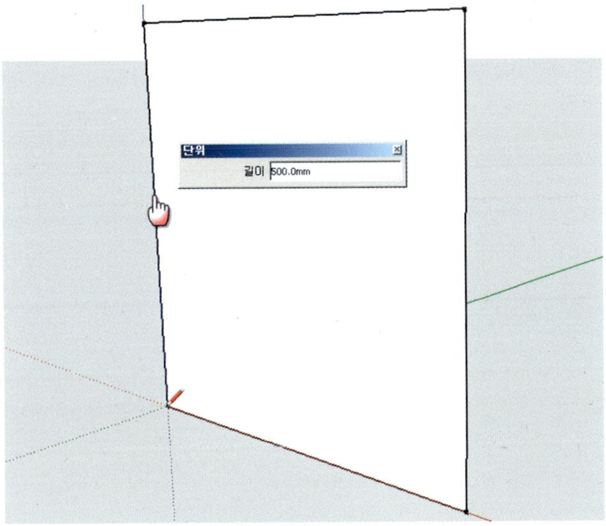

❺ 마우스를 Y축[파랑] 아래 방향으로 지정한 상태에서 수치입력창에 길이값 [500]을 입력합니다. 입력이 마무리 되면 위의 그림처럼 사각형의 면이 작성됩니다.

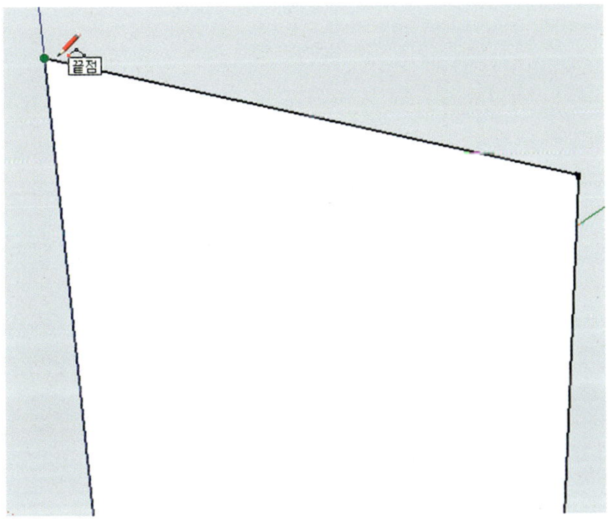

❻ 키보드에서 [A] 또는 호[Arc] 도구를 선택한 후 사각형 도형 좌측 끝점에 호의 시작점 [Line의 끝점]을 마우스 왼쪽 버튼을 눌러 지정합니다.

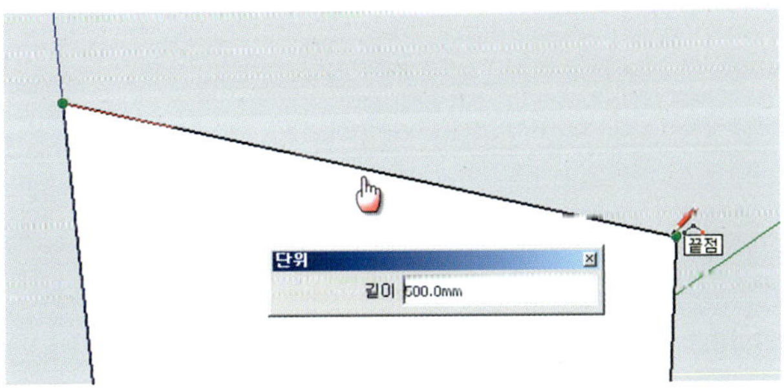

❼ 지정된 시작점의 반대편 점을 마우스 왼쪽 버튼을 활용하여 호의 끝점을 자동 추정기능에 도움을 받아 지정합니다. 또 하나의 방법으로 선[Line] 도구를 활용한 선 작성방법과 동일하게 마우스로 호의 길이 방향을 지정 후 수치 입력창에 [500]을 입력하여도 됩니다.

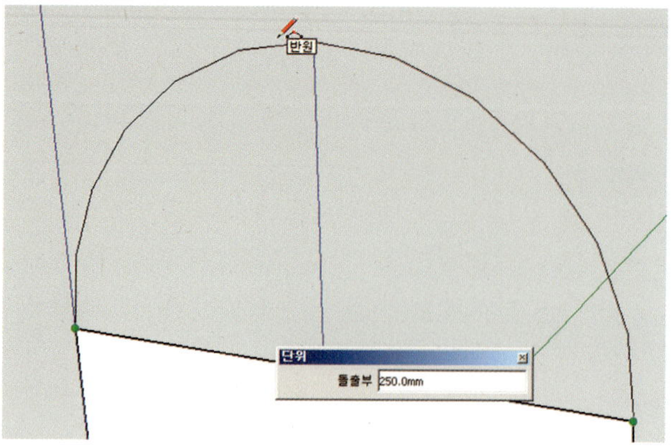

❽ 마우스를 Z축의 상측 방향으로 지시하면 호가 위로 서게 됩니다. 호를 세운 후 수치 입력[VCB] 창에 길이 [250]을 반지름 값으로 입력합니다. 반지름[Radius] 값은 사용자 임의로 다른 값을 주거나 마우스로 임의의 점을 지정하여 달리 표현할 수 있습니다.

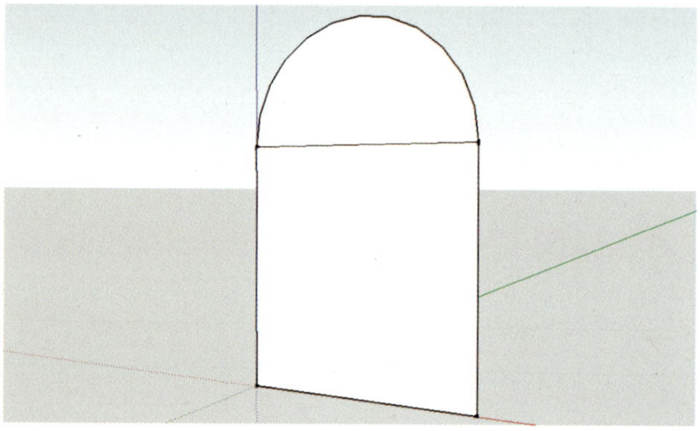

❾ 호[Arc] 작성을 마무리되면 위의 그림과 동일한 도형이 작성됩니다.

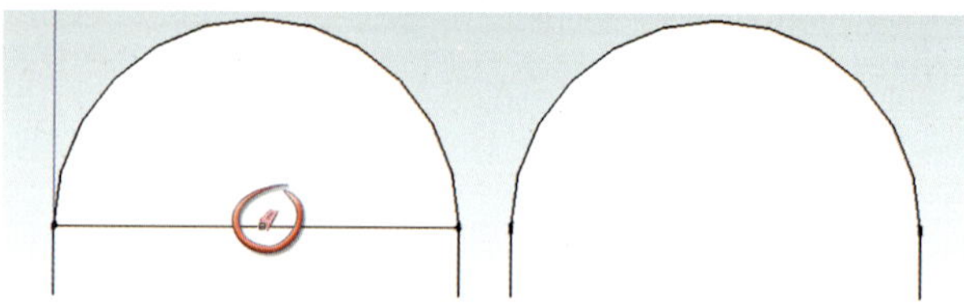

❿ 키보드에서 [E]를 입력하거나 지우개[Erase] 도구를 선택 후 좌측 그림과 같이 상부 수평선을 클릭하여 삭제합니다. 삭제가 완료되면 우측의 그림과 동일하게 기존의 두 면이 하나의 면으로 합쳐집니다.

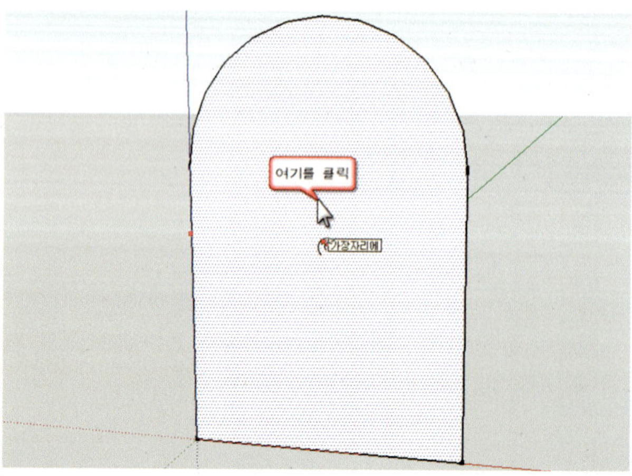

⓫ 키보드에서 [F] 또는 간격복사[Offset] 도구를 선택 후 해당 도형의 면을 마우스 왼쪽 버튼을 눌러 선택합니다. 면을 선택하면 그 주위의 접한 모든 선을 선택한 것과 동일합니다.

SketchUP

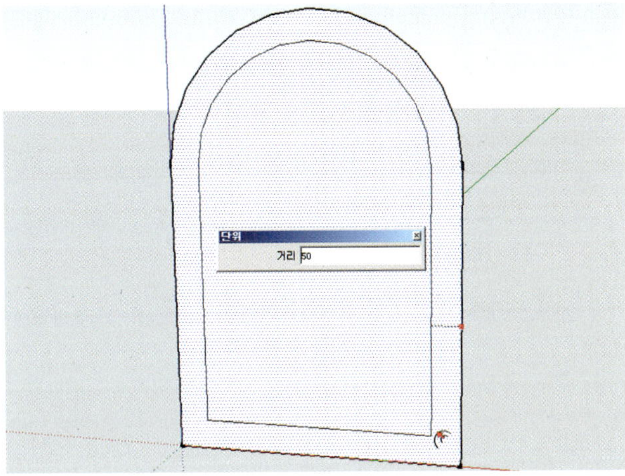

⓬ 마우스를 도형 안쪽으로 움직이면 면 주위의 선들이 동시에 축소되어 면의 내부로 들어오게 됩니다. 이때 정확한 간격복사를 위해 Offset 방향 지시 후 수치 입력창에 [50]을 입력합니다.

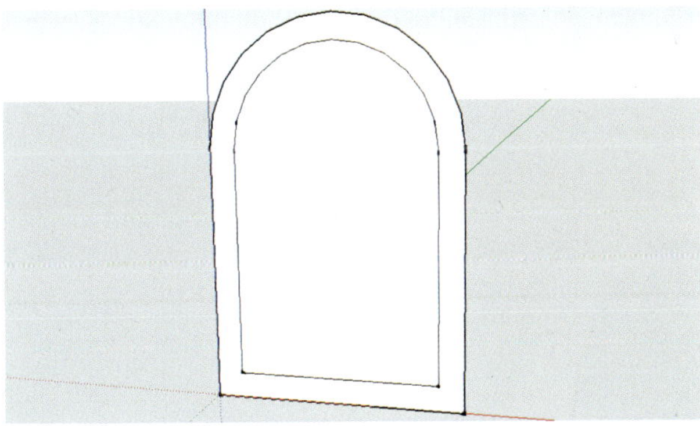

⓭ 간격복사[Offset] 도구를 활용하여 위의 그림과 동일하게 작성됩니다.

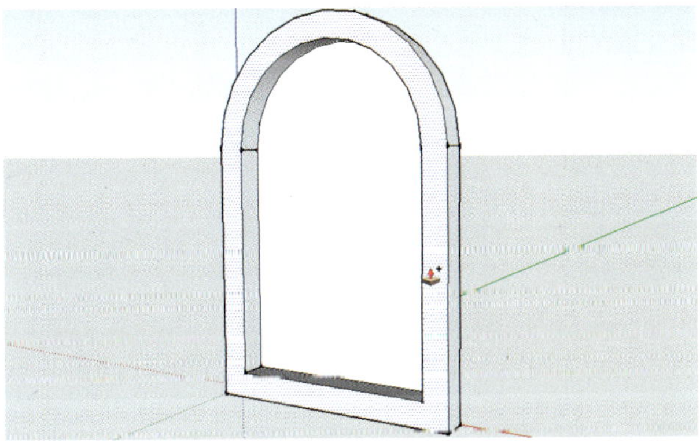

⓮ 밀고/당기기[Pull/Push] 도구를 활용하여 위의 그림과 동일한 측면을 선택한 뒤 당기고자하는 방향으로 마우스를 움직인 후 수치입력창에 값 [50]을 입력합니다.

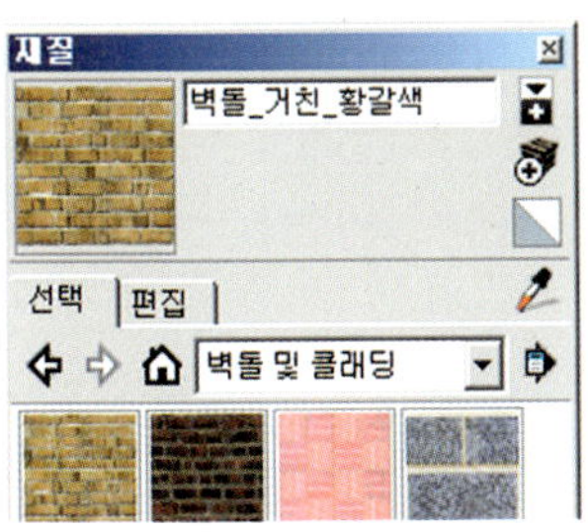

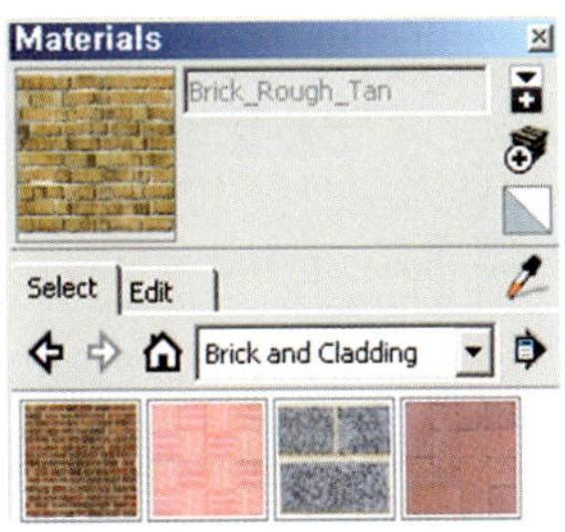

⓯ 키보드에서 [B] 또는 페인트 통[Paint Bucket]도구를 클릭하면 위의 그림과 같이 재질[MATERIALS]부여창이 활성화 됩니다.

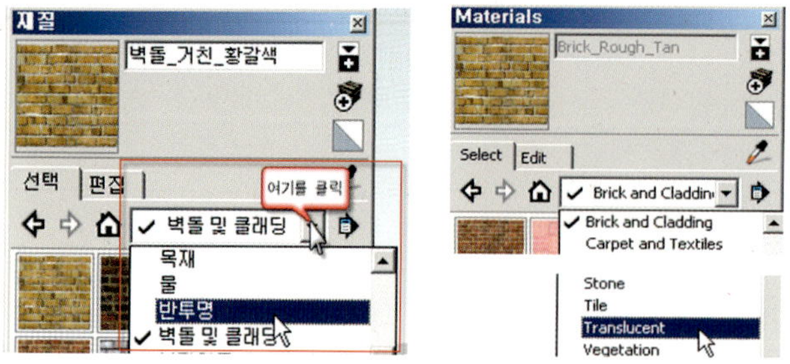

⑯ 유리 재질 부여를 위하여 재질[Materials] 리스트의 내림[▼] 버튼을 클릭하고 반투명[Translucent] 항목을 선택합니다.

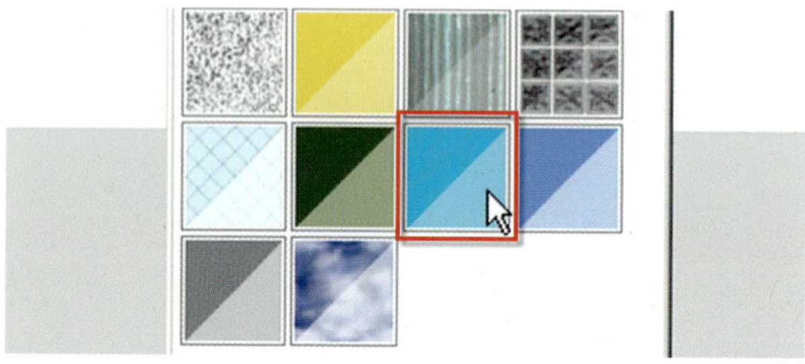

⑰ 반투명 재질 중 위와 그림에서 지시한 동일 재질을 선택합니다.

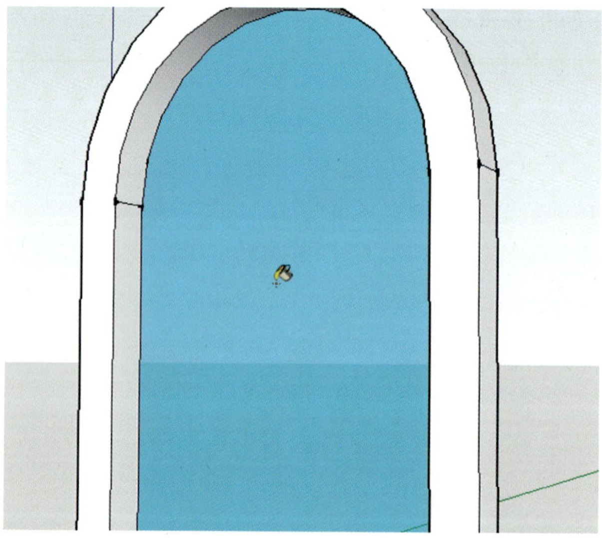

⑱ 유리재질을 부여하고자 하는 면에 페인트 통[ ] 도구로 클릭하면 위의 그림과 동일하게 해당 재질이 부여됩니다.

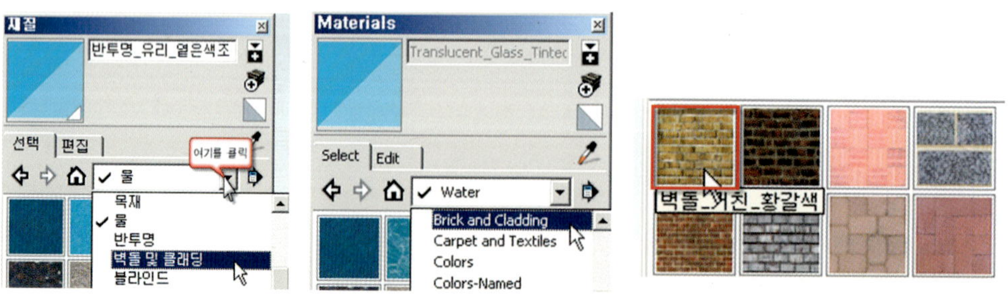

⑲ 벽돌[Brick] 재질 부여를 위하여 재질[Materials] 리스트의 내림[▼] 버튼을 클릭하고 벽돌 및 클래딩[Brick & Cladding] 항목을 선택합니다. 이어 위의 그림과 동일한 [벽돌_거친_황갈색, Brick_Rough_Tan]을 선택합니다.

⑳ 선택된 벽돌[Brick_Rough_Tan] 재질을 부여하고자하는 면에 페인트 통 [Paint Bucket] 도구로 선택하면 위의 그림과 동일하게 해당 재질이 부여됩니다.

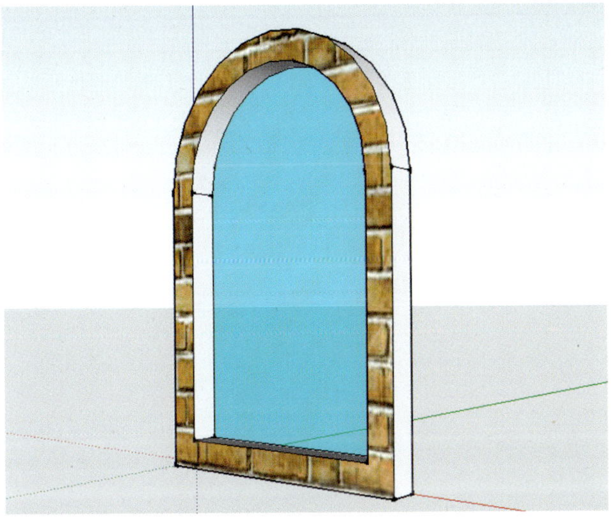

◉ 최종 완성된 모델의 모습입니다.

◉ 5장에서 학습하게 될 스케치업 V-Ray를 활용한 결과물입니다. 추후 V-Ray 학습을 통하여 보다 현실감 있는 재질표현을 추후 학습과정을 통하여 순차적으로 배우게 됩니다.

[2] 페인트 통[Paint Bucket] 추가 기능 학습하기

스케치업에서는 사용자가 보다 편리하게 재질 부여 및 수정을 하도록 세부 기능을 함께 제공하고 있습니다.

이와 관련한 세부 내용을 자세히 알아보도록 합니다.

[2-1] 샘플 페인트[Sample Paint] 기능을 이용하여 재질 부여하기

샘플 페인트 기능은 이미 부여된 재질을 샘플 페인트[ ] 도구로 빨아들여 사용자가 원하는 다른 면이나 객체에 해당 재질을 재부여하는 방법입니다.

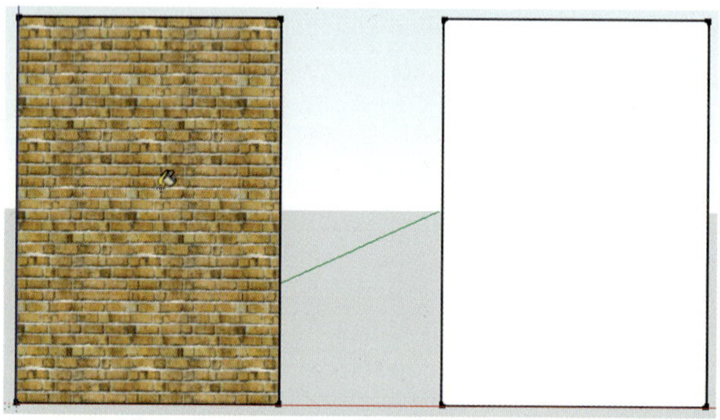

❶ 선행 학습한 사각형[Rectangle] 도구로 두 개의 면을 만든 뒤 좌측 그림처럼 하나의 면에 페인트 통[Paint Bucket] 도구를 활용하여 벽돌 재질[Brick_Rough_Tan]을 부여합니다.

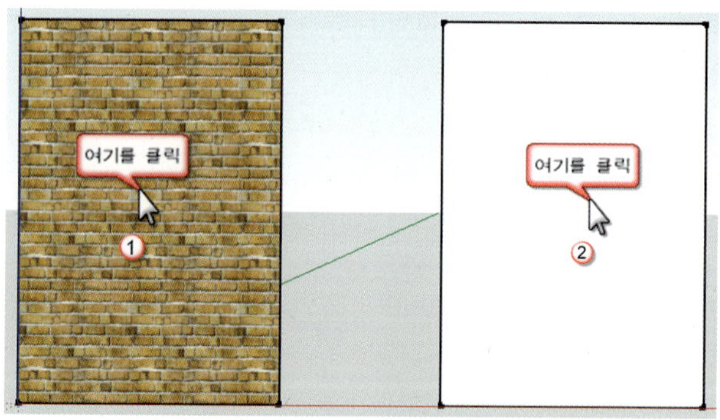

❷ 페인트 통 [ ] 도구가 보이는 상태에서 키보드의 [Alt] 버튼을 누르면 페인트 통[ ]의 도구가 [Sample Paint] 도구로 변환됩니다. 미리 부여된 벽돌 재질을 마우스 왼쪽 버튼으로 클릭하여 흡수합니다. 이어 재질이 없는 면에 페인트 통[Paint Bucket]을 가져다 두고 마우스 좌측 버튼을 누르면 흡수된 동일한 재질[Brick_Rough_Tan]이 해당 면에 부여됩니다.

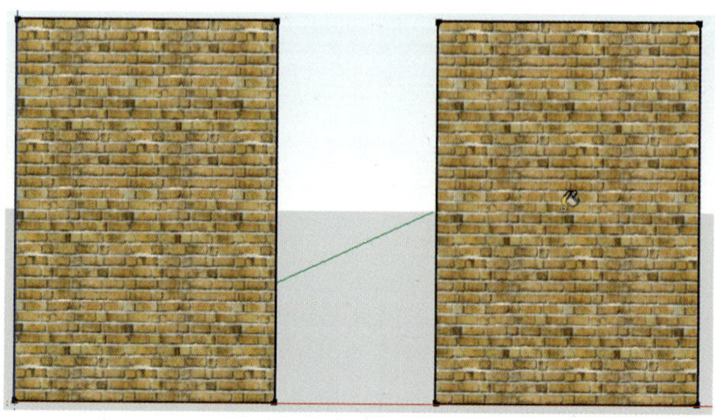

❸ [Sample Paint] 도구로 완성된 결과입니다. 두 면의 재질이 동일하게 되었습니다.

[2-2] 일괄적으로 재질 부여하기

[2-2-1] 동일 객체 내의 연결된 면에 일괄적 재질 부여하기

스케치업에서 재질부여는 단순히 사용자가 선택한 면만 적용되는 것이 아니며 동일 객체 내의 연결된 면에 일괄적으로 재질을 부여할 수 있습니다.

❶ 사각형[Rectangle] 도구를 활용하여 하나의 사각형을 그립니다. 이후 학습한 선[Line] 도구를 활용하여 6개의 면으로 나눕니다. ③번과 ④번의 면에 페인트 통[Paint Bucket] 도구를 활용하여 위와 동일한 재질[Brick_Rough_Tan]을 부여 합니다.

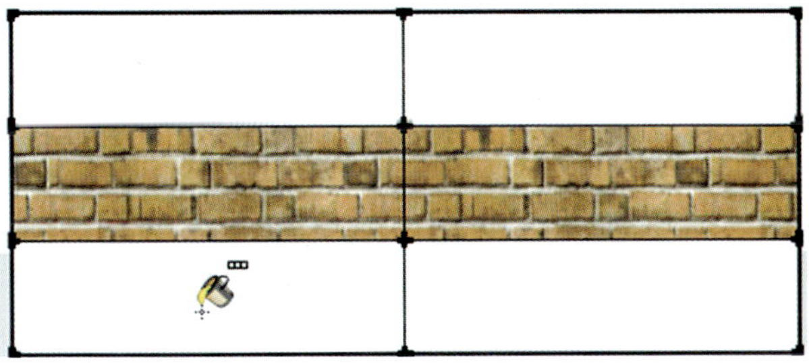

❷ 페인트 통 [Paint Bucket] 도구가 보이는 상태에서 키보드의 [Ctrl]를 누르면 페인트 통 도구 옆에 [-]표시가 나타납니다. 이어 ①번 면을 클릭하여 재질을 부여합니다.

❸ 동일 객체 내에서 ①번 경계면과 접한 ②번 면에 일괄적으로 재질이 부여됩니다.

[2-2-2] 동일 모델 내의 동일 색상 또는 재질면에 일괄적 재질 부여하기

❶ 사각형[Rectangle] 도구를 활용하여 하나의 사각형을 작성 후 선[Line] 도구를 활용하여 면을 6개로 나눕니다. ③번과 ④번의 면을 위와 같이 재질을 부여 합니다.

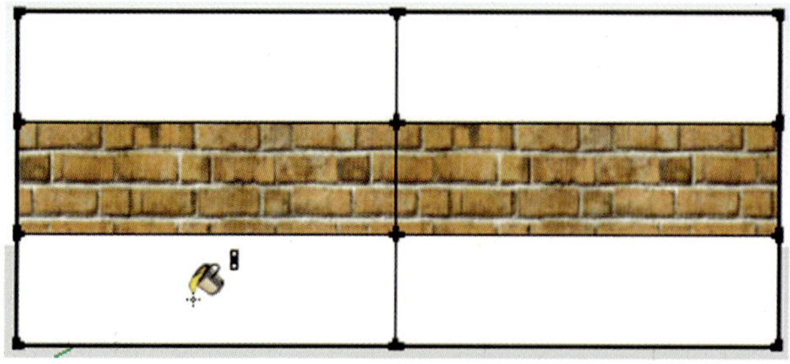

❷ 페인트 통[Paint Bucket] 도구가 보이는 상황에서 키보드의 [Ctrl+Shift]를 동시에 누르면 페인트 통 아이콘 옆에 [|] 표시가 나타납니다. ①번 면을 마우스 좌측 버튼으로 클릭합니다.

❸ 동일 객체 내에서 ①, ②, ⑤, ⑥번 면이 일괄적으로 재질이 부여되었습니다. 즉 동일 모델 중 ①번 면과 동일한 재질을 가진 모든 면에 재질이 부여된 것입니다.

[2-2-3] 모든 모델 내의 동일 색상 또는 재질면에 일괄적 재질 부여하기

객체가 서로 분리 되어 있더라도 동일한 색상 또는 재질면에 일괄적으로 재질을 부여할 수 있습니다.

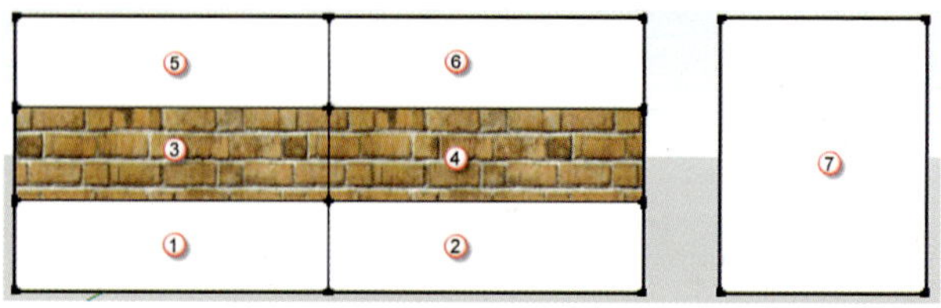

❶ 사각형[Rectangle] 도구를 활용하여 위의 그림과 같이 하나의 사각형을 작성합니다. 이후 학습한 선[ ] 도구를 활용하여 하나의 면을 6개로 나눕니다. ③번과 ④번의 면에 위와 동일한 재질[Brick_Rough_Tan]을 부여 합니다. 그리고 일정 간격을 두고 또 하나의 사각형 면을 작성합니다.

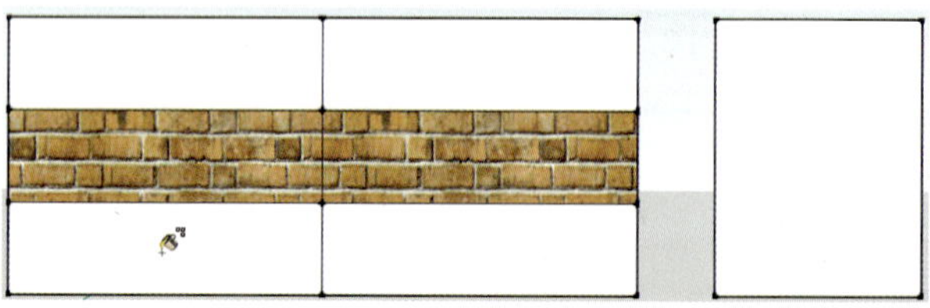

❷ 키보드에서 [B]를 눌러 페인트 통[Paint Bucket] 도구를 활성화 시키고 키보드의 [Shift]를 누르면 페인트 통 아이콘 옆에 [ㄱ]표시가 나타납니다. 이어 ①번 면을 마우스 좌측 버튼으로 클릭합니다.

❸ 모든 객체 내에서 동일한 재질을 가진 ①, ②, ⑤, ⑥, ⑦번 면에 일괄적으로 동일한 재질이 부여되었습니다.

[2-3] 재질[Materials]의 크기 재조정하기

[2-3-1] 재질[Materials] 부여창을 활용하여 크기 재조정하기

스케치업에서 부여된 재질의 크기는 재질 부여창의 세부 옵션을 조정하여 재설정 할 수 있습니다.

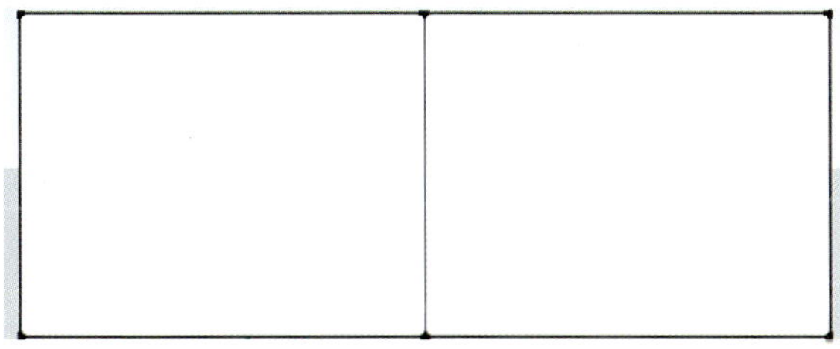

❶ 사각형[Rectangle] 도구로 [2000,1000] 크기의 사각형을 작성 후 선[Line] 도구를 활용하여 하나의 면을 절반으로 나눕니다. 스케치업은 자동 Osnap[특정점 찾기=추정]기능이 있기에 쉽고 정확하게 면을 나눌 수 있습니다.

❷ 페인트 통[Paint Bucket] 도구를 활용하여 두개의 면을 대상으로 위와 동일한 벽돌[Brick_Rough_Tan] 재질을 부여합니다.

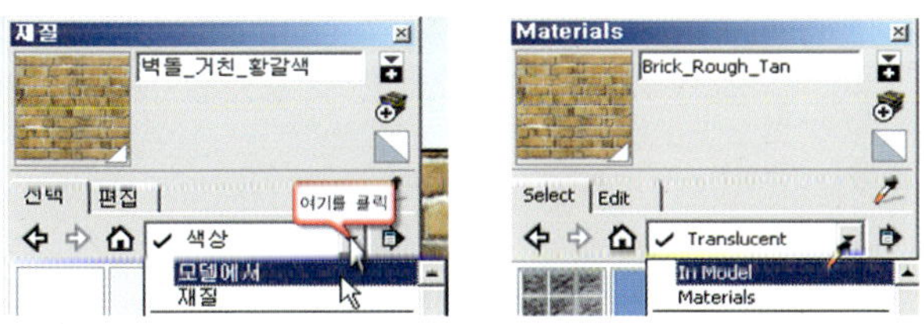

❸ 키보드에서 다시 [B]를 누르면 재질 부여창이 화면상에 나타납니다. 재질 리스트의 내림[▼] 버튼을 눌러 모델에서[n Model] 항목을 찾아 클릭합니다.

❹ 모델에서[In Model] 항목에서는 사용자가 객체에 적용한 모든 재질들을 확인할 수 있습니다. 벽돌[Brick_Rough_Tan] 재질을 선택합니다.

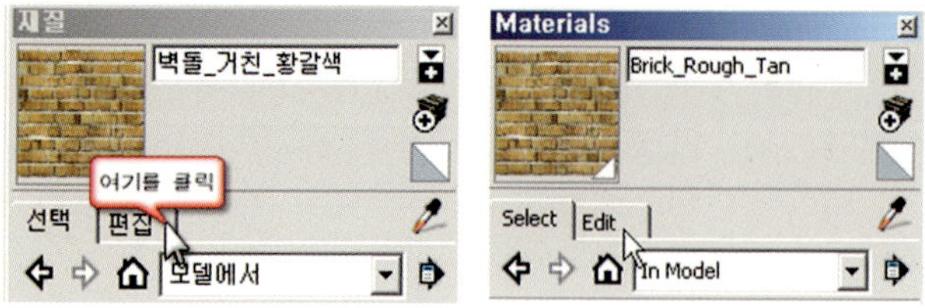

❺ 벽돌 재질을 선택 후 편집[Edit] 메뉴를 클릭합니다.

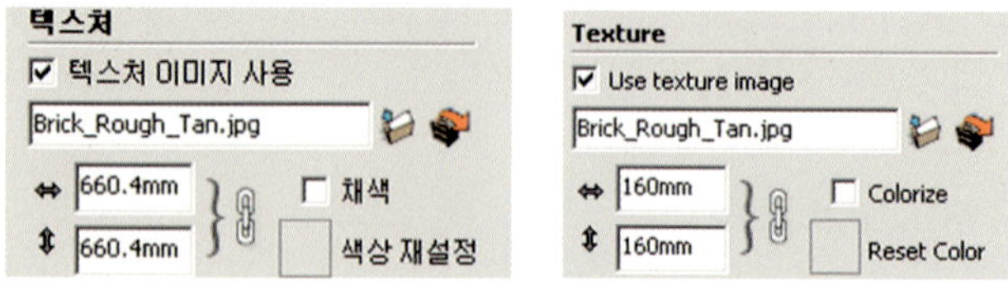

❻ 메뉴 중 텍스처[Texture] 항목에서 ↔[수평], ↕[수직] 값을 입력하여 크기를 재조정 할 수 있습니다. 바로 옆 연결고리는 수평과 수직크기 중 어느 하나라도 값의 변화가 있을 시 나머지 하나의 크기도 자동 변화가 됨을 의미합니다. 연결고리를 클릭하면 고리가 분리되며 수평, 수직크기를 사용자가 개별 입력할 수 있습니다.

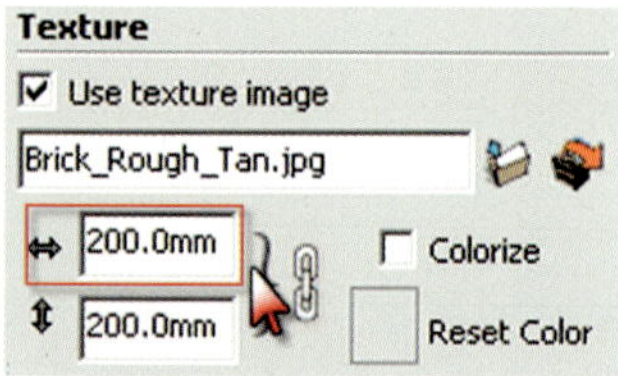

❼ 연결고리를 분리하지 않은 채 수평크기[↔] 입력란에 [200]을 입력합니다.

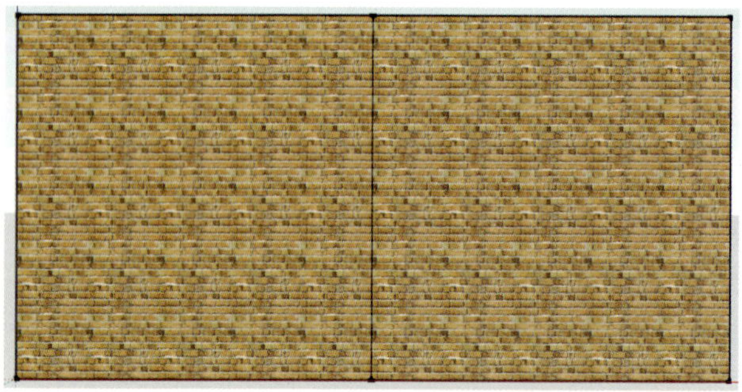

❽ 스케치업 화면 상에 재질 크기의 변화가 확인됩니다.

[2-3-2] Position 기능을 활용하여 크기 재조정하기

스케치업에는 재질[Texture] 크기 조정을 위한 위치[Position] 기능이 있습니다.

❶ 크기를 재조정하려는 재질 위에 페인트 통[Paint Bucket] 도구 또는 선택[Select] 도구를 올려 두고 마우스 우측 버튼을 클릭 합니다.

❷ 확장 메뉴가 펼쳐지면 재질[Texture]항목 내 위치[Position]을 선택합니다.

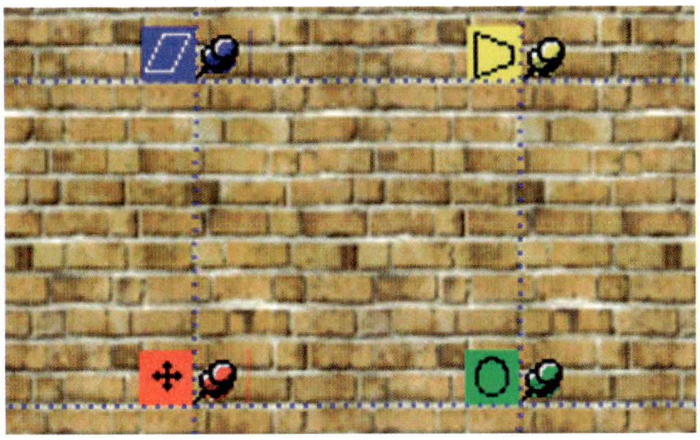

❸ 색이 다른 네 개의 고정핀[Pin]이 해당 재질 위에 나타나며 이 핀들을 클릭 후 드래그(Drag)하여 움직이면서 재질의 크기를 다양하게 조정합니다.

① 녹색[Scale/Rotate] Pin : 재질의 수평 • 수직 크기를 조정하며, 또한 재질을 회전시킬 수 있습니다.

② 빨간색[Move] Pin : 재질의 위치를 재조정 할 수 있습니다. 벽돌이나 타일 등 바닥이나 천장, 벽에 재질을 부여하여 한쪽으로 치우침 없이 균등하게 재질을 배치하고자 할 때 유용합니다.

③ 파란색[Scale/Shear] Pin : 재질의 수평 또는 수직 크기를 각각 조정하며, 재질의 기울기를 줄 수 있습니다.

④ 노란색[Distort] Pin : 재질을 한쪽을 넓게 또는 좁게 변형할 수 있습니다.

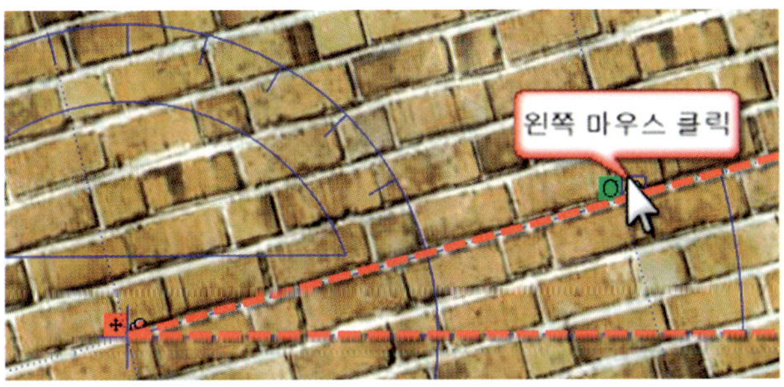

❹ 녹색[Scale/Rotate] Pin을 클릭한 채로 움직여 재질의 크기와 방향을 변화시켜 봅니다. 재질의 방향은 [Osnap] 기능의 작동으로 [15°]씩 회전을 시킬 수 있습니다. 키보드의 [Ctrl] 버튼을 동시에 누르며 회전시키면 각도에 상관없이 자유스럽게 재질이 회전됩니다.

❺ 해당 재질에 대한 크기와 각도를 변화시킨 뒤 키보드의 [Enter] 버튼을 누르면 위의 그림과 동일하게 재질의 회전 변화가 완료됩니다.

[2-3-3] 재질[Materials] 수정[Edit] 창의 추가 기능 학습하기

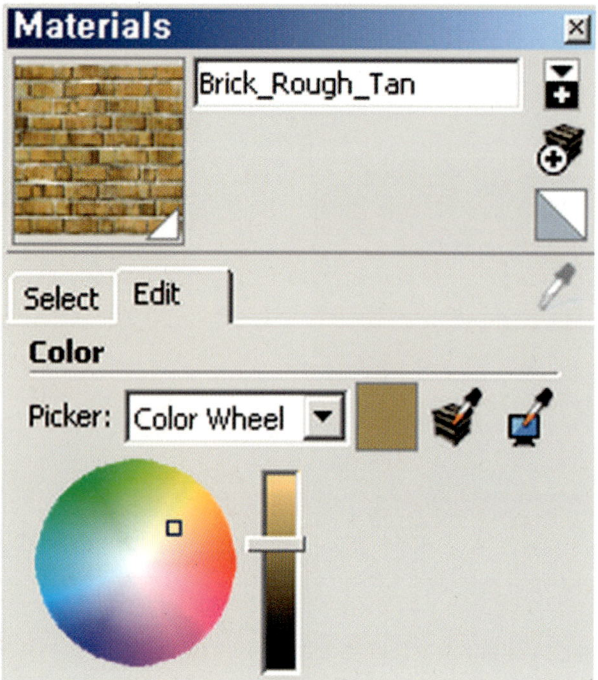

❶ 재질 만들기[Create Material] : 새로운 재질을 만들 수 있습니다. 현재의 재질 편집창 외 새로운 재질 편집창이 생성됩니다.

❷ 설정 초기화[Set Material to Paint with to Default] : 재질 편집창의 모든 설정값을 초기화 값으로 변경합니다.

❸ 모델 부여 색상 일치[Match Color of object in model] : 모델에 부여된 재질의 주 색상으로 해당 재질의 색상을 변경합니다.

◉ 아래의 예제를 참고 하세요

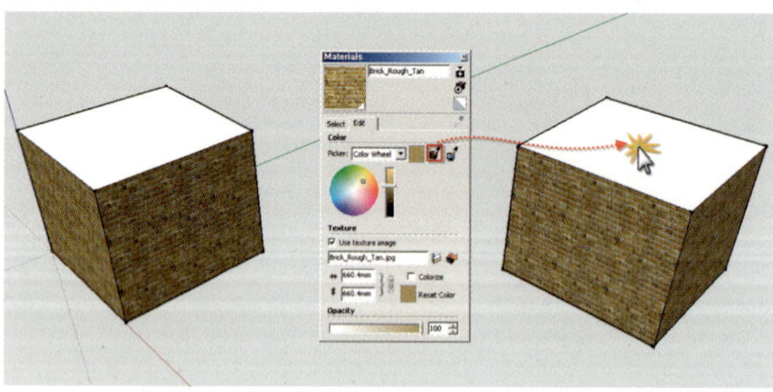

▼

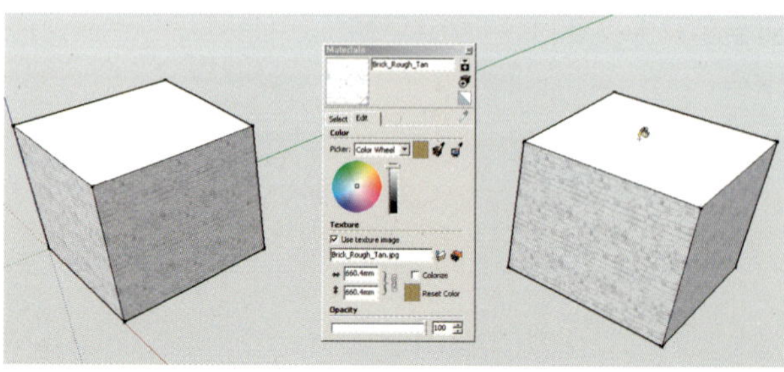

① 황갈색의 벽돌재질이 부여된 상태에서 모델 부여 색상 일치[Match color of object in Model] 도구를 활용하여 흰색의 면을 클릭한 결과 기존의 갈색 계열의 재질의 톤이 위의 그림과 동일하게 변경됨을 알 수 있습니다.

❹ 화면 색상 일치 [Match color on Screen] : 현재 사용자의 화면상에 보여 지는 모든 색상을 가져옵니다.

◉ 아래의 예제를 참고 하세요

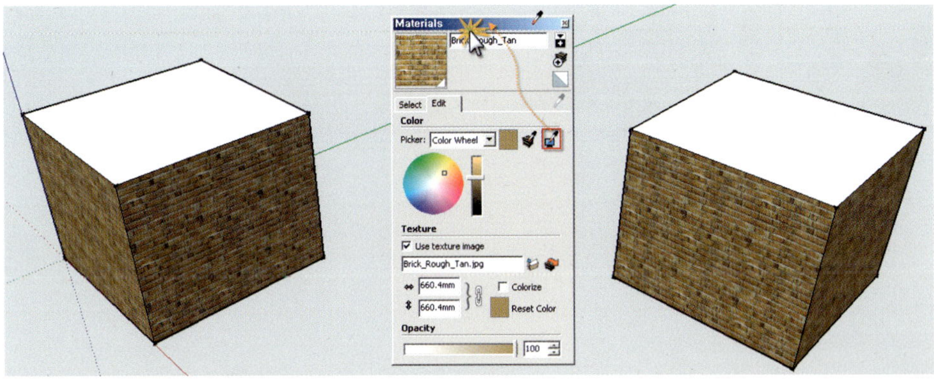

▼

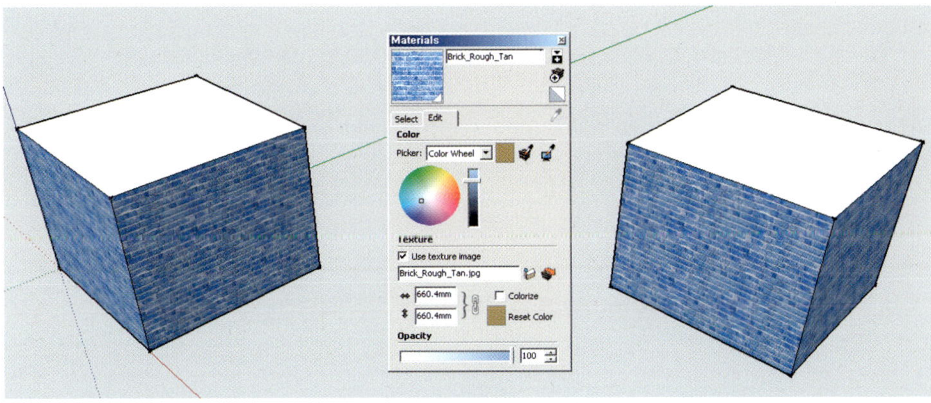

① 화면 색상 일치 [Match color on Screen] 도구로 화면상에 보여 지는 색 중 청색을 선택한 결과 해당 재질이 청색 계열로 변화되었습니다.

❺ 명암 조절[ ]바를 마우스로 움직이면 해당 재질의 명암이 조절 됩니다.

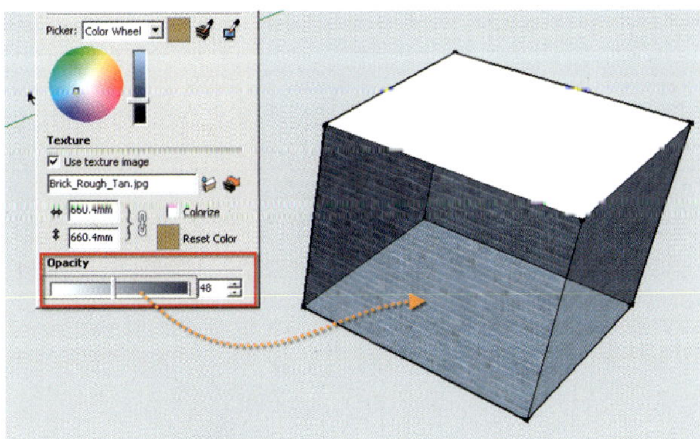

❻ 투명도 조절[ ]바를 마우스로 움직여 해당 재질을 투명하게 만듭니다.

유리나 물처럼 투명 재질을 표현할 경우 자주 활용됩니다.

SketchUP

03] 화분 모델 작성

화분 예제를 활용하여 Circle[원형], Polygon[다각형], Scale[크기] 도구의 활용법에 대하여 알아봅니다.

❶ 원 [Circle Icon] : 원형의 도형을 작성합니다. [단축키 C]

❷ 다각형 [Polygon Icon] : 다각형의 도형을 작성합니다. [단축키 : 없음]

❸ 크기조정 [Scale Icon] : 면이나 선, 객체 등을 회전시킵니다. [단축키 S]

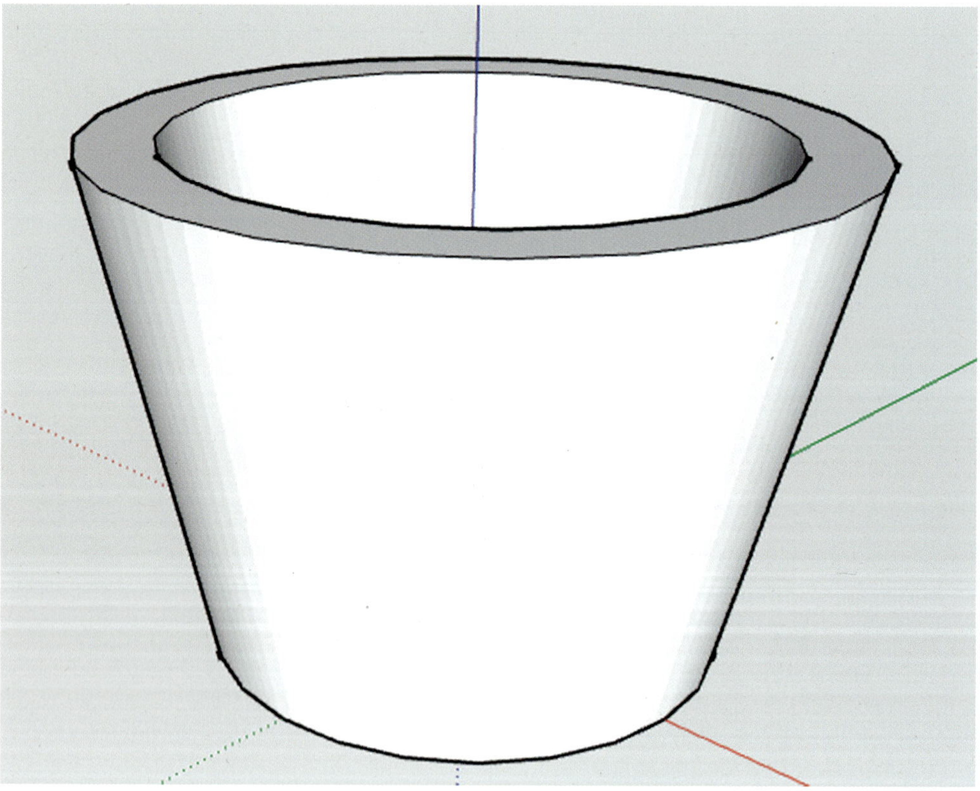

❹ 위의 예제를 참고하여 다음 페이지에서 제시된 과정대로 학습해 보도록 합니다.

[1] 화분 모델 작성 따라하기

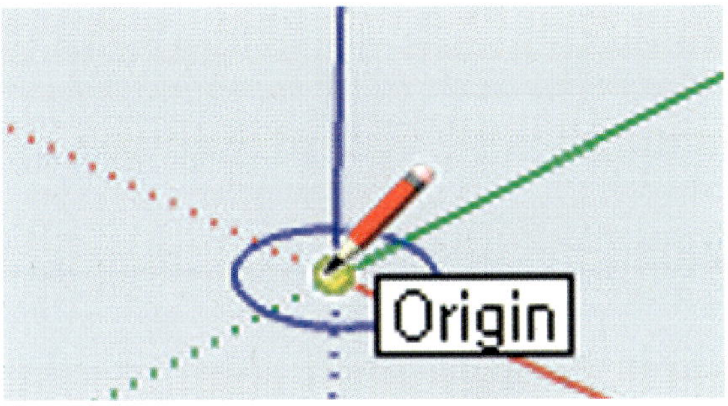

❶ 키보드에서 [C] 또는 [Circle] 도구를 클릭한 후 세 축의 교차점에 마우스 좌측 버튼으로 클릭하여 원의 중심점을 지정합니다.

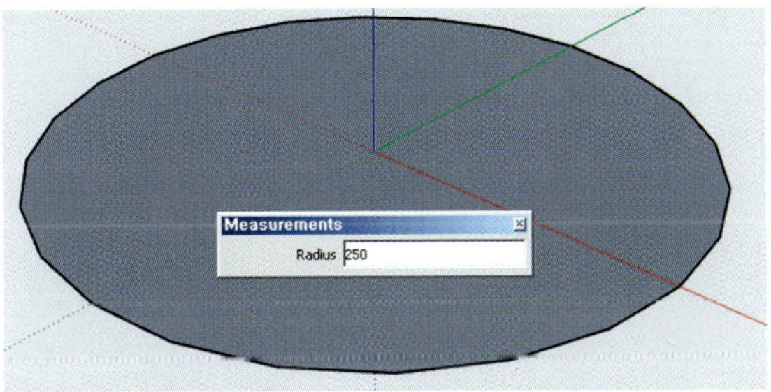

❷ 수치입력[VCB]창에 원의 반지름 [250]을 입력하여 위의 그림과 같이 작성합니다.

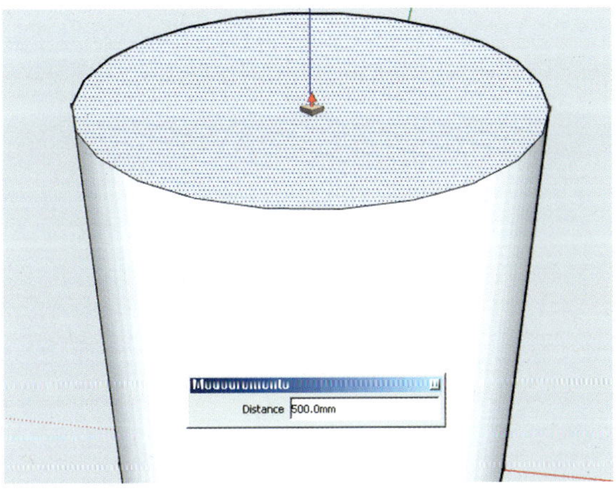

❸ 키보드에서 [P] 또는 [Push/Pull] 도구를 선택 후 해당 면을 클릭합니다. 이어 높이 방향을 마우스로 지정 후 수치입력창에 [500]을 입력하면 위와 동일한 원형 기둥이 작성됩니다.

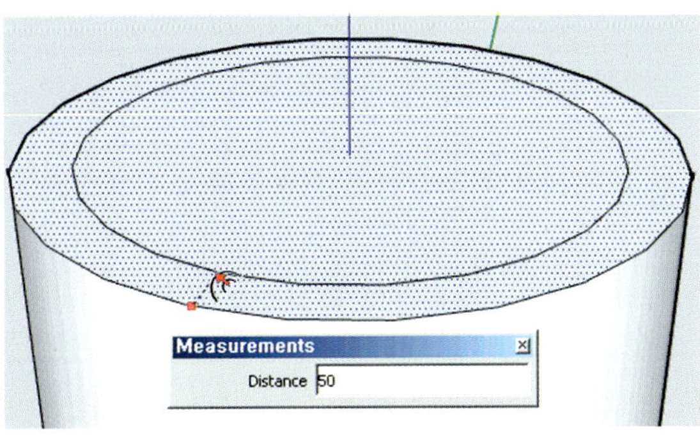

❹ 키보드에서 [F] 또는 [Offset] 도구를 선택합니다. 원기둥의 윗면을 클릭하고 마우스를 원의 내부로 움직인 후 수치입력창에 간격 [50]을 입력합니다.

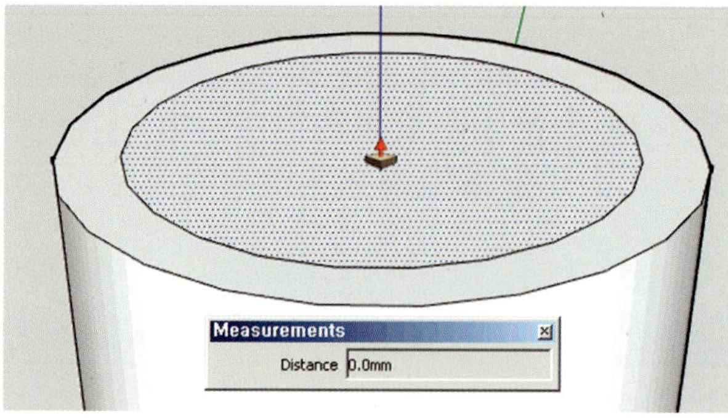

❺ 키보드에서 [P] 또는 [Push/Pull] 아이콘을 선택 후 원기둥 상부의 내부 면을 선택합니다. 면을 아래로 조금 내린 후 수치입력창에 [450]이라고 입력합니다.

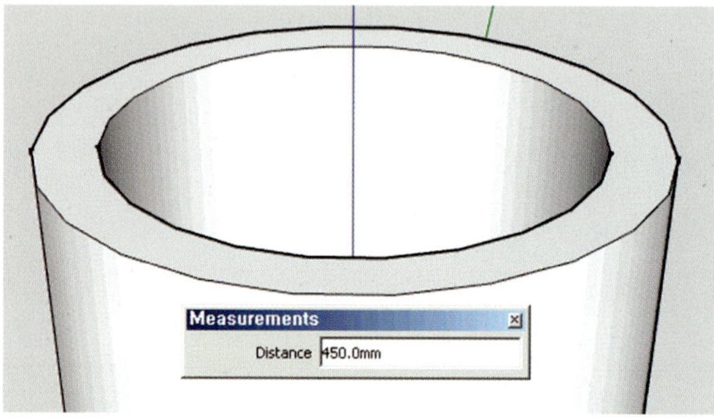

❻ 원기둥의 중앙부 면이 위의 그림처럼 내려 앉아 비워지게 됩니다.

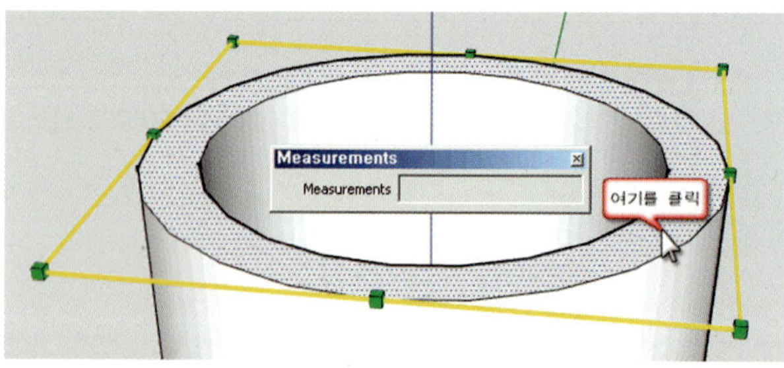

❼ 키보드에서 [S] 또는 [Scale] 도구를 클릭한 후 원기둥 상부의 남겨진 면을 지정합니다. 지정과 동시에 크기를 조정하기 위한 8개의 녹색 포인트가 보이게 됩니다. 이 녹색의 개별 포인트를 마우스로 클릭 후 드래그[Drag]하여 크기를 재조정하게 됩니다.

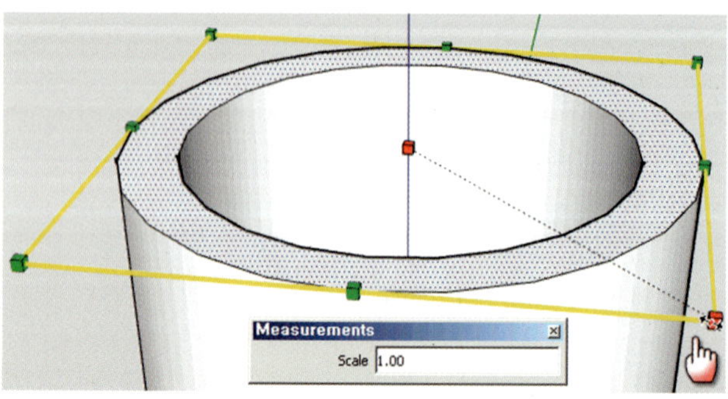

❽ 우측 하단의 녹색 크기 조정 포인트를 키보드의 [Ctrl] 버튼을 누른 채 마우스 왼쪽 버튼으로 지정합니다. [Ctrl]버튼을 누르는 이유는 선택면의 중심을 기준으로 균등하게 면의 크기를 조정하기 위함이며, [Ctrl]을 누르지 않을 시 선택한 녹색 포인트의 반대편 녹색 포인트가 기준이 되어 면의 크기가 재조정됩니다. 현재 수치입력창은 [1.00]으로 나타납니다.

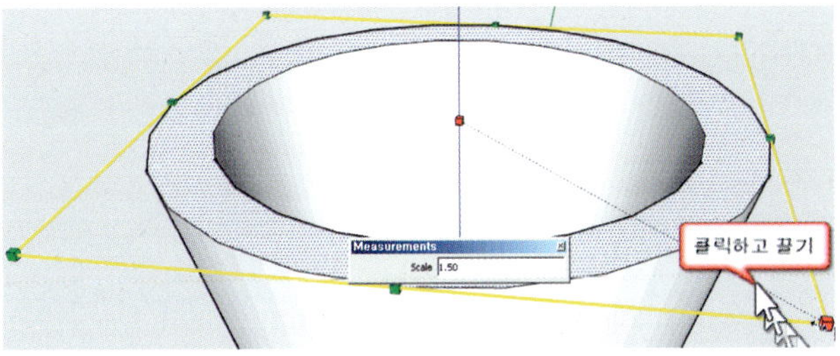

❾ 우측 하단의 녹색 크기 조정 포인트를 키보드의 [Ctrl] 버튼을 누른 채 마우스 왼쪽 버튼 지정 후 수치입력창의 값이 [1.50]이 되도록 바깥쪽으로 끌어냅니다.

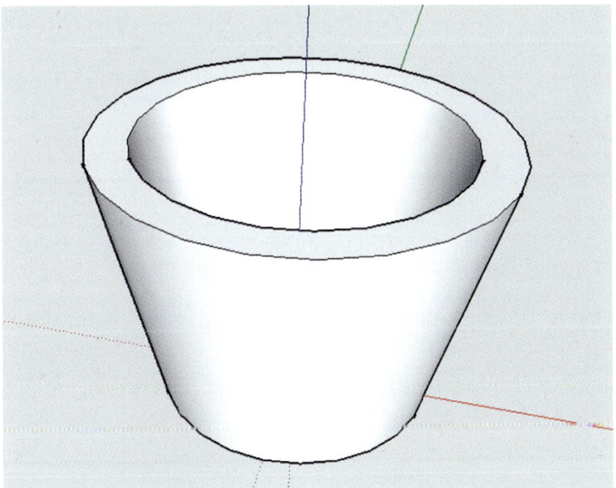

❿ 키보드의 [Esc] 버튼을 눌러 마무리하면 위와 동일한 화분이 만들어집니다.

⓫ 위의 이미지는 스케치업 V-Ray에서 렌더링한 이미지 입니다.

[2] 원[Circle], 다각형[Polygon] 도구의 추가 기능 학습하기

스케치업에서 원[Circle]과 다각형[Polygon] 도구의 활용법은 유사합니다. 이와 관련하여 세부 내용을 알아보도록 합니다.

[2-1] 원[Circle]과 다각형[Polygon]의 면수 조정하기

수치입력창에 면수를 선행 입력 후 Circle[ ]과 Polygon[ ]의 중심점을 지정하면 면수에 해당하는 도형을 작성할 수 있습니다. 면수의 최소 개수는 3개 입니다.

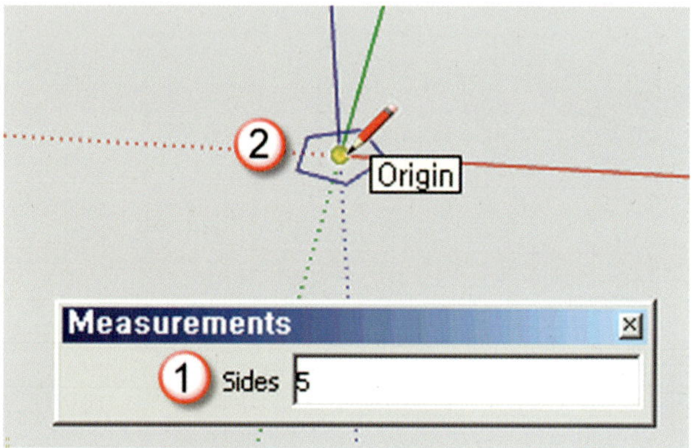

❶ 키보드에서 [C] 또는 [Circle] 도구를 선택 후 수치입력창에 면수[Sides] 값 [5]를 먼저 입력합니다. 이어 축의 교차점에 원의 중심점을 지정합니다. 수치입력창에 Radius[반지름] [200]을 입력하면 면수가 조정된 해당 반지름의 도형이 작성 됩니다.

원[Circle] 도구의 기본 면수는 24개이나 이에 대한 값[면수]을 높이면 더 부드러운 원을 작성할 수 있습니다.

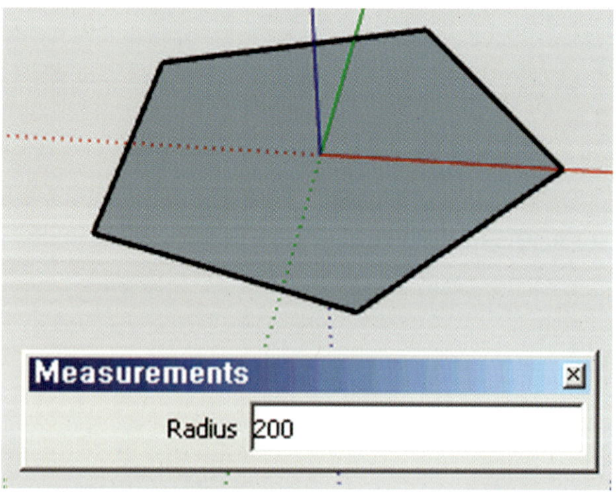

❷ 다각형[Polygon] 도구 또한 원[Circle] 도구와 동일한 방법으로 수치입력창에 면수를 먼저 입력 후 축의 교차점 또는 임의의 위치에 도형의 중심점을 지정합니다. 수치입력창에 Radius[반지름] [200]을 입력하면 위의 그림과 동일한 도형이 작성 됩니다.

[2-2] 작성된 원[Circle]과 다각형[Polygon], 호[Arc]의 면[Sides]수 재조정하기

이미 작성된 원, 다각형, 호라도 면수를 재조정하여 다양한 형태의 도형을 만들 수 있습니다. 면수 재조정 방법은 아래의 순서와 모두 동일합니다.

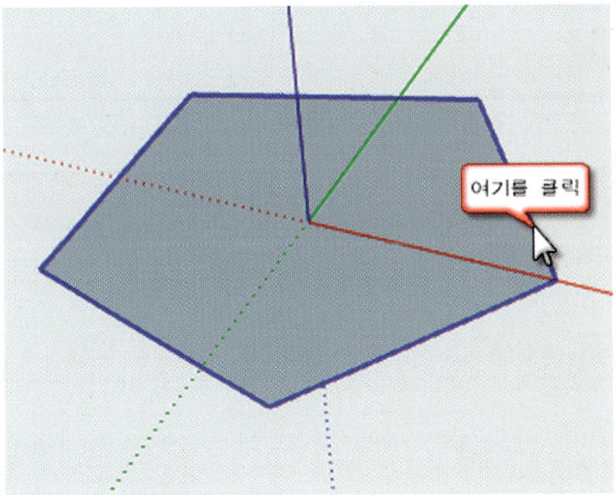

❶ 원[Circle] 도구로 면수 [5], 반지름 [200]인 도형을 작성 후 키보드의 [Space]를 눌러 원[Circle] 도구에서 객체 선택[Select] 도구로 변환 후 해당 도형의 외곽선을 선택합니다. [객체 선택 도구의 단축키는 [Space] 입니다]

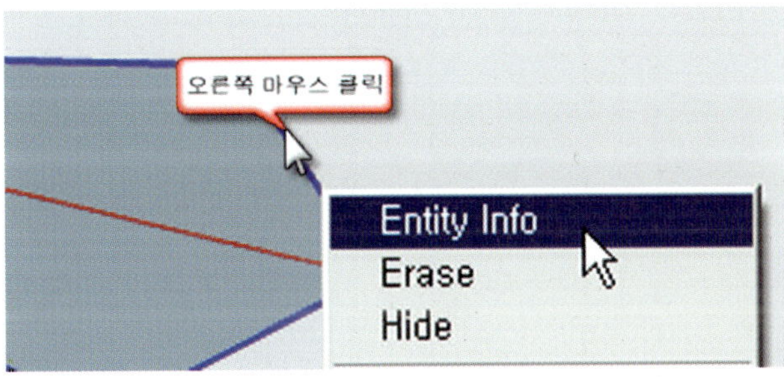

❷ 마우스 우측 버튼을 누르면 확장 메뉴가 나타나며, 그 중 요소정보[Entity Info]를 선택합니다.

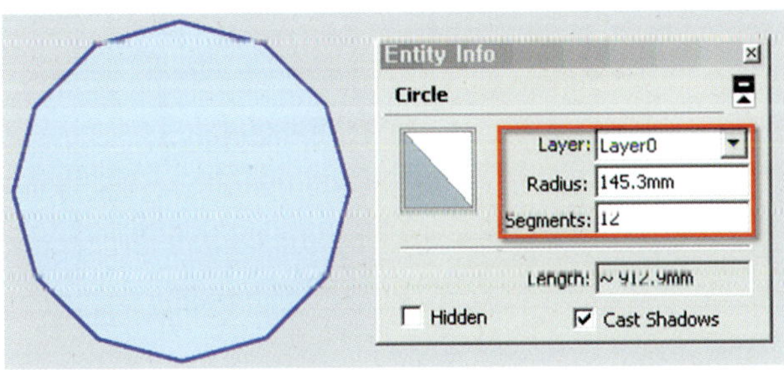

❸ 요소정보[Entity Info]에서 Segments[선분] 항목의 값을 [5]에서 ▸ [12]로 변경 후 키보드의 [Enter]를 누릅니다. 즉시 해당 도형의 면수가 변경이 되는 것이 화면상에서 확인됩니다. 이외 Layer[레이어] 항목과 Radius[반지름] 항목의 값을 변경 할 수 있습니다.

04] 난간 모델 작성

발코니 난간 예제를 활용하여 이동[Move], 따라가기[Follow ME], 선택[Select] 도구의 활용법과 추가로 강제 추정[Inference]에 대하여 알아봅니다.

❶ 이동 [Move Icon] : 선택된 객체를 이동 또는 복사를 합니다. [단축키 : M]

❷ 따라가기 [Follow ME Icon] : 단면과 경로를 활용한 3차원 입체도형을 작성합니다. [단축키 : 없음]

❸ 선택 [Select Icon] : 객체를 선택합니다. [단축키 : Space]

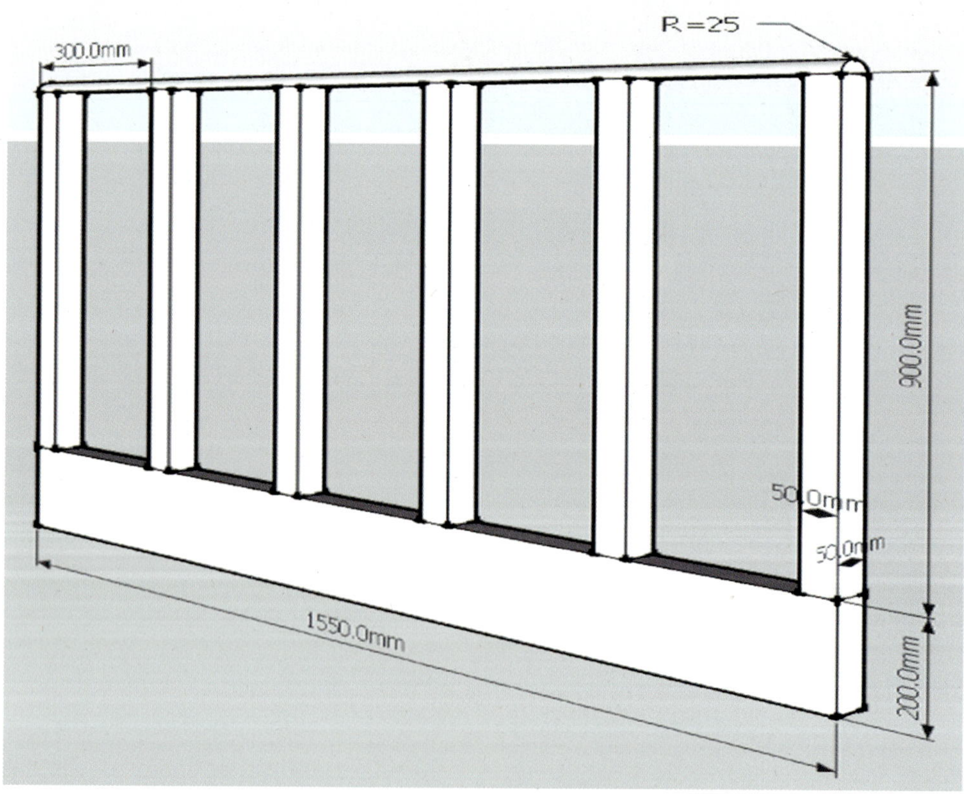

❹ 위의 예제를 참고하여 다음 페이지에 제시된 과정을 따라해 봅니다.

[1] 난간 모델 작성 따라하기

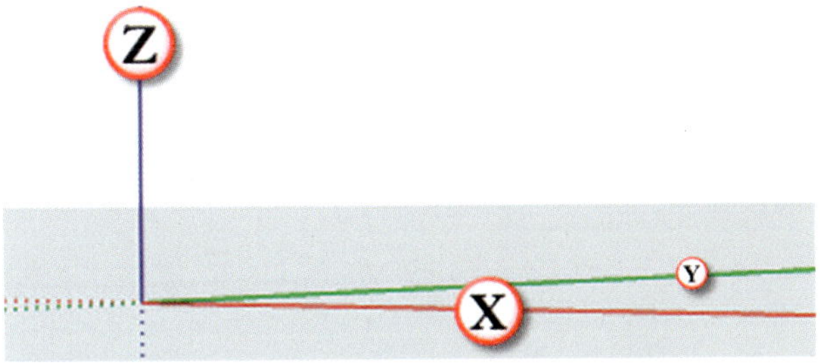

❶ 마우스의 휠을 누르고 있으면 궤도[Orbit ] 도구가 나타납니다. 마우스를 움직여 X축과 Z축이 주축이 되도록 화면 뷰[view]를 재설정합니다. 위의 그림에서처럼 [X, Z축]을 주 뷰[view]로 하고 Y축이 뒷 편에 보이도록 축을 배치합니다.

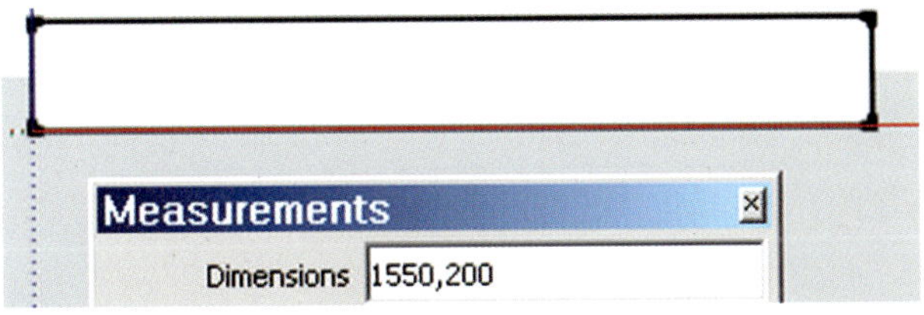

❷ 사각형[Rectangle 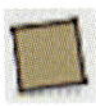] 도구를 활용하여 세 축의 교차점에 시작점을 지정합니다. 이어 수치입력창에 [1550,200]을 입력하면 위의 그림처럼 X, Z축을 기준으로 세워진 사각형이 작성 됩니다.

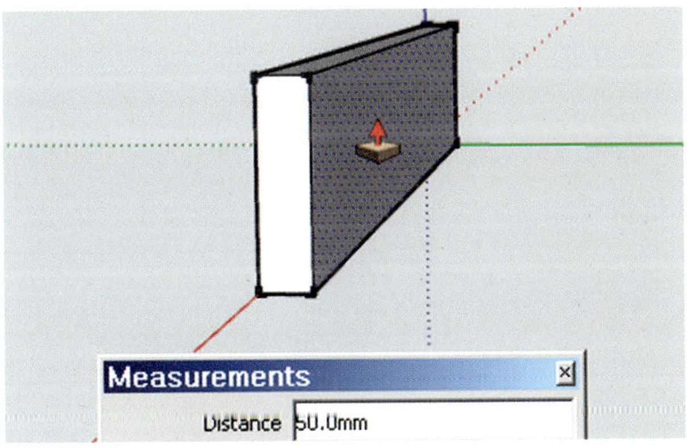

❸ 궤도[Orbit ] 도구를 돌려 앞서 그려진 사각형의 뒷면[진한 회색면]이 보이도록 합니다. 밀고/당기기[Push/Pull ] 도구를 활용하여 뒷면을 선택합니다. 마우스를 녹색[Y]축으로 움직인 후 수치입력창에 [50]을 입력하면 위의 그림과 동일하게 작성이 됩니다.

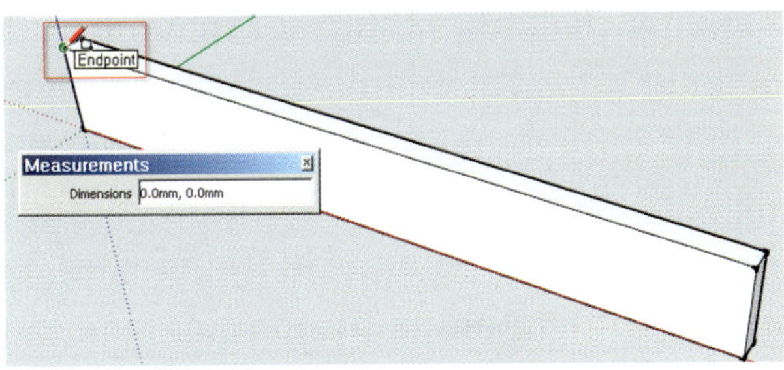

❹ 마우스 휠을 누른채 궤도[Orbit ] 도구를 움직여 화면 뷰[View]를 재설정합니다. 사각형[Rectangle ] 도구를 선택하고 사각형 도형의 좌측 상부 모서리점을 시작점으로 지정합니다.

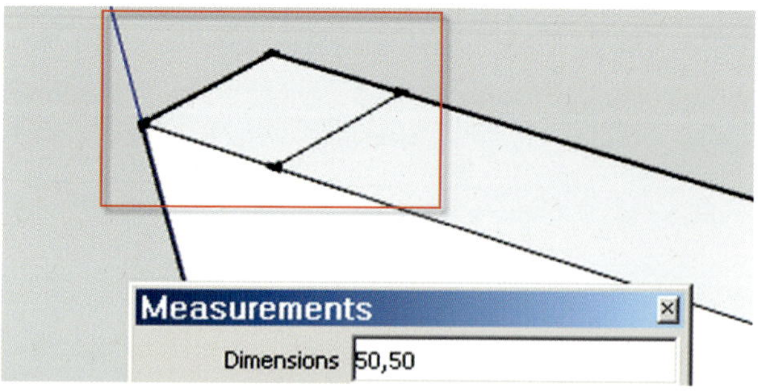

❺ 수치입력창에 [50,50]을 입력하면 위의 그림과 동일하게 작성됩니다.

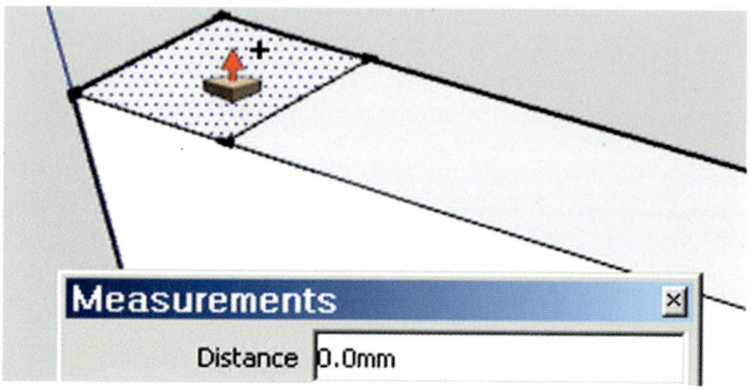

❻ 밀고/당기기[Pull/Push ] 도구를 선택하여 높이를 주고자 하는 면 상부에 위치시킵니다. 키보드에서 [Ctrl] 버튼을 누르면 밀고/당기기 도구 옆에 [+] 표시가 나타납니다. 새로운 면을 추가하여 높이를 줄 수 있습니다.

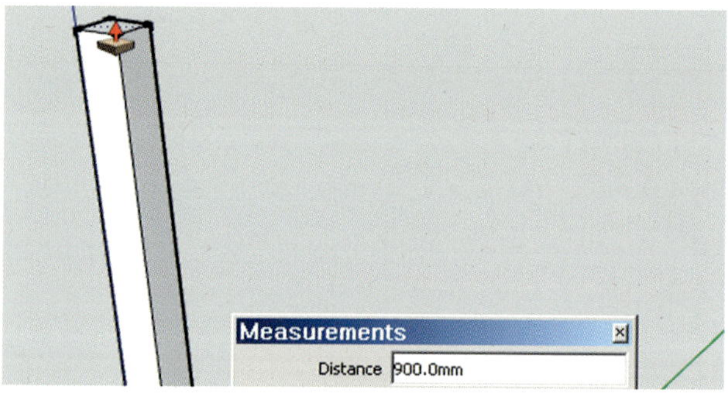

❼ 해당 면을 마우스 좌측 버튼을 눌러 선택합니다. 파란색[Z]축으로 해당 면을 위로 조금 높인 후 수치입력창에 [900]을 입력합니다.

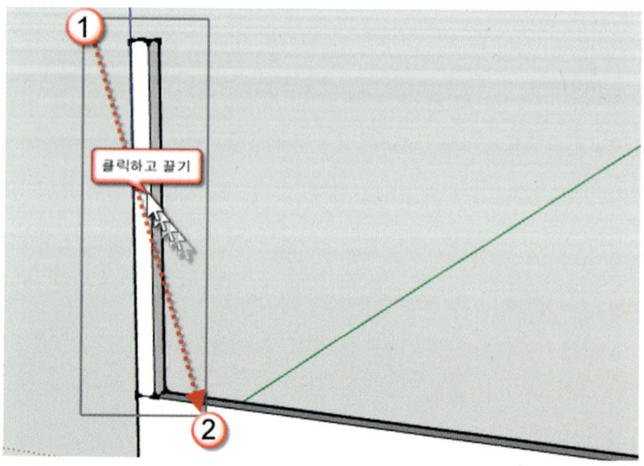

❽ [Space]를 누르면 선택[Select ] 도구로 변환되며 위의 그림과 동일하게 좌측 상단 ①번 지점을 마우스 왼쪽 버튼을 누른채 ①번에서 ②번 지점 방향으로 사각형 영역을 지정합니다. 이를 Window[지정된 사각형 내의 완전히 포함된 객체를 선택] 선택이라 합니다.

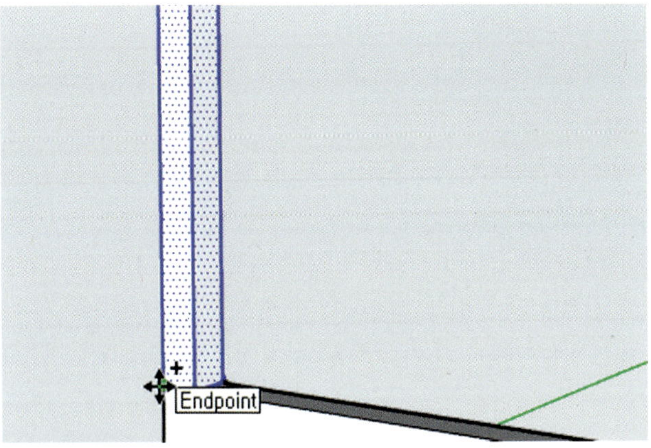

❾ 이동[Move] 도구로 선택되어진 객체의 좌측 아랫점을 기준점으로 지정 후 키보드의 [Ctrl]를 누릅니다. 이동 도구 옆에 [+]표시가 되면 객체 이동이 아닌 객체 복사를 할 수 있는 상태가 됩니다. [+] 표시 유무는 [Ctrl] 버튼으로 제어합니다.

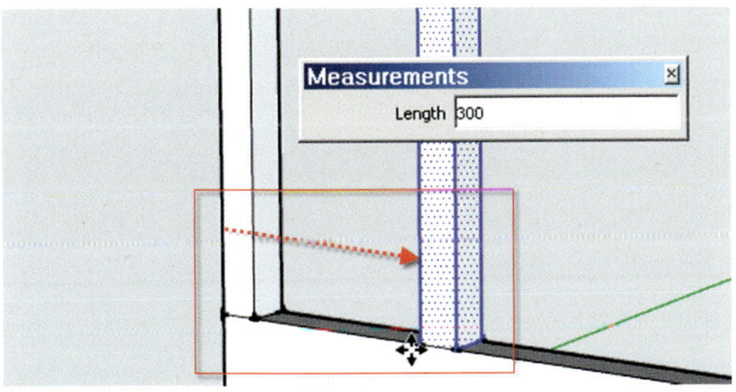

❿ 선택된 객체를 빨간색[X]축 방향으로 조금 이동시킨 후 수치입력창에 거리값 [300]을 입력하면 위의 그림과 동일하게 복사가 됩니다.

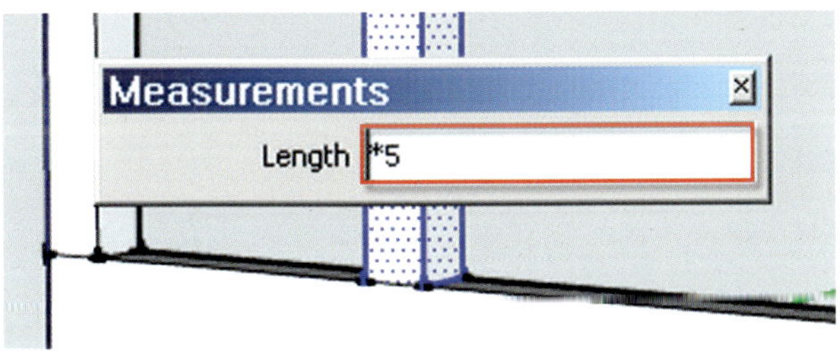

⓫ 동일한 간격으로 현재 복사된 객체를 포함한 5개의 객체를 다중 복사하기 위하여 수치입력창에 [*5]라고 입력합니다.

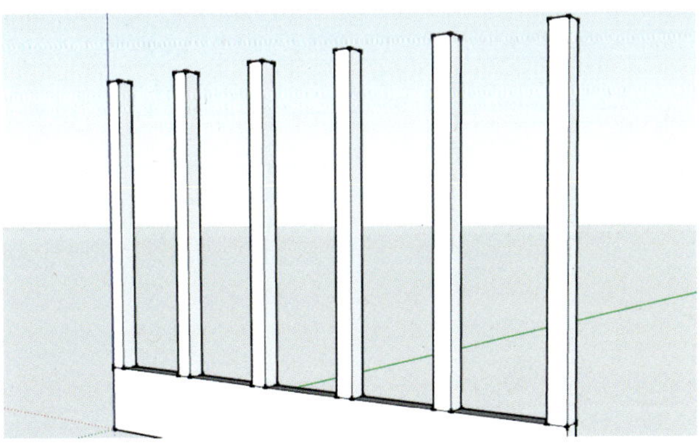

⓬ 위의 그림과 동일하게 동일한 간격으로 해당 객체가 다중 복사되어 작성이 되었습니다.

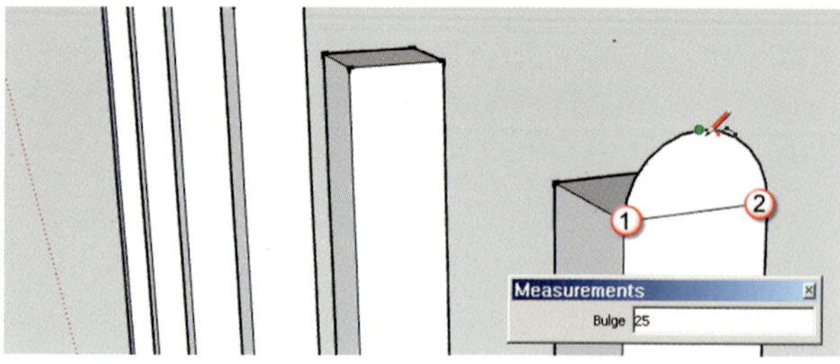

⓭ 호[Arc] 도구를 선택한 후 시작점[1번]과 끝점[2번]을 마우스 왼쪽 버튼으로 지정합니다. 호의 방향을 위로 지정 후 호의 돌출부[Bulge] 값을 수치입력창을 활용하여 [25]로 입력합니다.

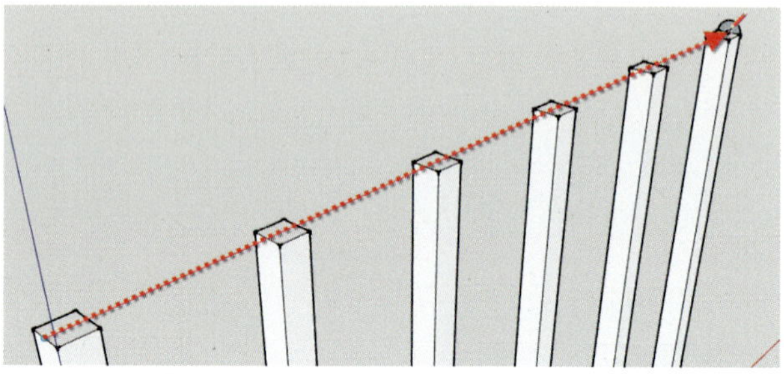

⓮ 선[Line] 도구를 활용하여 위의 그림과 동일하게 난간살 상부 중앙으로 가로지르는 선을 작성합니다. 스케치업은 자동 Osnap[특정점 찾기=추정 Inference]기능이 활성화 되지만 화면이 작아 원하는 지점이 지정이 되지 않을 시 마우스의 휠을 바깥쪽을 돌리면 화면이 확대되어 원하는 지점을 보다 정확히 지정할 수 있습니다.

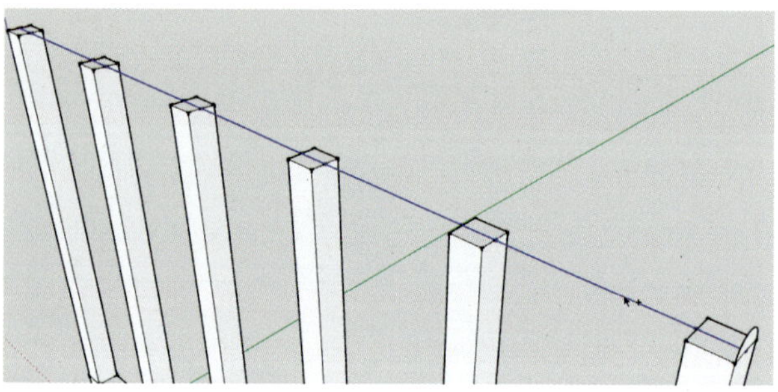

⓯ 선택[Select] 도구로 변환합니다. 키보드의 [Ctrl]를 누른채 앞서 그려놓은 선[LINE]을 각각 클릭하여 선택합니다. 이를 동시 선택[+]이라 합니다. [Ctrl+Space]를 누르면 선택한 객체를 개별 해제 할 수 있습니다. 이를 선택 해제[−]라 합니다. 경로가 될 선의 선택이 완료되면 따라가기[Follow Me] 도구를 선택하여 호의 단면을 클릭합니다.

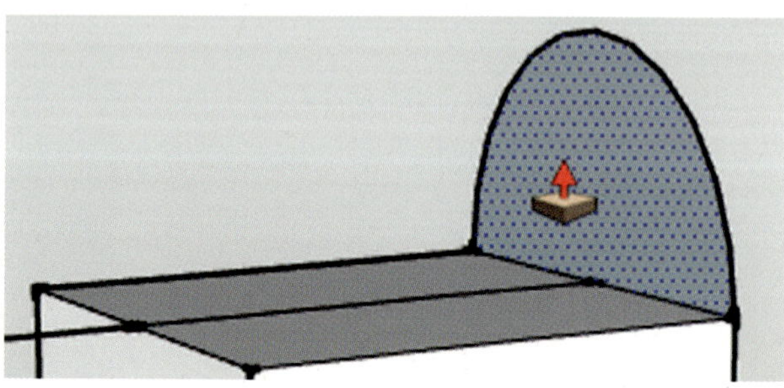

⓰ 경로가 될 선의 선택이 완료되면 따라가기[ ] 도구를 선택하여 호의 단면을 클릭합니다. 클릭과 동시에 선행 선택해 놓은 경로선을 따라 호의 단면이 튕겨나가면서 예제에서 제시된 입체 객체가 작성이 됩니다. 반대로 따라가기[ ] 도구를 활용하여 호의 단면을 먼저 선택 후 마우스를 움직여 경로를 따라가며 입체 객체를 만들 수도 있습니다.

[2] 객체 선택 [Select] 도구의 추가 기능 학습하기

[2-1] 마우스 연속 클릭 수에 따른 객체 선택하기

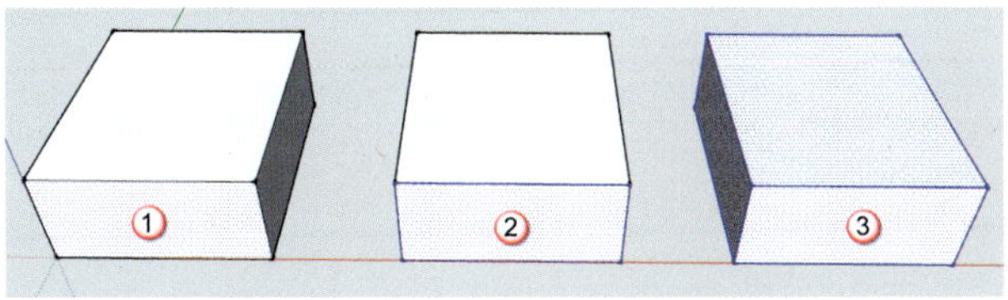

선택[Select] 도구는 마우스 왼쪽 버튼의 클릭 수에 따라 선택법이 달라집니다. ①번 그림은 해당 면을 1회 클릭한 경우입니다. 단순히 해당 면만 선택되어집니다. ②번 그림은 해당 면을 2회 연속 클릭된 경우입니다. 해당 면과 접한 선이 선택되어집니다. ③번 그림은 해당 면을 3회 연속 클릭한 경우입니다.

[2-2] Window 및 Closed 선택 방법 살펴보기

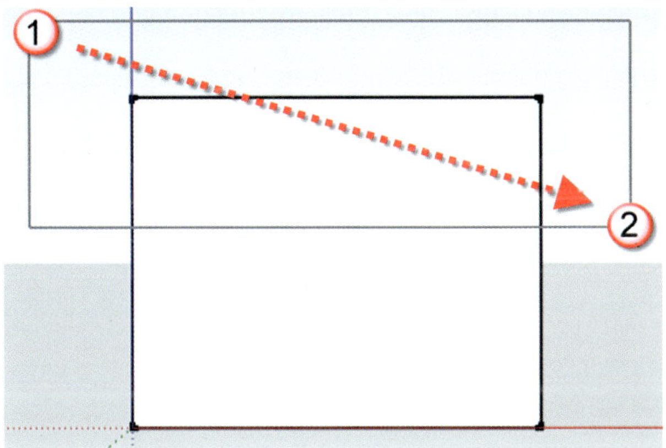

선택[Select] 도구로 해당 면 또는 선을 개별 클릭하는 방법이 아닌 드래그[drag] 방법을 활용하여 동시에 다수의 객체를 선택할 수 있습니다. 드래그 방식에는 두 가지[Window와 Closed] 방법이 있습니다. [Window 방법]은 좌측에서 우측으로 드래그 하는 방법이며, 사각형 영역에 완전히 포함된 객체만 선택하게 됩니다. [Closed 방법]은 우측에서 좌측으로 드래그 하는 방법이며, 사각형 영역에 포함되거나 걸쳐진 모든 객체를 선택하게 됩니다.

[2-3] [Ctrl+A]와 [Ctrl+T]를 활용한 전체 객체 선택 및 해제 방법 살펴보기

키보드에서 [Ctrl + A]를 눌러 화면상에 작성 된 모든 객체를 선택할 수 있습니다. 키보드에서 [Ctrl + T]를 눌러 화면상에 전체 선택된 객체를 모두 선택 해제할 수 있습니다. 즉 [Ctrl + T]는 [Ctrl + A]의 반대 개념입니다.

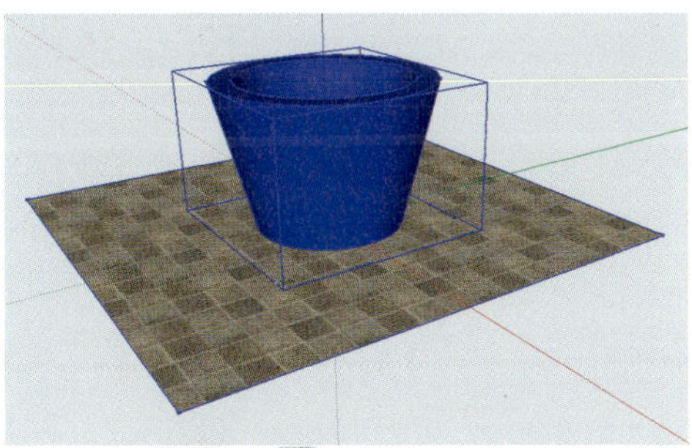

[Ctrl + A]를 눌러 전체 선택

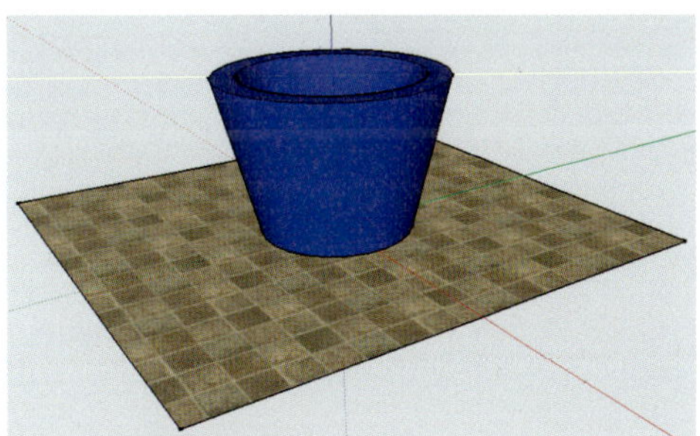

[Ctrl + T]를 눌러 전체 선택 해제

[3] 따라가기 [Follow Me] 도구의 추가 기능 학습하기

[3-1] 단면 선택 후 경로 지정법 살펴보기

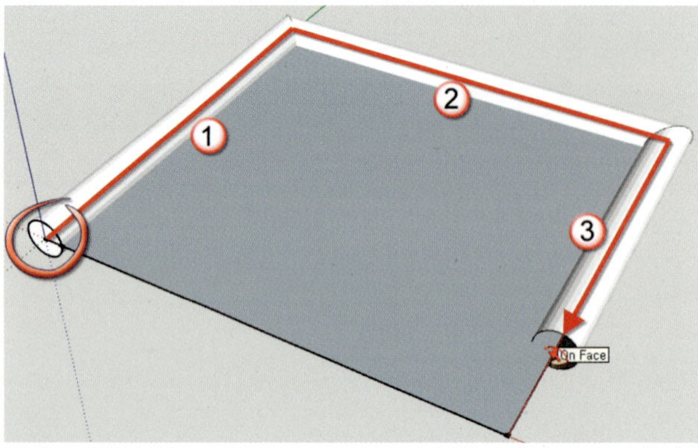

❶ X와 Y축을 기준으로 하는 사각형[Rectangle]을 작성합니다. 이어 사각형의 좌측 모서리에 X, Z축으로 세워진 원형[Circle]을 작성 후 따라가기[ ] 도구로 원의 테두리선을 선택합니다. 이후 사각형의 경계선 ① ▸ ② ▸ ③ 순으로 따라가기[ ] 도구를 움직이면 위의 그림과 동일한 원형의 입체 모델이 경계선을 타고 작성 됩니다.

[3-2] 경로 지정 후 단면 선택법 살펴보기

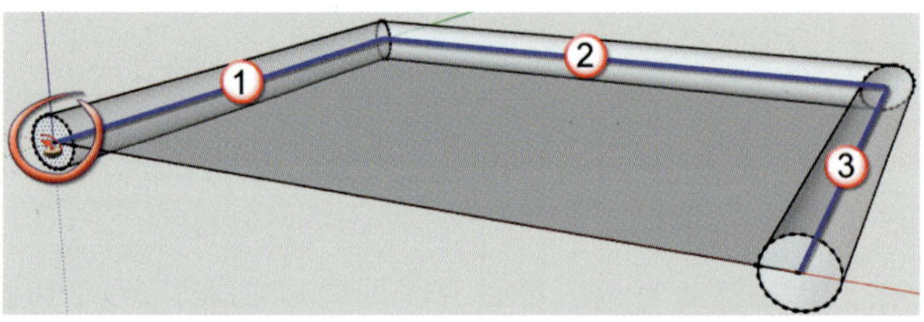

❶ X와 Y축을 기준으로 하는 사각형의 좌측 모서리에 X, Z축으로 세워진 원형을 작성합니다. 이후 ①▸②▸③ 순으로 앞서 학습한 동시 선택[+]으로 세 개의 연결된 선을 경로로 선택합니다. 따라가기[ ] 도구로 원형의 단면을 선택하면 위의 그림과 동일하게 입체 모델이 작성됩니다.

[3-3] 따라가기[Follow Me] 도구의 응용

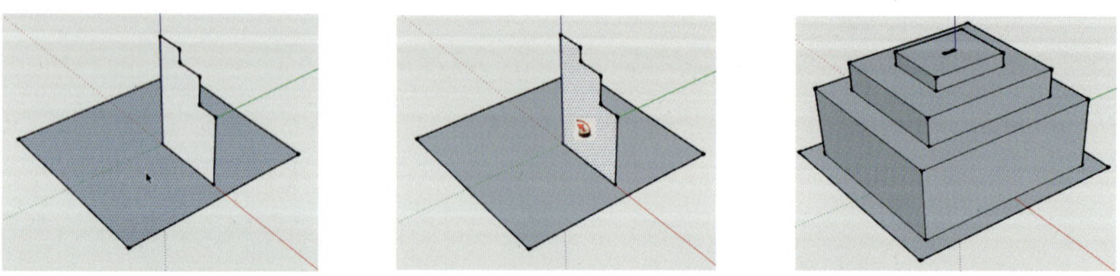

❶ 선택[Select] 도구로 사각형 바닥면을 지정하여 면에 접한 테두리선을 경로로 지정합니다. 선택[Select] 도구로 테두리선만 동시 선택[+]해도 됩니다.

❷ 따라가기[Follow Me] 도구로 단면을 선택합니다.

❸ 단면의 형태가 경로를 따라 자동으로 입체 모델이 작성됩니다.

[4] 추정[Inference] 기능 학습하기

[4-1] 추정[Inference]의 의미 살펴보기

스케치업에서 추정[Inference]이란 그리기나 모든 조작 과정에서 끝점[endpoint], 중간점[midpoint], 교차점[intersection], 중심점[center point], 반원[half circle], X축 추정선, Y축 추정선, Z축 추정선 등 특정 방향이나 위치점을 정확하게 찾아 주어 보다 정밀한 작업을 실현하도록 도와주는 기능을 의미합니다. 스케치업의 Osnap = [Inference, 추정] 기능이라고도 불려 집니다.

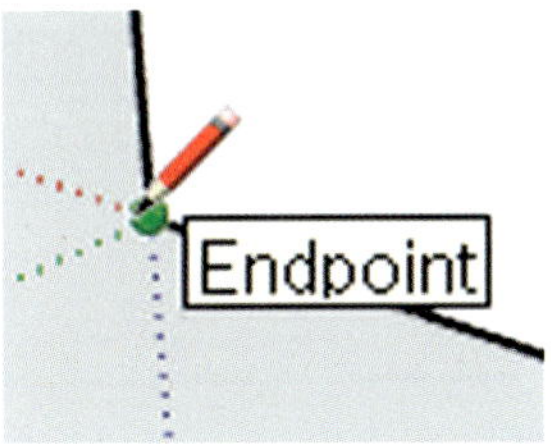

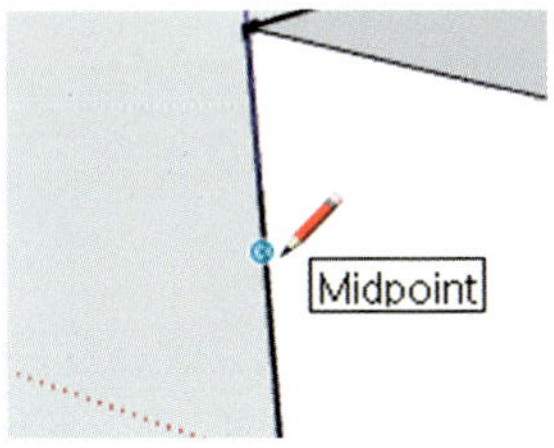

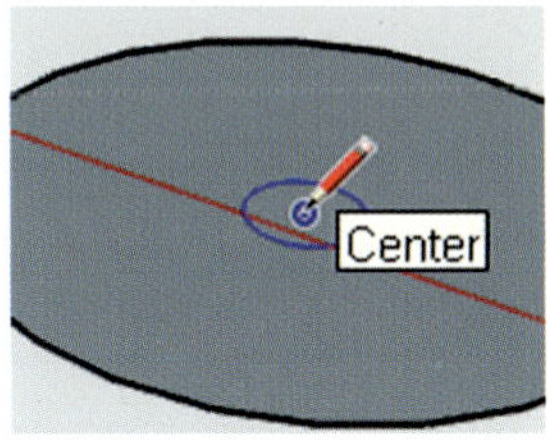

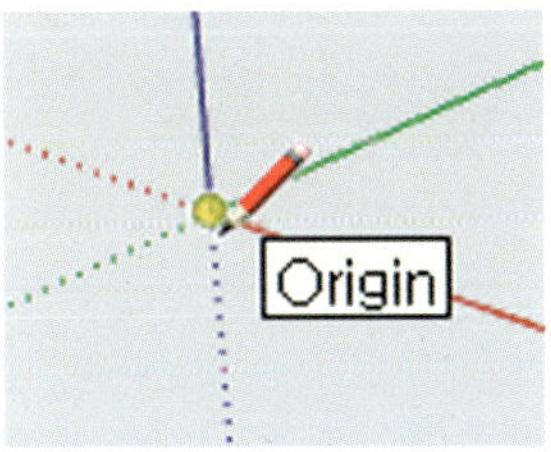

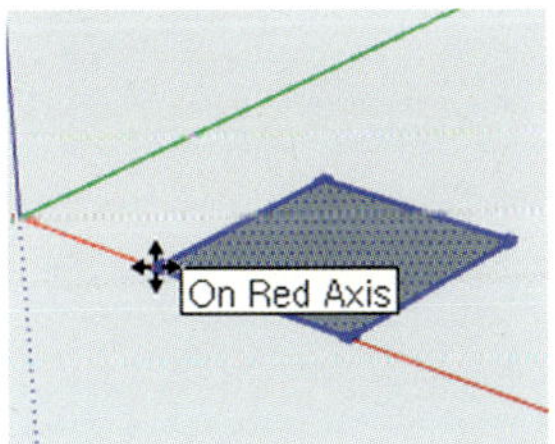

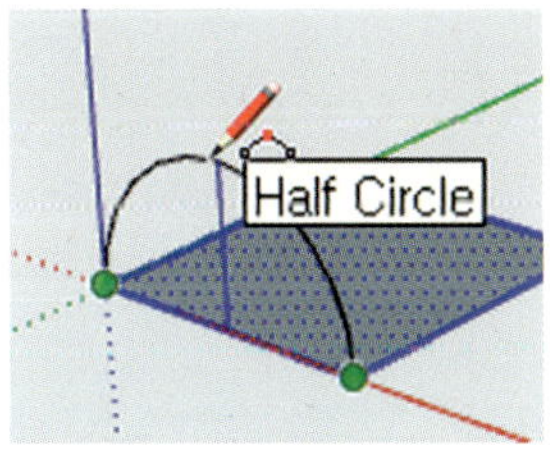

[4-2] 축[Axis]에 대한 추정 잠금 따라하기

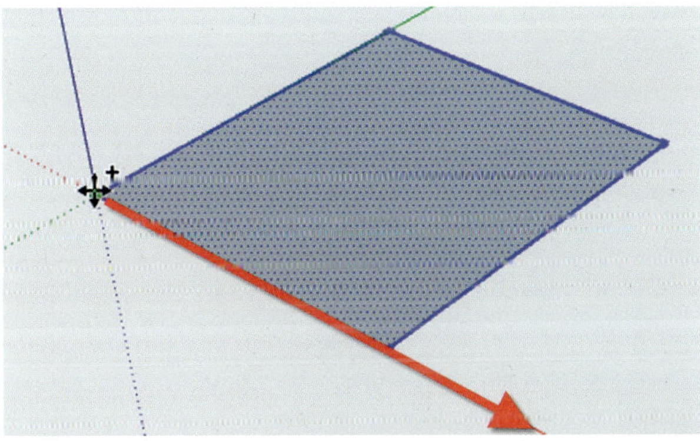

세 축의 교차점[원점]을 기준으로 사각형[Rectangle] 도구를 활용하여 [2000,2000]의 사각형을 작성한 후 전체 선택[Ctrl+A] 합니다. 이동[Move] 도구로 사각형의 모서리점을 기준점으로 지정합니다. X축 방향으로 조금 이동을 시키면 [On Red Axis] 메시지가 뜨며 이때 키보드의 [Shift] 버튼을 계속 누르고 있으면 X축 방향의 점선이 두꺼워지면서 치우침 없이 정확하게 X축 방향으로만 이동 또는 복사를 할 수 있습니다. 이를 [추정 잠금]이라고 합니다. 동일하게 Y축, Z축도 [Shift] 버튼을 이용하여 해당 축의 [추정 잠금]을 할 수 있습니다. 또 다른 방법으로 키보드의 방향키를 활용하여도 됩니다. [X축 잠금 추정], [Y축 잠금 추정], [Z축 상부 방향 잠금 추정], [Z축 하부 방향 잠금 추정] 방향키를 누르고 있으면 해당 축이 [추정 잠금]됩니다.

Free Exercise

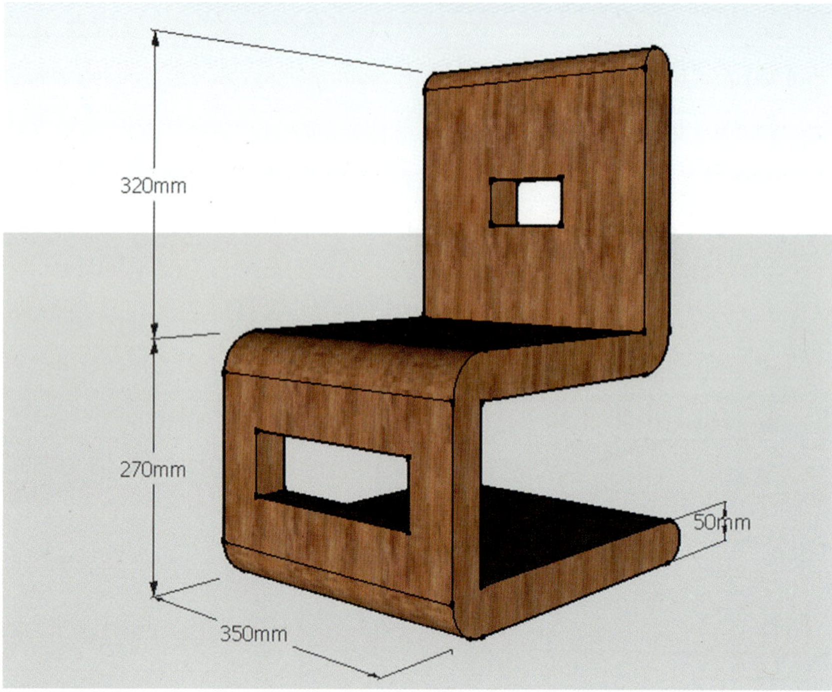

◉ View 1

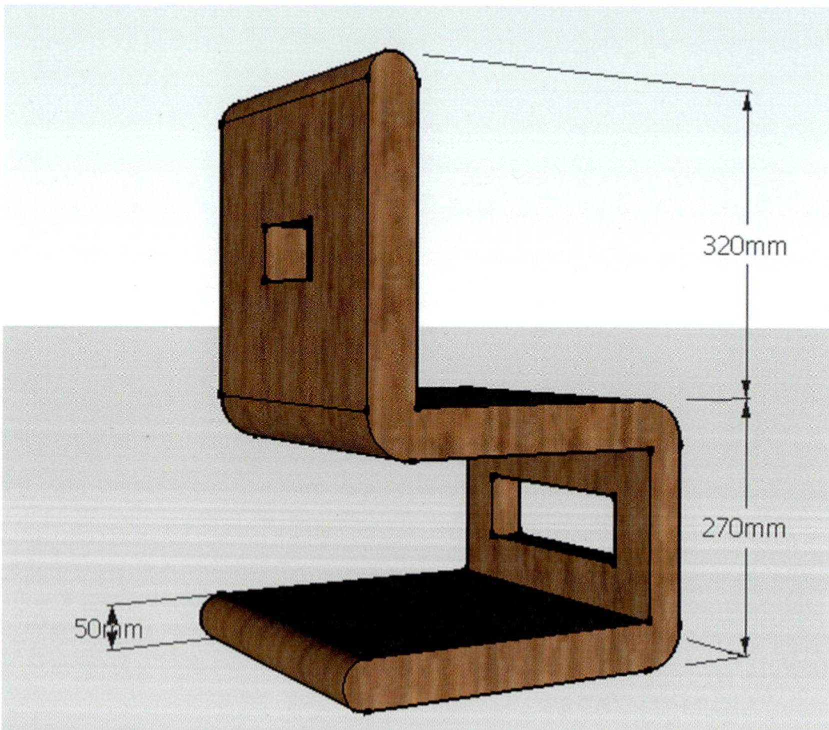

◉ View 2

[1] 주제 : 목재 인테리어 의자 모델 작성

[2] 도구 : 둥근 모서리 부위에 호[ ] 도구 또는 따라가기[ ] 도구를 적절히 활용하세요.

❶ 주어진 치수를 토대로 제시된 자유 예제 모델을 작성합니다.
❷ 치수가 없는 부분은 사용자 임의로 작성합니다.

Free Exercise

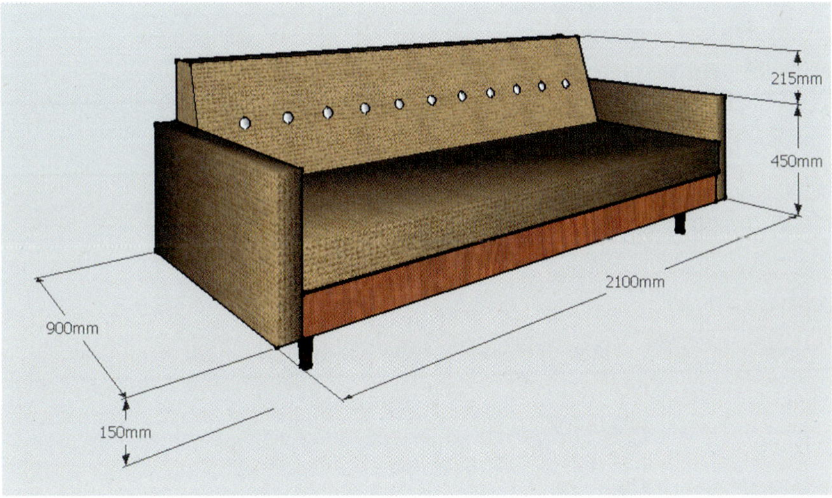

◉ View 1

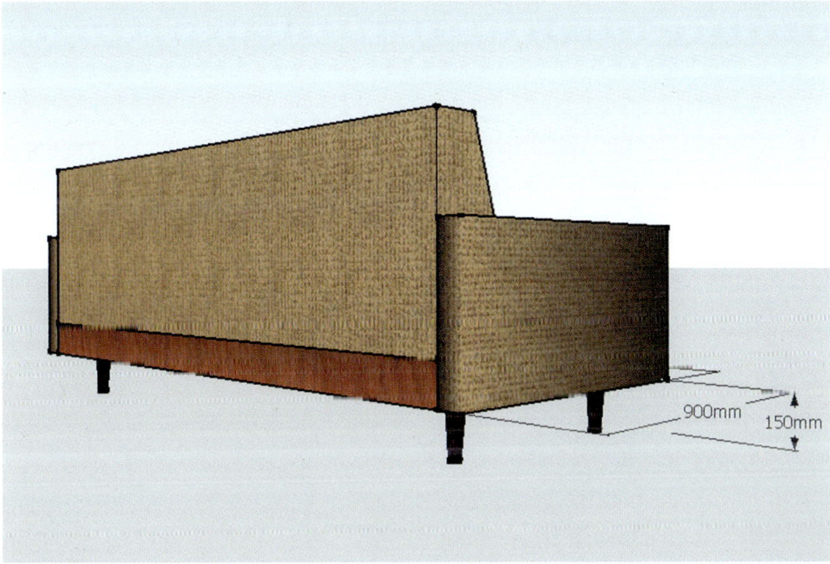

◉ View 2

[1] 주제 : 소파 모델 작성

[2] 도구 : 경계선 처리에 지우개[] 도구와 소파 다리의 축척[]도구를 적절히 활용하세요.

❶ 주어진 치수를 토대로 제시된 자유 예제 모델을 작성합니다.
❷ 치수가 없는 부분은 사용자 임의로 작성합니다.

05] 톱니 바퀴 모델 작성

톱니 바퀴 모델 작성 예제를 활용하여 회전[Rotate] 도구와 함께 카메라 기본 도구에 대하여 알아봅니다.

❶ 회전 [Rotate Icon]: 객체를 회전시킬 수 있습니다. [단축키 : Q]

❷ 카메라 [Camera Tool 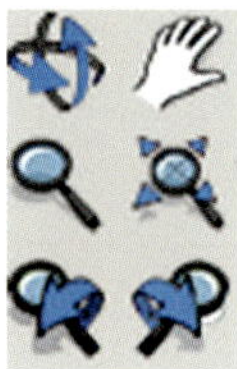] : 작업화면의 확대, 축소, 이전보기[previous], 다음보기 [next] 등의 기능을 제공합니다.

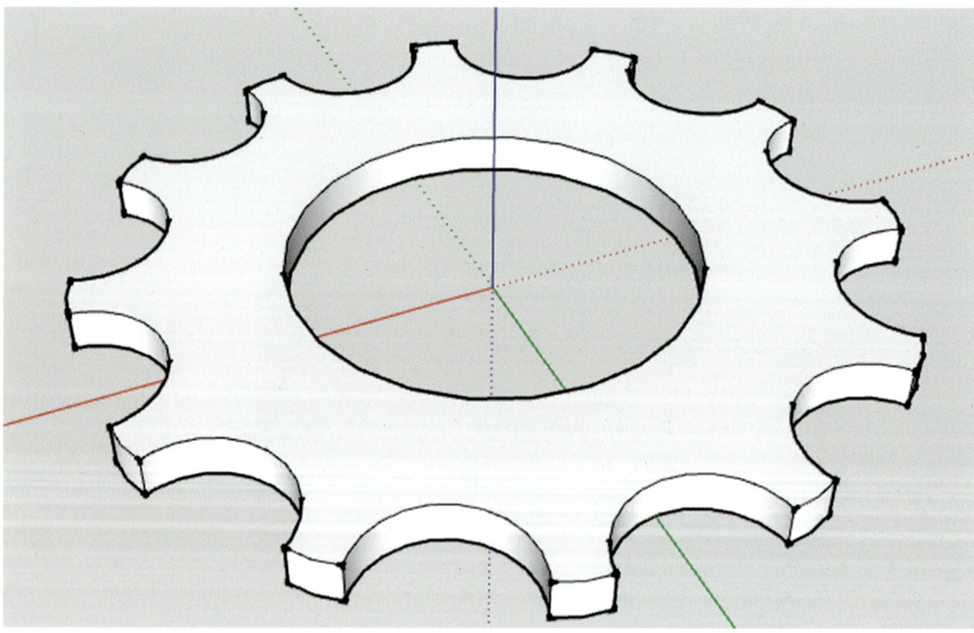

❸ 다음 페이지를 참고하여 회전 [Rotate Icon] 도구를 활용한 톱니 바퀴 모델을 따라해 보도록 합니다.

[1] 톱니 바퀴 모델 작성 따라하기

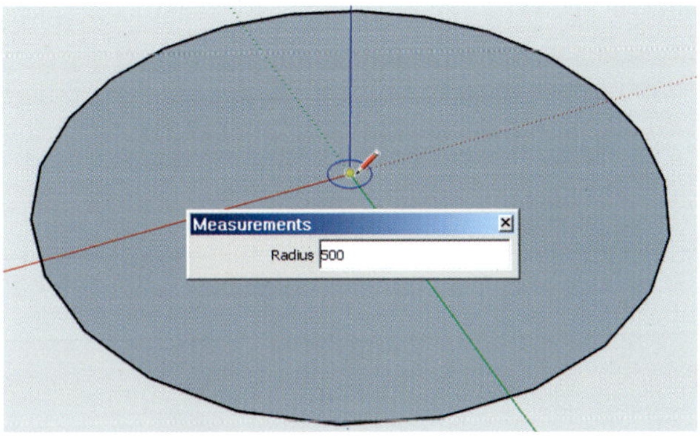

❶ 원[Circle] 도구를 선택하고 축의 교차점을 중심점으로 지정한 후 수치입력창에 반지름 [Radius] 값 [500]을 입력하면 위의 그림과 동일해 집니다.

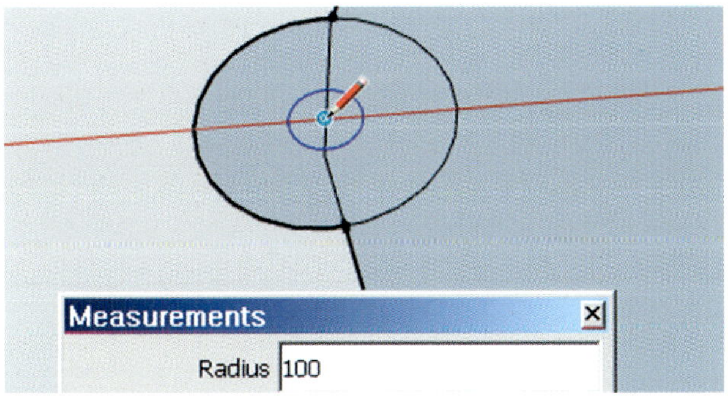

❷ 빨간색[X]축과 먼저 그려놓은 큰 원의 테두리선이 만나는 교차점에 원[Circle] 도구를 활용하여 중심점을 지정한 후 수치입력창에 반지름[Radius] 값 [100]을 입력하면 위의 그림과 동일하게 작성이 됩니다.

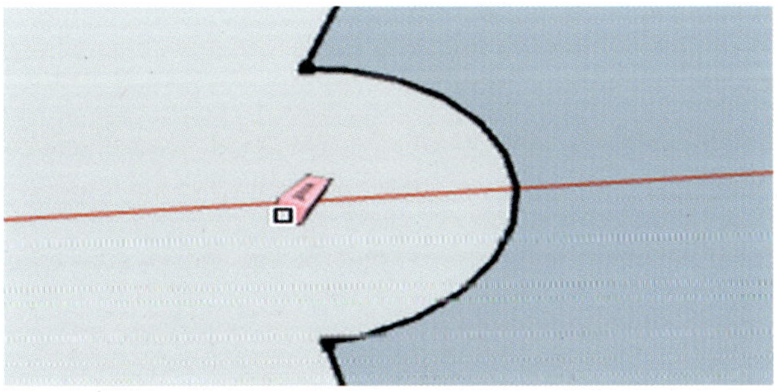

❸ 지우개[Erase] 도구를 활용하여 위의 그림과 동일하게 둥근 홈의 형태가 만들어지도록 주위의 선을 정리합니다.

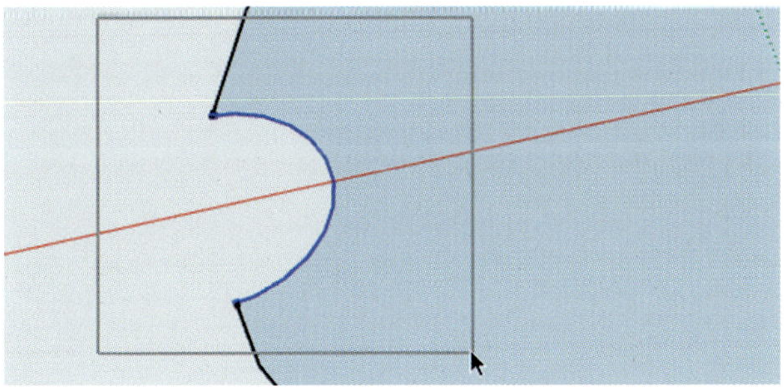

❹ 선택[Select] 도구의 [Window] 선택법을 활용하여 둥근 홈의 테두리 선을 선택하거나 직접 마우스로 홈의 테두리를 클릭하여 선택합니다.

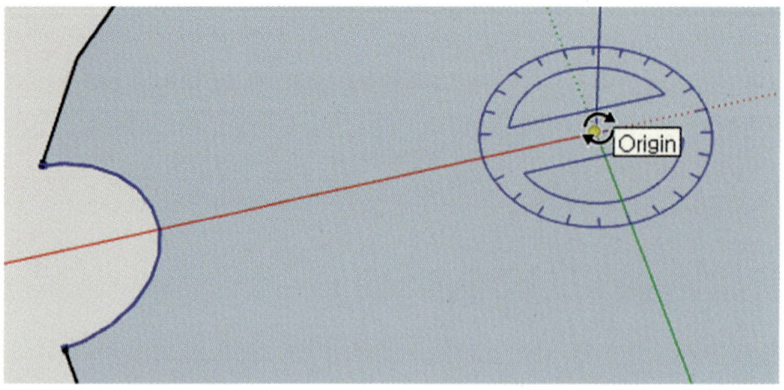

❺ 키보드의 [Q]를 입력하거나 회전 [Rotate] 도구를 선택하여 축의 교차점에 위치시킵니다.

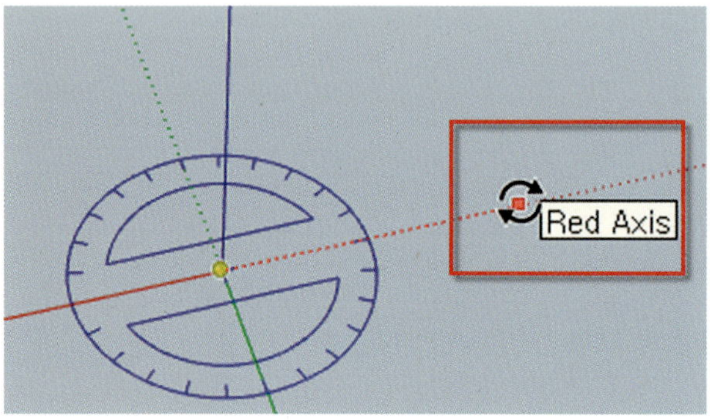

❻ 회전[Rotate] 도구를 축의 교차점에 위치시켰다면 마우스를 활용하여 정확히 X축 방향 위에 회전 도구의 기준점을 지정합니다.

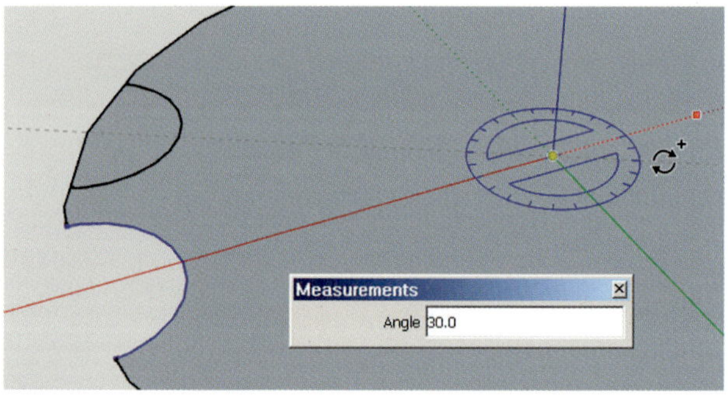

❼ 키보드의 [Ctrl]를 누르면 회전 도구 옆에 [+] 표시가 나타납니다. 마우스를 움직여 회전 방향을 지정 후 수치입력창에 [30]을 입력하면 [30도] 각도에 선택 객체가 복사가 됩니다.

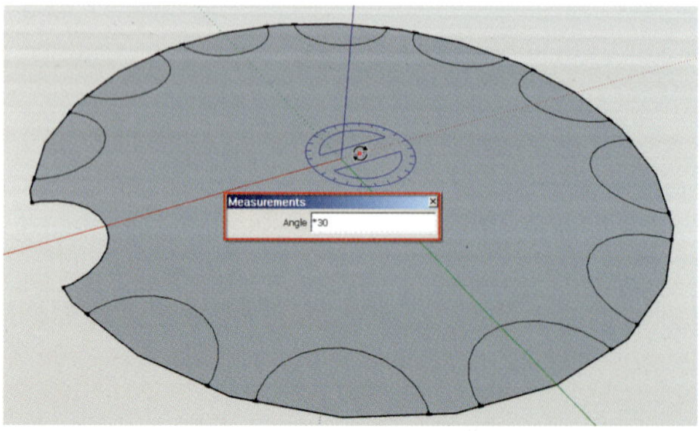

❽ 객체 하나가 복사가 되면 수치입력창에 즉시 [*12]라고 입력합니다. 처음 지정한 [30˚] 각도를 기준으로 12개의 둥근 홈의 테두리가 복사되어 작성됩니다.

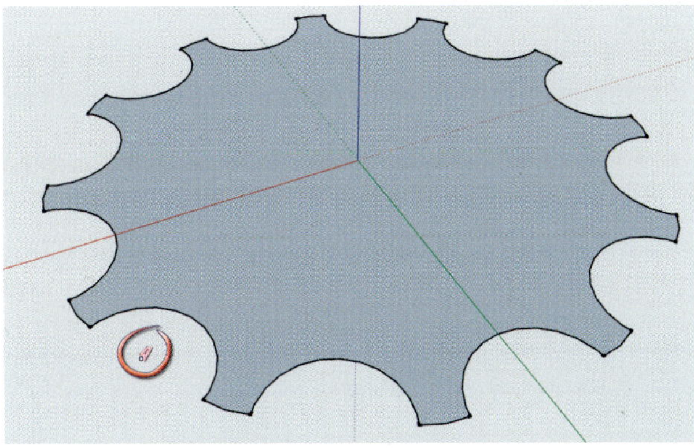

❾ 지우개[Erase] 도구를 활용하여 위의 그림과 동일하게 둥근 홈의 형태가 되도록 주위의 선을 전체적으로 정리합니다.

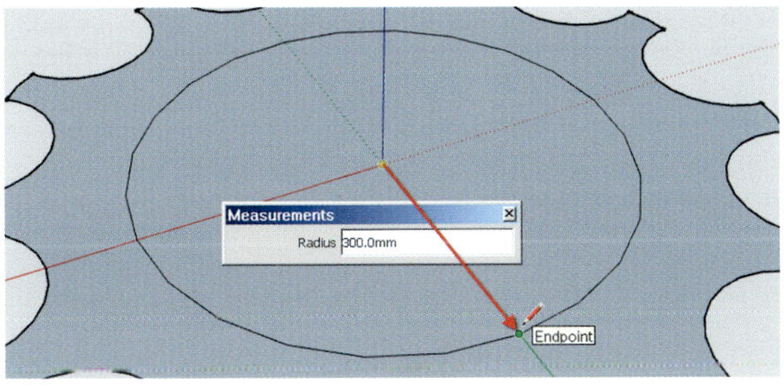

❿ 세 축의 교차점에 원[Circle] 도구를 활용하여 중심점을 지정한 후 수치입력창에 반지름 값 [300]을 입력하여 원을 작성합니다.

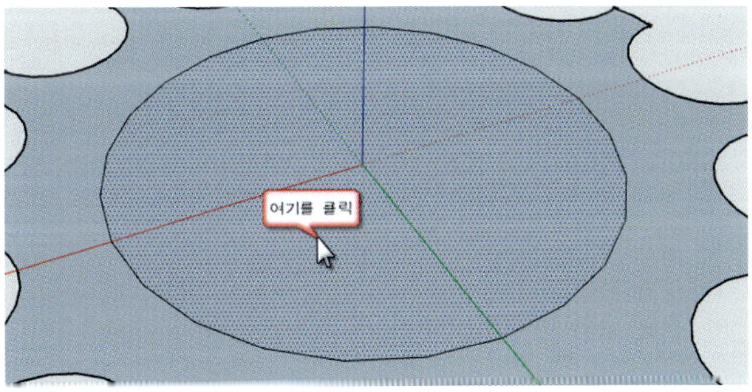

⓫ 선택[Select] 도구를 활용하여 해당 원형의 내부 면을 선택한 후 키보드의 [Delete] 버튼을 누르면 해당 면이 지워지게 됩니다.

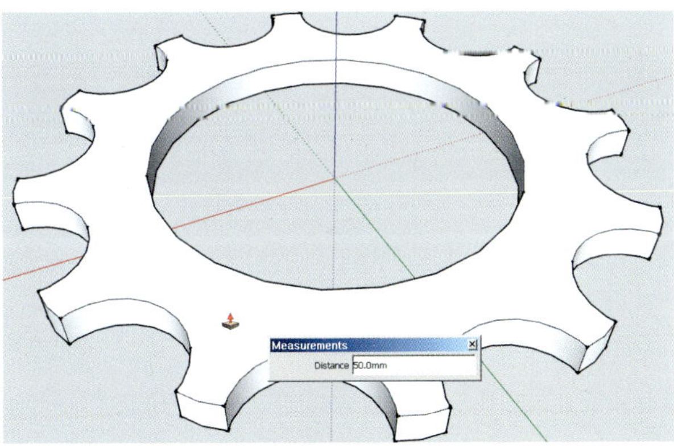

⓬ 밀고/당기기[Push/Pull] 도구를 활용하여 남겨진 면을 선택합니다. 마우스로 당길 방향을 정하고 수치입력창에 [50]을 입력하면 위의 그림과 동일한 객체가 작성됩니다.

[2] 카메라[Camera] 기본 도구 기능 학습하기

❶ 객체 관찰[Orbit] 도구

마우스 휠을 계속 누르고 있으면 화면에 관찰 아이콘이 나타납니다. 휠을 계속 누른채 마우스를 움직여 화면을 돌려가며 작성된 객체를 관찰합니다.

❷ 화면 이동[Pan] 도구

키보드의 [Shift]와 마우스 휠을 누르면 화면상에 손바닥이 나타납니다. 이 기능을 활용하여 화면을 사용자가 편하게 이동해가며 객체를 작성할 수 있습니다.

❸ 화면 확대·축소 [Zoom] 도구

마우스 왼쪽 버튼을 누른채 움직이면 화면이 확대 및 축소됩니다.

❹ 작성 객체 중심의 화면 조정 [Zoom Extents] 도구

해당 아이콘을 클릭하거나 키보드에서 [Space + Z]를 누르면 사용자가 작성한 객체들이 화면에 자동으로 맞춰 보입니다. 객체가 화면에 없을 시 축[Axis]을 자동으로 정렬합니다.

◉ 아래의 그림을 참고 하세요

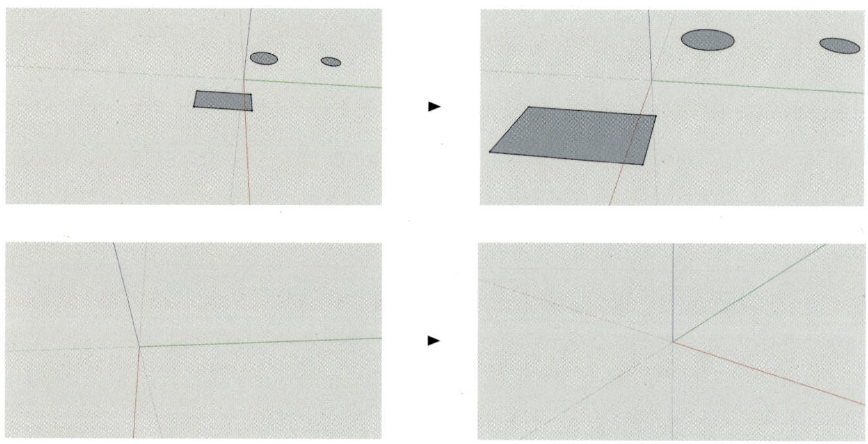

① [Space + Z] 적용 전　　② [Space + Z] 적용 후

❺ 이전보기 / 다음보기 [Previous / Next] 아이콘

스케치업은 항상 사용자의 작업 화면을 기억하고 있습니다. 이에 이전보기[ ] 도구는 현재 사용자가 보는 화면 전 단계의 화면들을 볼 수 있으며, 다음보기[ ] 도구는 이전보기 후 다시 앞 단계 화면을 보기 위하여 활용 됩니다.

이전/다음보기[ ] 도구는 특히 추후 학습하게 될 스케치업 애니메이션 작업에서 유용하게 사용되어 집니다.

SketchUP Pro 8

주택 정면 모델 작성

06] 주택 정면 모델 작성

주택 정면도를 직접 만들어 보면서 스케치업의 축조[CONSTRUCTION] 도구에 대하여 알아봅니다.

❶ 축조 도구 그룹 [Construction Group] : 치수에 맞춰 보다 정교하고 세밀한 작업을 수 행하기 위하여 스케치업에서 제공하는 도구들이 모여 있습니다. 치수, 안내선, 글자 기입, 각종 면적 및 인출선, 축의 재지정 등을 할 수 있습니다.

① 줄자[Tape Measure] 도구 : 길이를 재거나 모델 작성 참조에 도움을 주는 안내선을 작성합니다.

② 치수[Dimension] 도구 : 작성 모델에 치수선 표현을 합니다.

③ 각도기[Protractor 도구 : 각도를 재거나 경사 안내선을 작성합니다.

④ 문자[Text 도구 : 면적, 길이 등과 관련되 지시 문자를 작성합니다.

⑤ 축[Axis 도구 : 축의 방향을 재지정합니다.

⑥ 3차원 문자[3D Text] 도구 : 두께 값이 있는 3차원 문자를 모델을 작성합니다.

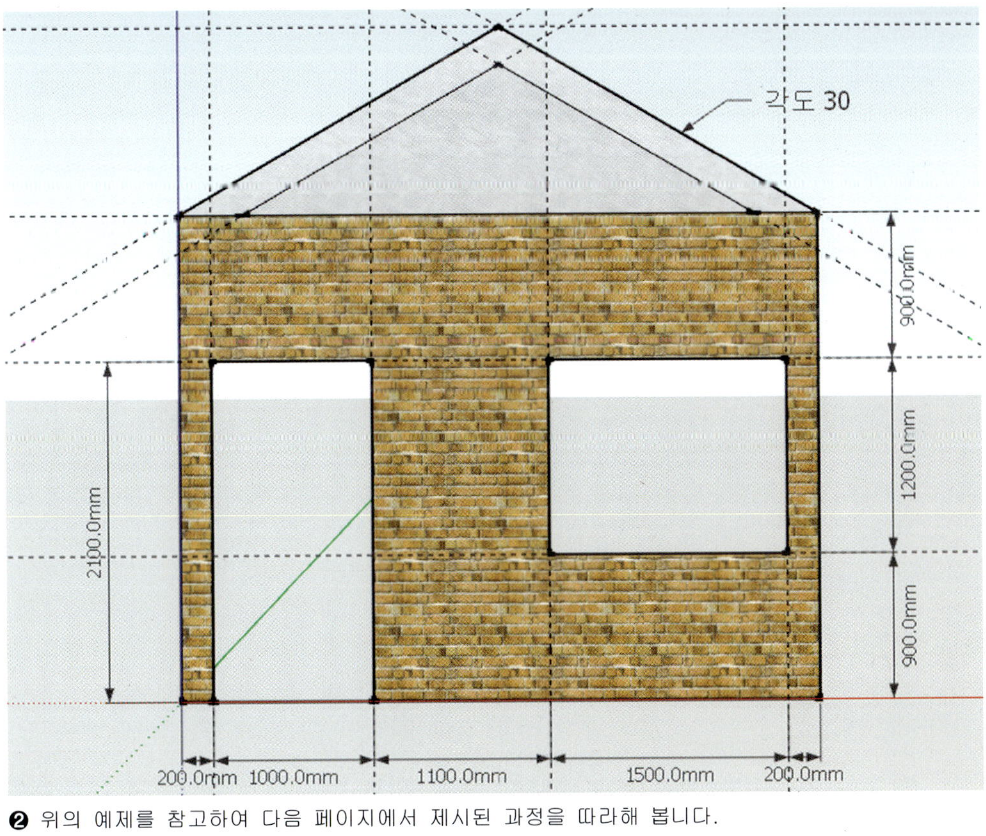

❷ 위의 예제를 참고하여 다음 페이지에서 제시된 과정을 따라해 봅니다.

[1] 주택 정면 모델 작성 따라하기

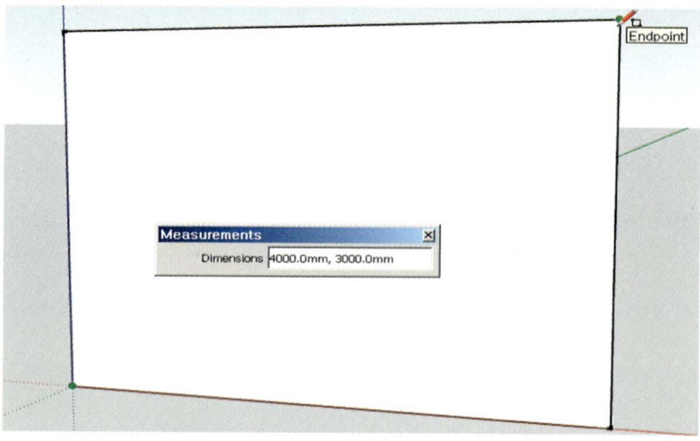

❶ 궤도[Orbit] 도구를 활용하여 X, Z축으로 뷰[View]를 맞춘 뒤 사각형 [Rectangle] 도구로 축의 교차점에 사각형의 시작점을 지정합니다. 수치입력창에 [4000,3000]을 입력하여 사각형 면을 작성합니다.

❷ 사각형의 면에 정확한 위치의 개구부[문과 창문]를 작성하기 위하여 키보드에서 [T]를 입력하거나 줄자[Tape Measure] 도구를 직접 선택하여 사각형의 좌측 수직선을 클릭합니다.

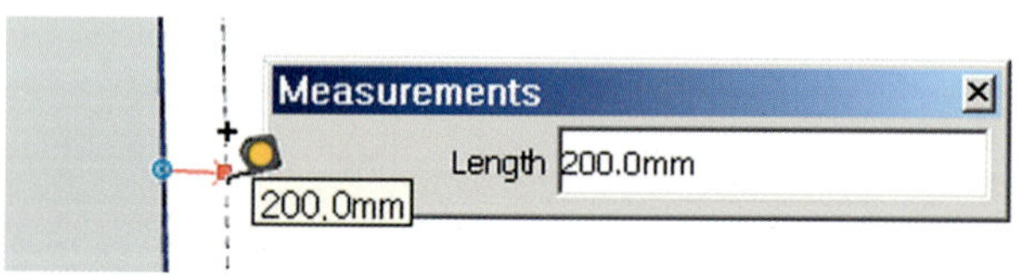

❸ 키보드에서 [Ctrl] 버튼을 누르면 측정도구에 [+]가 표시됩니다. 먼저 선택한 수직선을 참조하여 안내선을 작성하고자 하는 방향으로 마우스를 움직인 후 수치입력창에 [200]을 입력하면 위의 그림과 동일한 점선의 안내선이 만들어 집니다. [+]표시가 없는 줄자[ ] 도구는 단순히 길이 측정도구로서만 활용 가능합니다.

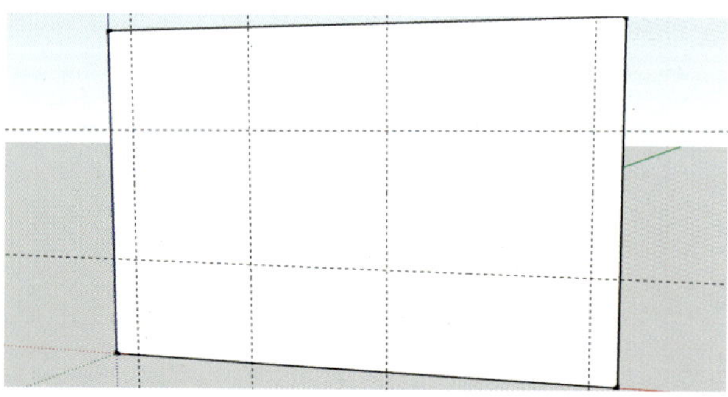

❹ 앞선 단계에서 학습한 방법으로 사각형의 면에 예제에서 제시된 치수를 기준으로 안내선 작업을 위의 그림과 동일하게 진행 합니다.

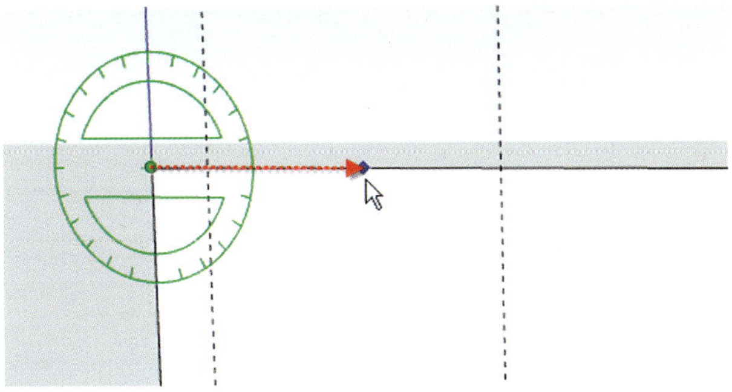

❺ 각도[Protractor] 도구를 선택하고 사각형 면의 좌측 모서리점에 위치점을 지정합니다. 마우스를 움직여 X축으로 방향에 기준점으로 지정합니다.

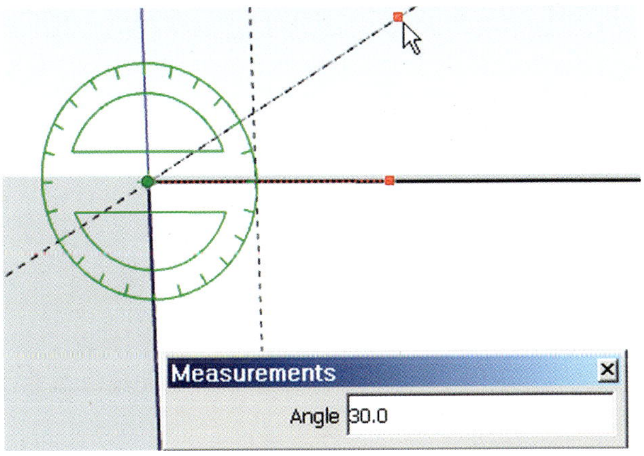

❻ 마우스를 활용하여 위의 그림과 같이 경사 방향을 정하고 수치입력창에 [30]을 입력하면 [30]도 방향으로 경사 안내선이 점선으로 작성됩니다.

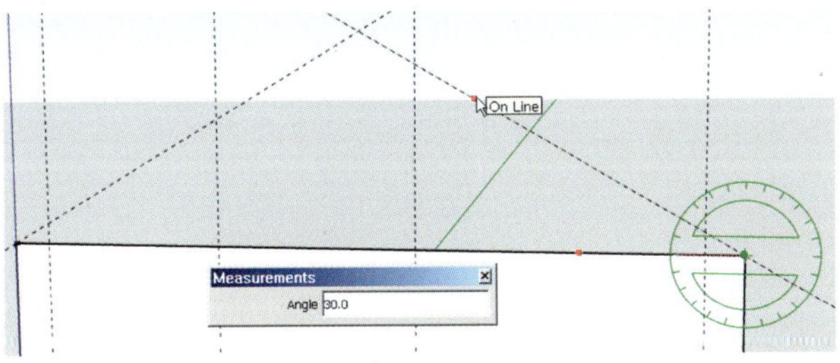

❼ 각도[Protractor] 도구를 활용하여 반대편 모서리점을 지정합니다. 선행 학습한 방법과 동일하게 경사도 [30]의 안내선을 위의 그림과 동일하게 작성합니다.

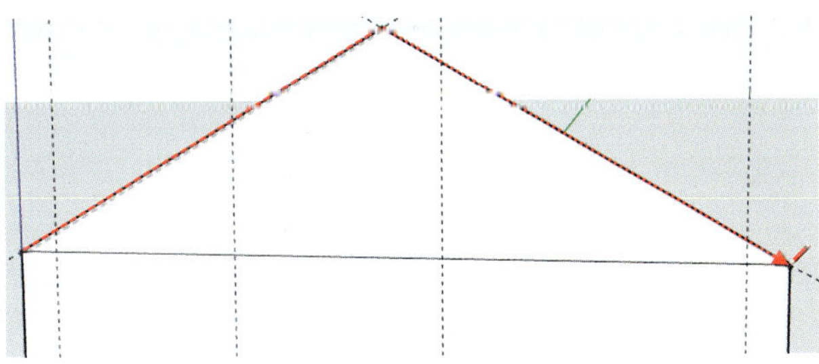

❽ 선[Line] 도구를 활용하여 선행 작성한 경사 안내선을 참고하여 선을 작성합니다. 위의 그림과 동일하게 삼각형의 면이 작성됩니다.

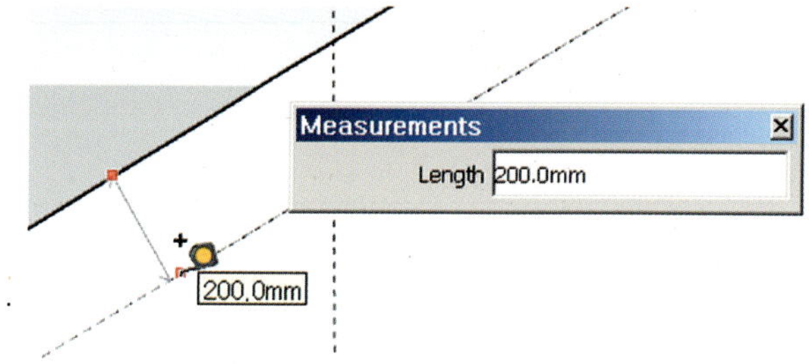

❾ 줄자[Tape Measure] 도구를 활용하여 작성해 둔 경사선을 클릭하여 안내선 작성 방향을 정한 뒤 키보드의 [Ctrl]버튼을 누른 후 수치입력창에 [200]이라고 입력합니다. 위의 그림과 동일한 경사진 안내선이 작성됩니다.

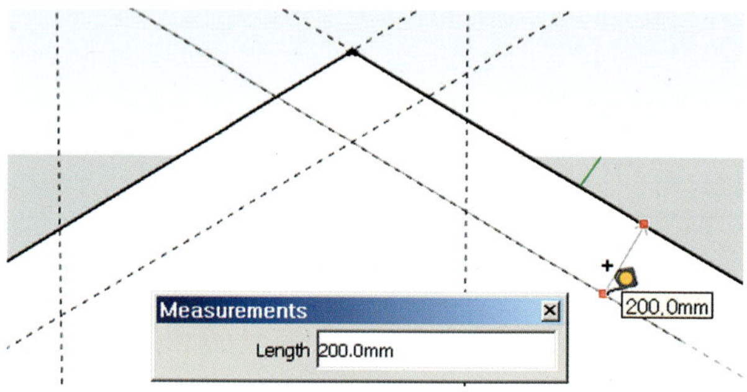

❿ 줄자[Tape Measure] 도구를 활용하여 반대편의 경사선을 클릭하여 선행 방법과 동일한 과정으로 [200]간격의 안내선을 작성합니다.

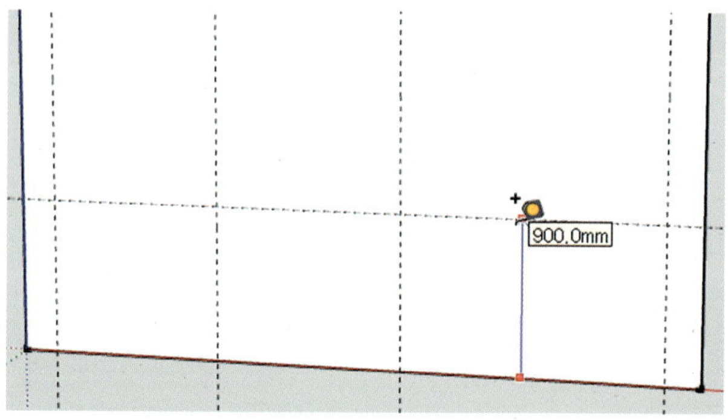

⓫ 사각형 면의 아래선을 기준으로 900간격의 안내선을 작성합니다.

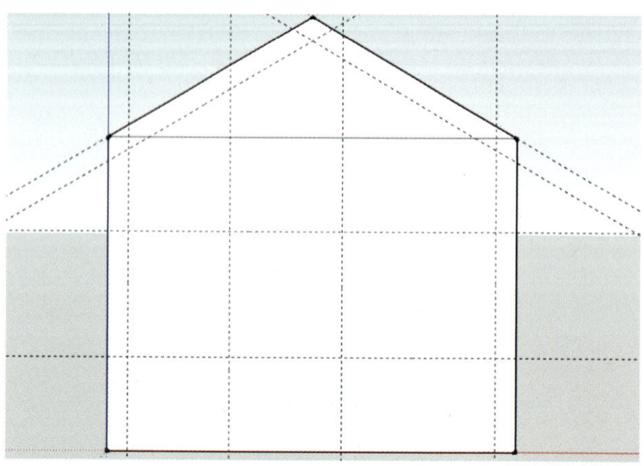

⓬ 줄자[Tape Measure]도구와 각도[Protractor] 도구를 활용하여 완성된 전체적인 안내선이 위의 그림과 동일한지 확인합니다.

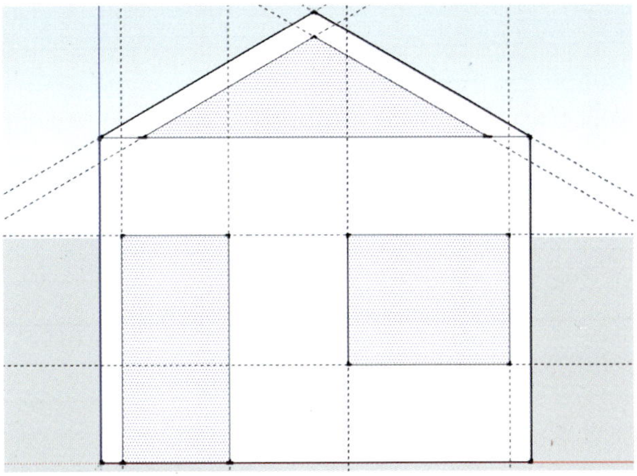

⓭ 선[Line] 도구와 사각형[Rectangle] 도구를 활용하여 안내선의 교차점의 개구부의 형태를 작성합니다.

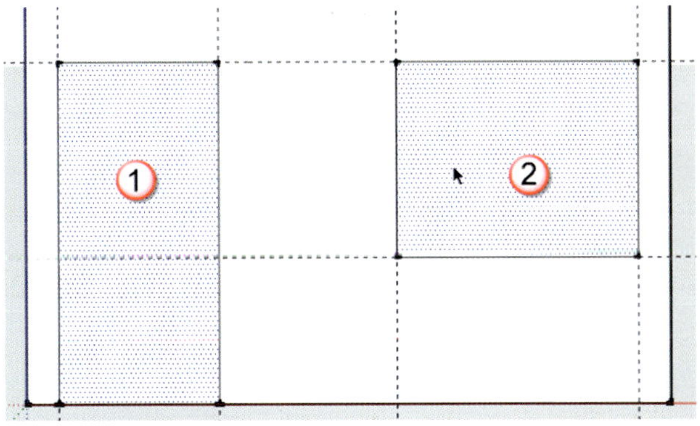

⓮ 선택[Select] 도구를 활용하여 ①번과 ②번 면을 동시 선택하고 키보드에서 [Delete] 버튼을 눌러 해당 면을 삭제합니다.

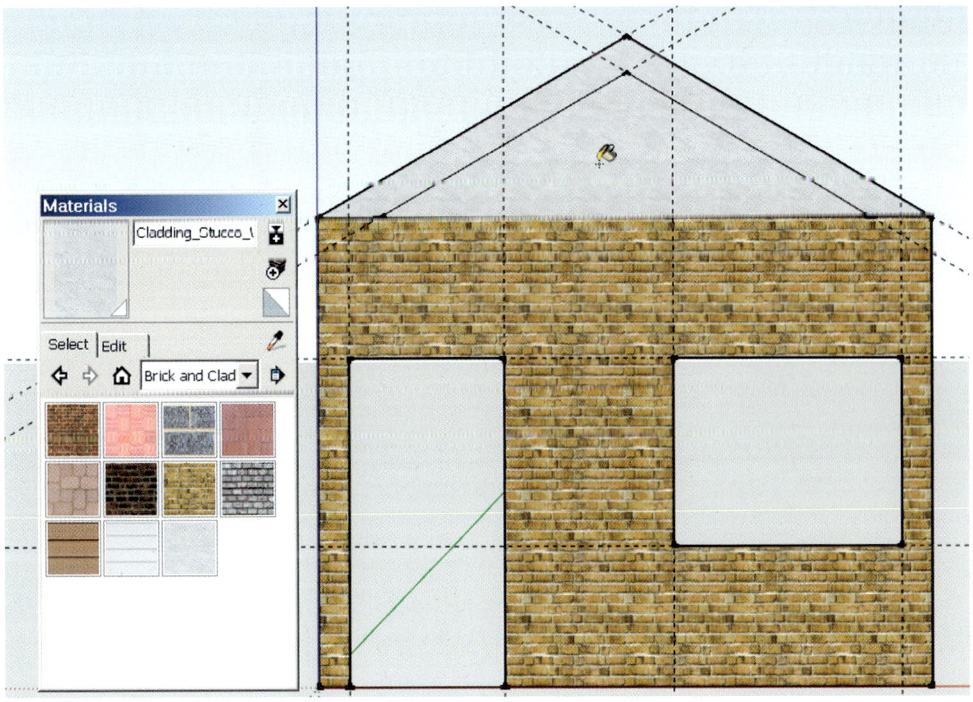

⓯ 페인트 통[Paint Bucket] 도구를 활용하여 위와 동일하게 재질을 부여합니다.

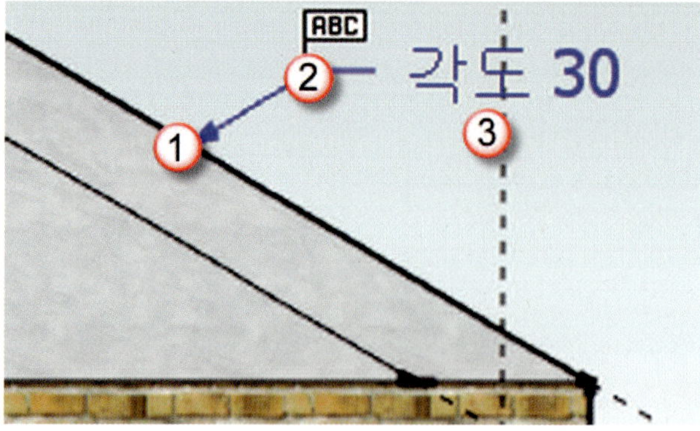

⑯ 경사선에 문자[Text] 도구를 활용하여 인출 문자의 위치점을 위의 그림처럼 ①번, ②번 순서대로 클릭합니다. ③번째 순서에서 문자를 변경하고 할 경우 직접 [각도 30]이라고 입력 후 키보드의 [Enter]를 두 번 입력합니다.

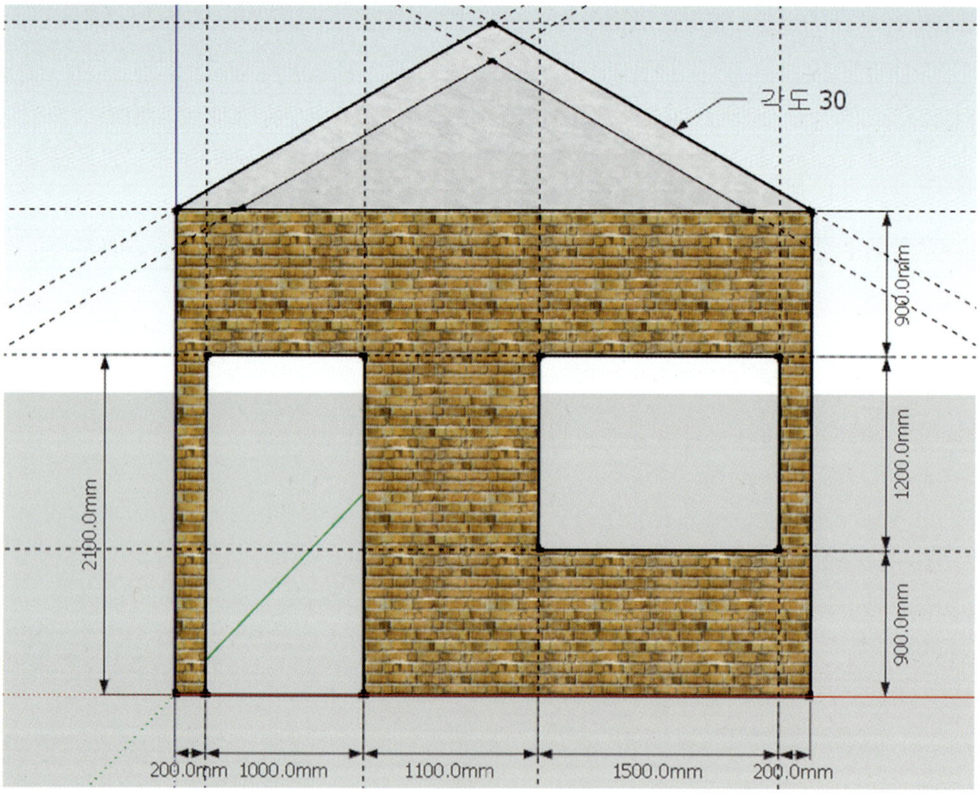

⑰ 치수[Dimension]도구와 문자[Text]도구를 활용하여 완성된 전체적인 치수선 작업이 위의 그림과 동일한지 확인합니다.

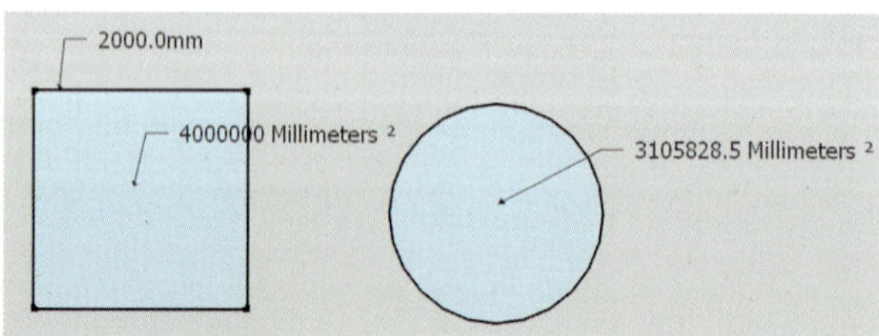

⑱ 문자[Text] 도구는 단순히 인출 문자를 기입하는 기능 이외에 다양한 문자 기입 기능을 담고 있습니다. 어떠한 면과 경계선인가에 따라 면적, 길이, 현의 길이 등의 다양한 문자를 기입할 수 있습니다.

[2] 치수선의 스타일 재지정 살펴보기

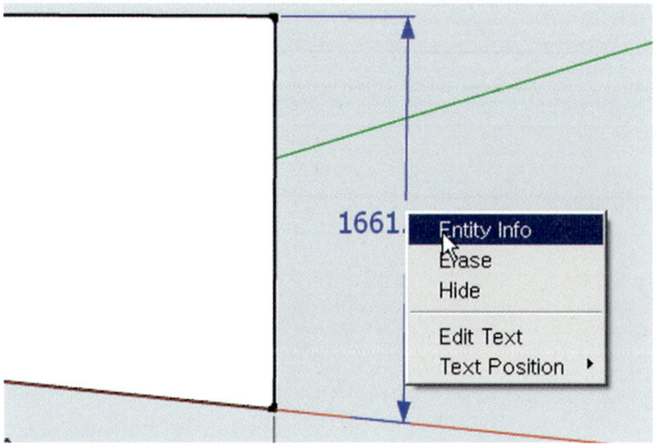

❶ 스타일을 재지정하고자 하는 치수선을 선택하고 마우스 우측 버튼을 클릭하면 확장 메뉴가 펼쳐집니다.

❷ 확장 메뉴에서 요소 정보[Entity info]를 선택합니다.

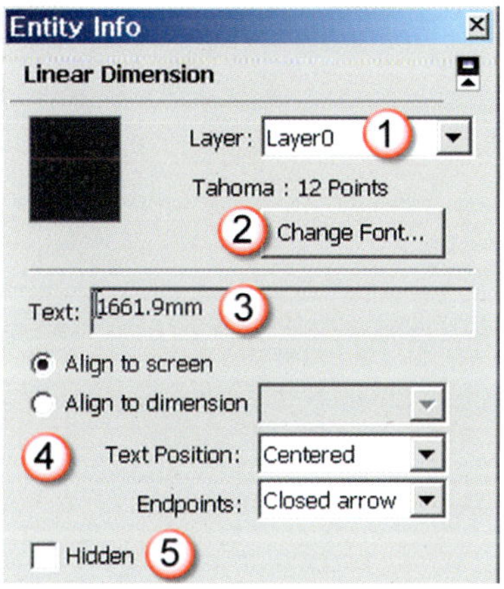

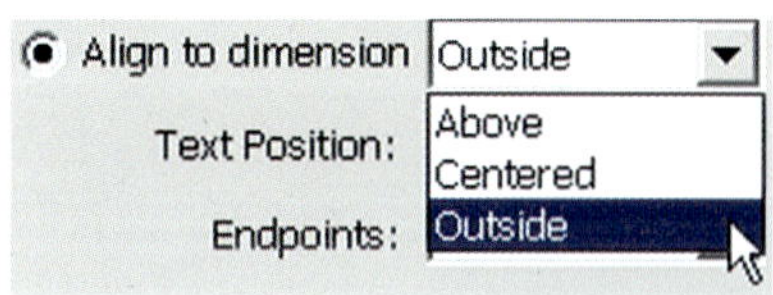

❸ 선택된 치수의 요소정보[Entity Info]에서 사용자는 치수선의 세부 형식을 재조정 할 수 있습니다.
아래의 내용을 참고 하세요

①번 LAYER : 치수선의 레이어[Layer]를 변경할 수 있습니다. 추후 학습하게 됩니다.
②번 CHANGE FONT : 글자의 형식, 굵기, 크기를 변경합니다.
③번 TEXT : 기존 문자 내용을 확인 및 변경이 가능합니다.
④번 : ㉠ Align to screen : 화면 뷰[view]에 맞춰 자동으로 치수 문자가 정렬됩니다.
㉡ Align to dimension : 세 가지 스타일로 문자가 정렬됩니다. [Above 치수선 위 위치 문자 / Centered 치수선 중간 위치 문자 / Outside 치수선 외부 위치 문자]
㉢ Text Position : 문자의 위치점을 재지정 합니다.
㉣ Endpoints : 치수선의 화살촉의 스타일을 재지정 합니다.
⑤번 : Hidden 항목에 체크를 하면 치수선이 화면상에서 숨겨집니다.

[3] 축[Axis]의 재지정 살펴보기

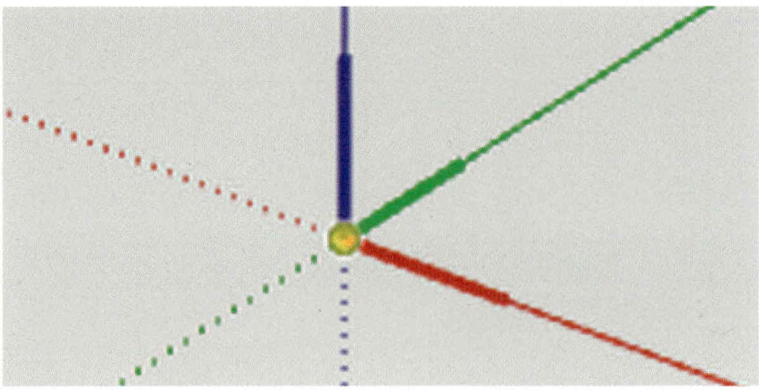

❶ 축 [Axis] 도구를 선택 후 축의 교차점[원점]에 축 도구의 위치점을 지정합니다.

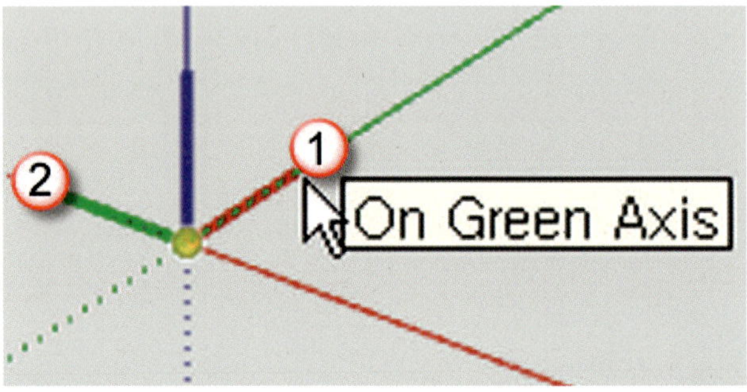

❷ 새로운 X축이 될 ①번 지점과 새로운 Y축이 될 ②번 지점을 마우스 좌측 버튼으로 지정합니다.

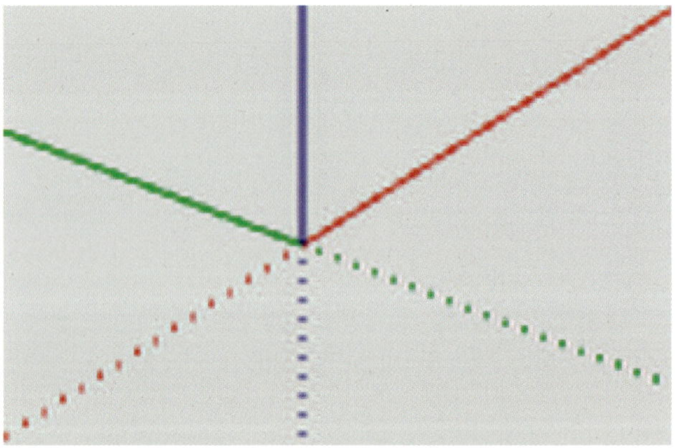

❸ 축의 변경으로 새로운 방향의 축이 생성되었습니다.
축[Axis]의 재지정은 다양한 뷰[view]의 면의 높이 값 및 모델 작성에 많은 도움을 주기에 필히 이해하여야 합니다.

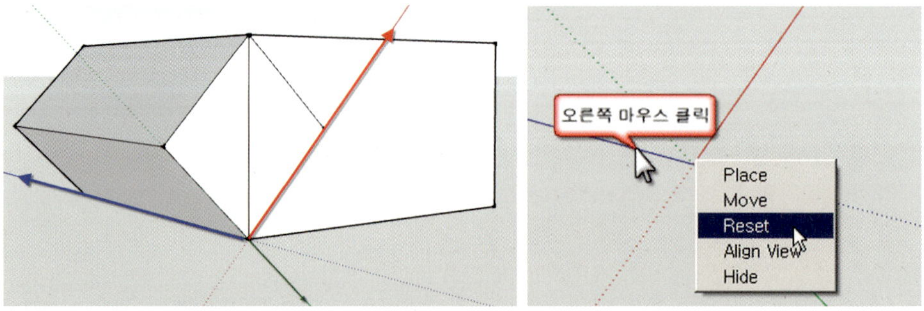

❹ 위의 그림과 같이 축의 변경으로 다양한 경사진 형태의 모델을 작성할 수 있습니다.
변경된 축을 원상복귀를 하려면 축 위에 마우스를 올려놓고 우측버튼을 누르면 펼쳐지는 확장메뉴에서 초기화[Reset] 메뉴를 클릭하면 됩니다.

[4] 3차원 문자[Place 3D TEXT ] 살펴보기

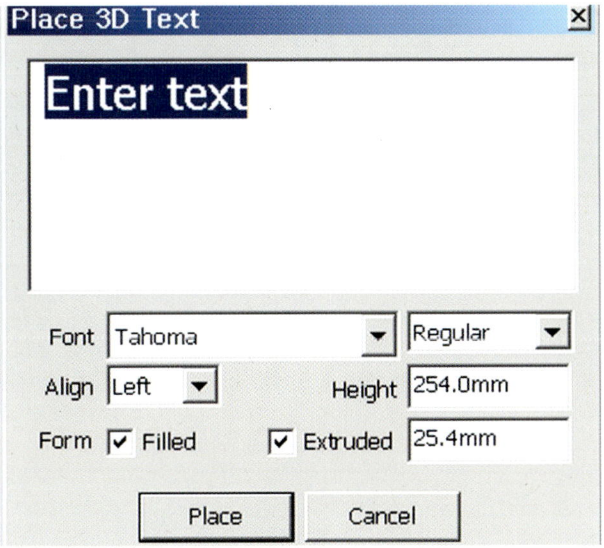

❶ 3차원 문자[3D TEXT ] 도구를 클릭하면 위의 창이 나타납니다.

❷ [Enter text]라고 쓰여진 부분에 마우스를 클릭하면 사용자가 원하는 문자를 작성할 수 있습니다.

❸ [Font 항목]에서 문자의 스타일을 정합니다.

❹ [Regular 항목]에서는 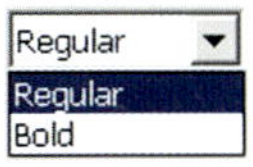

문자의 두께를 정합니다.
[Bold]를 선택하면 문자의 두께가 굵어집니다.

❺ [Align 항목]에서는 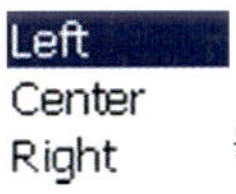

문자의 정렬 방식을 정합니다. [좌측/중앙/우측]

❻ [Height 항목]에서는 문자의 높이[크기]를 정합니다.

❼ [Form 항목]에서는 [Filled]에 대한 체크 항목이 있습니다. 체크가 해제되면 3차원 문자가 만들어지지 않습니다. 또한 바로 옆 [Extruded] 항목이 사라집니다.

❽ [Filled] 항목이 체크되면 [Extruded] 항목이 활성화되며 3차원 입체 돌출 값을 줄 수 있습니다.

❾ 옵션 설정이 마무리되면 Place[위치] 버튼을 클릭하여 사용자가 원하는 지점을 클릭합니다. 클릭 즉시 해당 문자가 화면상에 나타나게 됩니다.

❿ 작성된 3D 문자는 컴포넌트[Component]로 잡혀져 있으므로 개별 글자를 선택할 수 없습니다. 이럴 경우 마우스 왼쪽 버튼으로 더블 클릭을 하여 컴포넌트 수정[Edit Component]로 들어가 선택하거나 마우스 오른쪽 버튼을 눌러 해체[Explode] 항목을 클릭하면 모든 글자가 개별로 분리됩니다.

07] 돌아다니기[Walkthrough] 도구

스케치업에는 돌아다니기[Walkthrough] 기능이 있어 건물 내부와 외부, 그 주변을 가상으로 돌아다녀 보는 기능은 물론 특히 주변보기[Look Around] 기능을 활용하여 실제 사람이 눈을 들어 사물을 보는 듯 한 특정 장면을 연출할 수 있습니다. 또한 단면도 작성에 유용한 [Section Plan] 기능을 담고 있습니다.

❶ 카메라 위치 [Camera Position]: 카메라의 위치를 정할 수 있습니다.

❷ 둘러보기 [Look Around] : 마우스를 활용하여 눈으로 보는 듯 한 장면의 화면을 볼 수 있도록 합니다.

❸ 걷기 [Walk] : 건물 내부나 외부 주변을 걷거나 뛰어 다니는 듯한 장면을 볼 수 있도록 합니다.

❹ 절단면 [Section Plan] : 건물 또는 특정 객체의 단면의 형태를 볼 수 있습니다.

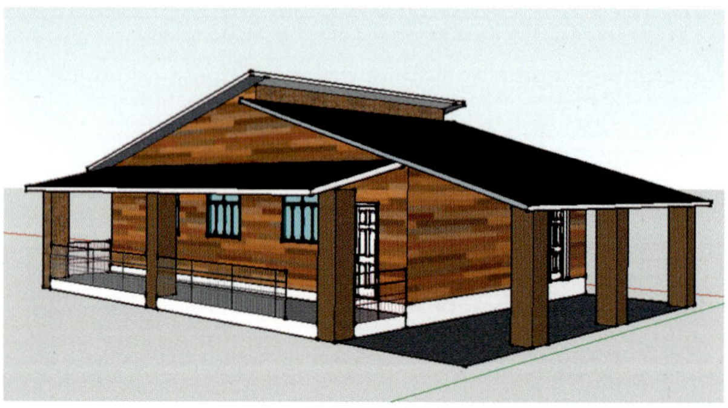

◉ Section Plan 적용 전

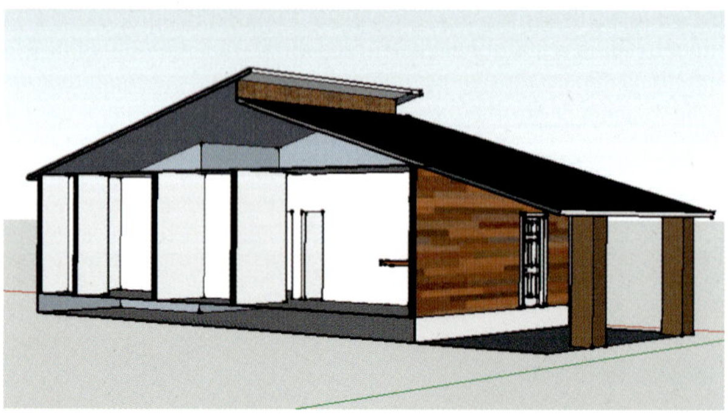

◉ Section Plan 적용 후

[1] 카메라 위치[Camera Position] 도구 활용 따라하기

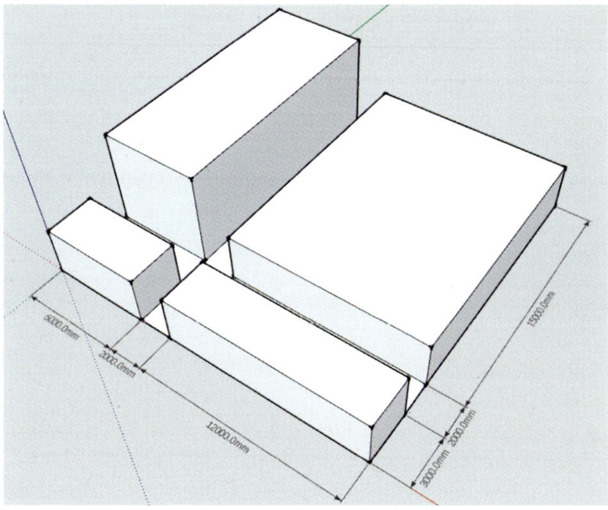

❶ 가로 및 세로 [20000]의 사각형 면을 작성 후 위의 그림을 참고하여 면을 나누어 높이 [3000 이상]의 서로 다른 네 개 박스를 작성합니다.

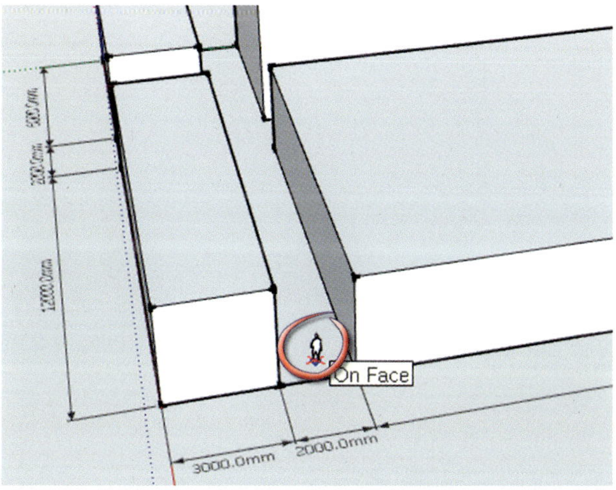

❷ 카메라 위치[Camera Position] 도구를 선택하여 위의 그림과 동일한 지점에 마우스 좌측 버튼으로 지정합니다.

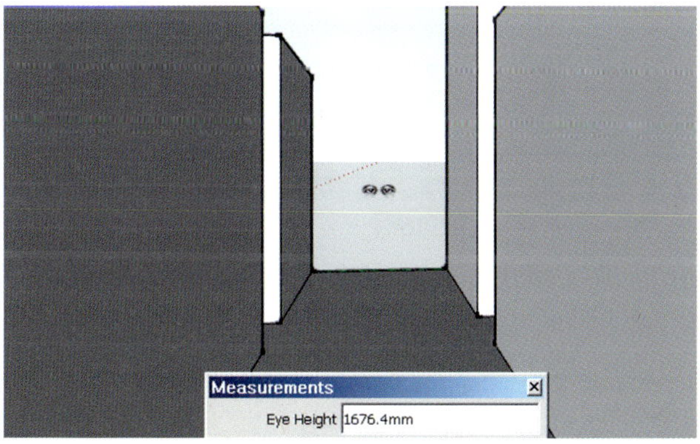

❸ 지정 위치점으로 화면 이동되며 스케치업 작업 화면에 눈동자[eye] 도구가 나타납니다.

[2]주변 보기[Look Around] 도구 활용 따라하기

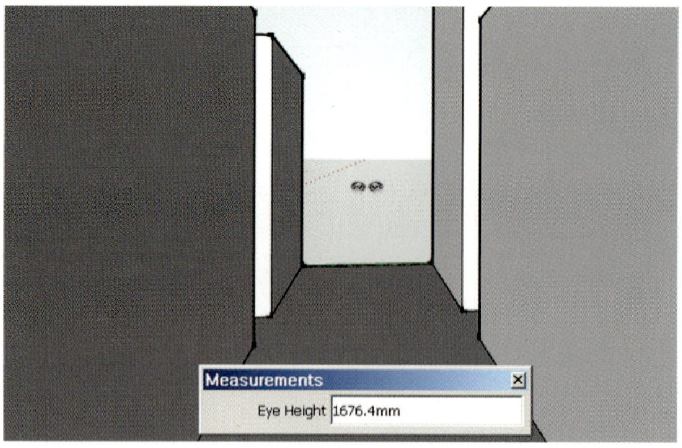

❶ 화면상에 두 눈[eye]이 표시되면 수치입력창의 눈 높이[Eye Height] [1500]을 입력합니다. 장면을 보는 눈의 높이가 [1500]으로 정해진 화면이 보이게 됩니다.

❷ 마우스의 좌측 버튼을 누른 채 위로 올리면 두 눈 또한 함께 따라 올라가며 마치 고개 들어 보는 듯 한 장면이 연출됩니다.

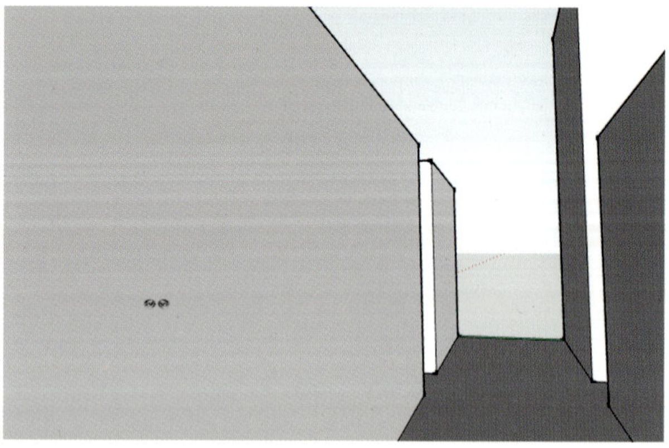

❸ 마우스를 좌우로 움직이면 마치 고개를 돌려 보는 듯 한 장면도 연출 할 수 있습니다.

[3] 걷기[Walk] 도구 활용 따라하기

인터넷 게임이나 가상현실에서 주로 사용하는 걷기 도구와 동일하게 도시의 도로, 골목 등의 거리나 건물 내부를 마치 사용자가 걸어보는 듯 한 느낌을 주어 작업 모델에 대한 가상적 체험을 가능케 하여 줍니다.

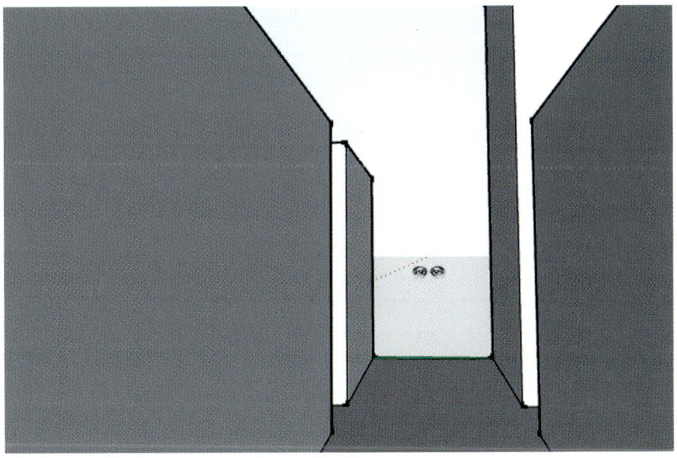

❶ 눈동자를 정면으로 향하도록 마우스를 활용하여 조정합니다.

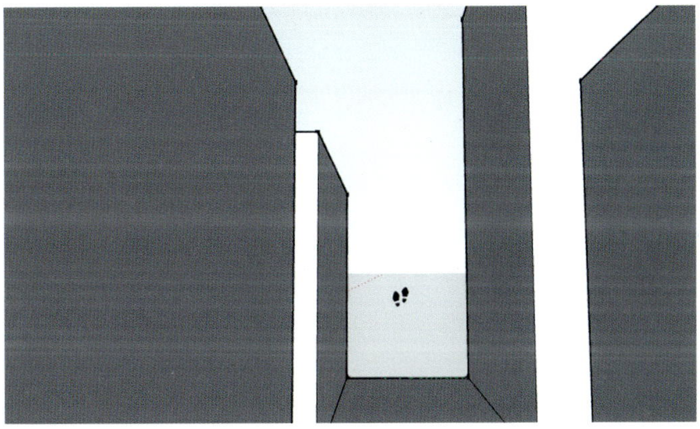

❷ 걷기[ ] 도구를 선택한 후 키보드의 방향키 [ ]를 계속 누르면 앞으로 전진합니다. 키보드 방향키는 걷는 방향을 제어합니다.

① ↑ 앞으로 움직이기
② ← 좌측으로 움직이기
③ → 우측으로 움직이기
④ ↓ 뒤루 움직이기
⑤ Ctrl + ↑ 빨리 달리기
⑥ Shift + ↑ 하늘로 올라가기
⑦ Shift + ↓ 지하로 내려가기

❸ 걷기[ ] 도구를 활용하여 걷다가 벽 등의 수직의 물체에 가로막히게 되면 정지[ ] 아이콘이 나타납니다. 이럴 경우 키보드의 [Alt] 버튼을 누른 상태로 전진하면 가로막힌 장애물을 통과하여 계속 돌아다니기를 할 수 있습니다.

[4] 절단면[Section Plan] 활용 따라하기

객체의 절단면을 보여주는 것으로서 절단면[Section Plan] 도구를 활용하여 건축물에 대한 상하 좌우의 축조과정을 애니메이션으로 구현할 수 있습니다.

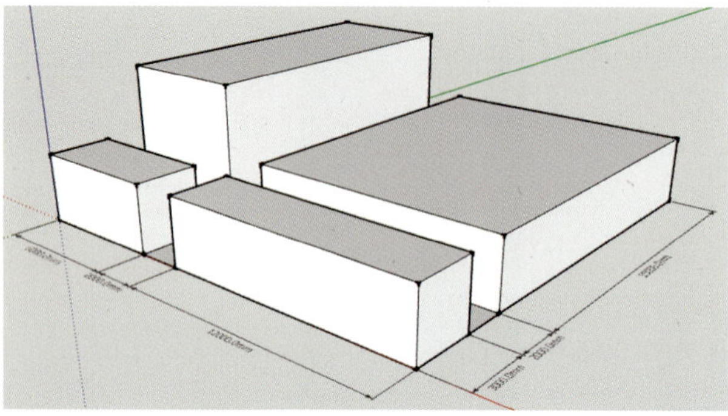

❶ 키보드의 [Esc] 버튼을 눌러 돌아다니기[Walkthrough] 기능을 해제합니다. 이어 궤도[Orbit] 도구를 활용하여 위의 그림과 같이 화면을 조정합니다.

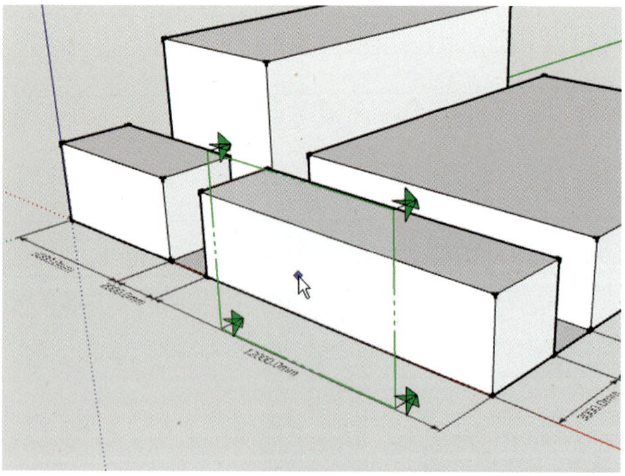

❷ 절단면[Section Plan] 도구를 활용하여 단면이 시작 되는 면을 마우스 좌측 버튼을 눌러 지정합니다.

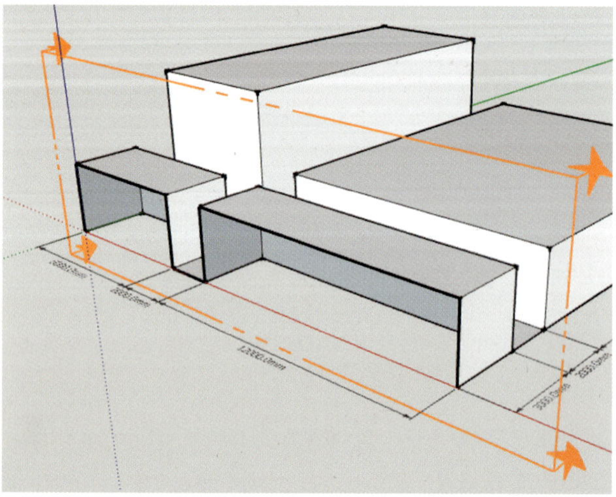

❸ 지정된 절단면[Section Plan] 표시는 노란색으로 표시가 됩니다.

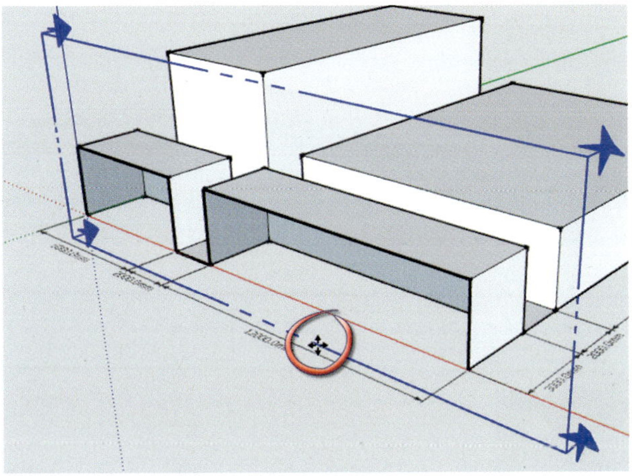

❹ 이동[Move ] 도구를 선택하여 위 그림에서와 같이 절단면 안내선을 클릭합니다. 클릭과 동시에 단면 작성선이 청색으로 변하면서 움직입니다. 이어 마우스를 움직여 사용자가 원하는 위치의 단면을 찾아 볼 수 있습니다.

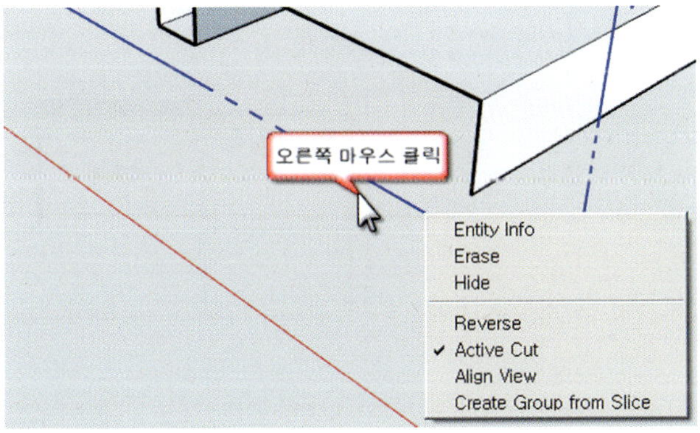

❺ 사용자가 원하는 지점에 절단면 안내선을 멈추고 마우스 좌측버튼을 누르면 확장 메뉴가 펼쳐집니다.

① Hide : 단면 작성선이 화면상에서 숨겨집니다.
② Reverse : 절단면 안내선을 기준으로 현재의 보여지는 객체는 사라지고 반대편의 사라진 객체가 보여집니다.
③ Active Cut : 절단면 안내선을 그대로 둔 채 사라진 객체가 보여집니다.
④ Align View : 단면을 위주로 단면에 대한 정면 화면으로 정렬합니다.

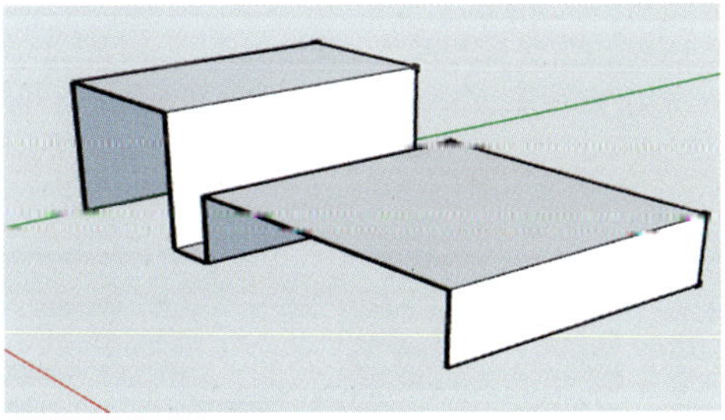

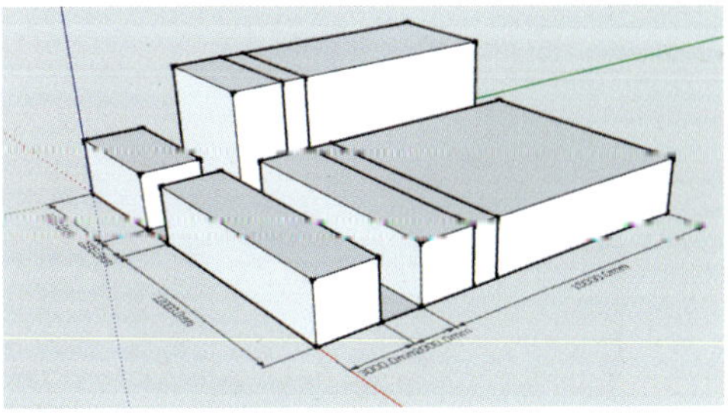

 : 단면 작성선이 보이거나 보이지 않도록 합니다.

 : 단면 작성선 기준으로 잘려진 부분을 보이거나 보이지 않게 합니다. 단면 구분선은 나타납니다.

[5] Section Plan [ ]과 V-Ray를 활용한 단면 모델 실례

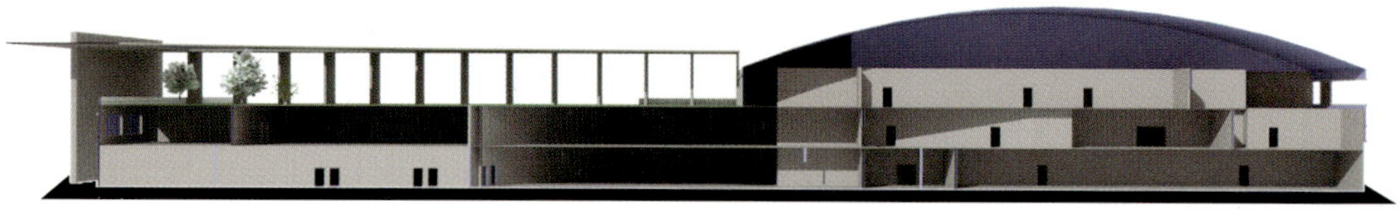

◉ Section Plan 적용한 종단면도

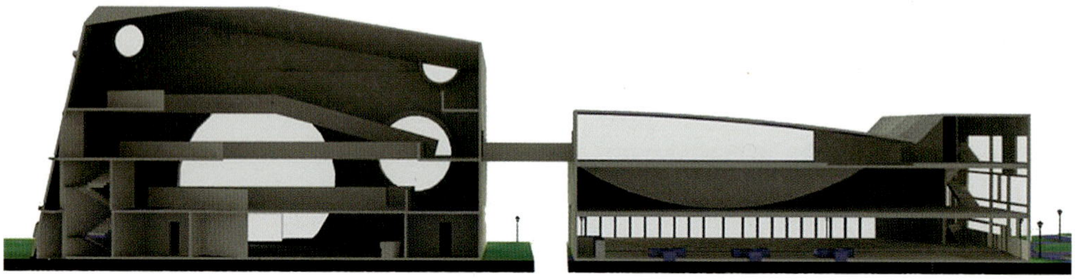

◉ Section Plan 적용한 종단면도

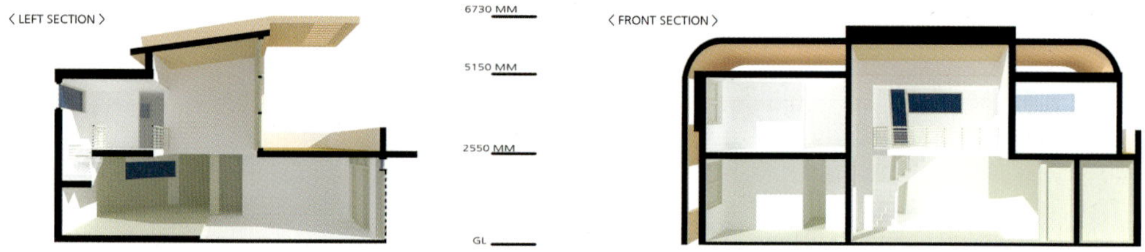

◉ Section Plan 적용한 횡단면도

◉ Section Plan 적용한 평단면도

◉ Section Plan 적용한 평단면도

Free Exercise

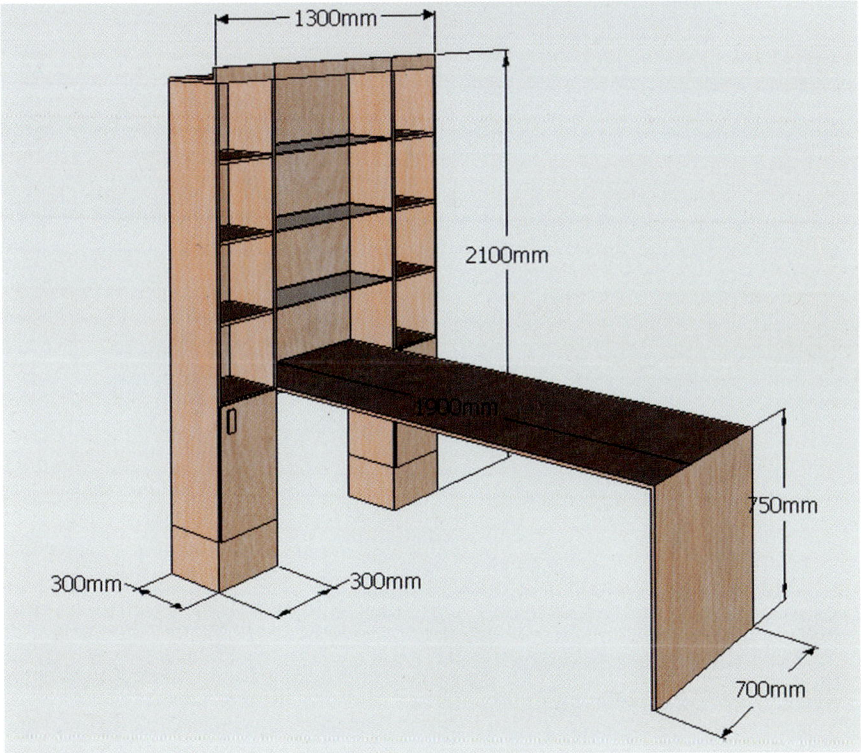

◉ View 1

◉ View 2

[1] 주제 : 학습용 가구 세트 모델 작성 연습

[2] 도구 : 밀고/당기기[ ] 도구와 이동/복사[ ] 도구를 적절히 활용하세요.

❶ 주어진 치수를 토대로 제시된 자유 연습 모델을 작성합니다.

❷ 치수가 없는 부분은 사용자 임의로 작성합니다.

Free Exercise

◉ View 1

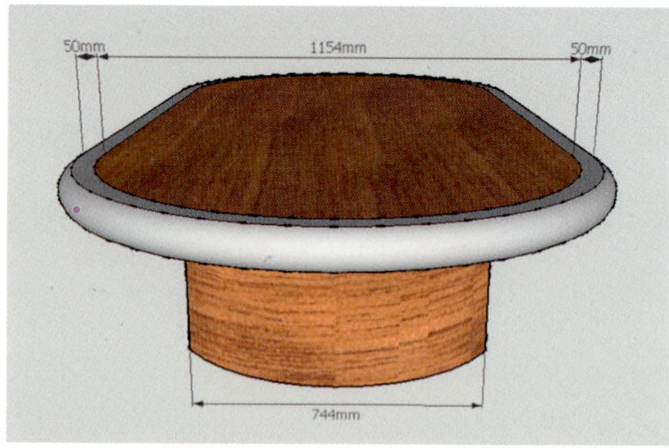

◉ View 2

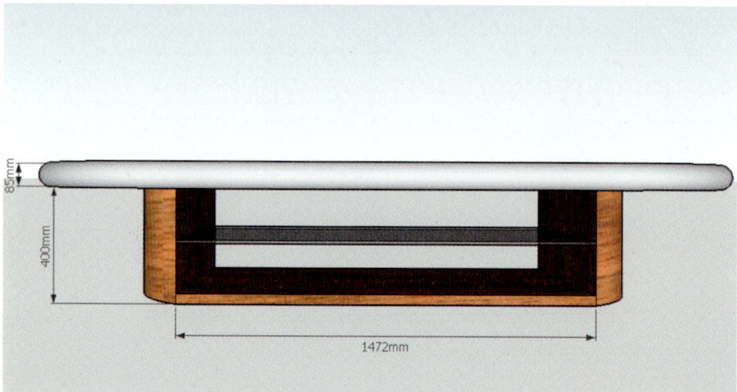

◉ View 3

◉ View 4

◉ View 5

[1] 주제 : 테이블 모델 작성 연습

[2] 도구 : 둥근 모서리 부위에 호[ ] 도구 또는 따라가기[ ] 도구를 적절히 활용하세요.

❶ 주어진 치수를 토대로 제시된 자유 연습 모델을 작성합니다.
❷ 치수가 없는 부분은 사용자 임의로 작성합니다.

[POINT UP]
SketchUP Pro 8

P. A. R. T. 3

주제로 배워보는 기본 도구 학습 II

SketchUP Pro 8

고체[Solid] 도구

01] 고체[Solid]도구

스케치업 프로 8.0은 기존 7.0과 다른 고체[Solid] 도구를 가지고 있습니다. 스케치업에서 작성된 객체가 반드시 그룹[Group] 또는 구성요소[Component]화 되었을 때 비로소 고체 도구를 활용할 수 있습니다.

❶ 외부 셀[Outer Shell] 도구
합집합 도구와 동일한 방식이지만 외부 셀만 결합이 되고 내부의 모든 도형이 제거됩니다.

❷ 교집합[Intersect] 도구
상호 교차된 두 도형의 관계에서 겹쳐진 도형 영역만 남기고 나머지 도형 영역이 제거됩니다.

❸ 합집합[Union] 도구
상호 교차된 두 도형을 결합시킵니다. 내부 도형이 포함되어있더라도 내부 도형은 유지됩니다. 외부 셀 도구가 구별되는 차이점입니다.

❹ 차집합[Subtract] 도구
상호 교차된 두 도형 중 두 번째 선택된 도형에서 첫 번째 선택된 도형이 제거됩니다.

❺ 트림[trim] 도구
상호 교차된 두 도형 중 첫 번째 선택된 도형에서 두 번째 도형의 겹쳐진 도형 영역만 첫 번째 도형과 결합시키고 두 번째 나머지 도형 영역은 그대로 유지됩니다.

❻ 분할[Split] 도구
상호 교차된 두 도형에서 겹쳐진 도형 영역을 개별 도형을 작성합니다. 결과적으로 세 개의 개별 도형이 작성됩니다.

[1] 외부 셸[Outer Shell] 도구 따라하기

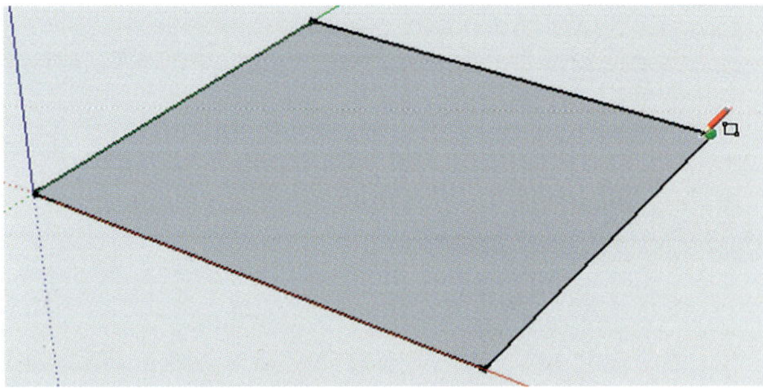

❶ 사각형[Rectangle] 도구를 활용하여 위의 그림과 같이 하나의 사각형을 작성합니다. 사각형의 크기는 [3000,3000] 입니다.

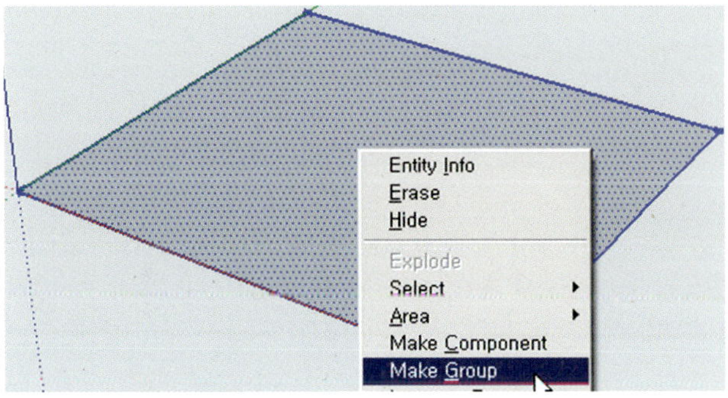

❷ 선택[Select] 도구로 사각형 전체를 선택 후 마우스 우측버튼을 클릭하면 확장 메뉴가 펼쳐집니다. 확장 메뉴에서 그룹 만들기[Make Group]를 선택합니다. 그룹 만들기[Make Group]를 실행하면 선택된 사각형의 면과 테두리선 등이 하나로 묶여집니다.

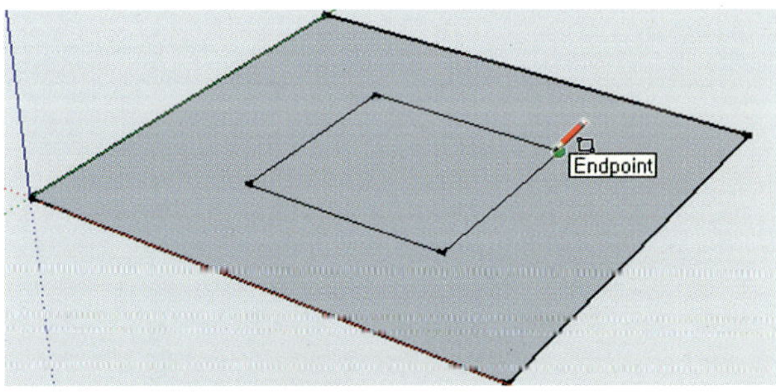

❸ 사각형[Rectangle] 도구를 활용하여 위의 그림과 같이 하나의 사각형을 추가로 기존 사각형 내부에 임의의 크기로 그립니다.

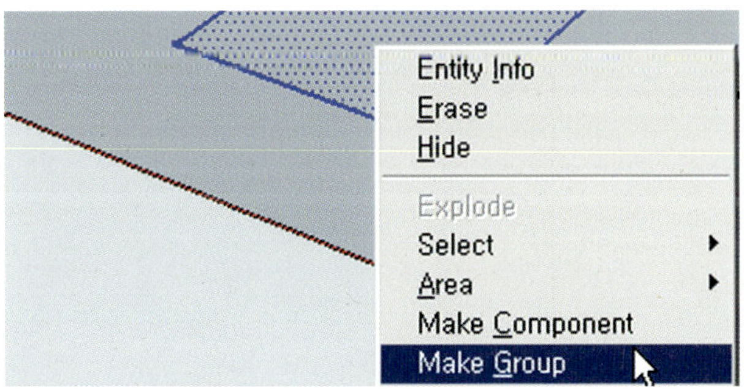

❹ 선택[Select] 도구로 내부 사각형을 연속 3회 클릭하면 내부 사각형 전체가 선택이 됩니다. 이후 마우스 우측 버튼을 클릭하여 그룹 만들기[Make Group]를 선택합니다. 그룹 만들기를 실행하면 선택된 사각형의 면과 테두리선 등이 하나로 묶여집니다.

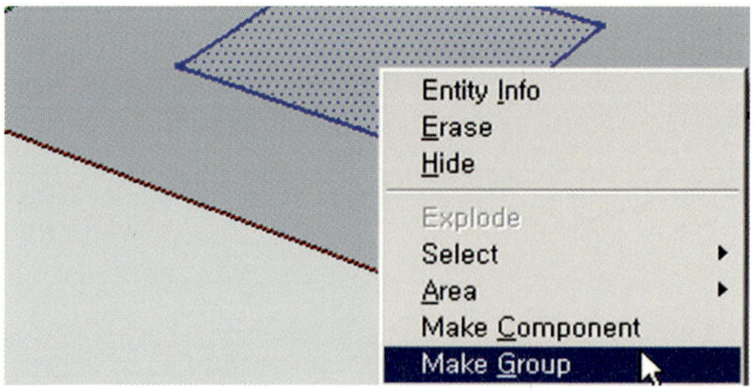

❺ 선택[Select] 도구로 내부 사각형을 더블 클릭하면 그룹 수정 [Edit Group] 상태가 됩니다. 밀고/당기기[Push/Pull] 도구를 활용하여 내부 사각형 면을 선택하고 방향을 위로 지정한 상태에서 수치입력창에 [500]을 입력합니다. 선택[Select] 도구로 외부 빈 공간을 더블 클릭하면 그룹 수정 상태에서 벗어납니다. 동일한 방법으로 외부 사각형의 면을 선택하여 수치입력창에 [1000]을 입력한 후 그룹 수정 상태에서 벗어나도록 합니다.

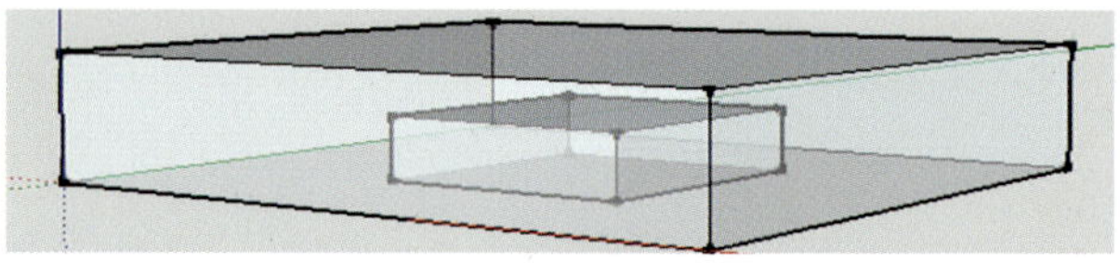

❻ 면 스타일 [Face Styles] 도구 X-RAY 버튼을 클릭하여 외부와 내부의 도형 생성 여부를 확인합니다. Face Styles 도구 창이 없을 경우 화면 [상단 메뉴바 ▸ View ▸ Toolbars ▸ Styles]를 체크하면 화면에 나타납니다.

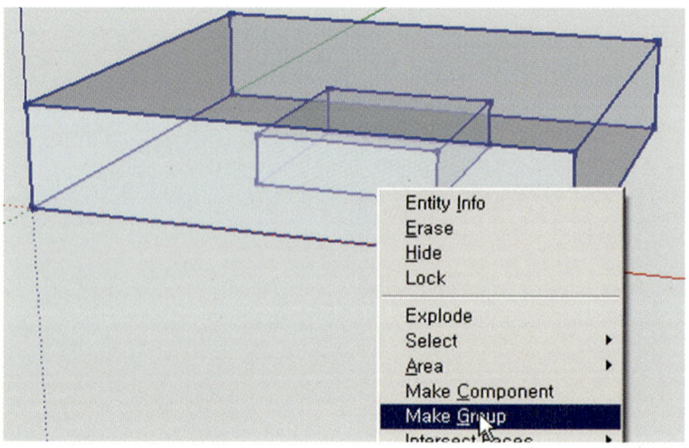

❼ 선택[Select] 도구로 전체 객체를 선택하여 그룹 만들기[Make Group]를 클릭합니다.

❽ 뷰 [Views] 도구 중 [Top] 도구를 클릭합니다. 작성된 도형의 상부가 평면적으로 보여 집니다. Views 도구 창이 없을 경우 화면 [상단 메뉴바 ▸ View ▸ Toolbars ▸ Views]를 체크하면 화면에 나타납니다.

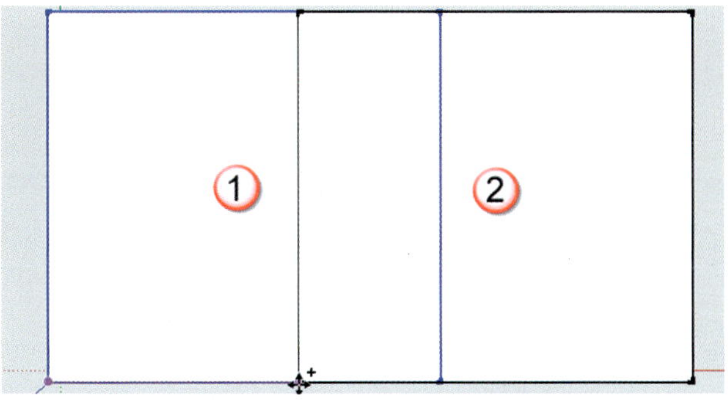

❾ 작성해 둔 사각형 전체를 선택[Select] 도구로 선택한 후 복사[Copy] 도구를 활용하여 객체를 복사하되 복사된 ②번 도형과 원본 ①번 도형이 위의 그림과 동일하게 겹쳐지도록 합니다.

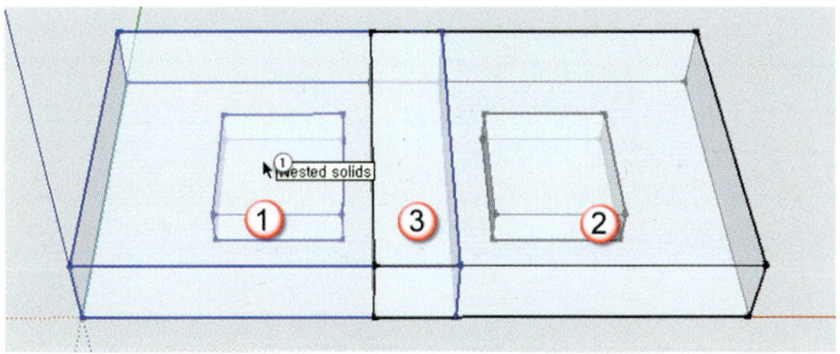

❿ 외부 쉘[Outer Shell] 도구를 클릭합니다. 이어 ①번 도형영역, ②번 도형영역, ③번 도형영역을 클릭합니다. 한번 클릭하여 변화가 없을 시 두 번 연속 클릭해 봅니다.

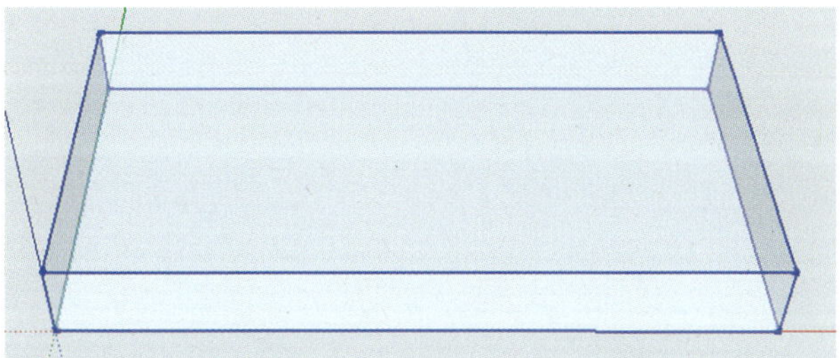

⓫ 위의 결과에서처럼 외부 셸[Outer Shell] 도구는 선택된 도형 객체들을 결합시키면서 내부에 포함된 도형들까지 제거되어 외부 형태만 남게 됩니다.

[2] 교집합[Intersect], 합집합[Union], 차집합[Subtract] 도구 따라하기

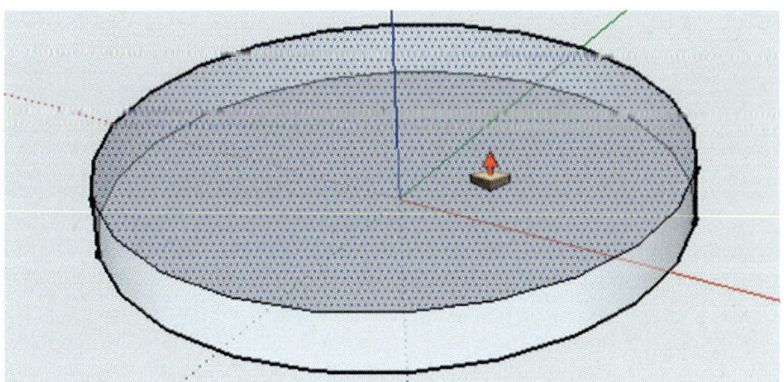

❶ 원[Circle] 도구로 중심점을 지정 후 수치입력창에 [500]을 입력하여 원형을 작성합니다. 이후 밀고/당기기[Push/Pull] 도구를 활용하여 수치입력창에 500을 입력합니다.

SketchUP

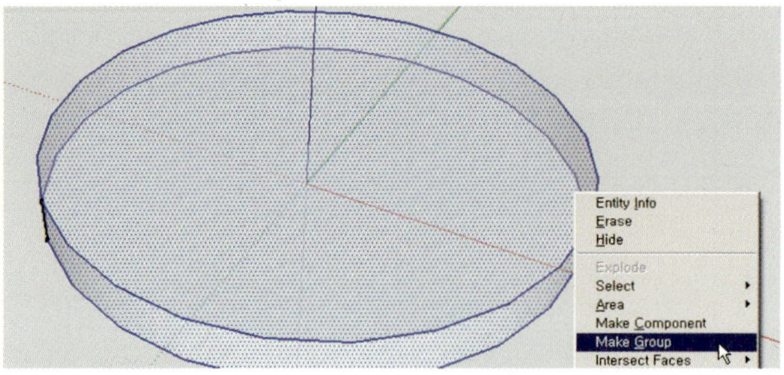

❷ 선택[Select] 도구로 원형 전체를 선택 후 마우스 우측 버튼을 클릭하면 확장 메뉴가 펼쳐집니다. 여기서 그룹 만들기[Make Group]를 선택합니다.

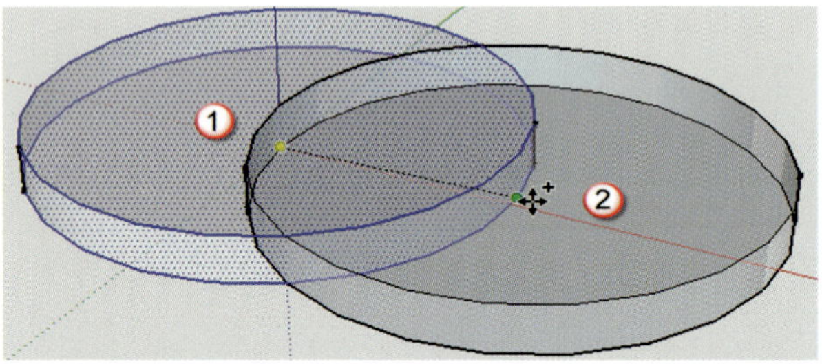

❸ 선택[Select] 도구로 작성해 둔 원형 전체를 선택 후 복사[Copy] 도구를 활용하여 객체를 복사하되 두 도형이 위의 그림과 동일하게 겹쳐지도록 합니다.

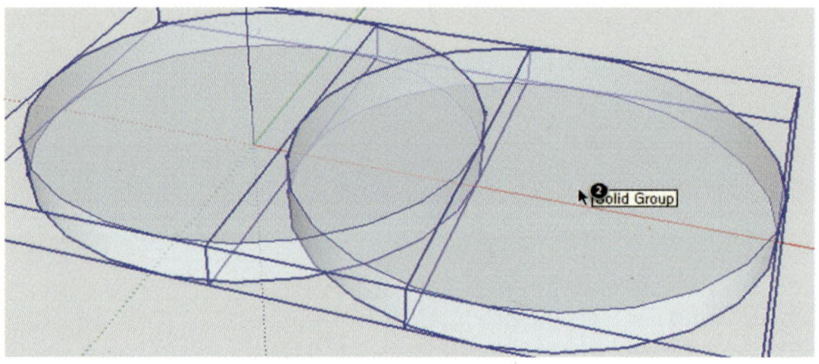

❹ 교집합[Intersect] 도구를 클릭합니다. 이어 ①번 도형과 ②번 도형을 클릭합니다.

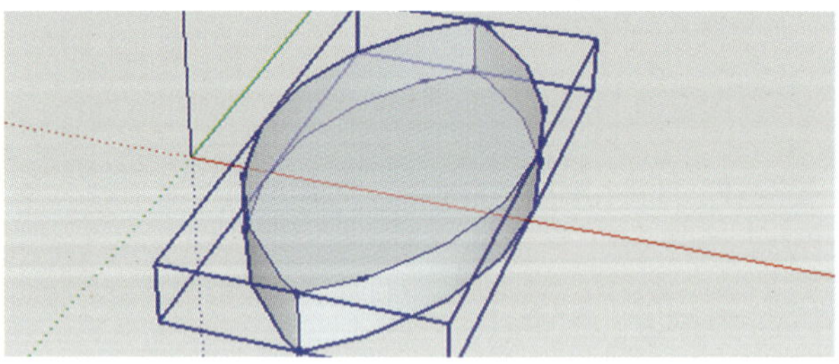

❺ 두 입체 원형의 교차부분만 남겨졌습니다.

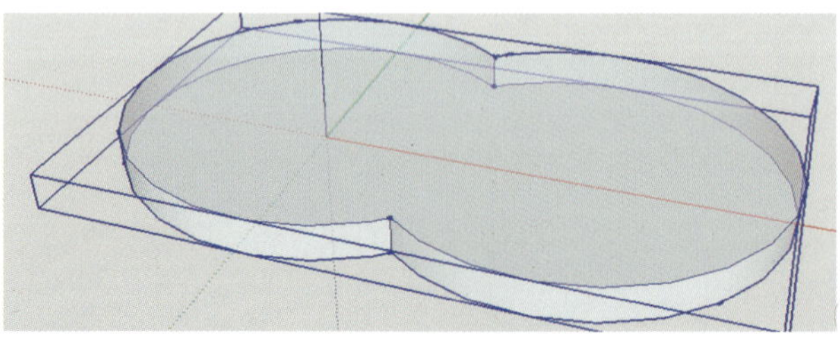

❻ 위의 그림은 교집합[Intersect]과 동일한 순서와 방법으로 작업된 합집합[Union] 결과입니다.

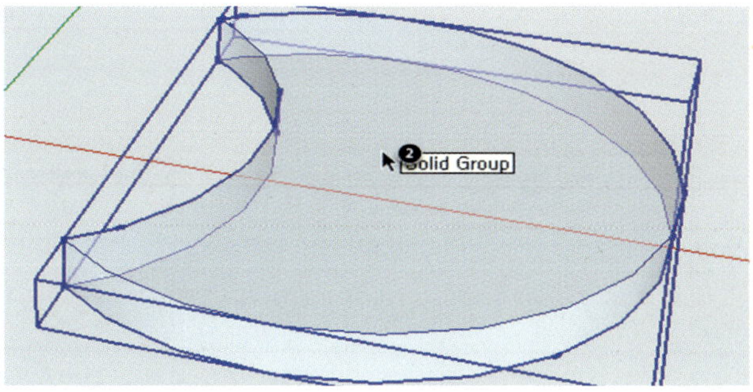

⓱ 위의 그림은 교집합[Intersect]과 동일한 방법과 순서의 차집합[Subtract] 결과입니다. 차집합에서는 항상 두 번째로 선택한 도형에서 첫 번째 선택한 도형이 빠지게 됩니다.

[3] 트림[trim] 도구 따라하기

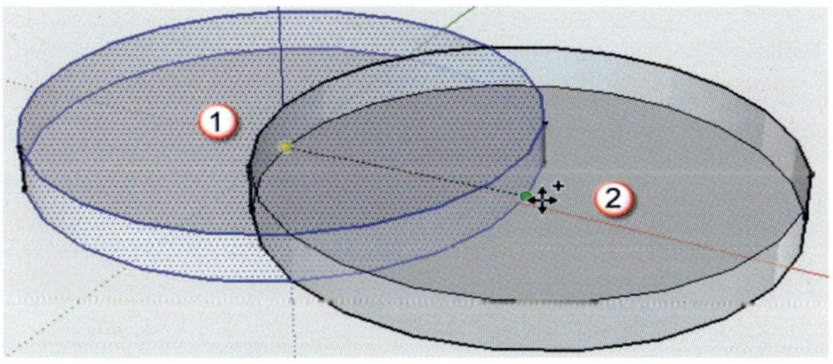

❶ 위의 그림과 동일하게 두 개의 그룹화된 입체 도형을 상호 교차되게 작성합니다.

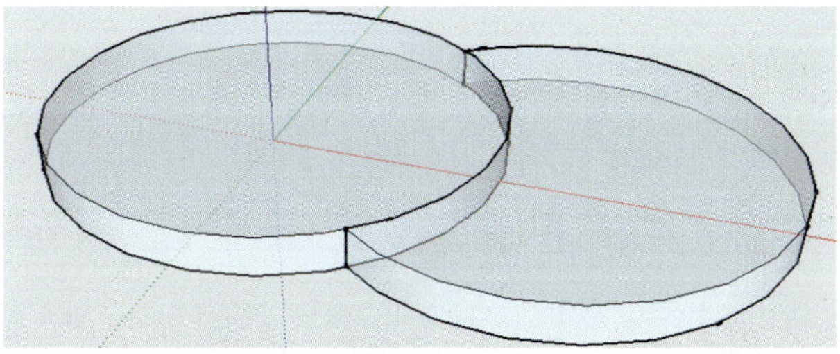

❷ 트림[Trim] 도구로 ①번과 ②번 도형을 순서대로 클릭하면 교차된 도형영역은 ①번 도형으로 합집합 되며, ②번 도형영역은 교차된 영역을 제외한 나머지 영역만이 남게 됩니다.

[4] 분할[Split] 도구 따라하기

❶ 트림[Trim]도구에서와 같이 두 개의 그룹화된 도형을 상호 교차되게 작성합니다.

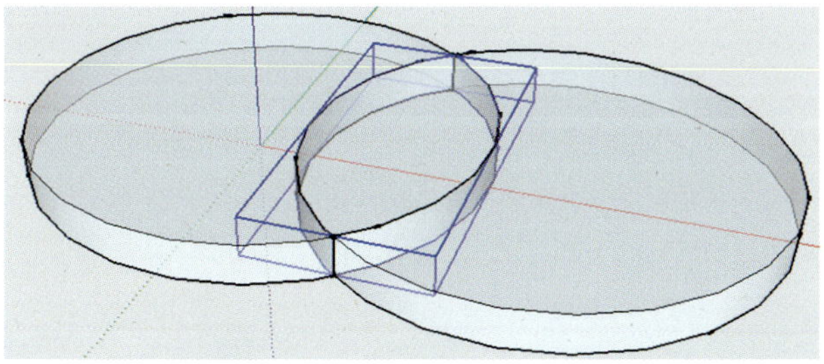

❷ 분할[Split] 도구로 ①번과 ②번 도형을 순서대로 클릭하면 교차된 도형 영역이 새로운 객체로 분리되어 생성되게 됩니다. 결과적으로 분할 도구로 세 개의 객체가 작성이 됩니다.

02] 시점[Views] 및 카메라[Camera]

스케치업 프로 8.0은 사용자에게 편리함을 제공하기 위하여 미리 몇 가지의 표준 시점을 제공합니다.

[1] 시점[Views] 도구 상자 살펴보기

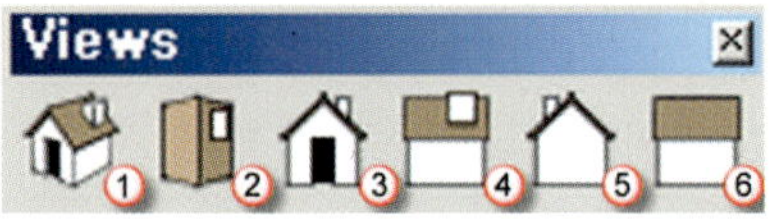

[상단 메뉴바 ▸ View ▸ Toolbars ▸ Views 체크]

❶ Isometric view : 작성 객체를 등각으로 보여줍니다. [등각 뷰]
❷ Top view : 작성 개체의 윗면을 보여줍니다. [평면 뷰]
❸ Front view : 작성 객체의 정면에서 보여줍니다. [정면 뷰]
❹ Right view : 작성 객체의 우측면에서 보여줍니다. [우측면 뷰]
❺ Back view : 작성 객체의 뒷면에서 보여줍니다. [배면 뷰]
❻ Left view : 작성 객체의 좌측면에서 보여줍니다. [좌측면 뷰]

◉ 표준 시점 보기 기능은 상부 카메라[Camera] 메뉴에도 있으며 바닥면 시점[Bottom View]을 가지고 있습니다. Bottom이란 바닥면을 의미합니다.

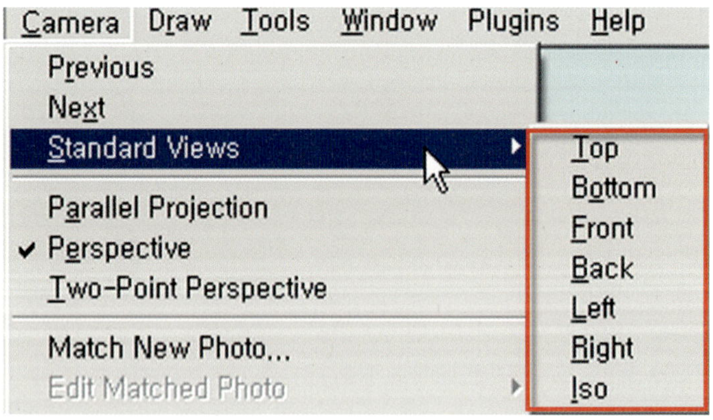

[상단 메뉴바 ▸ Camera ▸ Standard Views 체크]

[2] Camera 메뉴 기능 추가 학습하기

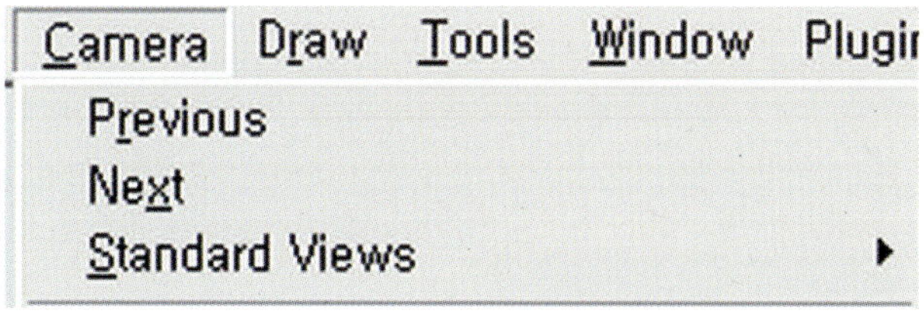

❶ 이전보기[Previous] : 현재 뷰[View]에서 이전의 작업 뷰를 보여줍니다.
❷ 다음보기[Next] : 이전 뷰[View] 실행 후 Next를 누르면 다시 현재 뷰로 돌아옵니다.
❸ 표준시점[Standard Views] : 정해진 표준 시점 뷰[View]를 보여줍니다.

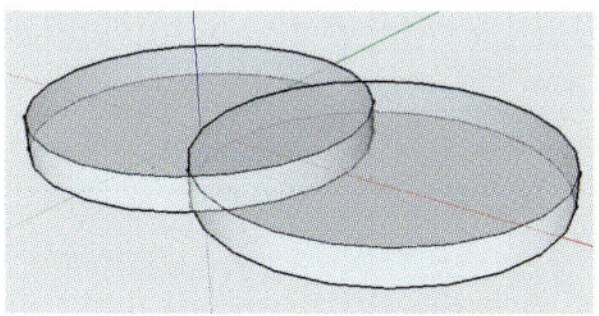
현재 뷰

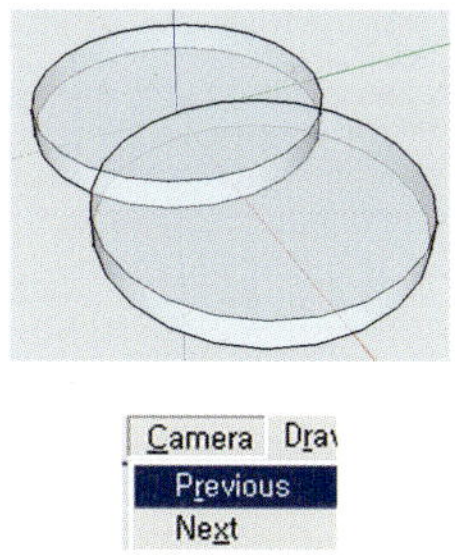

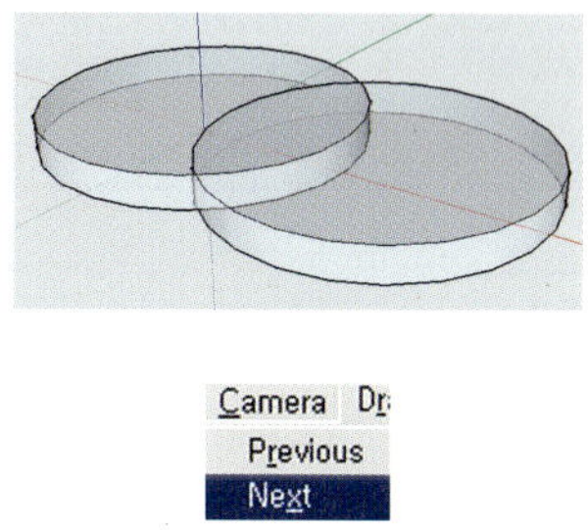

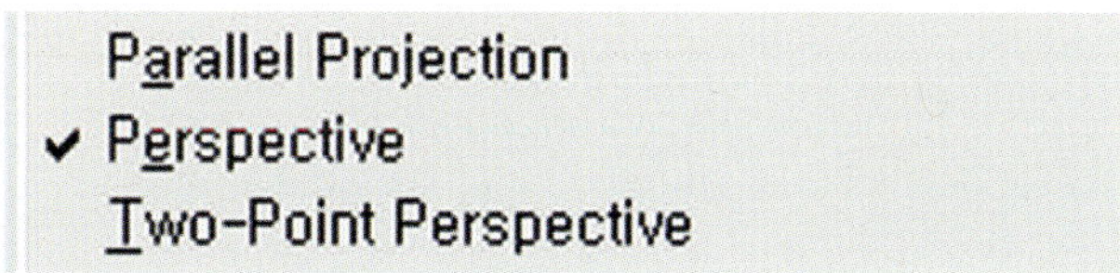

❹ Parallel Projection : 평행하게 객체를 투영합니다.
❺ Perspective : 해당 객체를 투시화법으로 보여줍니다.
❻ Two-Point Perspective : 2소점의 투시화법으로 보여줍니다. 건축 및 인테리어에서 가장 많이 사용합니다. 수직선이 왜곡되지 않는 장점이 있습니다.

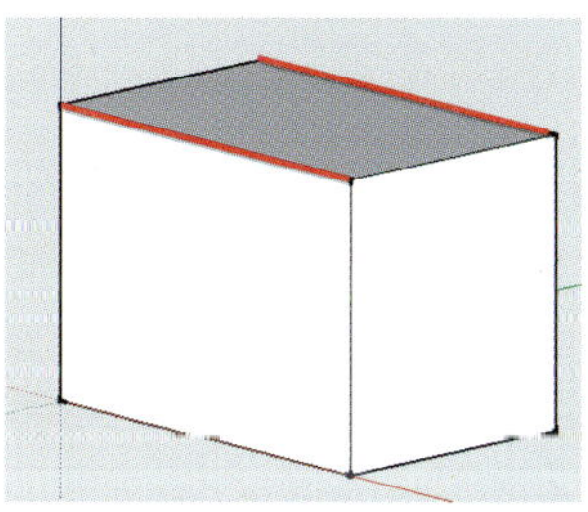
Parallel Projection

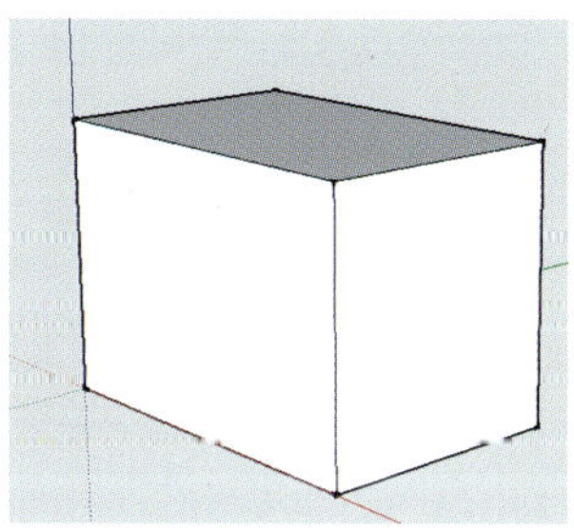
Perspective

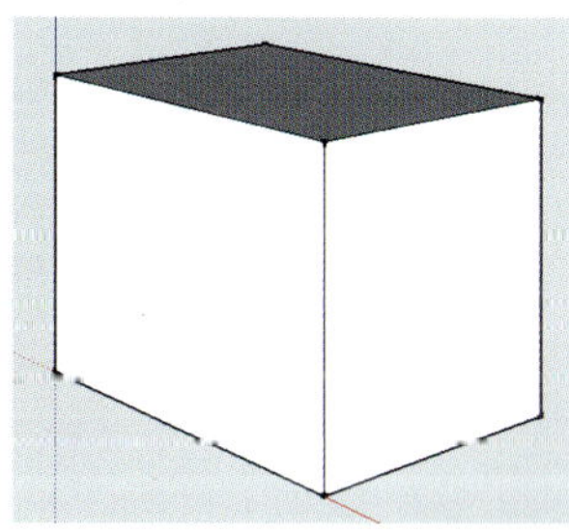
Two-Point Perspective

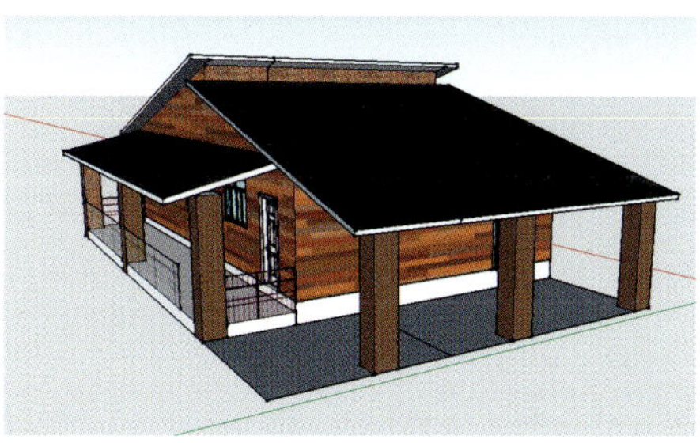
① Perspective

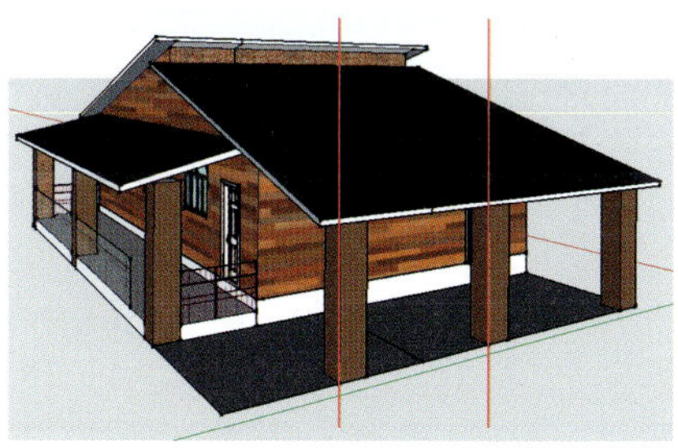
② Two-Point Perspective [수직선 강조]

[2-1] 새 사진 일치 [Match New Photo] 기능 따라하기

사진으로 촬영된 건물의 이미지를 스케치업으로 불러들여 사진과 일치하는 3D 모델을 작성하기 위한 기능입니다. 사진 일치를 원하는 이미지는 최대한 왜곡이 되지 않은 사진이어야 합니다. 이는 새 사진 일치 기능은 투시도법을 기본 원리로 삼기 때문입니다.

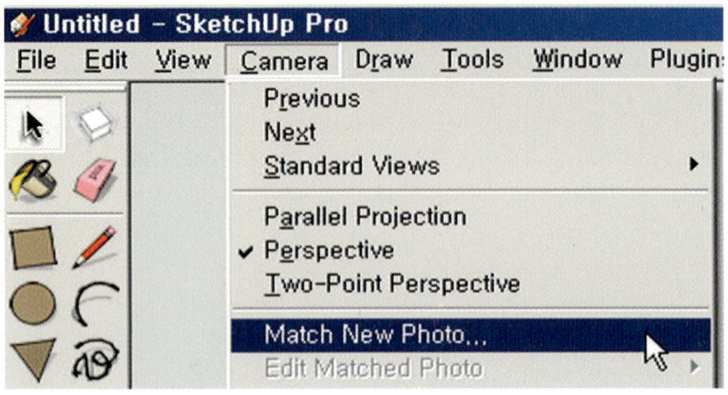

❶ 상부 메뉴 중 Camera 메뉴 내 사진 일치[Match New Photo]를 선택합니다.

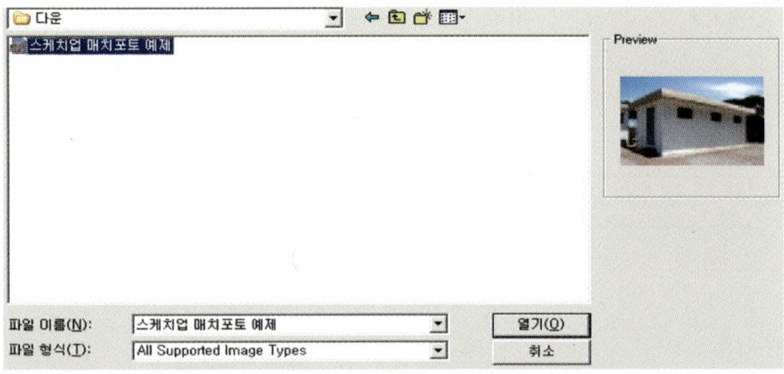

❷ 사진 일치[Match New Photo]를 적용시킬 건물 사진을 선택하고 열기를 누릅니다. 사진이 없다면 네이버 이미지 검색에서 [내촌중학교 부속건물]을 검색하면 찾을 수 있습니다.

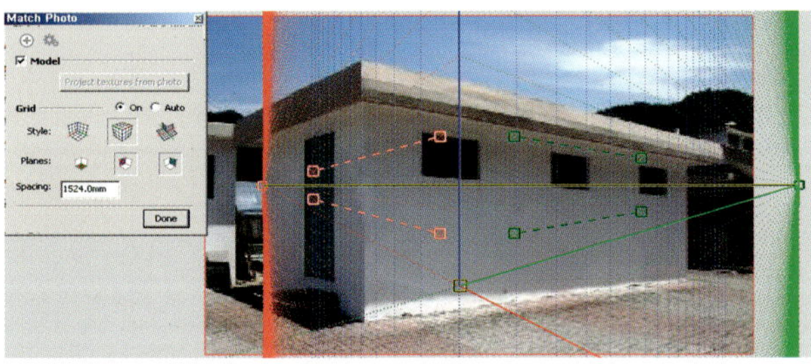

❸ [Match Photo] 창과 함께 이미지와 격자[Grid] 선들이 보입니다. 사진일치 기능은 특히 빨간색의 점선과 녹색의 점선 그리고 청색의 기준 실선의 배치에 따라 보다 정확한 3D 모델링을 할 수 있습니다.

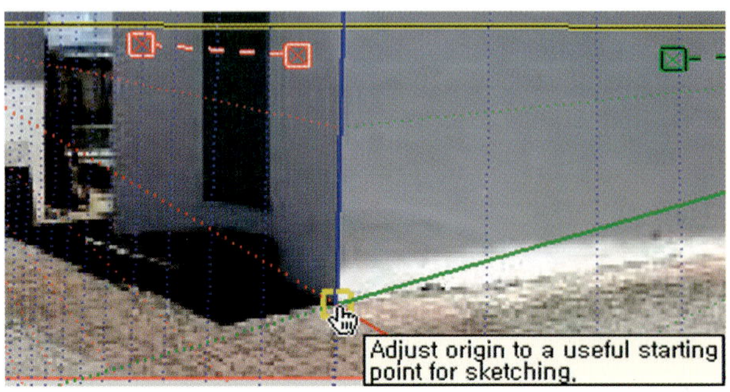

❹ 청색축 하단의 노란 박스를 클릭하고 마우스 왼쪽 버튼을 누른채 드래그(Drag)하여 위의 그림과 동일한 위치에 재지정합니다.

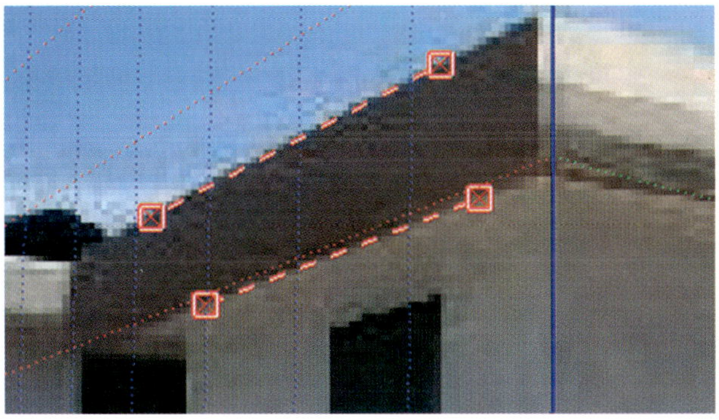

❺ 빨간색축의 양측 박스들을 마우스로 클릭하고 마우스 왼쪽 버튼을 누른채 드래그 하여 위의 그림과 동일한 위치에 재지정합니다.

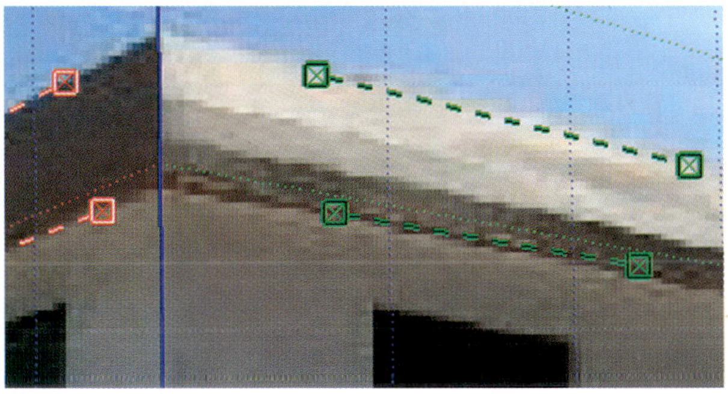

❻ 녹색축의 양측 박스들을 마우스로 클릭하고 마우스 왼쪽 버튼을 누른채 드래그 하여 위의 그림과 동일한 위치에 재지정합니다.
녹색과 빨간색축의 양측 박스들을 이동시킬 때마다 청색 기준축이 계속적으로 움직이는 것을 보게 됩니다. 가능한 청색축이 수직에 가깝도록 조정하여야 합니다.

❼ 청색, 녹색, 빨간색축의 재지정 후 전체적인 축의 정렬을 확인합니다. 사진속의 벽 선들과 사용자가 재지정한 축선들을 완벽하게 맞출 수는 없습니다. 최대한 유사하게 맞추도록 합니다.

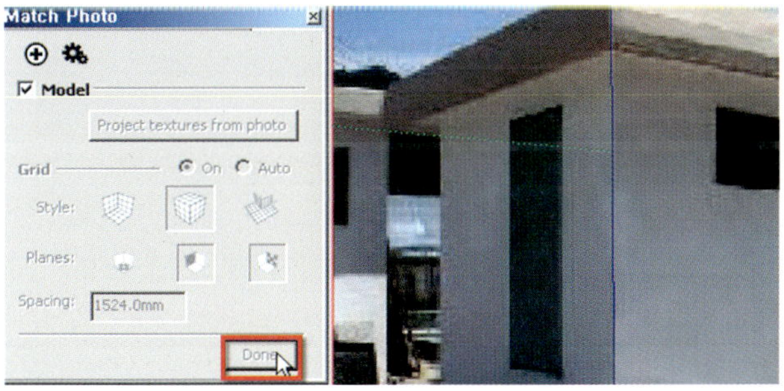

❽ 사진 일치[Match Photo]창 하단의 [Done]을 클릭하면 축 선들이 사라지면서 즉시 선[Line ✏] 도구가 나타납니다. 추정 기능을 이용하여 건물과 개구부의 외곽선을 따라 선을 그립니다.

❾ 선[Line] 도구와 추정 기능을 이용하여 건물과 개구부의 외곽선을 따라 선을 그릴 때 추정을 벗어나지 않도록 합니다. 이를 벗어나면 3차원 입체 면이 왜곡될 수 있습니다.

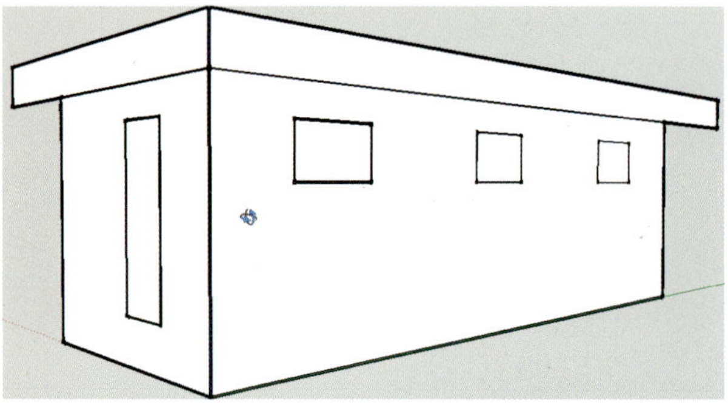

❿ 궤도 [Orbit] 도구로 화면을 조금 돌리면 이미지는 사라지고 사용자가 선[Line]으로 작성한 면이 3차원 입체로 나타납니다. 생성된 면은 밀고/당기기[Push/Pull] 도구를 활용하여 언제든지 밀고/당기기를 할 수 있습니다.

⓫ 화면 상단 탭에서 [이미지 제목]을 클릭하면 다시 원래의 이미지가 나타나며 생성된 면이 자동으로 이미지에 맞춰 정렬 됩니다.

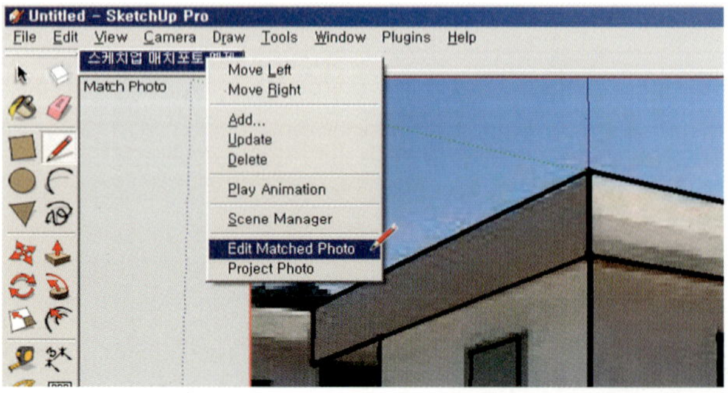

⓬ [이미지 제목] 위에 마우스를 두고 우측 버튼을 클릭하면 확장메뉴가 펼쳐집니다. 이 중 일치된 사진 수정[Edit Matched Photo] 항목을 클릭하면 재수정을 위한 파란색, 빨간색, 녹색의 축과 사진 일치[Match Photo] 창이 나타나게 됩니다.

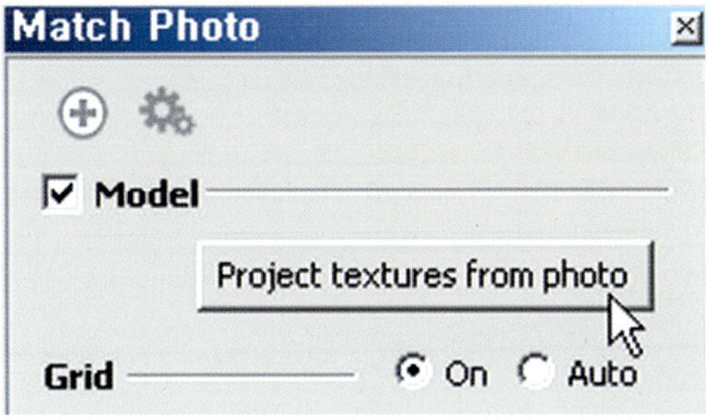

⓭ Match Photo 창에서 사진의 텍스처 투영[Project textures from photo] 버튼을 클릭 후 하단의 완료[Done] 버튼을 클릭합니다.

⓮ 궤도[Orbit] 도구로 화면을 조금 돌리면 생성된 면에 기존의 건물 이미지가 투영되어 나타납니다.

⓯ 사용자는 언제든지 상단에 표시된 사진의 이름을 클릭하여 축선의 방향과 위치 등을 각종 그리기 도구와 지우개 도구 등을 활용하여 수정 및 재편집할 수 있으며 원하는 3차원 입체 도형을 사진에 일치시켜 작성해 낼 수 있습니다. 특히 사진 일치 기능은 기존 건물의 리노베이션 작업을 할 때 많이 활용되어 집니다.

[2-2] 시야[Field of View] 기능 따라하기

시야[Field of view] 기능은 다양한 시야를 시각적으로 변경할 수 있습니다. 이 기능을 활용하여 건축물 외관의 극적인 장면을 연출 할 수 있습니다.

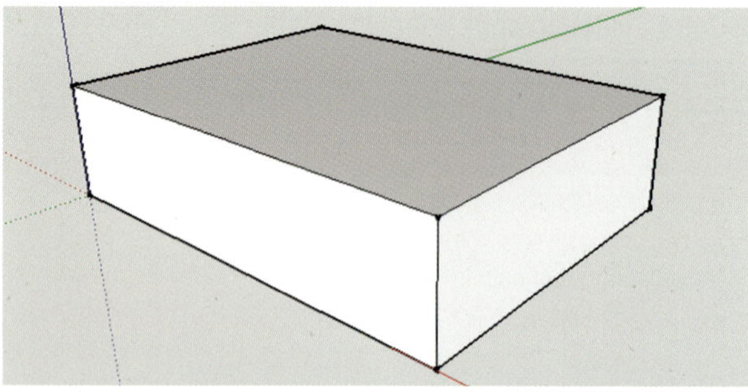

❶ 스케치업 화면에 위의 그림과 같은 임의의 입체 사각형을 작성합니다.

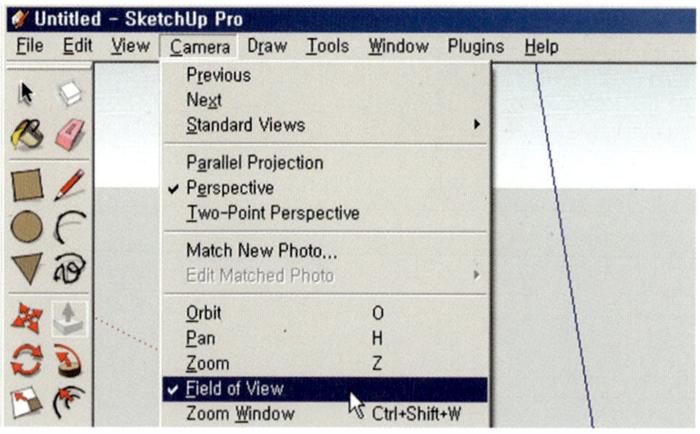

❷ 상단 메뉴바의 카메라[Camera] 메뉴에서 시야[Field of View] 항목을 선택합니다. 화면에 돋보기[Zoom 🔍] 도구가 나타납니다.

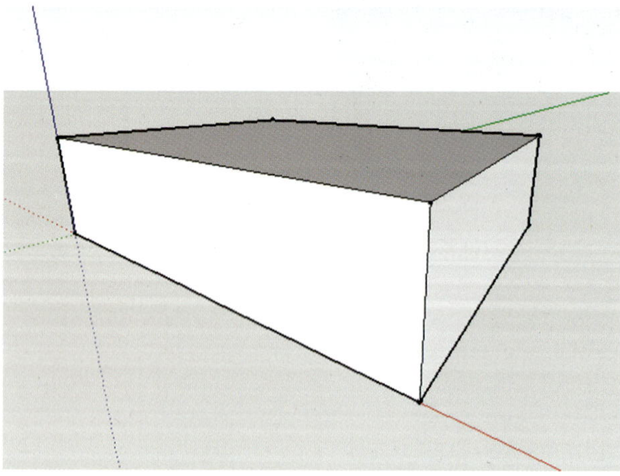

❸ 마우스 좌측 버튼을 누른채 안쪽으로 마우스를 밀면 위의 그림과 동일하게 시야의 변경이 발생합니다. 사각형의 모서리가 더욱 극적으로 보입니다.

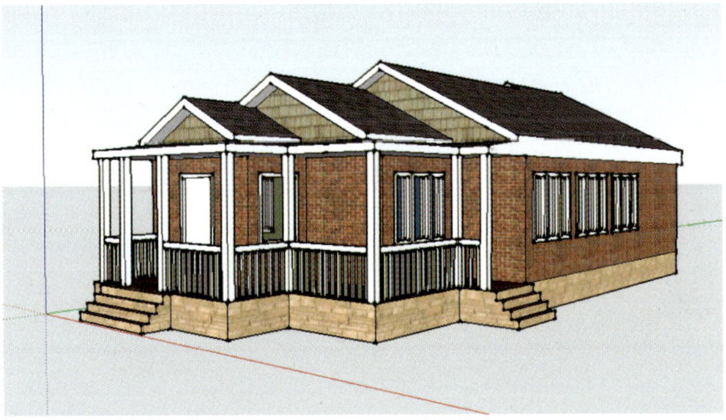

① Perspective View

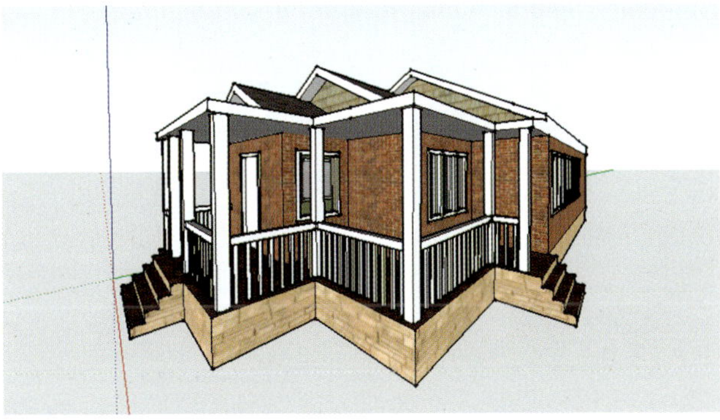

② Field of View를 활용한 왜곡

SketchUP Pro 8

스타일[Styles] 도구

03] 스타일[Styles]도구

스케치업은 두 가지 종류의 스타일[Styles] 도구를 가지고 있습니다. 하나는 면 스타일[Face Styles]이며, 또 하나는 가장자리 스타일[Edge Styles]입니다. 이 두 스타일을 활용하여 다양한 느낌의 이미지를 만들어 낼 수 있습니다.

[1] 면 스타일[Face Styles] 도구 상자 살펴보기

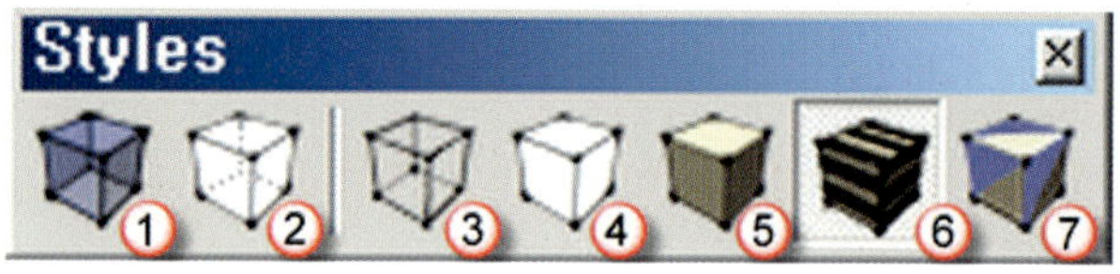

면 스타일은 [상단 메뉴바 ▸ View ▸ Toolbars ▸ Styles]을 클릭하면 위의 [Styles] 도구 창이 화면상에 나타납니다.

❶ X-Ray : 작성된 면이 반투명하게 보여집니다. 세밀한 작업시 유용합니다.
❷ Back Edges : 면 뒤에 숨겨진 선들이 점선으로 표시 됩니다.
❸ Wireframe : 면은 사라지고 테두리선만 나타납니다.
❹ Hidden Line : 면 뒤에 숨겨진 선이 화면에 보이지 않으며, 색상은 단순해집니다.
❺ Shaded : 재질이 부여 되어있다면 재질의 색상만 표현됩니다.
❻ Shaded with Texture : 재질과 색상이 함께 표현됩니다.
❼ Monochrome : 면색이 모노톤 위주로 표현됩니다.

[2] 가장자리 스타일[Edge Styles] 도구 상자 살펴보기

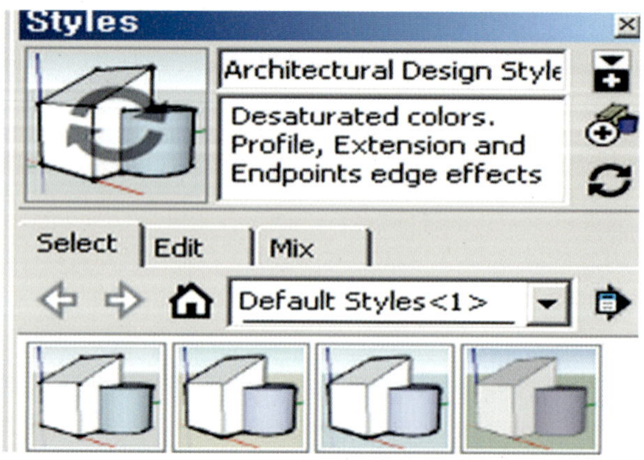

가장자리 스타일은 [상단 메뉴바 ▸ Window ▸ Styles]을 항목을 클릭하면 위의 스타일[Styles] 도구 창이 화면상에 나타납니다.

[3] 면 스타일[Face Styles] 도구 따라하기

❶ 임의의 입체 사각형을 작성한 뒤 위의 그림과 동일한 재질을 부여합니다.

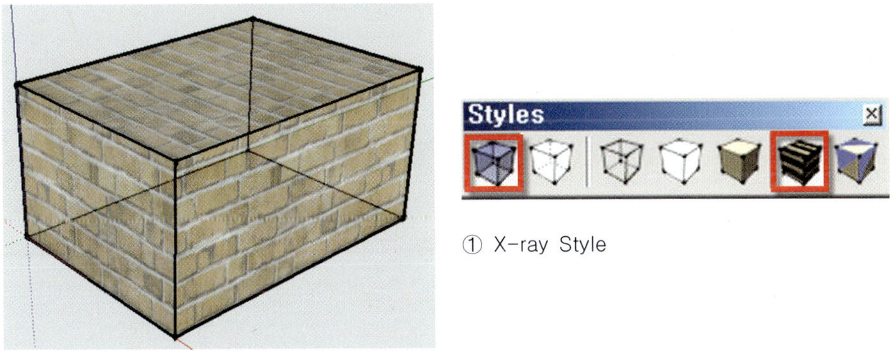

① X-ray Style

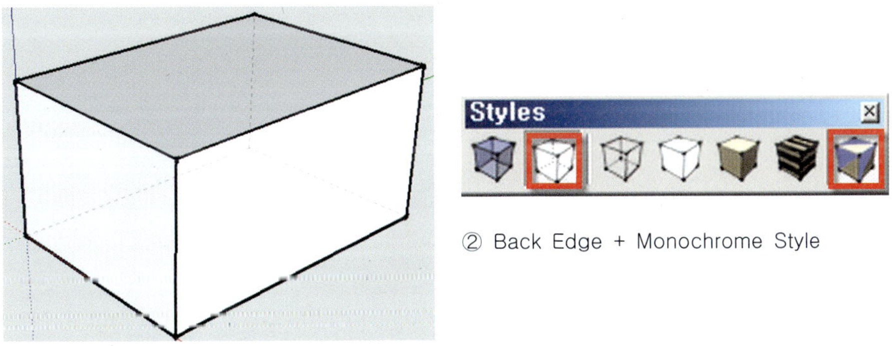

② Back Edge + Monochrome Style

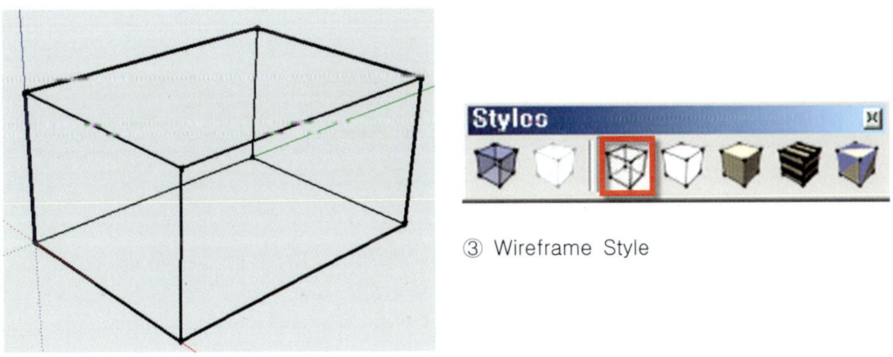

③ Wireframe Style

❷ 위의 그림에서와 같이 면 스타일[Face Styles]의 선택에 따른 객체의 변화를 확인해 봅니다.

[4] 가장자리 스타일[Edge Styles] 도구 따라하기

❶ 임의의 입체 사각형을 작성한 뒤 위의 그림과 동일한 재질을 부여합니다.

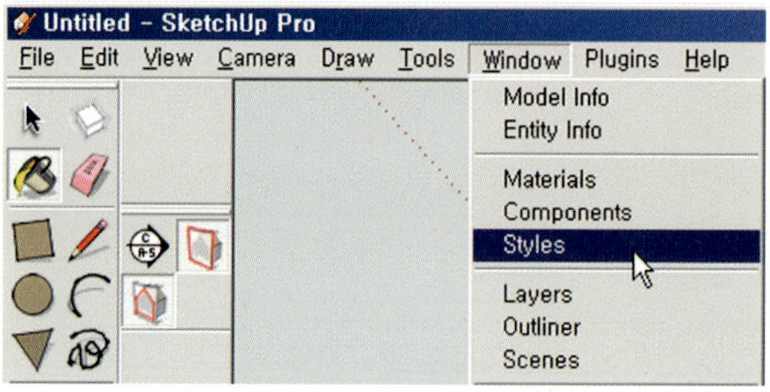

❷ [상단 메뉴바 ‣ Window ‣ Styles]을 항목을 클릭합니다.

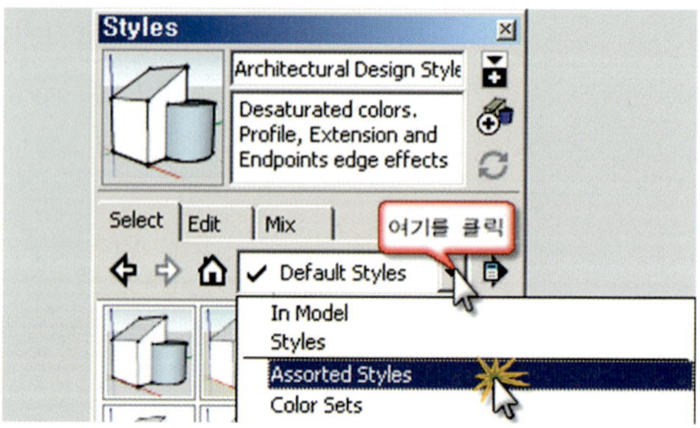

❸ 가장자리 스타일 [Edge Styles] 창이 화면상에 나타나면 선택[Select] 항목의 스타일[Style] 리스트를 클릭합니다. 펼쳐진 리스트에서 종합 스타일[Assorted Styles] 항목을 클릭합니다.

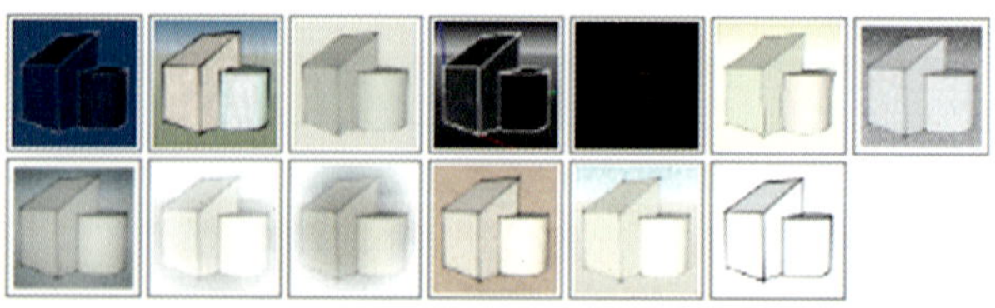

❹ 다양한 스타일의 샘플[Sample]이 리스트에 표시됩니다.

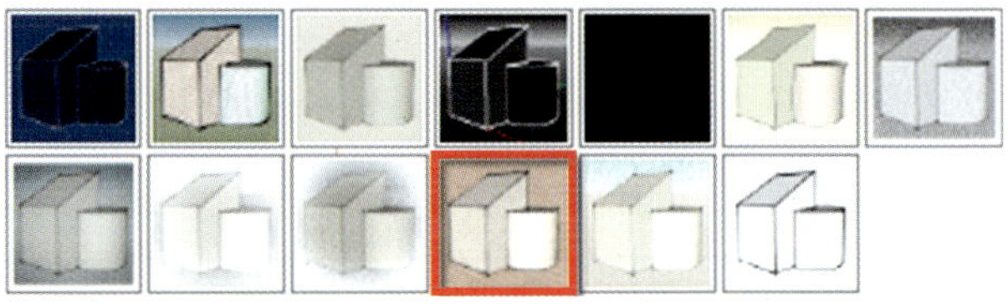

❺ 스타일 샘플 리스트에서 위의 그림에서 표시된 [Scribble on masonite] 스타일을 선택합니다. 만약 이와 동일한 스타일 샘플이 없으면 사용자가 원하는 스타일 샘플을 선택합니다.

❻ 스타일 변경과 동시에 스케치업의 화면이 위와 동일해 집니다.

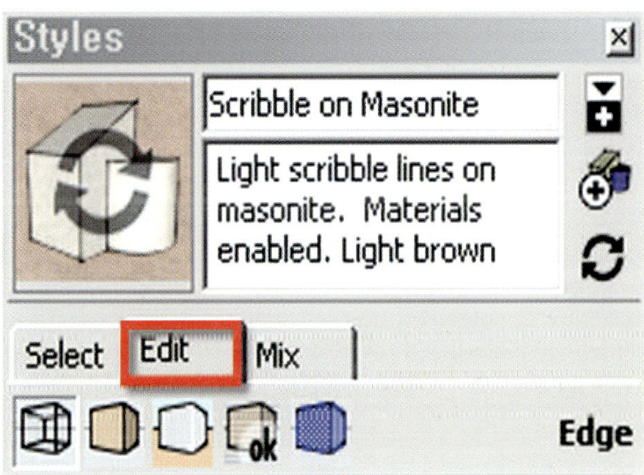

❼ 스타일[Styles] 창 내 수정[Edit] 항목을 선택합니다.

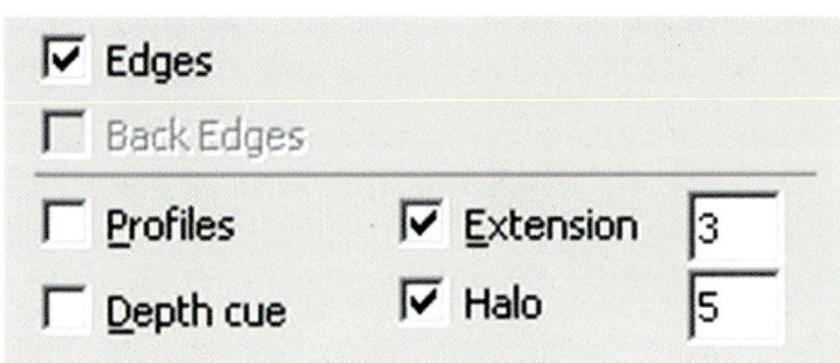

❽ 가장자리 스타일 세부 조정 옵션들이 나타납니다.

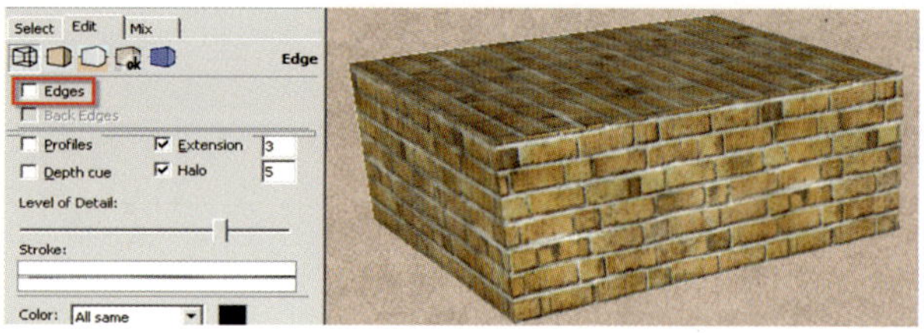

❾ [Edge 항목]의 체크를 해제하면 물체의 모든 경계선들이 사라집니다.

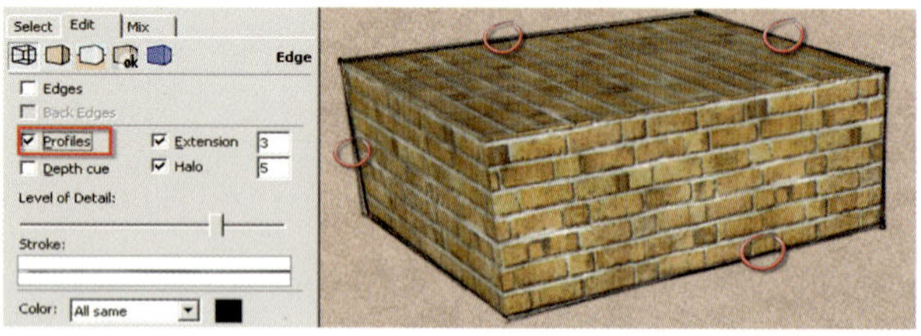

❿ [Edges 항목]이 해제된 상태에서 [Profiles 항목]을 체크하면 도형의 외곽선만 보입니다.

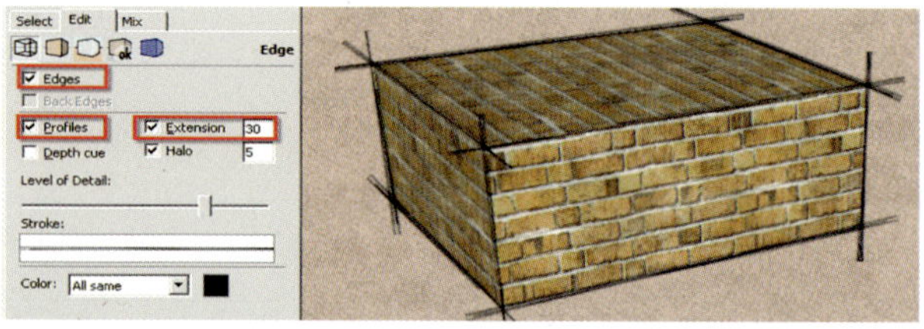

⓫ [Edges]와 [Profiles] 항목을 체크하고 [Extension] 항목의 수치를 [30]으로 입력하면 위의 그림과 동일하게 각 경계선들이 외부로 연장되어 보입니다. 마치 수작업을 한 이미지와 같은 느낌을 줍니다.

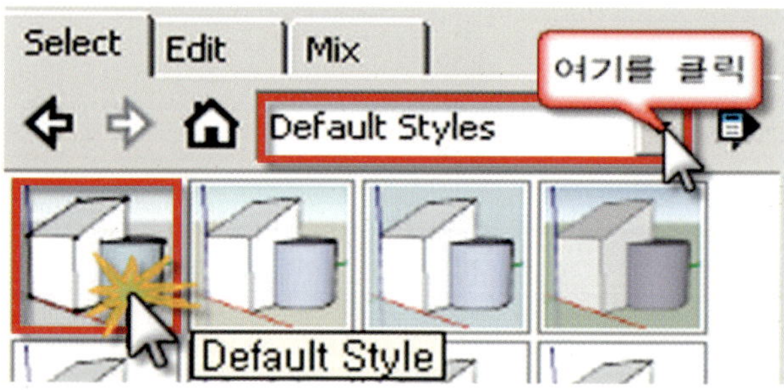

⓬ 다시 Select 항목의 스타일 리스트에서 기본 스타일[Default Styles]를 선택하고 샘플 중 기본 스타일[Default Style]을 선택합니다.

⓭ 화면이 기본 스타일의 화면으로 되돌아옵니다.

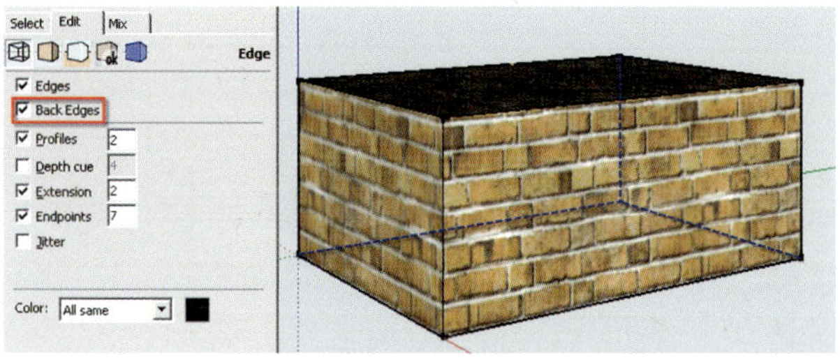

⓮ 뒷면 가장자리[Back Edges]를 체크하면 면에 의하여 가려져있던 선이 점선으로 표시됩니다.

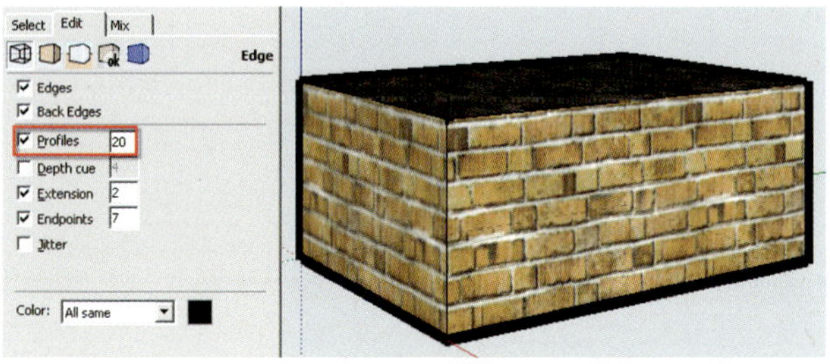

⓯ Profiles 항목의 수치입력창에 [20]을 입력하면 위와 동일하게 객체 외곽선이 두꺼워 집니다.

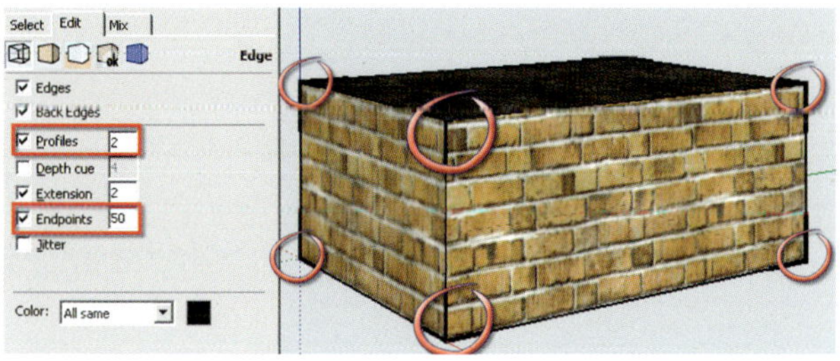

⓰ Profiles의 수치를 [2]로 입력하고, 끝점[Endpoints]의 수치를 [50]으로 입력하면 각 모서리 끝점의 크기가 변화되는 것을 알 수 있습니다.

04] 레이어[Layer] 도구

모든 그래픽 프로그램은 레이어[Layer]라는 기능을 가지고 있습니다. 레이어는 [층]을 의미하며 작업 과정 중 동일한 요소들은 동일한 레이어 명칭을 부여하여 개별 관리할 수 있습니다. 요소별 레이어 작업은 복잡한 모델링을 작업할 경우 더욱 유용합니다.

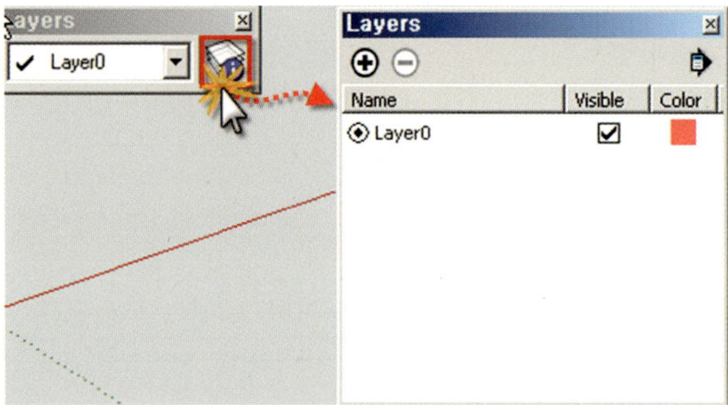

[상단 메뉴바 ▸ View ▸ Toolbars ▸ Layer]을 클릭하면 위의 Layer 도구 창이 화면상에 나타납니다.

❶ 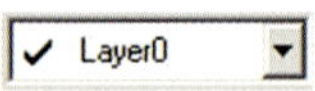 : 객체 선택 후 만들어진 레이어를 선택하여 적용시킵니다.

❷  : 새로운 레이어 편집창을 열어 줍니다.

❸  : 레이어를 생성[+]하거나 기존 레이어[-]를 선택하여 제거합니다.

❹  : 레이어의 이름과 색상의 부여와 Visible의 체크 유무를 활용하여 화면상에 해당 레이어를 숨길 수 있습니다.

❺  레이어를 전체 선택 또는 사용하지 않는 레이어를 제거할 수 있습니다. 또한 [Color by layer]를 체크하면 화면상에 객체가 부여된 레이어 색상으로 보입니다.

[1] 레이어[Layer] 도구 살펴보기

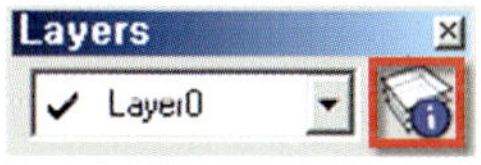

❶ Layers 도구의 레이어 관리자[Layer Manager] 버튼을 클릭합니다.

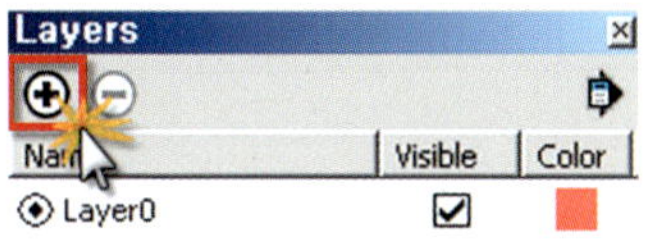

❷ 레이어 추가[Add Layer] 버튼을 눌러 신규 레이어를 생성시킵니다.

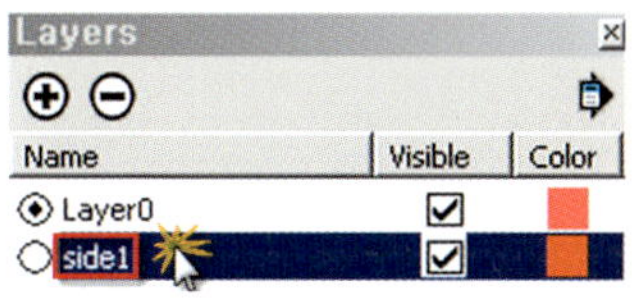

❸ 신규 생성된 레이어[Layer1] 이름을 [side1]으로 수정합니다. 이미 수정된 이름은 마우스 좌측 버튼으로 더블 클릭하면 재수정이 가능합니다.

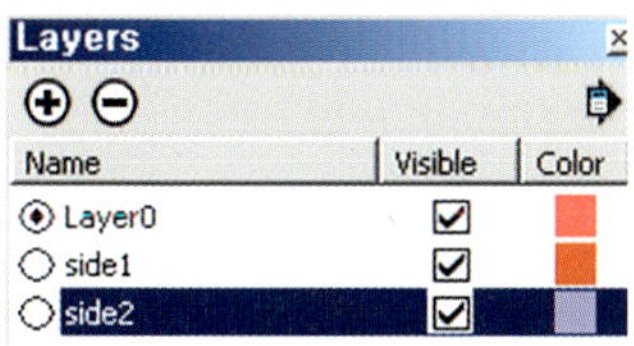

❹ 레이어 추가[Add Layer] 버튼을 클릭하여 위의 그림과 동일하게 [side2] 레이어를 추가로 생성시킵니다. 레이어를 생성시킬 때 마다 레이어의 색은 자동으로 바뀌어서 적용됩니다.
사용자가 원하는 색을 선택하고자 한다면 해당 레이어의 색을 클릭하면 재질 편집창[Edit Material]이 나타납니다. 이 곳에서 색 뿐만 아니라 투명도, 재질까지도 변환 시킬 수 있습니다.

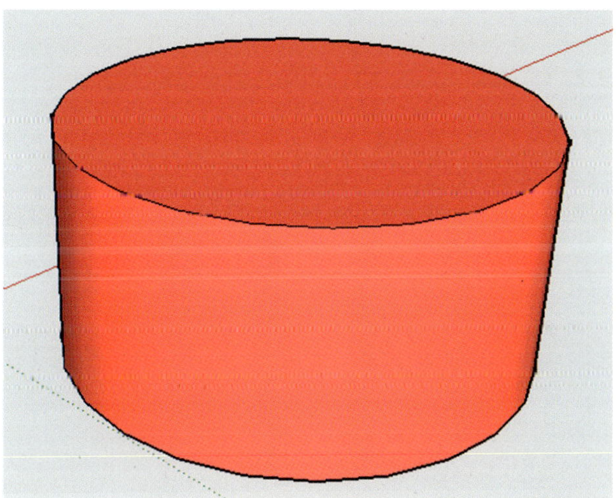

❺ 원[Circle] 도구와 밀고/당기기[Push/Pull] 도구를 활용하여 지름 [1000]의 높이 [500]인 위와 동일한 원기둥을 작성합니다.

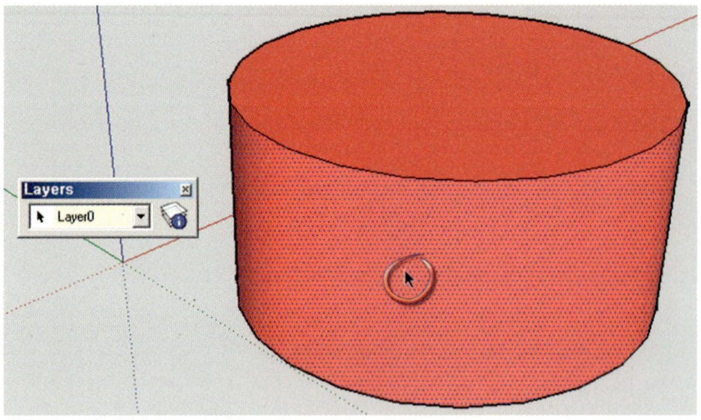

❻ 선택[Select] 도구를 선택하여 위의 그림과 같이 원기둥의 측면을 선택합니다.

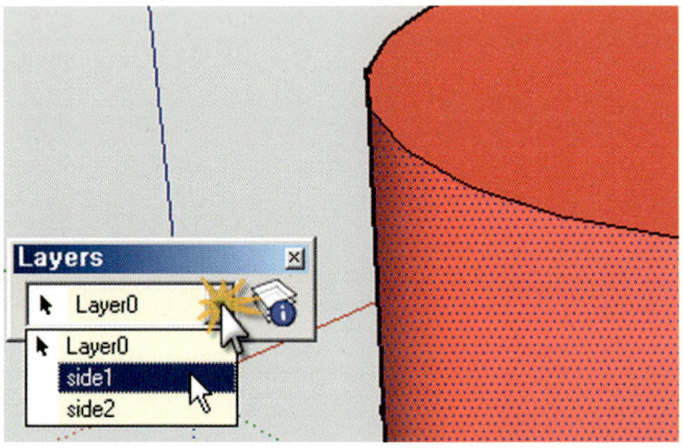

❼ 레이어 리스트의 내림[ ] 버튼을 눌러 [side1] 레이어를 선택합니다.

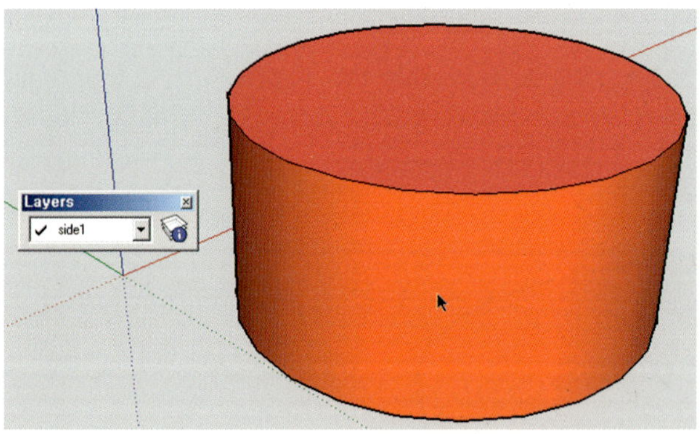

❽ 레이어 변경 즉시 해당 면의 색상이 변경됩니다. 색상변경이 없을 경우 레이어 관리자[ ] 버튼을 눌러 상세[Detail [ ] ▸ 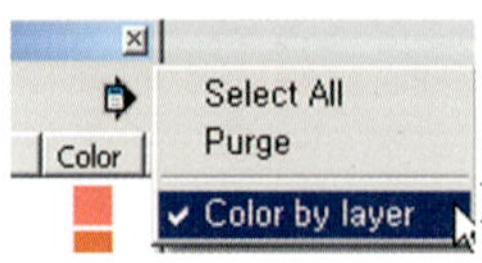

]의 [Color by layer]를 체크합니다.

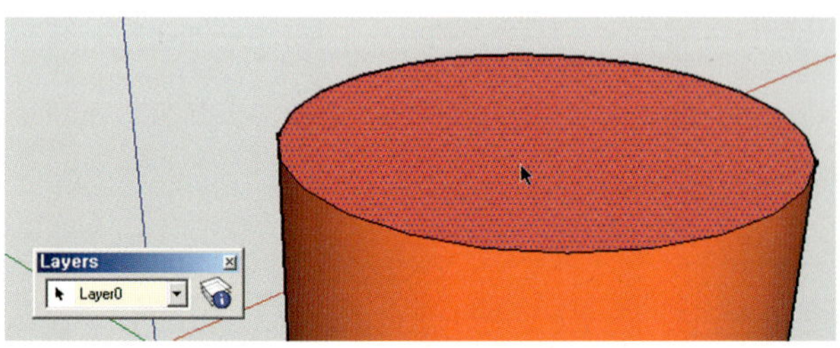

❾ 선택[Select] 도구를 선택하여 위의 그림과 같이 원기둥의 윗면을 선택합니다.

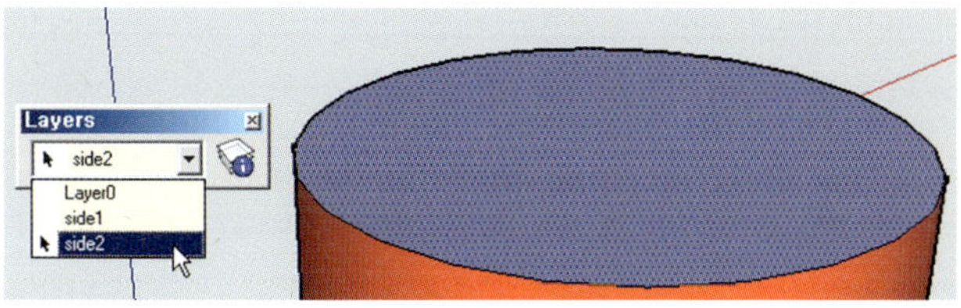

⑩ 레이어 리스트 내림[▼] 버튼을 눌러 [side2]를 선택하면 동시에 위의 그림과 동일하게 변경됩니다.

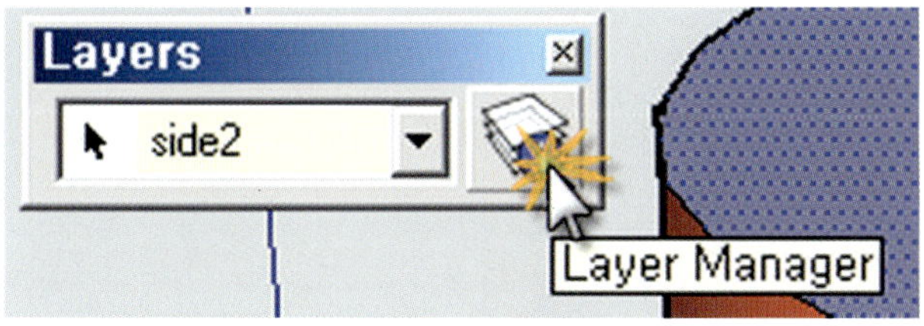

⑪ 레이어 관리자[Layer Manager] 버튼을 누릅니다.

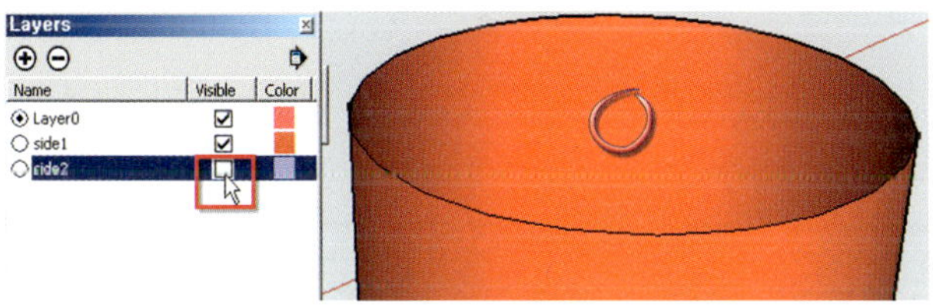

⑫ [side2]의 Visible 체크를 해제하여 봅니다. 해당 레이어의 객체가 화면상에서 사라집니다.

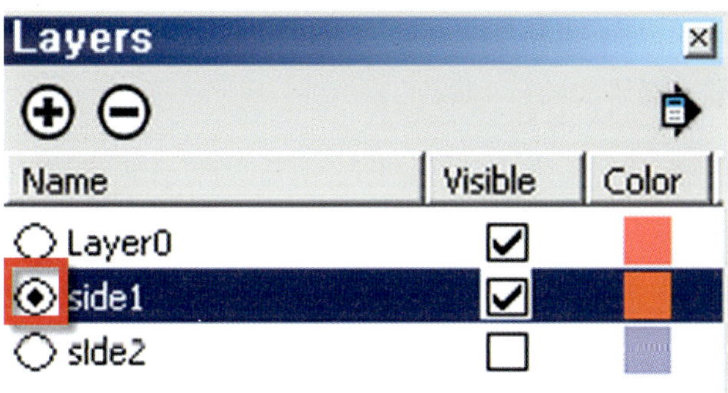

⑬ 위와 같은 경우는 Visible의 체크를 해제할 수 없으니 유의하세요. 이럴 경우 [Layer0] 레이어 선택 표시[◉]를 옮긴 후 [side1]의 표시[Visible]란을 체크합니다.

[2] 요소정보[Entity Info] 기능을 활용한 레이어 변경 따라하기

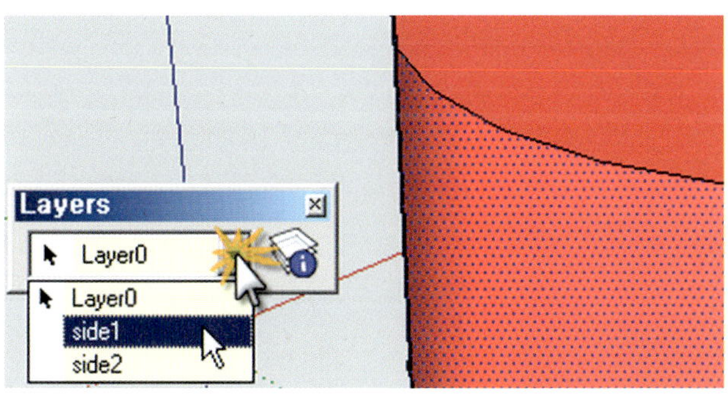

❶ 레이어 리스트 내림[▼]버튼을 눌러 [side1] 레이어를 선택합니다.

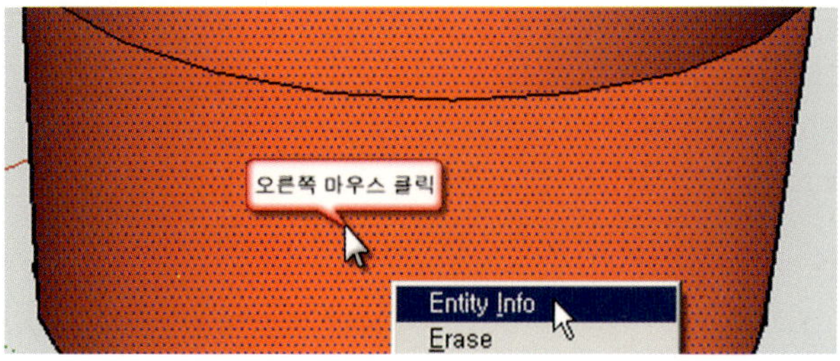

❷ 선택[Select] 도구로 해당 면을 선택 후 마우스 우측 버튼을 클릭하여 요소정보[Entity Info]를 선택 합니다.

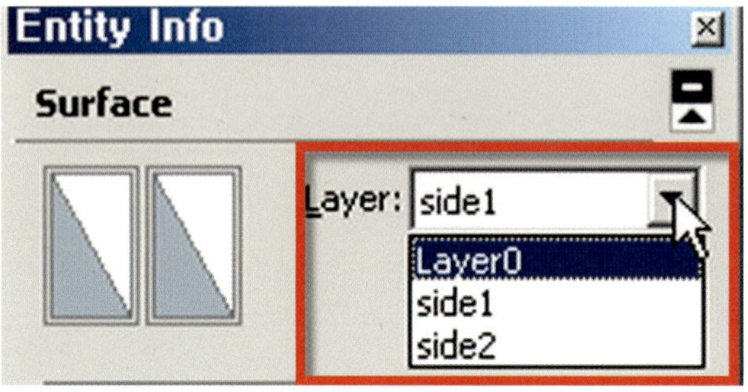

❸ 동일한 레이어 리스트[Layer List] 창이 나타납니다. 이를 클릭하여 선택한 객체에 대한 레이어를 변경할 수 있습니다.

[3] 레이어 관리자[Layer Manager]의 제거[Purge] 기능 활용법 살펴보기

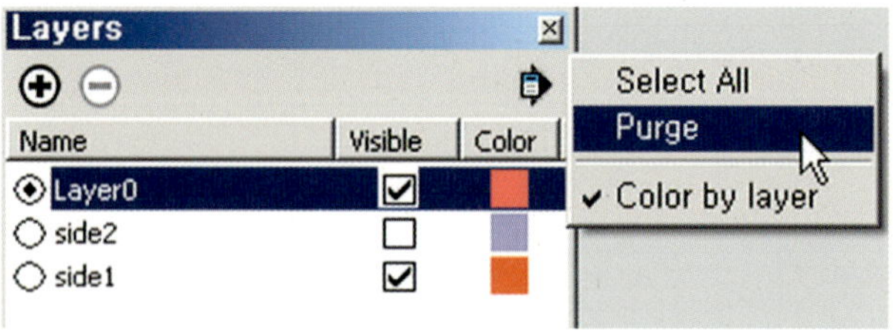

❶ 레이어 관리자[Layer Manager] 내 제거[Purge] 항목은 사용되지 않거나 해당 객체가 삭제되어 버린 불필요한 해당 Layer를 정리해 주는 기능입니다.
전체 선택[Select all] 항목은 모든 객체를 선택하여 줍니다.

SketchUP Pro 8

구글[Google] 도구

05] 구글[Google] 도구

구글[Google]과 결합된 스케치업의 기능은 더욱 강력해졌습니다. 스케치업의 구글[Google] 기능은 전 세계의 지도와 재질 그리고 사용자들의 스케치업 모델링을 상호 공유함으로서 보다 다양한 3차원 그래픽 작품을 만들어 낼 수 있습니다. 스케치업에서의 구글 활용은 다른 3차원 소프트웨어가 가지지 못하는 더 큰 가능성을 보여 줍니다.

[1] 구글[Google] 도구상자의 구성 살펴보기

[상단 메뉴바 ▸ View ▸ Toolbars ▸ Google]을 클릭하면 위의 Google 도구 창이 화면상에 나타납니다.

❶ : 위치 추가 도구[ ]를 사용하면 Google 어스에서 현재 시점에 대한 2D및 3D 스냅샷 이미지를 캡처할 수 있습니다. 이 기능을 활용하여 사용자가 원하는 지형을 스케치업에서 표현할 수 있습니다.

❷ : 지형 토글 도구[ ]는 위치 추가 도구에서 불러낸 2D 지형 스냅샷 이미지를 3D로 표현하여 줍니다.

❸ : 3D 빌딩 제작도구[ ]는 마치 장난감 블록을 조합하여 실제 건물과 비슷하게 만드는 것처럼 2D 항공 사진 위에서 3D 디지털 건물 블록을 조합하여 건물을 만들 수 있습니다. 3D 빌딩 제작도구의 블록은 장난감 블록처럼 표준 상자 모양의 블록부터 다양한 지붕 유형을 나타내는 블록에 이르기까지 여러 형태로 제공됩니다.

❹ : 사진 재질 도구[ ]는 스케치업 프로 8.0에서 추가된 기능입니다. 스케치업의 재질 표현에 대한 범위를 Google을 활용하여 전세계로 넓힌 획기적인 기능입니다. 사용자는 언제든지 전 세계를 돌아다니며 수집한 재질을 선택한 객체에 부여 할 수 있습니다.

❺ : 모델 미리보기 도구[ ]을 사용하면 위치 추가 도구로 불러낸 지형 위에 작성된 모델을 Google 어스에서 확인 및 검토 할 수 있습니다.

❻ : 모델 가져오기 도구[ ]는 스케치업 모델 저장소[3D WAREHOUSE]에서 사용자가 원하는 모델을 찾아 가져 올수 있습니다. 작업시간의 단축이 가능합니다.

❼ : 모델 공유하기 도구[ ]는 사용자가 작성한 모델을 모델 저장소 [3D WAREHOUSE]로 보내 전 세계의 사용자들과 공유하도록 합니다.

❽ 스케치업이 구글 도구들을 제대로 활용하기 위하여 반드시 구글 어스 프로그램을 다운받아 설치하기를 바랍니다.

[2] 위치 추가[Add Location] 도구 따라하기

❶ 위치 추가 [Add Location] 도구를 클릭합니다.

❷ 위치명을 [GRAND CANYON]이라고 입력한 뒤 검색[Search] 버튼을 클릭하면 해당 위치의 위성 지도를 찾아가게 됩니다. 마우스의 휠을 돌리면 위성지도를 확대 및 축소 할 수 있으며, 마우스 왼쪽버튼을 계속 누르면 위성지도의 위치를 조금씩 이동시킬 수 있습니다.

❸ 영역 선택[Select Region] 버튼을 클릭합니다. 스케치업으로 가져올 영역을 선택할 수 있습니다.

❹ [┼] 표시를 클릭 후 끌면 선택 영역의 위치를 바꿀 수 있습니다.

❺ 사용자가 원하는 영역에 대한 지정이 끝나면 스케치업으로 불러들이기 위하여 가져오기[Grab] 버튼을 클릭합니다. 선택영역을 취소하려면 [Cancel] 버튼을 클릭합니다.

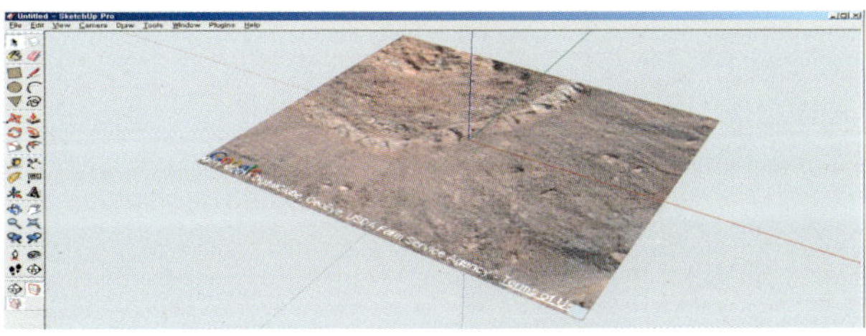

❻ 잠시 후 스케치업 화면에 사용자가 지정한 구글 위성지도가 보입니다. 스케치업 프로 7.0과 다른 점은 8.0에서 가지고 온 구글 위성지도가 컬러 타입으로 화면상에 보인다는 것입니다.

[3] 지형 토글[Toggle Terrain] 도구 따라하기

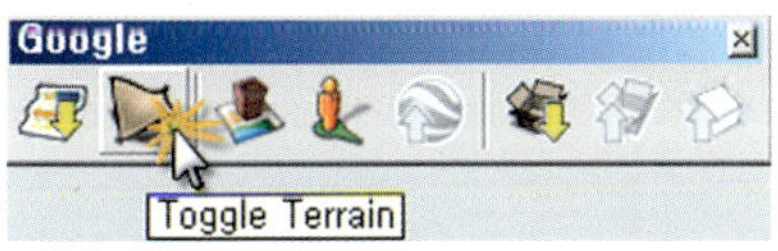

❶ 지형 토글 [Toggle Terrain] 도구를 클릭합니다.

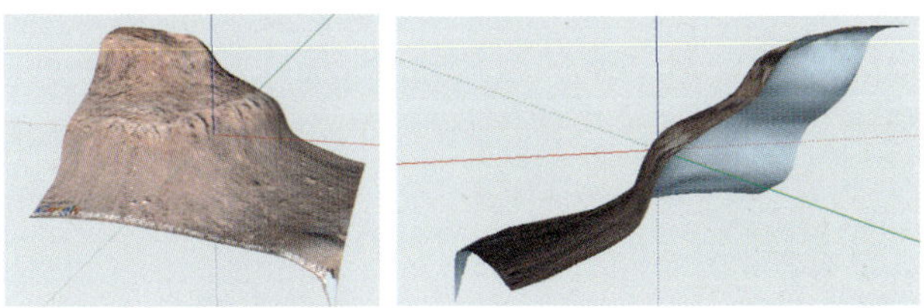

❷ 지형 토글[ ] 도구의 선택과 동시에 화면상에는 2차원의 위성지도가 3차원의 위성지도로 변환되게 됩니다. 위치추가[ ] 도구와 지형 토글[ ] 도구를 활용하여 사용자는 언제든지 전 세계의 위성지도를 3차원화하여 설계 작업에 응용할 수 있습니다.

[4] 사진 텍스처[Photo Textures] 도구 따라하기

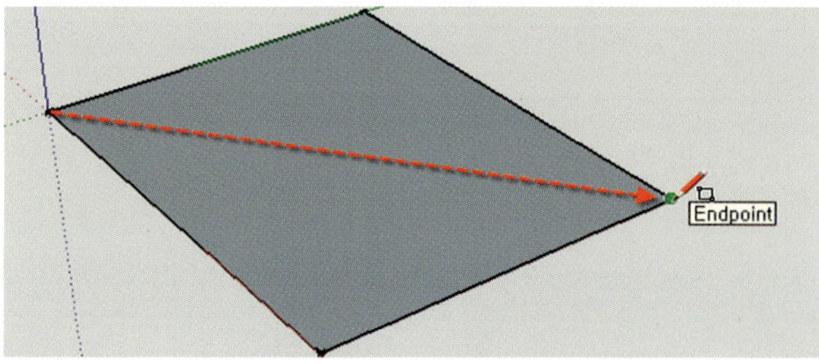

❶ 사각형 [Rectangle] 도구를 활용하여 위의 그림과 유사한 임의의 사각형을 작성합니다. 이어 선택[Select] 도구로 해당 사각형의 면을 선택합니다.

❷ 위치명을 [lyon]이라고 입력한 뒤 검색[Search] 버튼을 클릭하면 해당 위치의 위성 지도를 찾아가게 됩니다. 스케치업의 사진 텍스처[Photo Textures] 도구는 검색 사이트 [Daum]과 [Naver] 검색에서 볼 수 있는 동일한 로드 뷰를 제공합니다.

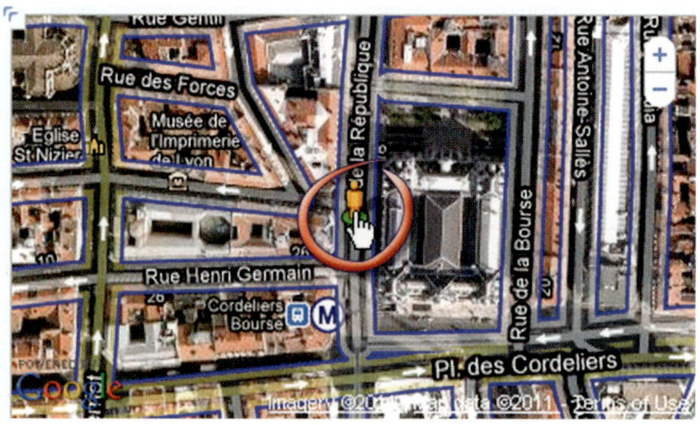

❸ 위성지도 위에 사람 [] 표시가 보입니다. 이 사람 표시는 마우스 좌측 버튼을 클릭하여 누른 채로 다른 도로 위에 옮길 수 있습니다. 아직까지 구글에서 한국의 로드 뷰를 지원하지 않습니다.

❹ 영역 선택[Select Region] 버튼을 클릭합니다.

❺ 마우스로 청색의 고정 핀[Pin]과 고정 핀[Pin] 사이를 연결하는 검정색 실선을 클릭한 후 이를 끌어 영역을 재지정[축소 또는 확대] 할 수 있습니다.

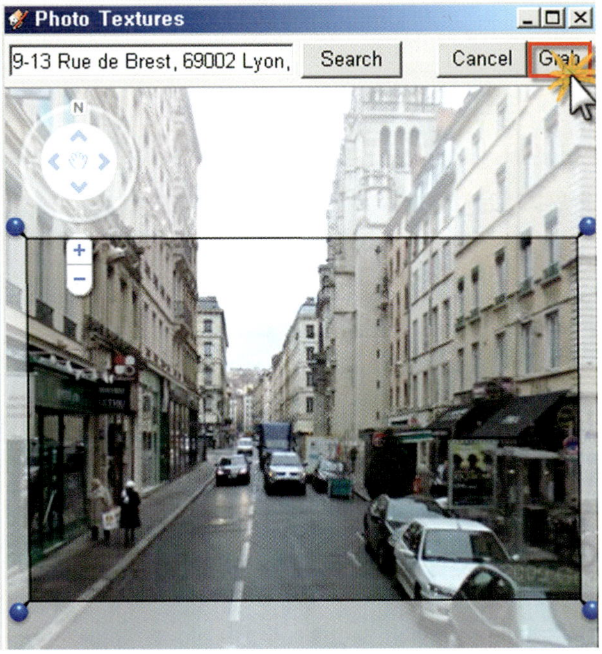

❻ 가져오기[Grab] 버튼을 클릭합니다.

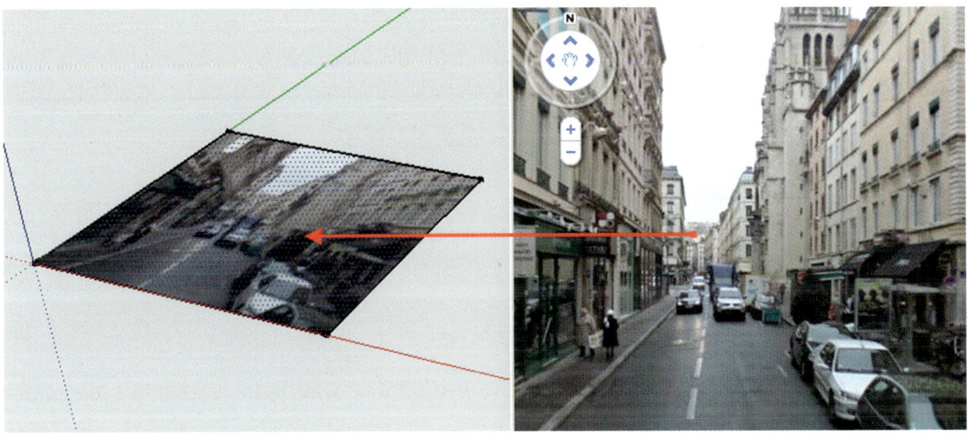

❼ 선택된 사각형의 면에 해당 로드 뷰[View]의 이미지가 재질로 부여됩니다. 사진 텍스처[Photo Texture] 기능을 활용하기 전에 반드시 적용시킬 면이 선택되어있어야 합니다.

[5] 모델 미리보기[Preview Model in Google Earth] 도구 따라하기

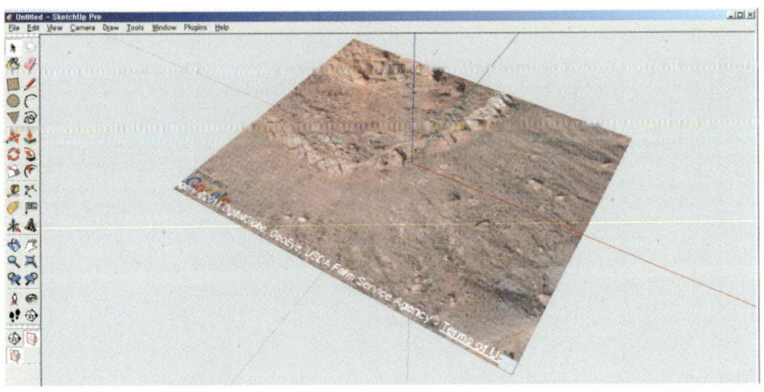

❶ 위치 추가 [ ] 도구를 활용하여 선행 학습한 바와 같이 [GRAND CANYON]을 스케치업으로 가져옵니다.

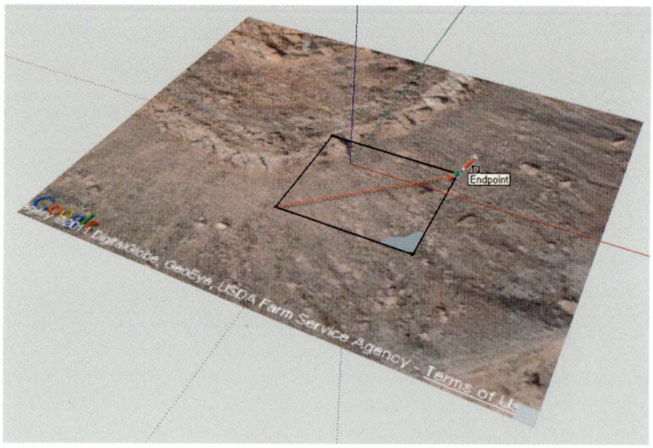

❷ 사각형 [Rectangle] 도구를 활용하여 위성지도 위에 위의 그림과 유사하게 임의의 사각형을 작성합니다.

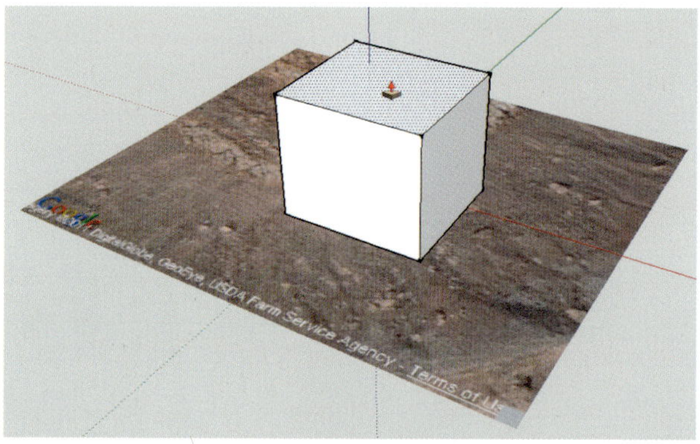

❸ 밀고/당기기[Pull/Push] 도구를 활용하여 위의 그림과 유사하게 사각형 높이를 부여합니다.

❹ 모델 미리보기 [Preview Model in Google Earth] 도구를 클릭합니다.

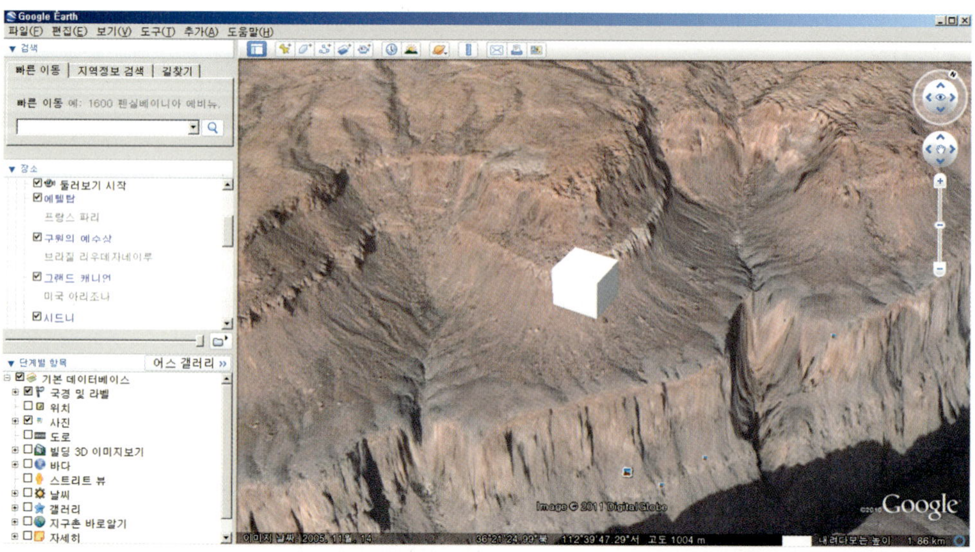

❺ 구글 어스 화면에 스케치업에서 작업한 위성지도와 입체 사각형이 보여 집니다. 이 기능을 활용하여 사용자는 언제든지 선정한 대지 위의 건축물의 형상을 다양하게 관찰해 볼 수 있습니다.

[6] 모델 가져오기[Get Model] 도구 따라하기

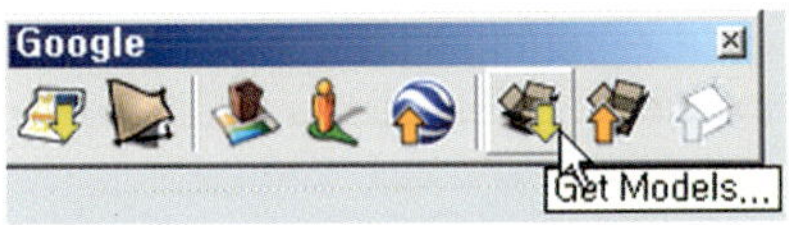

❶ 모델 가져오기[Get Model] 도구를 클릭합니다.

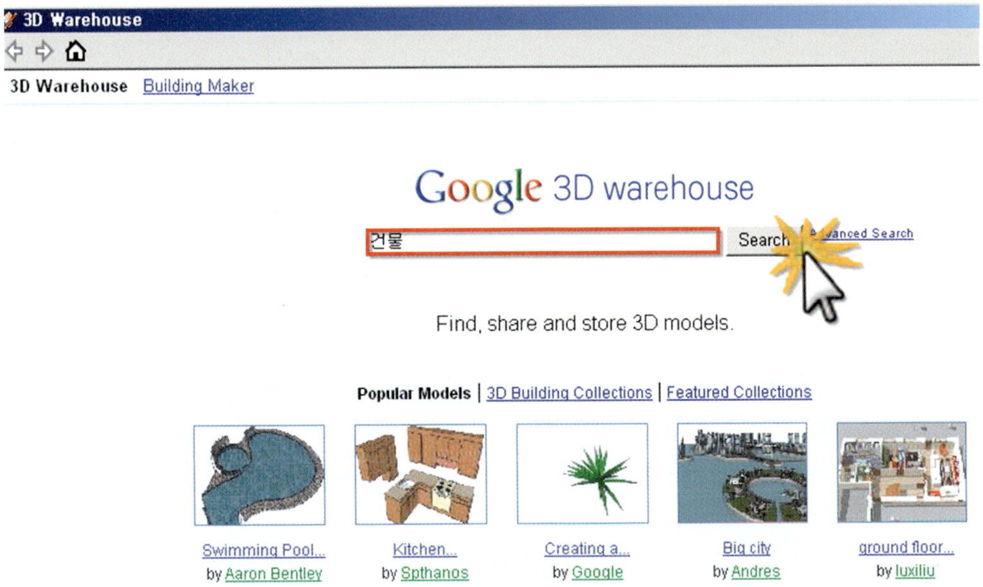

❷ 검색창에 [건물]이라고 입력하고 검색[Search] 버튼을 클릭합니다.

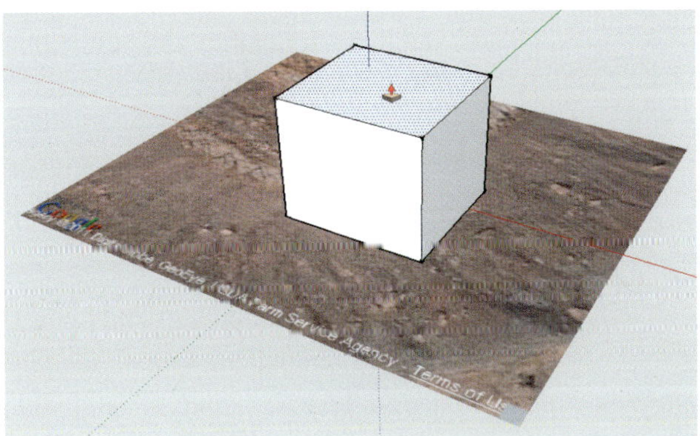

❸ 밀고/당기기[] 도구를 활용하여 위의 그림과 유사한 사각형의 높이를 부여 합니다.

❹ 다양한 건물 모델들이 화면에 보여 집니다. 그 중 위의 그림과 동일한 모델을 찾아 해당 모델의 세목을 클릭합니다.

❺ 선택한 모델의 정보가 나타납니다. 해당 모델을 스케치업으로 다운받기 위하여 [Download Model] 버튼을 클릭합니다.

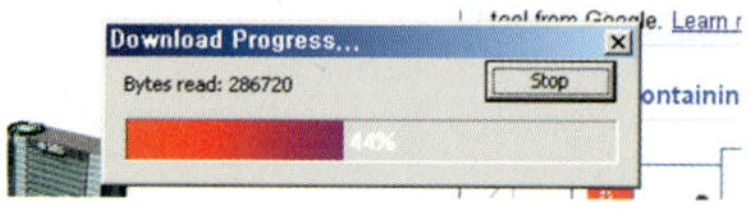

❻ 해당 모델의 다운[Down]이 진행됩니다.

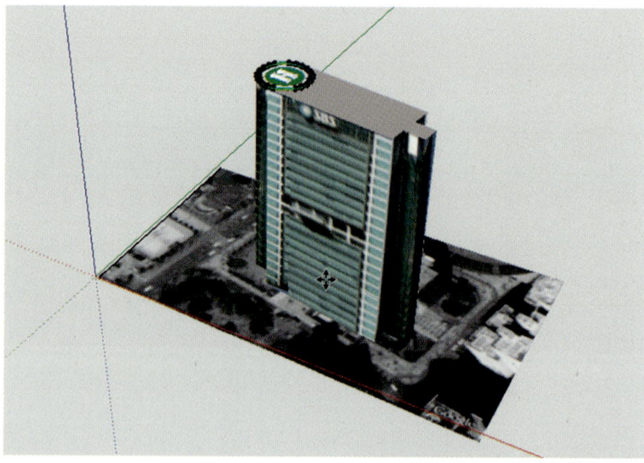

❼ 해당 모델이 스케치업 화면상에 나타납니다. 이동[ ] 도구를 활용하여 사용자가 원하는 위치에 배치시킵니다.

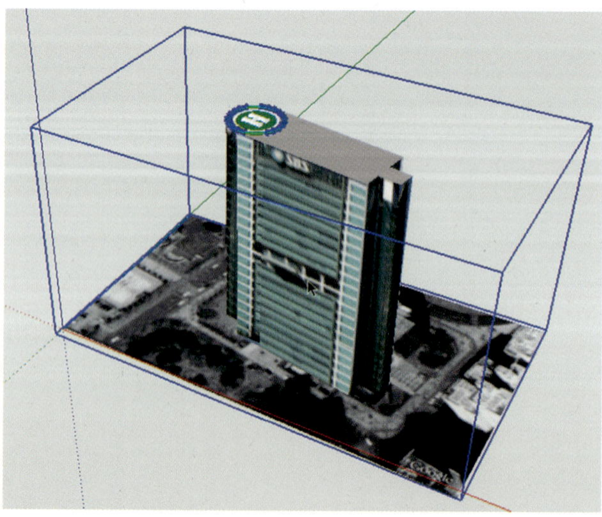

❽ [3D Warehouse]에 가져온 모든 모델은 구성요소[Component]화 되어있습니다. 이는 그룹처럼 하나로 묶여 있다는 의미입니다. 선택[Select] 도구로 선택을 하면 가져온 객체 전체가 한꺼번에 선택됨을 알 수 있습니다.

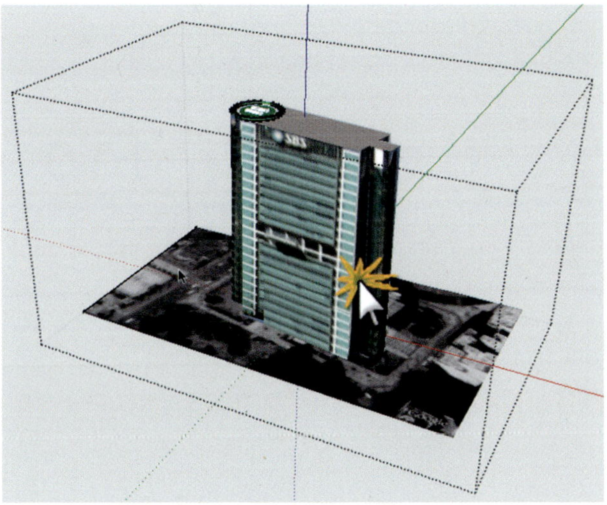

❾ 해당 모델을 더블 클릭하면 컴포넌트 외곽선이 수정 가능한 점선으로 변환됩니다. 이 상태를 [Edit Component] 상태라고 합니다. 사용자는 이 상태에서 다양한 수정을 할 수 있습니다.

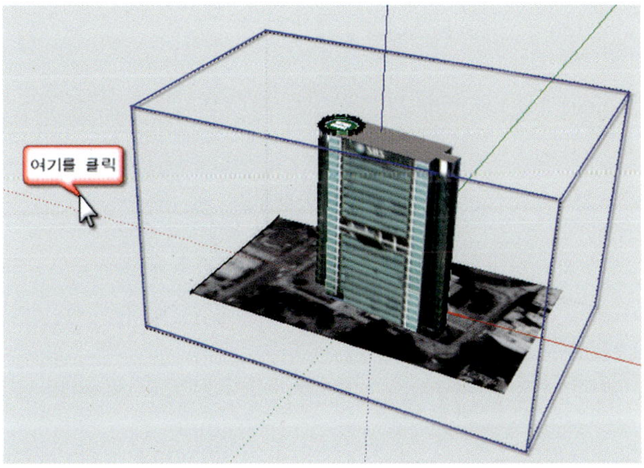

❿ 모델을 수정 후 모델 이외 빈 화면을 더블 클릭하면 전체 객체가 하나로 묶여 있는 컴포넌트 상태로 다시 변환됩니다.

SketchUP

06] 그림자[Shadow] 도구

스케치업에서는 날짜와 시간을 설정하여 빛에 의하여 변화되는 그림자를 생성합니다. 사용자는 그림자 도구를 활용하여 일조 및 일영 시뮬레이션을 작성할 수 있습니다.

[1] 그림자[Shadow] 도구 살펴보기

[상단 메뉴바 ▸ View ▸ Toolbars ▸ Shadows]을 클릭하면 위의 Shadows 도구 창이 화면상에 나타납니다.

❶  : 그림자 세팅[Shadow settings] 도구를 클릭하면 아래와 그림과 동일한 창이 나타납니다. 이 창의 세부 옵션들을 조정하여 보다 세밀하고 정확한 그림자를 작성할 수 있습니다.

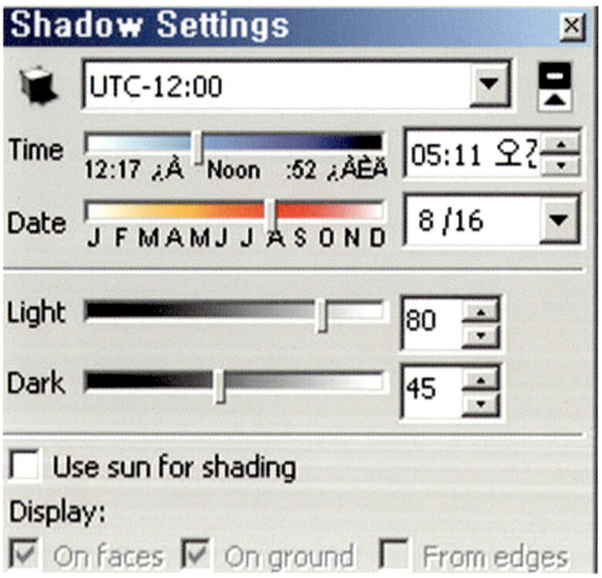

❷  : 그림자 보여주기[Show/Hide Shadows] 도구는 사용자가 세팅한 설정 값의 그림자를 화면에 보여줍니다. 모델이 복잡하거나 용량이 클 경우 그림자를 함께 보여주면 작업의 속도가 현저히 저하됨으로 주의하세요.

❸  : 날짜[Date] 도구는 월[月과] 일[日]을 정합니다.

❹  : 시간[Time] 도구는 시간을 정합니다.

[2] 그림자 설정[Shadow settings] 도구 따라하기

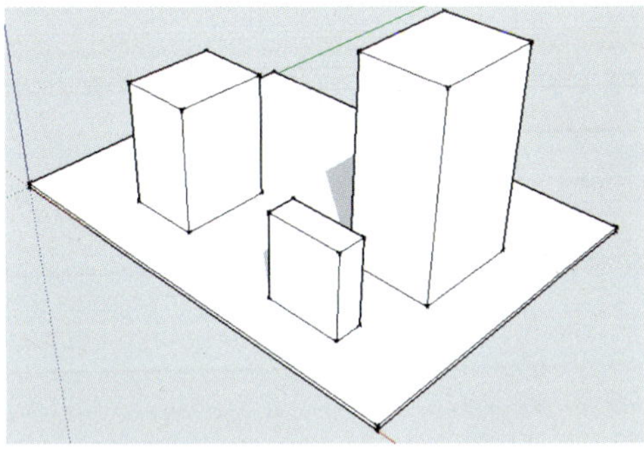

① view 1

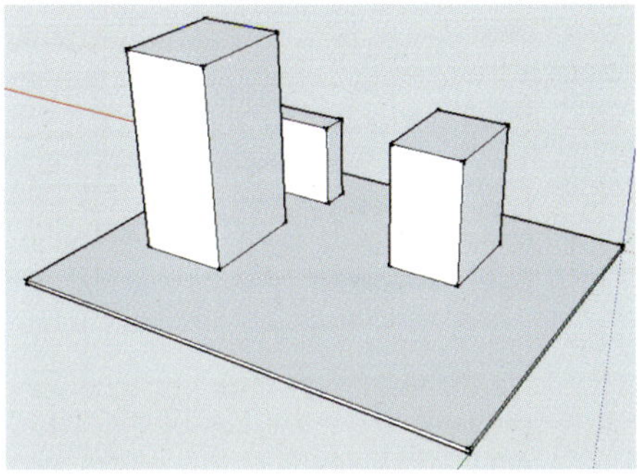

② view2

❶ 그림자 설정[Shadow settings] 도구를 실습하기 위하여 사각형 그리기[ ] 도구와 밀고/당기기[Pull/Push] 도구를 활용하여 위의 view1과 view2를 참고하여 위와 동일한 모델을 작성합니다. [위의 view1과 view2는 하나의 작성 모델을 서로 다른 시점에서 본 것입니다.]

❷ 그림자[Shadows] 도구 창에서 그림자 세팅[Shadow settings] 버튼을 클릭합니다.

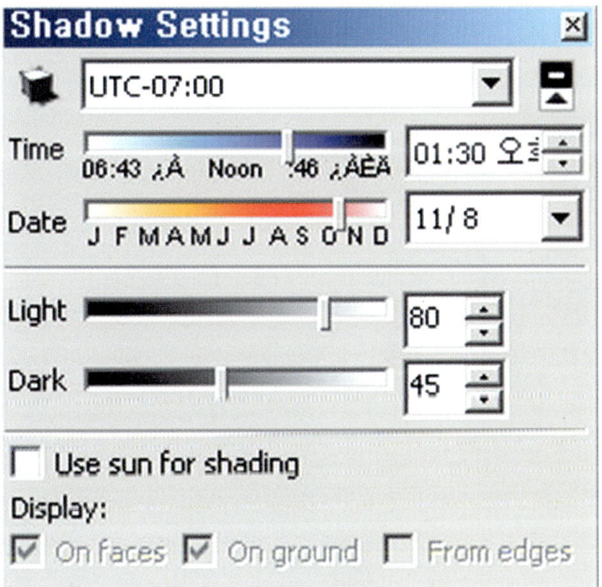

❸ 그림자 세팅[Shadow settings] 도구창이 화면상에 나타납니다.

❹ UTC를 세팅합니다. UTC란 [Universal Time Coordinated] 즉 협정 세계시간을 의미하며, 영국 그리니치 천문대[경도가 0]의 시간을 세계의 표준시간으로 정의한 것입니다.
우리나라는 동경 135도 자오선을 사용합니다. 이에 135/15=9 즉 [UTC+9]가 됩니다.

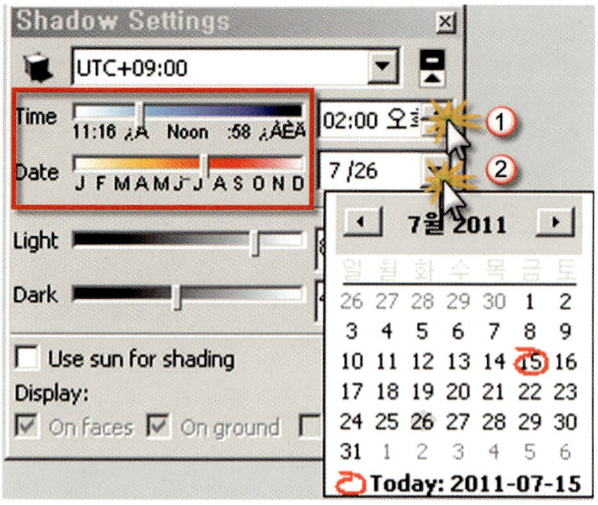

❺ 월/일을 변경해 봅니다. 변경 방법은 시간[Time]과 날짜[Date] 조절바를 마우스로 클릭한 채 좌우로 움직여 변경할 수 있습니다. 또 방법은 위 그림의 표시한 ①번과 ②번 버튼을 눌러 정확한 월/일을 지정할 수 있습니다. 마지막 방법으로 직접 월/일 수치를 마우스로 클릭 후 바로 해당 숫자를 입력할 수 있습니다.

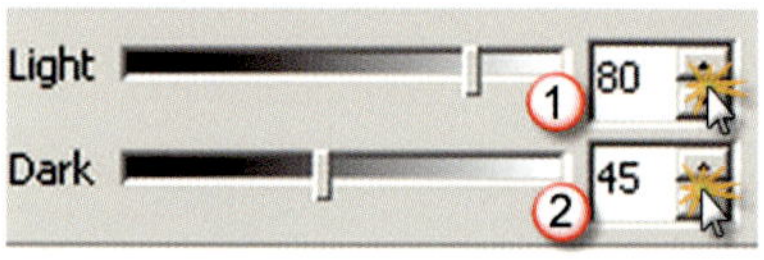

❻ 빛이 사물에 비치면 밝은 부분[Light]과 어두운 부분[Dark]이 발생합니다. 위의 수치를 조정함으로 빛으로 인한 모델의 밝은 부분과 어두운 부분의 밝고 어둡기를 재조정할 수 있습니다. 연습을 위하여 위의 수치와 동일하게 변경합니다.

❼ 그림자[Shadows] 창에서 그림자 보여주기[] 도구를 선택하면 그림자 설정창 하단의 Display 옵션들이 활성화 됩니다.

① [On faces]는 면에 그림자를 표시합니다.
② [On ground]는 바닥면에 그림자를 표시합니다.
③ [From edges]는 경계선에 그림자를 표시합니다. 보통 경계선 그림자는 체크를 하지 않습니다.

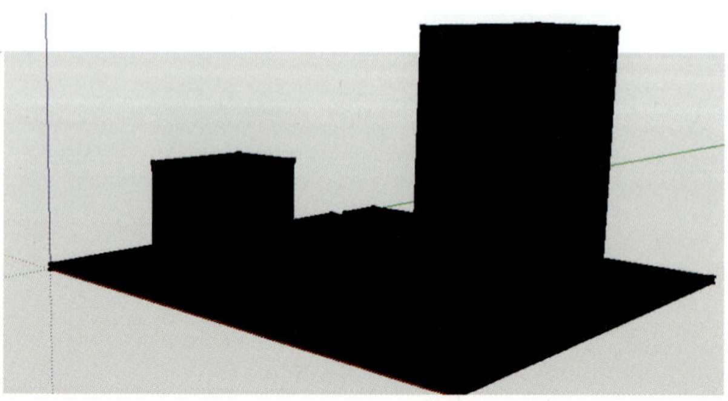

❽ 현재까지의 설정 값에 의하여 화면에 보이는 모델은 위의 그림과 같습니다. 그림자가 표현되지 않는 이유는 아직 사용자가 해당 모델에 정확한 [지도상의 위치]를 지정하지 않았기 때문입니다.

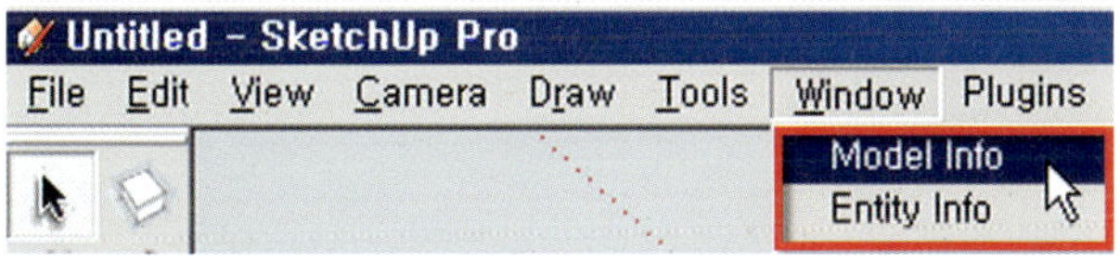

❾ [상단 메뉴바 ▸ Window ▸ Model Info]를 클릭합니다.

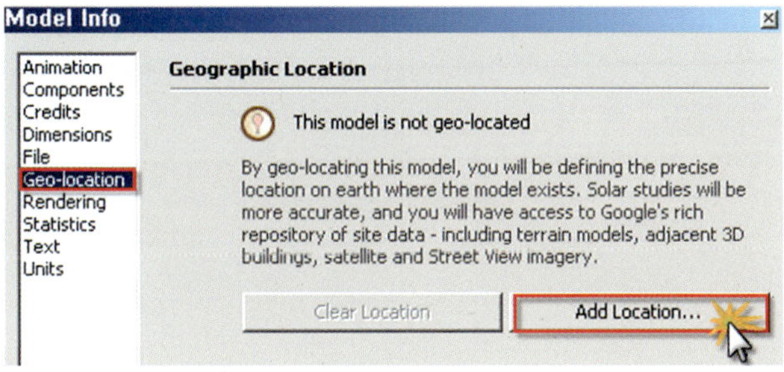

❿ 좌측 메뉴 항목에서 [Geo-Location]을 선택 합니다. 이후 위의 그림과 동일하게 위치 추가[Add Location] 버튼을 클릭합니다.

⓫ 지역명을 [Seoul]로 입력 후 검색[Search] 버튼을 클릭하면 해당 지역의 대표 건물이 있는 위치로 위성지도가 검색됩니다.

⓬ 사용자가 원하는 영역 선택을 위하여 지역선택[Select Region] 버튼을 클릭합니다.

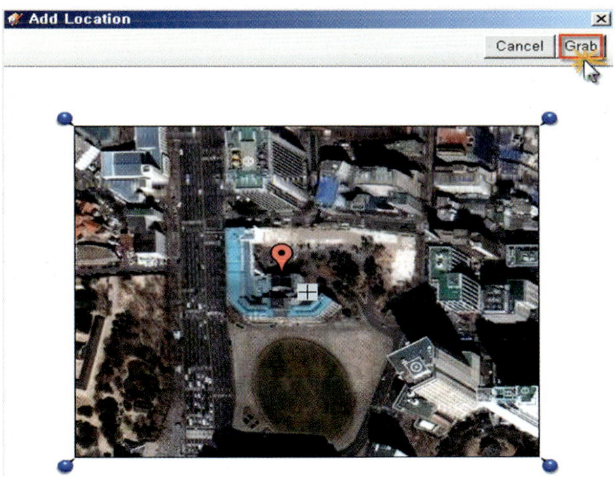

⓭ 고정 Pin[]과 위치 중심점[]을 마우스를 활용하여 사용자가 원하는 지점과 크기로 조정 후 가져오기[Grab] 버튼을 누릅니다.

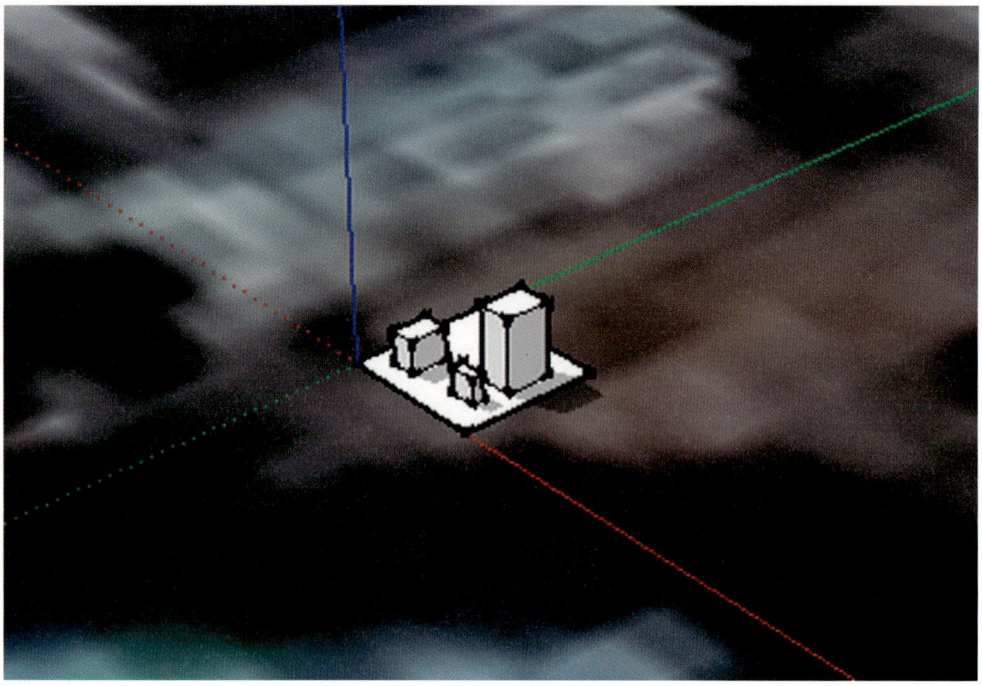

⓮ 가져온[Grab] 구글 위성 지도 이미지가 작업 화면의 작성 모델 아래에 나타나며 사용자가 앞서 그림자 설정대로 모델에 그림자가 보입니다.

⓯ 그림자[Shadows] 도구상자의 월/일/시간을 마우스로 조절바를 움직여 재조정할 수 있으며, 특히 시간(Time) 조절바를 움직여 봄으로서 사용자가 작성한 모델의 시간대별 일조변화 추이를 관찰할 수 있습니다.

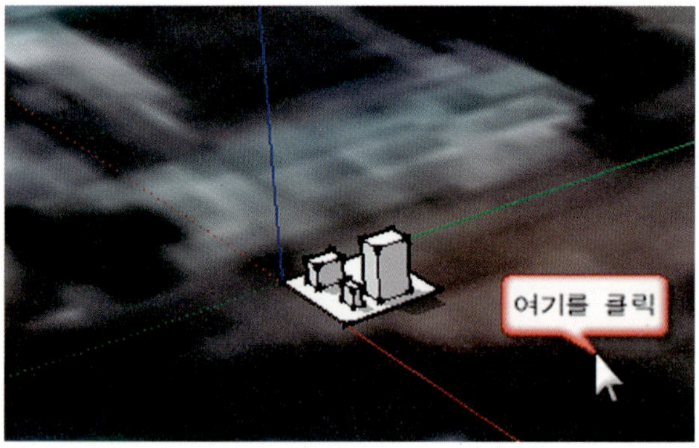

⓰ 화면상에 보여지는 구글 위성 지도가 불필요하다면 해당 위성지도를 마우스로 클릭합니다.

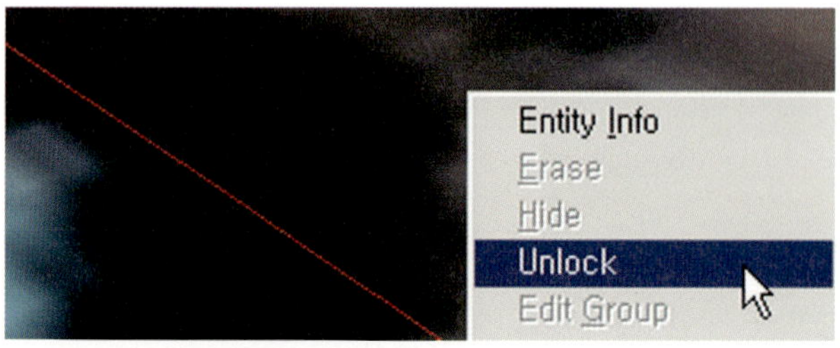

⓱ 마우스 우측버튼을 누르면 확장메뉴가 펼쳐집니다. 메뉴 중 잠금해제[Unlock] 항목을 선택 후 키보드의 [Delete] 버튼을 누르면 해당 구글 위성 지도가 사라집니다. 그러나 사용자가 그림자 표현을 위하여 설정한 내용은 그대로 유지됩니다.

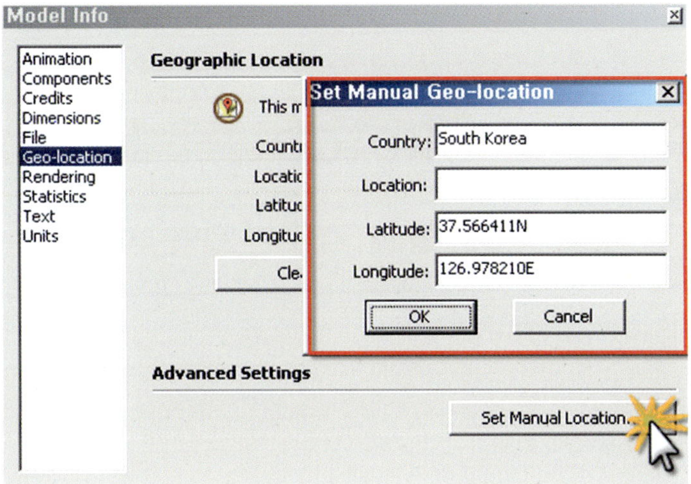

⓲ [상단 메뉴바 ▸ Window ▸ Model Info]를 클릭 후 [Geo-Location]의 수동 위치 설정[Set Manual Location] 버튼을 클릭합니다. 사용자가 지정한 도시의 국가명이 위성지도가 사라진 이후에도 그대로 유지됨을 알 수 있습니다.

SketchUP

07] 그룹[Group]과 컴포넌트[Component]

스케치업에서 그룹[Group]과 컴포넌트[Component]는 비슷해 보이지만 전혀 다른 특성의 객체입니다. 그룹이 단순히 다수의 모델을 하나로 묶어 관리해주는 역할이라면 컴포넌트는 매우 다양한 기능을 가지고 있습니다.

대표적인 차이점에 대하여 차근차근 알아보도록 하겠습니다.

[1] 그룹[Group] 설정 따라하기

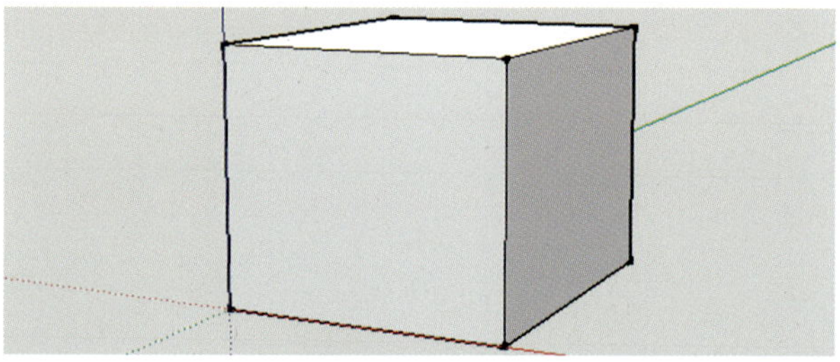

❶ 사각형[Rectangle] 도구를 활용하여 위의 그림과 같이 입체 사각형 모델을 작성합니다.

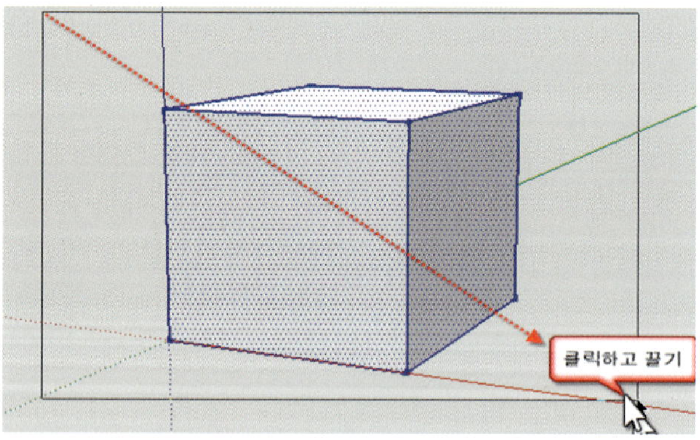

❷ 선택[Select] 도구를 활용하여 해당 모델을 선택합니다.

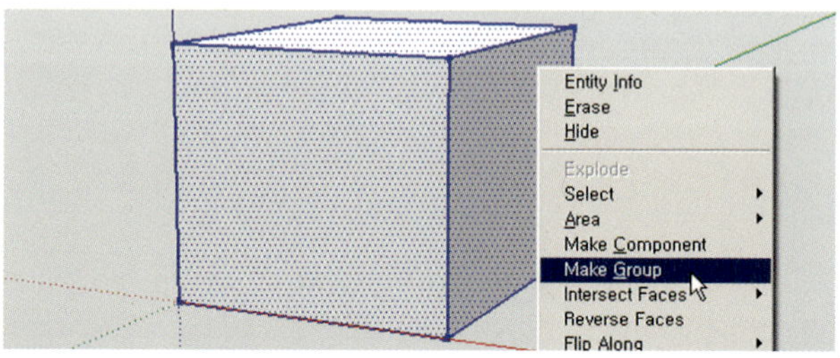

❸ 선택된 모델 위에 마우스를 두고 우측 버튼을 클릭하면 확장메뉴가 펼쳐지며 메뉴 중 그룹 만들기[Make Group] 항목을 선택합니다.

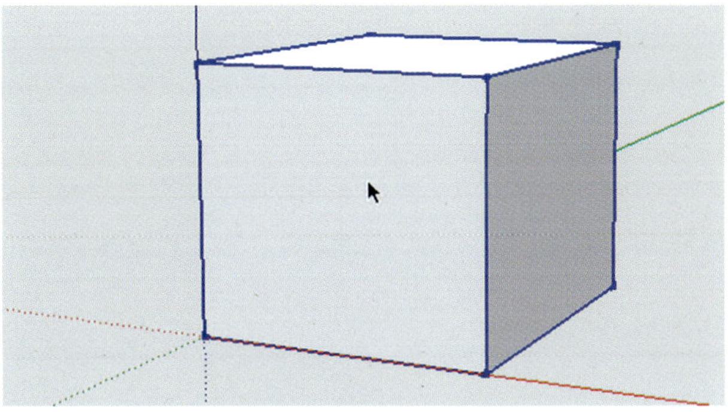

❹ 선택[Select] 도구로 해당 모델을 클릭하면 각 면과 선들이 하나로 묶인 것을 알 수 있습니다. 즉 [그룹화 = Make Group]되었습니다.

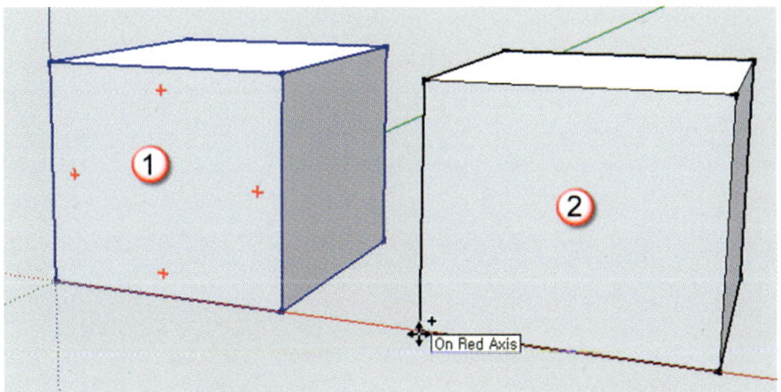

❺ 이동[Move] 도구 선택 후 키보드의 [Ctrl] 버튼을 누르면 복사[Copy] 도구로 변경됩니다. 이어 먼저 그룹화 시킨 ①번 모델을 우측으로 하나 더 복사합니다.

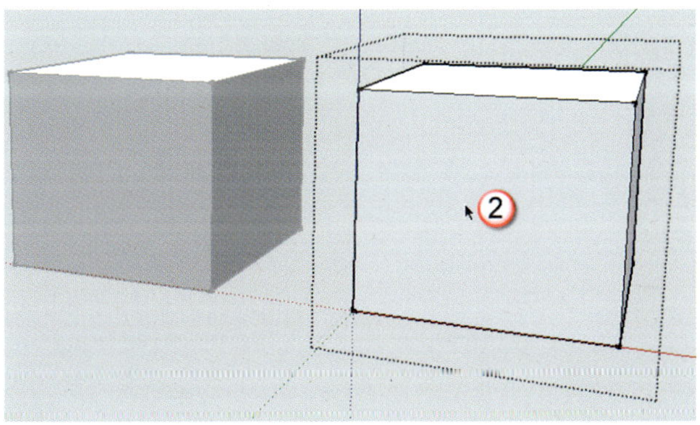

❻ 복사 된 ②번 모델을 더블 클릭하면 그룹을 수정[Edit Group] 할 수 있습니다.

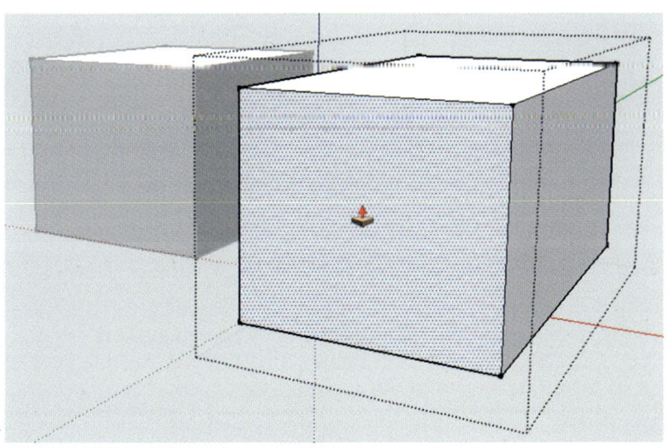

❼ 밀고/당기기 [Pull/Push] 도구를 활용하여 그룹 수정 상태인 ②번 모델의 하나의 면을 선택하고 조금 당겨내어 봅니다.

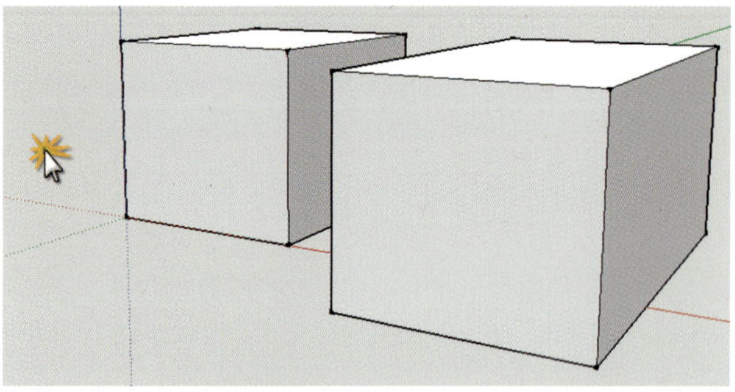

❽ 키보드의 [Space]를 눌러 선택[Select] 도구로 변환 후 화면 빈 곳을 더블 클릭하면 그룹 수정 상태에서 벗어납니다.

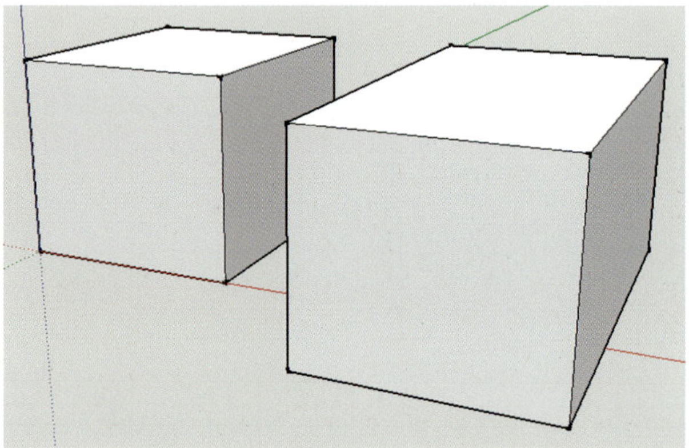

❾ 위의 결과에서와 같이 그룹은 단순히 개별 객체나 모델을 하나로 묶어주는 역할을 합니다. 그룹된 모델을 하나 더 복사하여 어떠한 수정을 하더라도 복사된 그룹들의 모델은 함께 수정되지 않습니다.
이는 다음 페이지에서 학습하는 컴포넌트[Component]와 구별되는 중요한 차이점입니다.

[2] 컴포넌트[Component] 설정 따라하기

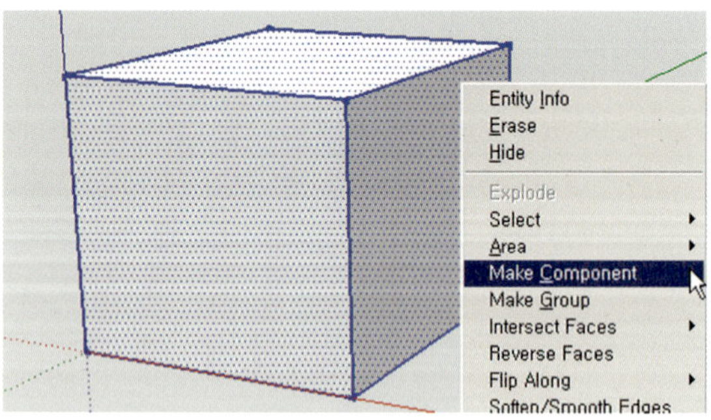

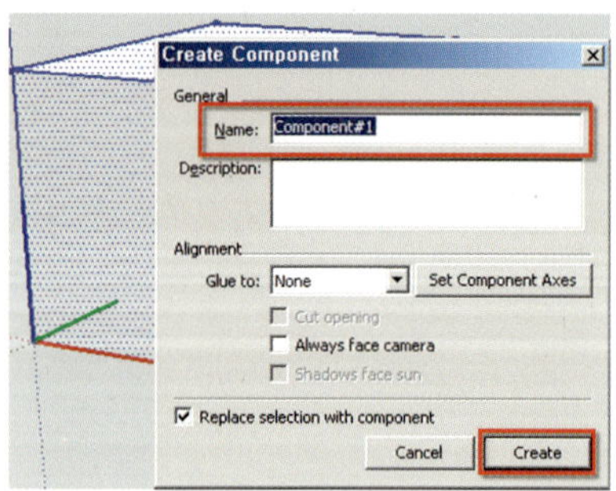

❶ 하나의 입체 사각형 모델을 작성 후 선택[Select] 도구를 활용하여 모델을 선택합니다. 선택된 모델 위에 마우스를 두고 우측 버튼을 클릭하면 확장메뉴가 펼쳐지며 메뉴 중 그룹 만들기[Make Component] 항목을 선택합니다.
컴포넌트 생성[Create Component] 창이 나타나면 해당 컴포넌트에 이름을 부여하고 신단의 신규 생성[Create]버튼을 클릭합니다.

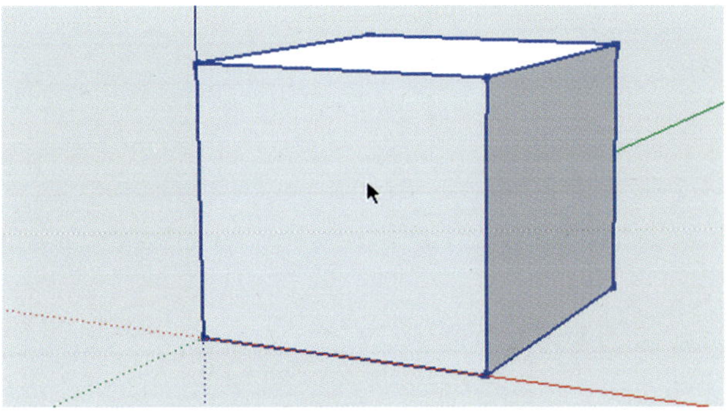

❷ 선택[Select] 도구로 해당 입체 모델을 클릭하면 각 면과 선들이 하나로 묶인 것을 알 수 있습니다.

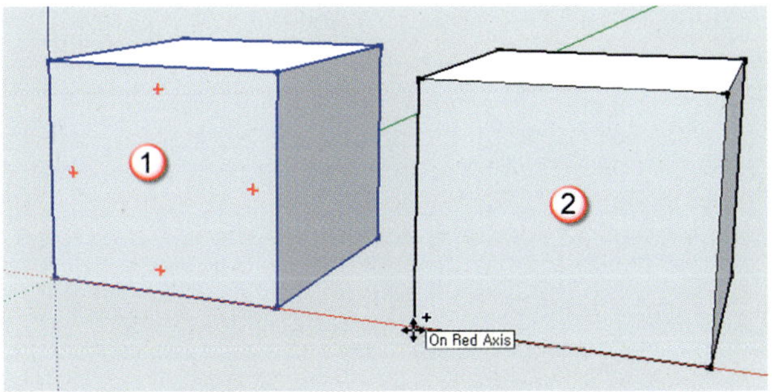

❸ 이동[Move] 도구 선택 후 키보드의 [Ctrl] 버튼을 누르면 복사[Copy] 도구로 변경됩니다. 이어 그룹화 된 ①번 모델을 우측에 하나 더 복사합니다.

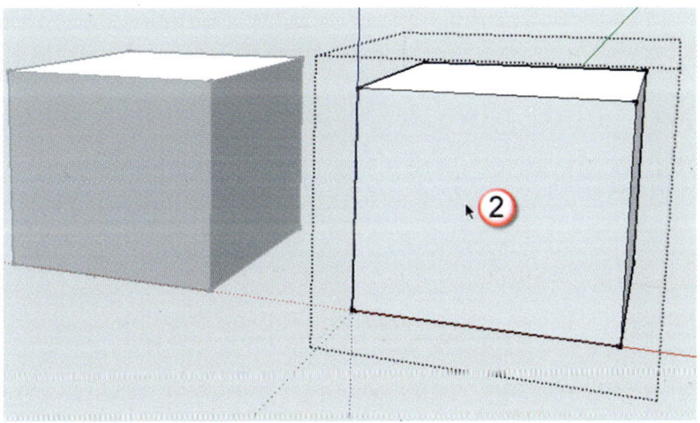

❹ 복사 후 ②번 모델을 더블 클릭하면 해당 컴포넌트를 수정[Edit Component]할 수 있습니다.

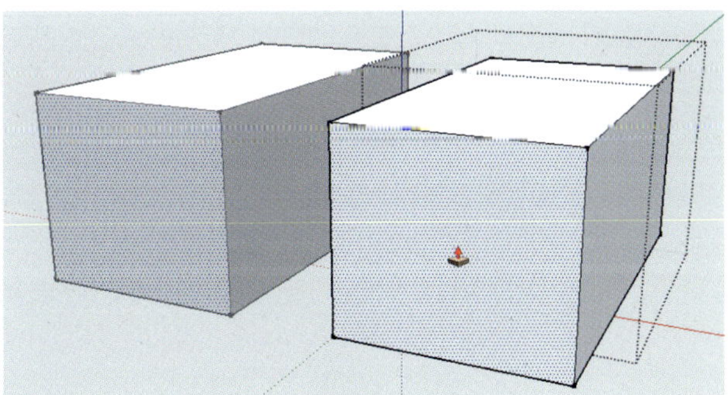

❺ 밀고/당기기[Pull/Push] 도구를 활용하여 컴포넌트 수정 상태인 ②번 모델의 하나의 면을 선택하고 조금 당겨내어 봅니다.

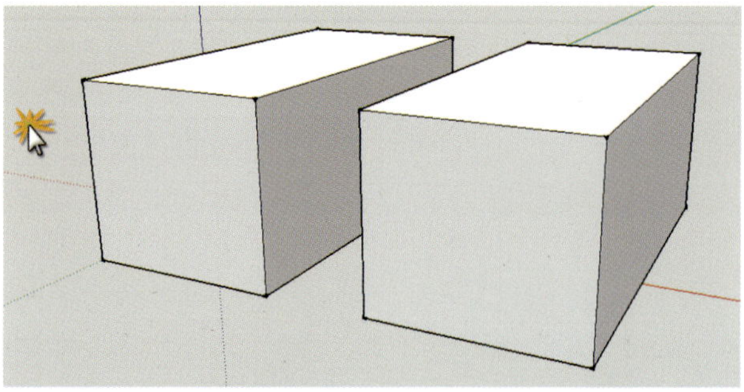

❻ 키보드의 [Space]를 눌러 선택[Select] 도구로 변환합니다. 이어 화면 빈 곳을 더블 클릭하면 컴포넌트 수정 상태에서 벗어납니다.

❼ 위의 결과에서와 같이 컴포넌트 모델을 하나 더 복사하여 수정을 하면 기존의 컴포넌트 모델이 함께 수정됩니다.

SketchUP Pro 8

이미지[Image] 가져오기[Import]와 내보내기[Export]

08] 이미지[Image] 가져오기[Import]와 내보내기[Export]

외부의 이미지를 스케치업으로 가져와 재질 또는 이미지 개체 등으로 다양하게 활용할 수 있습니다. 특히 스케치업에 기본적으로 포함된 재질 외에 사용자가 원하거나 재질을 가져오므로 보넬에 대한 다양한 재질표현이 가능합니다. 또한 작성된 모델을 이미지로 변환하여 Photoshop등의 소프트웨어로 확인할 수 있습니다.

[1] 그림으로 사용하기[Use as Image] 기능 따라하기

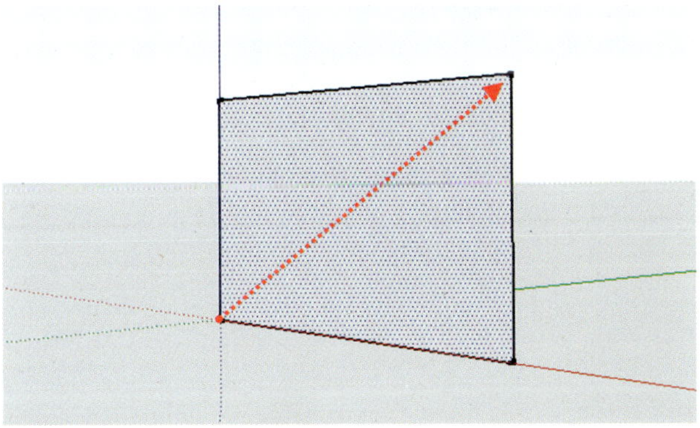

❶ 사각형 [Rectangle ] 도구를 활용하여 [가로 3000, 세로 2000]의 사각형을 작성합니다.

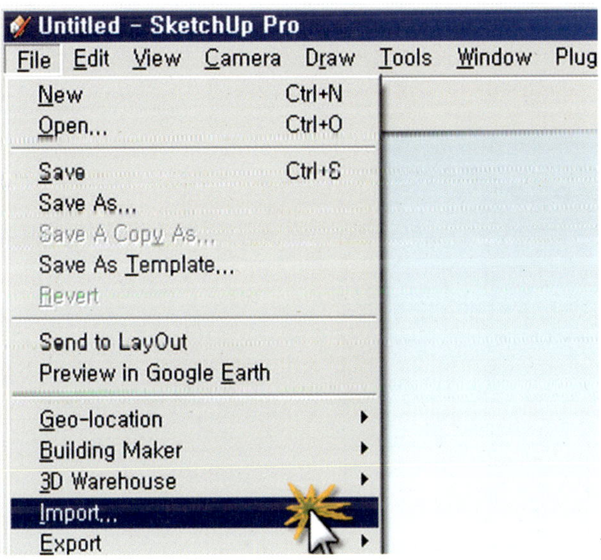

❷ [상단 메뉴바 ▸ File ▸ Import 메뉴]를 클릭합니다.

❸ 파일형식을 [JPEG Image] 타입으로 설정하고 사용자가 원하는 JPEG형식의 그림 파일을 선택합니다. 이미지로 사용하기[Use as Image]항목을 체크한 뒤 열기[Open]를 누릅니다.
외부 재질을 이미지로 사용할 경우 해당 이미지는 개별 객체로 인식합니다.

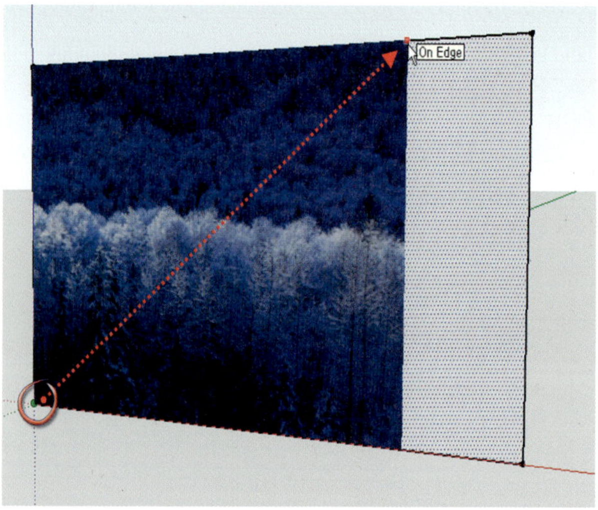

❹ 그림[Image]의 시작점을 먼저 작성된 사각형의 좌측 하단 모서리점으로 지정하고 마우스를 드래그하여 위의 그림과 동일하게 사각형 윗변에 그림[Image]의 크기를 맞춥니다.

❺ 선택[Select] 도구로 해당 그림을 클릭 후 크기조정[Scale] 도구를 활용하여 우측 경계선 중심의 크기조정 녹색 포인트를 클릭합니다. 이 포인트를 사각형의 우측 경계선으로 드래그하여 해당 이미지의 크기를 재조정합니다.

❻ 이미지로 사용하기[Use as Image]로 부여한 재질은 독자적인 개체로 인식하기에 언제든지 삭제가 가능합니다. 단, 크기 조정은 반드시 크기조정[Scale] 도구를 사용해야 합니다.

[2] 재질로 사용하기[Use as Texture] 기능 따라하기

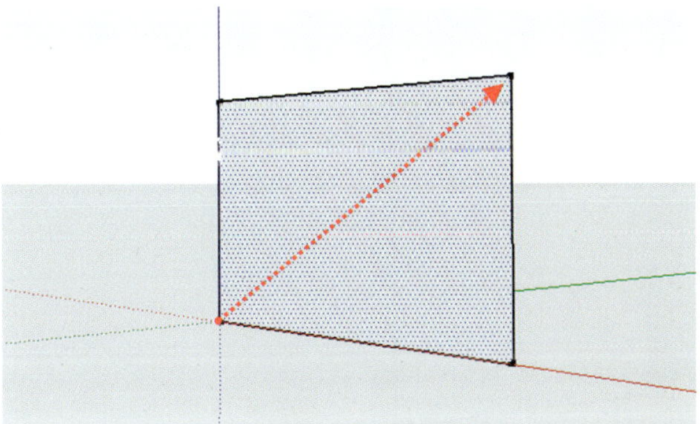

❶ 사각형 [Rectangle] 도구를 활용하여 [가로 3000, 세로 2000]의 사각형을 작성합니다.

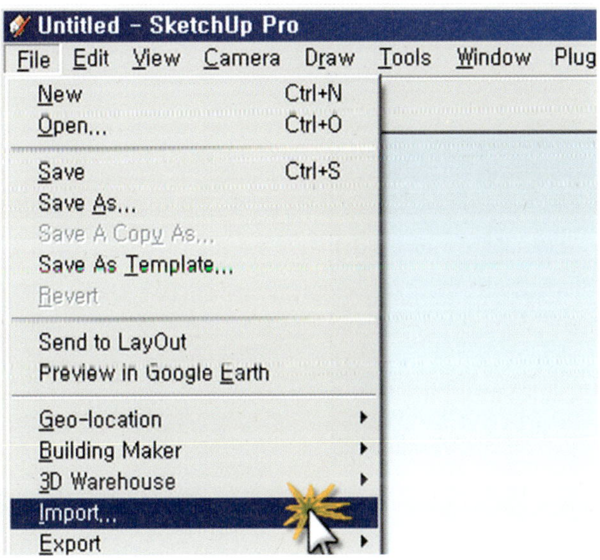

❷ [상단 메뉴바 ‣ File ‣ Import 메뉴]를 클릭합니다.

❸ 파일형식을 JPEG Image 타입으로 설정하고 사용자가 원하는 JPEG형식의 그림 파일을 선택합니다. 재질로 사용하기[Use as Texture]를 선택 한 뒤 열기[Open]를 누릅니다.

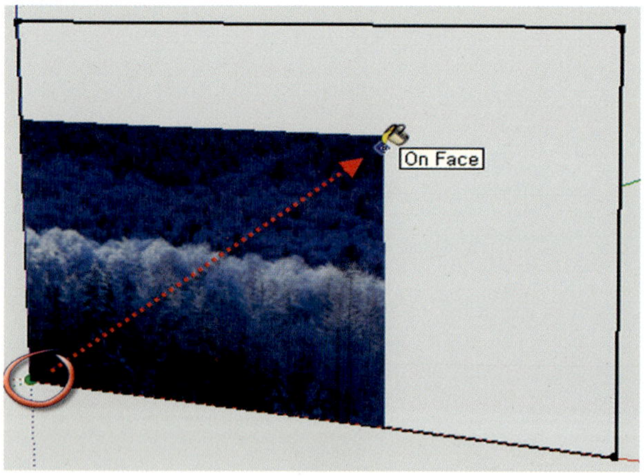

❹ 페인트 통[Paint Bucket] 도구가 화면에 나타납니다. 사각면의 좌측 하단 모서리점을 시작점으로 지정 후 드래그[Drag]하여 클릭합니다.

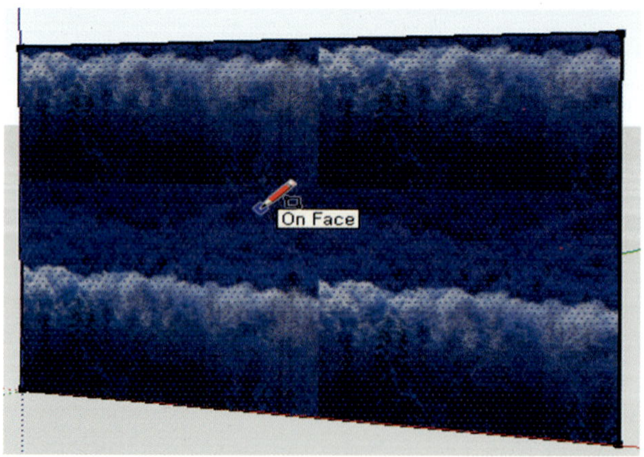

❺ 이미지로 사용하기[Use as Image] 방식과는 다르게 해당 이미지가 재질[Use as Texture]로 적용되었기에 사각면에 빈 공간이 남지 않습니다.

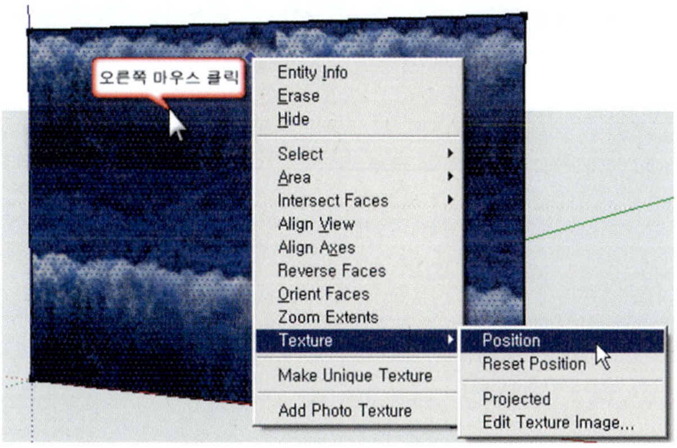

❻ 선택[Select] 도구로 재질을 선택한 뒤 마우스 우측 버튼을 클릭하여 확장 메뉴를 펼칩니다. 메뉴 중 [Texture ▸ Position] 메뉴를 선택합니다.

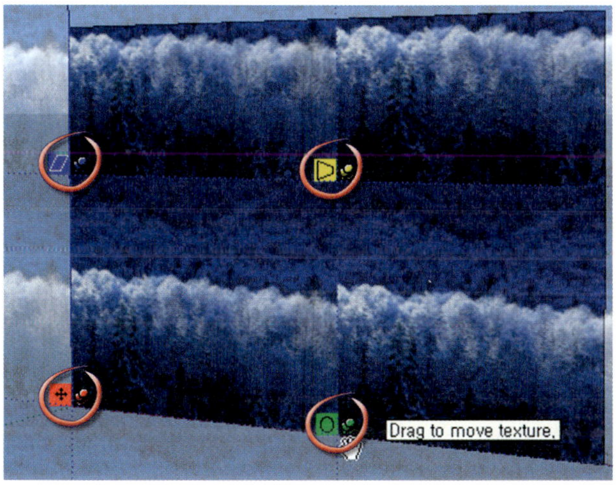

❼ 화면에 나타나는 네 개의 고정핀을 마우스로 클릭하여 사용자가 원하는 재질의 위치와 크기를 재지정할 수 있습니다. 위치[Position]을 활용한 재질 크기 재지정은 선행 학습한 36 Page의 [[2-3-2] Position 기능을 활용한 크기 재조정] 내용을 다시 참고하세요.

SketchUP

[3] 이미지[Image]로 내보내기[Export] 기능 따라하기

❶ 구글 [Google] 도구에서 모델 가져오기[Get Models] 버튼을 선택합니다.

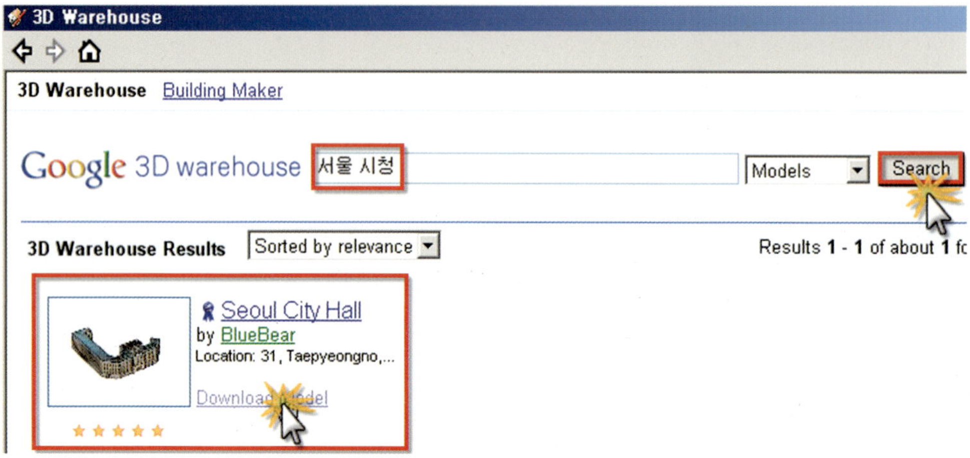

❷ 3D Warehouse에서 [서울 시청]을 검색[Search]하여 [Seoul City Hall] 모델을 찾아 스케치업으로 다운 받아 불러들입니다.

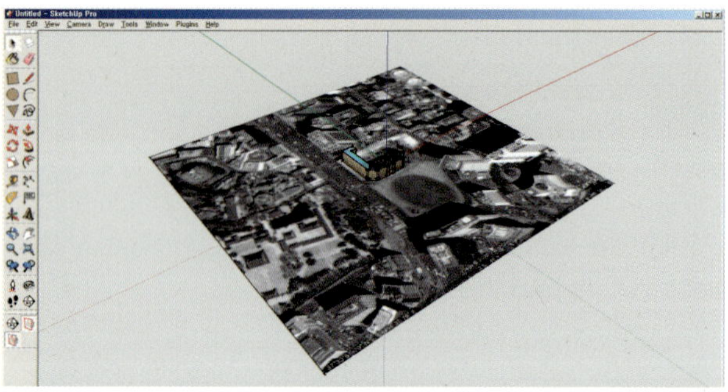

❸ 위성지도와 함께 [서울 시청] 모델이 스케치업 화면에 나타납니다.

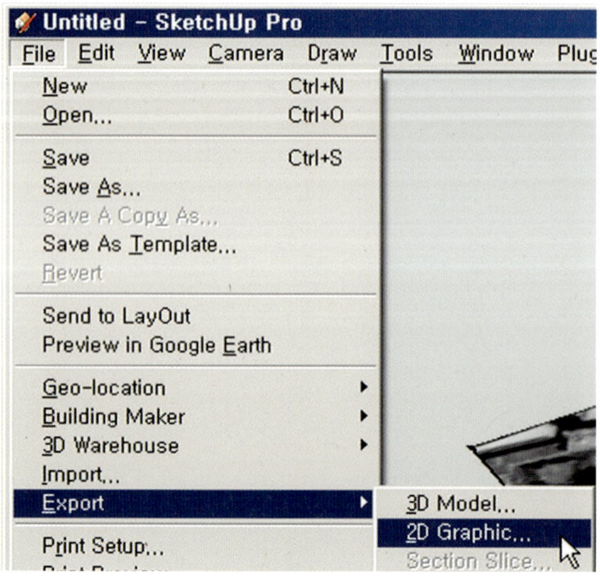

❸ [상단 메뉴바 ▸ File ▸ Export ▸ 2D Graphic 메뉴]를 선택합니다.

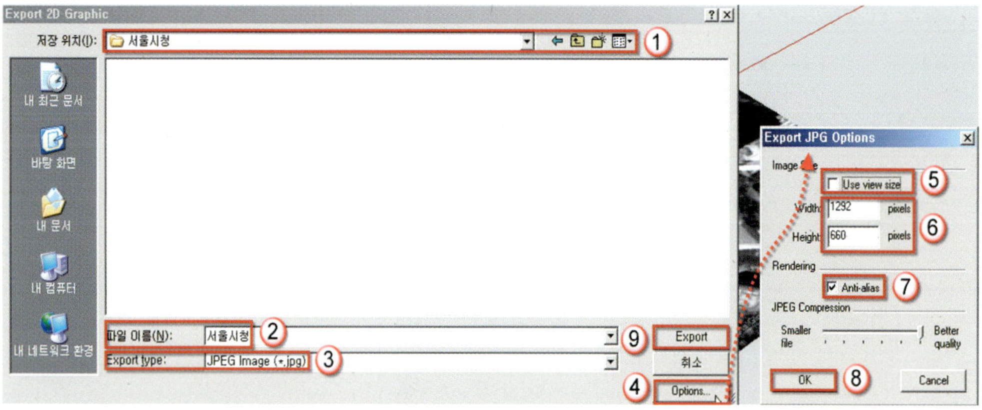

❺ 저장 폴더 위치와 파일이름, 보내기 타입[Export type]을 지정합니다. 이어 우측 하단의 [Options] 버튼을 클릭합니다. [Options] 버튼이 없으면 우측 아래의 확장 [ ] 버튼을 마우스로 클릭하여 잡아당기면 [Options] 버튼이 보입니다. 뷰 크기 사용[Use view Size]에 체크를 해제하고 사용자가 원하는 이미지의 폭과 높이 값을 입력합니다. 반드시 계단현상 방지[Anti-alias]란은 체크가 되어야 합니다. 확인[OK] 버튼을 누르고 내보내기[Export] 버튼을 누릅니다.

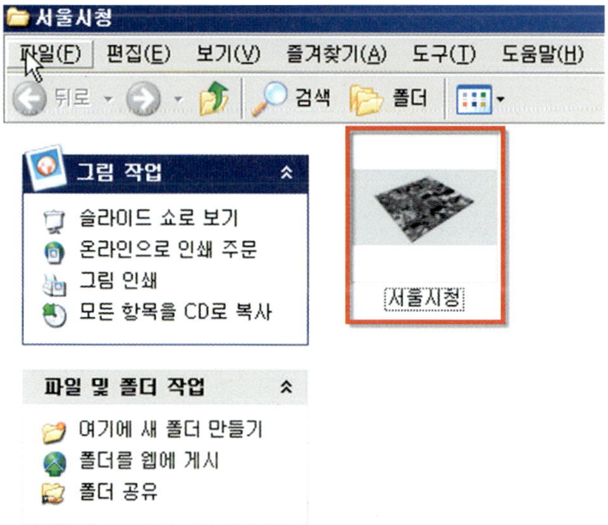

❻ 위의 그림처럼 사용자가 지정한 저장 폴더에 내보내기[Export]한 이미지가 저장되어 있습니다.

Free Exercise

◉ View 1

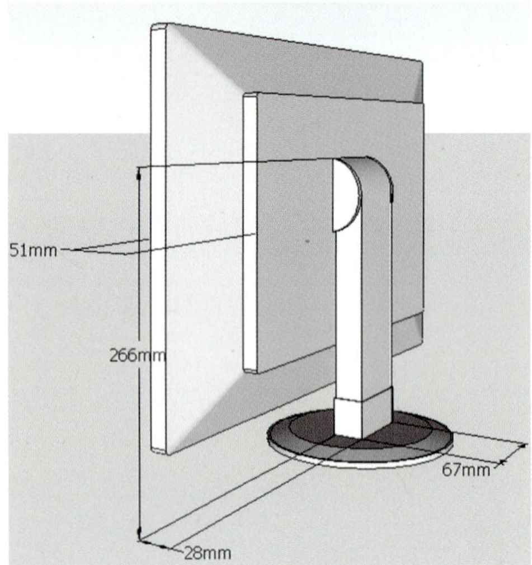

◉ View 2

◉ View 3

[1] 주제 : 컴퓨터 모니터 모델 작성

[2] 도구 : 가져오기[Import]에서 그림으로 사용하기[Use as Image]와 3D 문자[ ] 도구를 적절히 활용하세요.

❶ 주어진 치수를 토대로 제시된 자유 예제 모델을 작성합니다.

❷ 치수가 없는 부분은 사용자 임의로 작성합니다.

Free Exercise

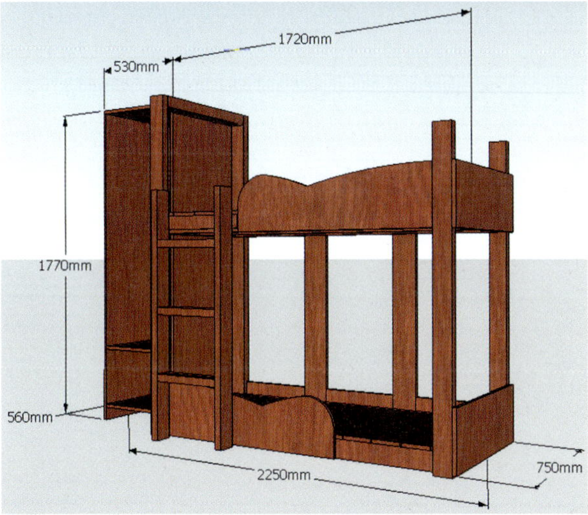

◉ View 1

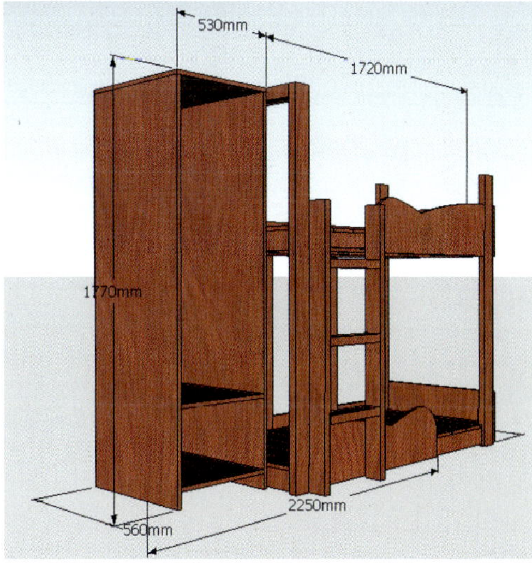

◉ View 2

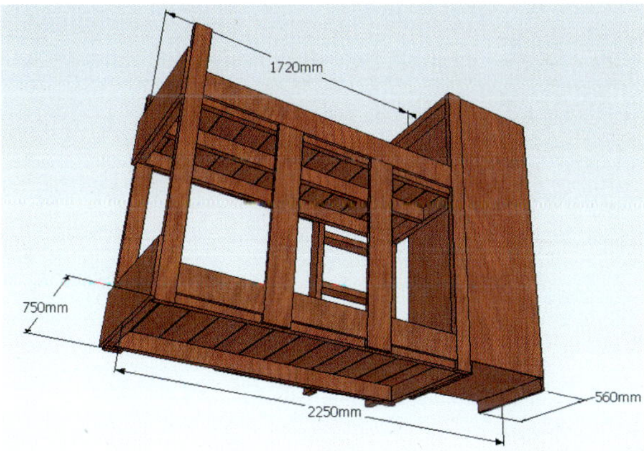

◉ View 3

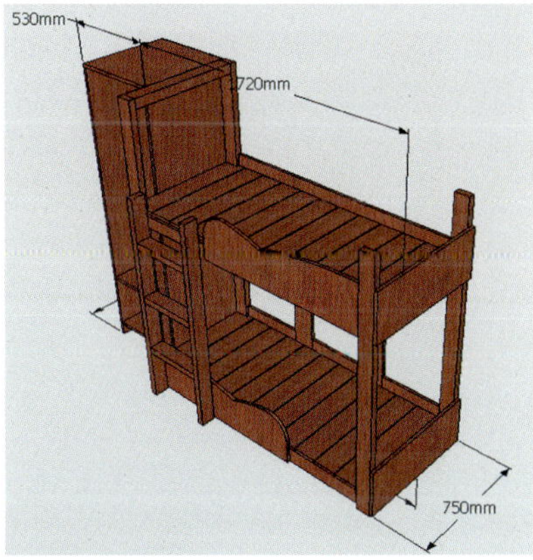

◉ View 4

◉ View 5

[1] 주제 : 이층 침대 및 옷장 모델 작성

[2] 도구 : 그리기[Drawing] 도구들과 밀고/당기기[ ] 및 이동/복사 [ ] 도구를 적절히 활용하세요. 좌측의 옷장과 우측의 2층 침대는 개별 그룹[Group]으로 지정하세요.

❶ 주어진 치수를 토대로 제시된 자유 예제 모델을 작성합니다.

❷ 치수가 없는 부분은 사용자 임의로 작성합니다.

09] CAD 도면 가져오기[Import]

가져오기[Import] 기능은 이미지 뿐만 아니라 AUTOCAD, 3DS-MAX 등의 다양한 형식의 파일을 가져올 수 있습니다. 이 중 CAD파일인 [Dwg]파일은 건축 인테리어 디자인 과정 중 스케치업에서 자주 활용됩니다.

[1] CAD 도면 가져오기[Import] 기능 따라하기

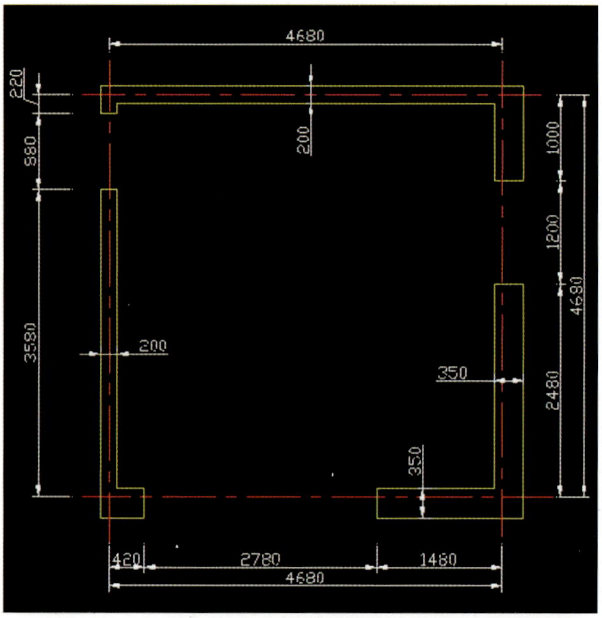

❶ Autocad 소프트웨어를 활용하여 위의 그림에서 제시된 치수에 맞춰 해당 도면을 작성한 후 저장합니다.

◉ Autocad 소프트웨어 다루지 못하는 학습자는 아래의 과정을 참고하세요.

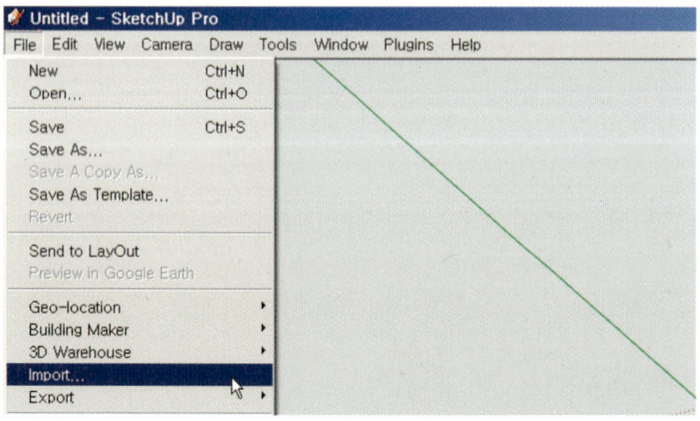

❷ 스케치업의 [상단 메뉴바 ▸ File ▸ Import 메뉴]를 클릭합니다.

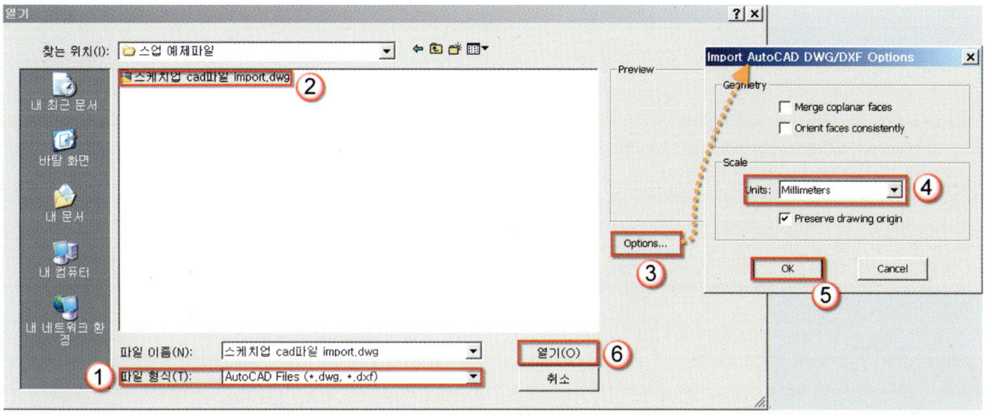

❸ 파일 형식을 [dwg]로 지정합니다. 사용자가 작성한 캐드 파일을 선택합니다. 우측 중앙부의 [Options] 버튼을 클릭합니다. 단위[Units]를 십진[Millimeters]으로 선택 후 [OK] 버튼을 누르고 다시 열기[Open] 버튼을 누릅니다.

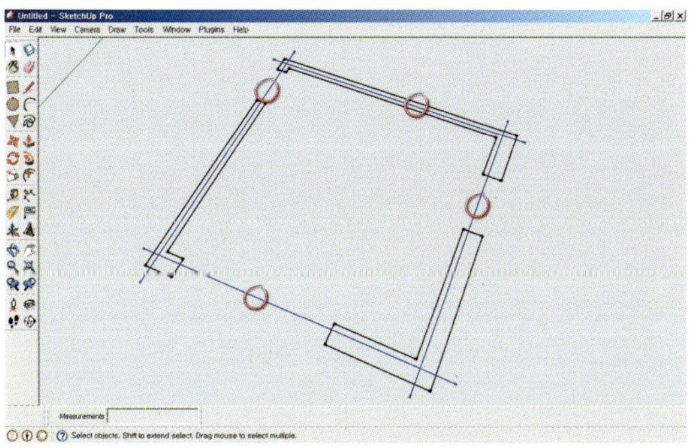

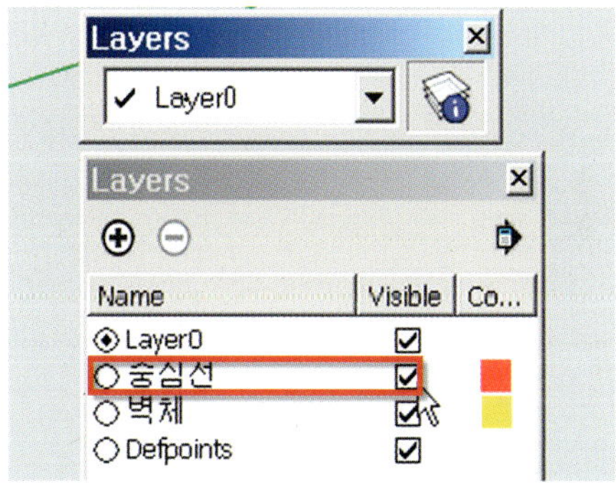

❹ 스케치업 화면에 캐드에서 작성된 도면이 보입니다. 중심선을 선택[Select] 도구로 선택한 후 키보드의 [Delete] 버튼을 눌러 삭제합니다. 불러온 캐드 도면에는 레이어가 존재합니다. 레이어 작업이 되어 있었다면 스케치업 레이어[Layers] 창에서 각각의 레이어 제어가 가능합니다.

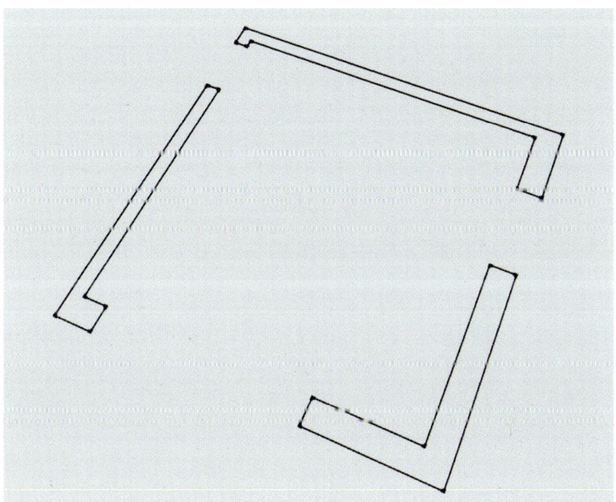

❺ 위의 그림과 동일하게 벽체선만 남겨져 있습니다. 그러나 면이 생성되어있지 않습니다. 면이 없으면 벽체의 높이 값을 스케치업에서 줄 수 없습니다.

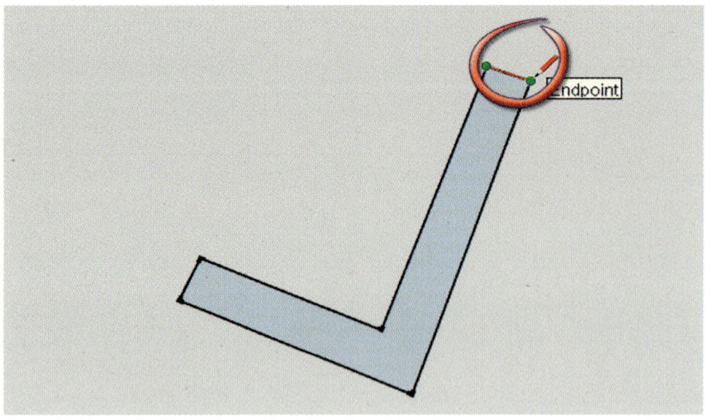

❻ 선[Line] 도구와 추정[Inference] 기능을 활용하여 위의 그림과 동일하게 끝점과 끝점을 따라 그려주면 자동으로 없었던 면이 새롭게 생성됩니다.

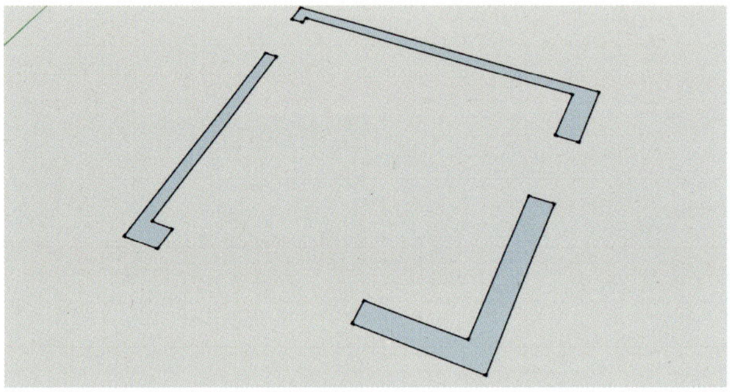

❼ 위의 방법대로 선[Line] 도구를 활용하여 나머지 벽체의 면을 위의 그림과 동일하게 생성시킵니다.

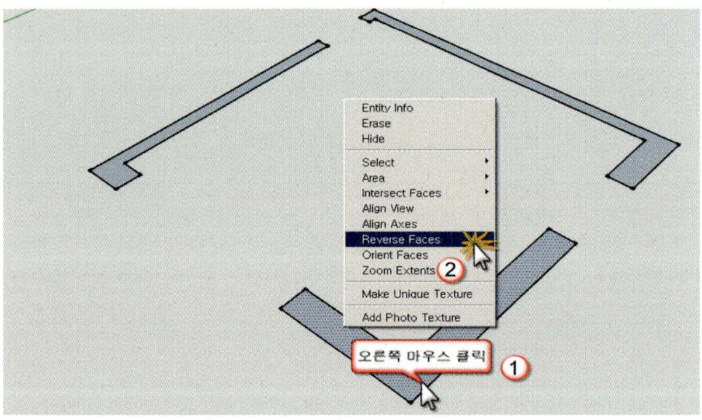

❽ 스케치업의 면은 앞/뒷면이 각기 다른 색상을 가집니다. 위의 그림과 같이 어두운 회색은 뒷면을 의미하기에 이를 앞면으로 만들기 위해서는 해당 뒷면을 선택[Select] 도구로 선택 후 마우스 우측버튼을 눌러 확장메뉴를 펼친 후 면 뒤집기[Reverse faces] 선택하면 됩니다.

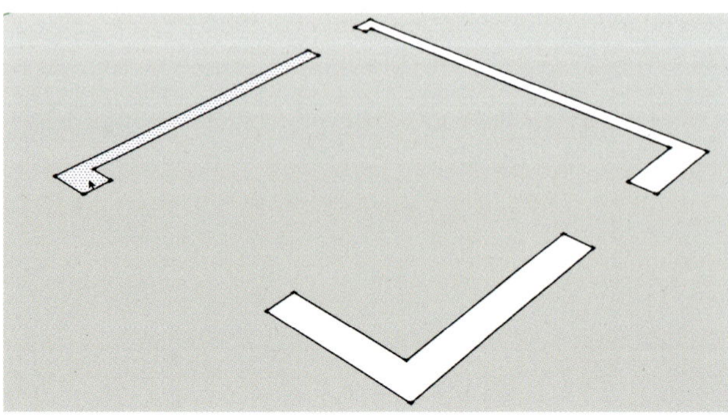

❾ 면 뒤집기[Reverse faces] 기능을 활용하여 위의 그림과 같이 벽체 모두 면을 뒤집습니다.

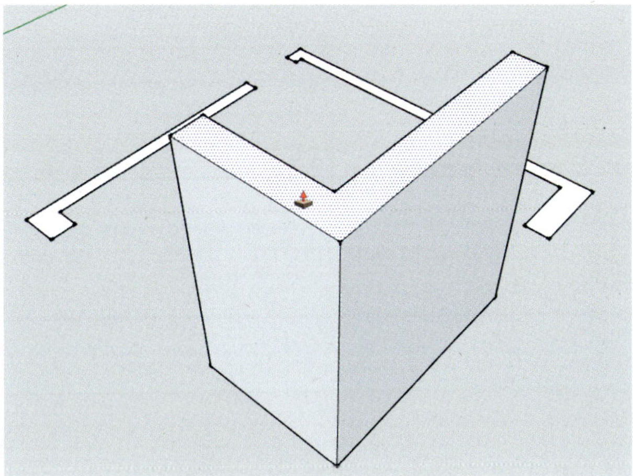

⑩ 밀고/당기기 [ ] 도구로 벽체의 면을 선택 후 위쪽으로 마우스 방향을 지시합니다. 이어 수치 입력창에 [3000]의 높이 값을 입력하면 위의 그림과 동일해 집니다.

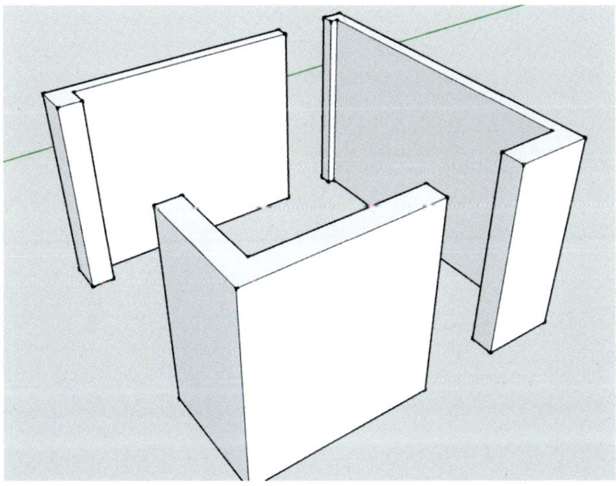

⑪ 밀고/당기기[Pull/Push] 도구로 나머지 벽체의 면을 선택 후 위의 그림과 동일하게 작성합니다.

10] 개요[Outliner] 기능의 활용

스케치업에서 작성된 그룹[Group]이나 컴포넌트[Component]는 개요[Outliner] 기능을 활용하여 사용자가 편리하게 관리할 수 있습니다.

[1] 개요[Outliner] 기능 따라하기

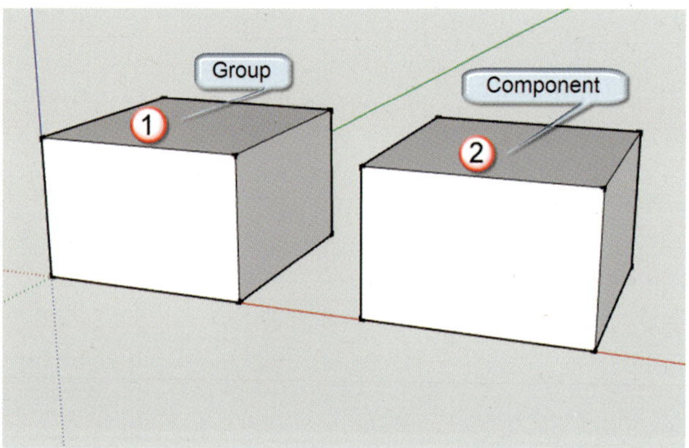

❶ 두 개의 입체 사각형을 작성 후 ①번 모델을 그룹, ②번 모델을 컴포넌트[Component]로 각각 달리 지정합니다.

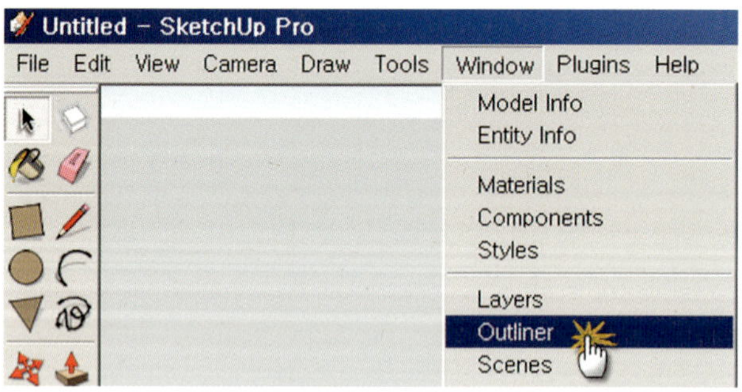

❷ 스케치업의 [상단 메뉴바 ‣ Window ‣ Outliner 메뉴]를 클릭합니다.

❸ 개요[Outliner]창 내에는 사용자가 작성한 그룹과 컴포넌트의 현황이 보입니다. 아직 그룹과 컴포넌트에 명칭이 정해져 있지 않습니다.

SketchUP

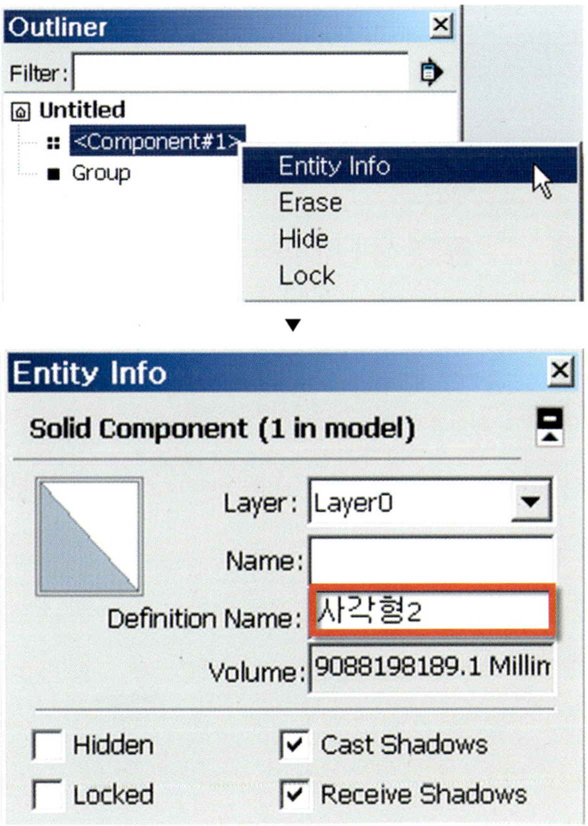

❹ 개요[Outliner]에서 [Component#1]을 선택 후 마우스 우측버튼을 누릅니다. 요소정보[Entity Info]를 선택한 후 명칭 정의[Definition Name]란의 내용을 수정하면 컴포넌트에 특정 명칭을 부여할 수 있습니다. 명칭 수정 후 요소정보[Entity Info]창 우측 상단의 닫기[☒]버튼을 누릅니다.

◉ 요소정보 항목에 [Outliner]와 관련된 다양한 확장메뉴가 있습니다. 아래의 내용을 참고하세요

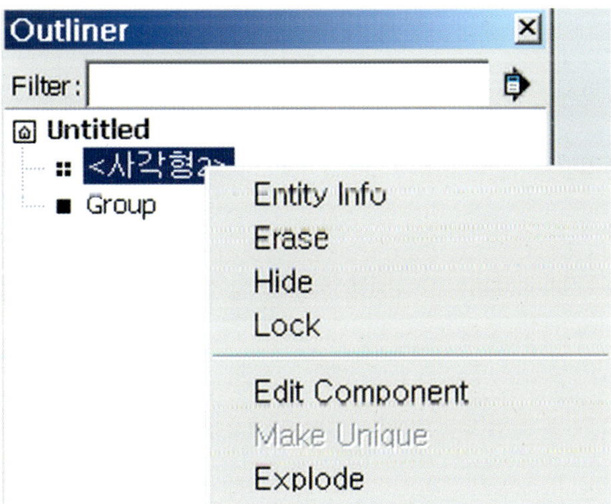

① 삭제[Erase] : 해당 그룹 또는 컴포넌트를 삭제합니다.
② 숨김[Hide] : 해당 그룹 또는 컴포넌트를 화면상에서 숨겨주거나 다시 보여줍니다.
③ 잠금[Lock] : 해당 그룹 또는 컴포넌트를 수정을 못하도록 잠그거나 다시 수정이 가능하도록 잠금을 해제합니다.
④ 수정[Edit Group / Edit Component] : 해당 그룹 또는 컴포넌트를 수정합니다.
⑤ 해체[Explode] : 해당 그룹 또는 컴포넌트를 해체합니다. 해체를 하면 면과 선이 분리됩니다.

11] 동영상[Animation] 기능 활용

스케치업에서는 장면[Scene]과 장면[Scene]들을 각각 설정하고 저장하여 이를 조합한 동영상[Animation]을 제작할 수 있습니다. 동영상을 제작할 경우에는 앞서 학습한 레이어[Layer] 기능과 개요[Outliner] 기능을 적절하게 활용하여야 합니다.

[1] 동영상[Animation] 기능 따라하기

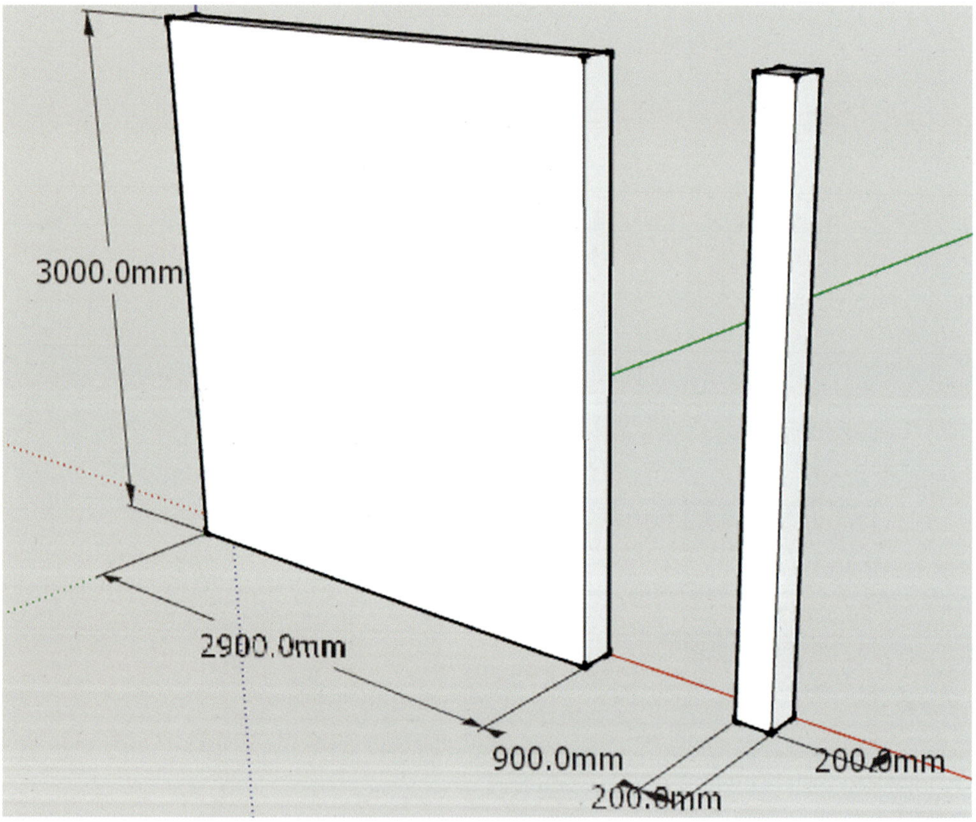

❶ 사각형[Rectangle] 도구, 줄자[Tape measure] 도구, 밀고/당기기[Push/Pull] 도구를 활용하여 위의 그림의 치수를 참고하여 모델을 작성 후 그룹[Make Group]으로 지정합니다.

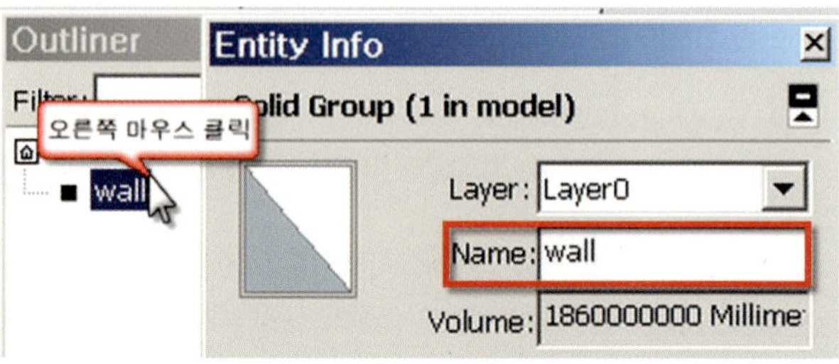

❷ 개요[Outliner]에서 생성된 해당 그룹을 선택합니다. 마우스 우측 버튼을 눌러 요소정보[Entity Info]의 명칭[Name]항목에서 해당 그룹의 명칭을 [wall]로 변경합니다.

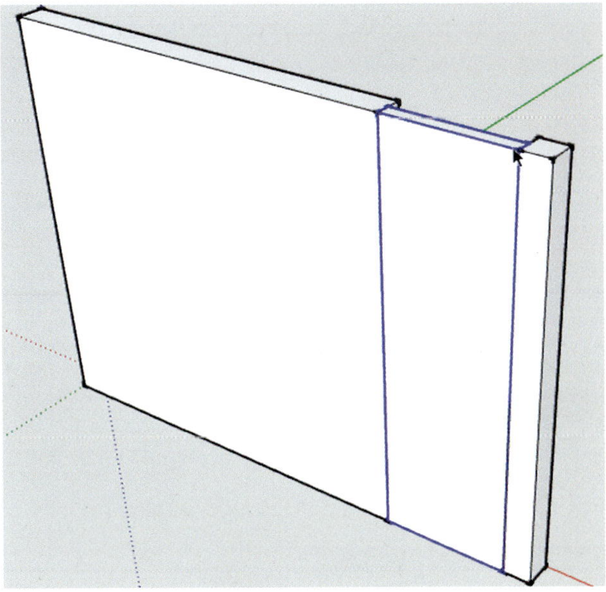

❸ 사각형[Rectangle] 도구와 밀고/당기기[Push/Pull] 도구를 활용하여 갈려져 비워진 공간에 직사각형의 모델을 작성 후 그룹[Make Group]으로 만듭니다. 개요[Outliner]에서 그룹 명칭을 [close door]로 변경합니다.

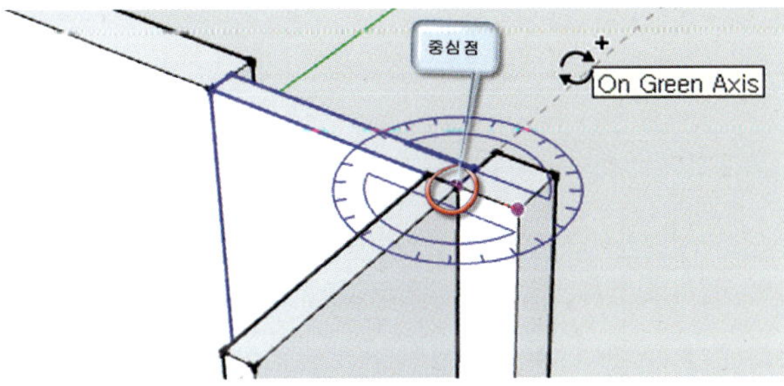

❹ 화면상에서 [close door]그룹을 선택합니다. 이어 회전 복사[ ]도구를 활용하여 위의 그림과 동일한 위치의 중심점을 지정하고 기준축을 지정한 다음 [90°]로 회전 복사 시킵니다. 복사된 모델을 선택 후 개요[Outliner]에서 그룹 명칭을 [open door]로 변경합니다.

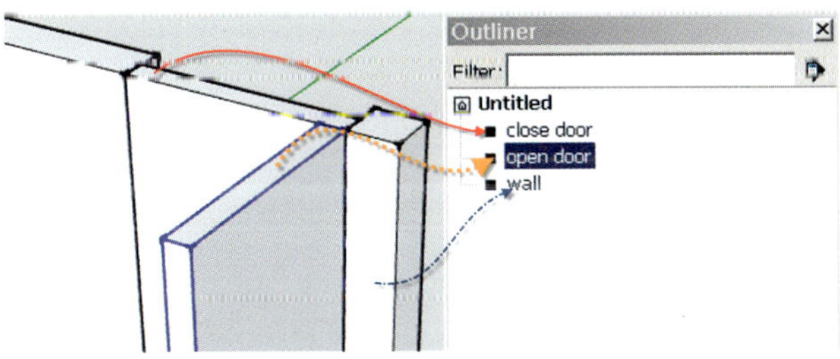

❺ 개요[Outliner]창에 보이는 각 모델별 그룹 명칭은 위와 같습니다.

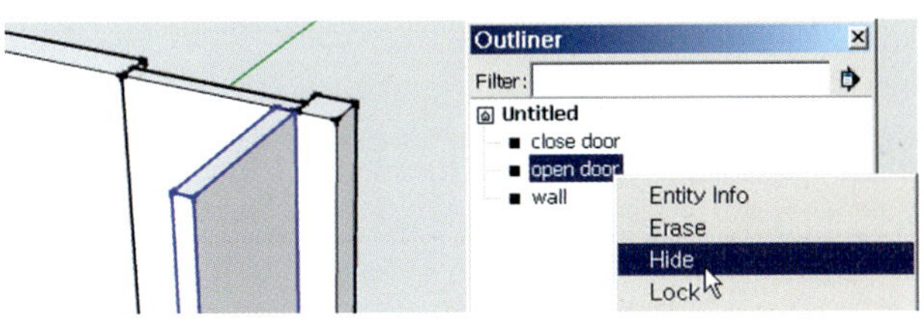

❻ [open door] 그룹을 개요[Outliner]창에서 선택 후 마우스 우측버튼을 누른 뒤 숨김[Hide]합니다.

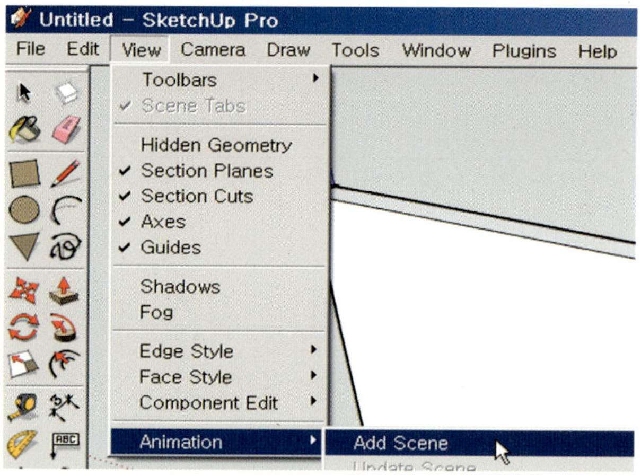

❼ 스케치업의 [상단 메뉴바 ▸ View ▸ Animation ▸ 장면추가[Add Scene] 메뉴]를 클릭합니다.

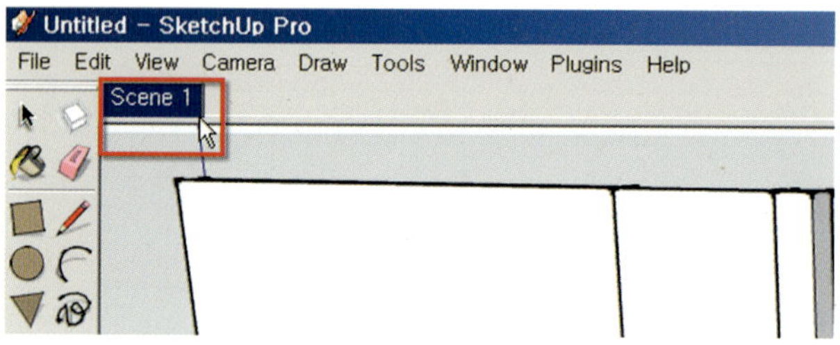

❽ 스케치업 상단 메뉴 아래에 [Scene1] 탭이 생성됩니다.

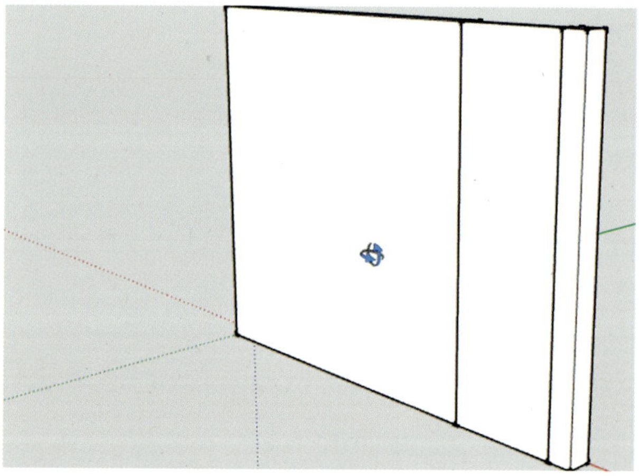

❾ 궤도[Orbit] 도구를 활용하여 위와 동일한 뷰[View]를 지정합니다.

❿ 장면[Scene] 탭을 선택 후 마우스 우측버튼을 클릭하여 확장메뉴를 펼칩니다. 메뉴 중 업데이트 [Update] 메뉴를 선택하여 현재의 모델의 현재 시점을 등록합니다.

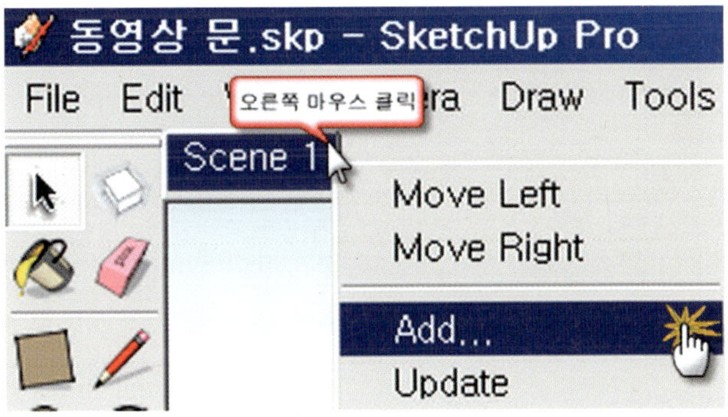

⓫ 장면[Scene1] 탭을 선택 후 마우스 우측버튼을 눌러 확장메뉴를 펼칩니다. 메뉴 중 장면 추가[Add] 메뉴를 클릭합니다.

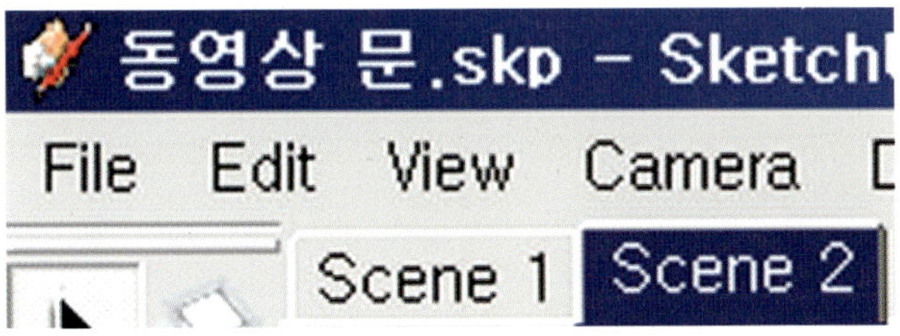

⓬ 상단 메뉴바에 장면 탭[Scene 2]이 추가됩니다.

⓭ 개요[Outliner]창에서 [open door]를 다시 보이게[Unhide] 하고 [close door]를 숨김[Hide] 합니다.

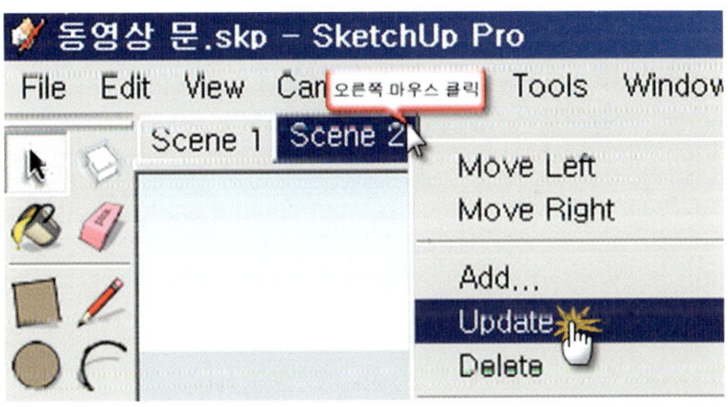

⓮ 장면[Scene 2] 탭을 선택 후 마우스 우측버튼을 눌러 확장메뉴를 펼칩니다. 메뉴 중 업데이트[Update] 메뉴를 클릭하여 현재의 모델의 시점을 등록합니다.
장면 좌측 이동[Move Left]과 장면 우측 이동[Move Right] 버튼을 눌러 장면의 순서를 변경 할 수 있으며, 장면 삭제[Delete] 메뉴들을 활용하여 해당 장면을 삭제 할 수 있습니다.

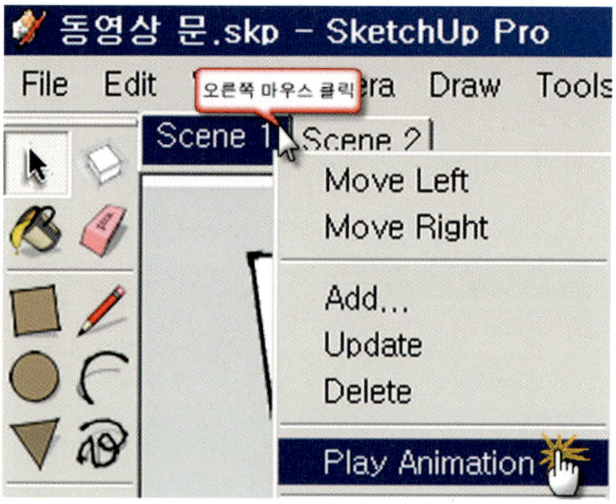

⓯ 장면[Scene 1] 탭을 선택 후 마우스 우측버튼을 눌러 확장메뉴를 펼칩니다. 메뉴 중 동영상 재생[Play Animation] 메뉴를 클릭합니다. 이어 동영상이 재생됩니다.

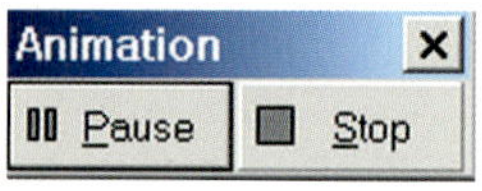

⓰ 잠시 멈춤[Pause]과 정지[Stop] 버튼으로 영상을 제어합니다.

[2] 동영상[Animation] 속도 제어 따라하기

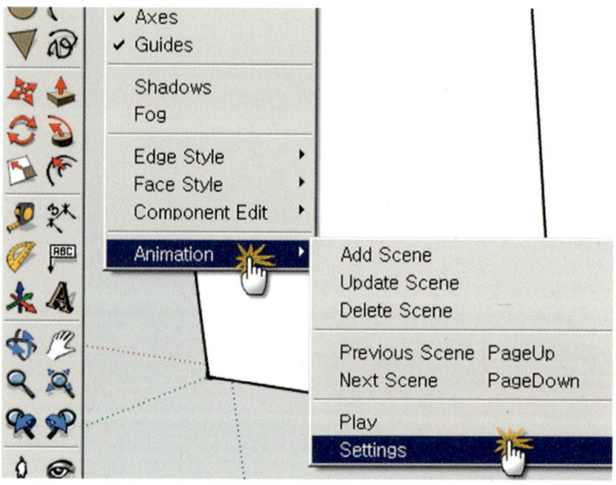

❶ 스케치업의 [상단 메뉴바 ▸ View ▸ Animation ▸ 설정[Settings] 메뉴]를 클릭합니다.

❷ 장면 전환 가능[Enable scene transitions]을 체크한 뒤 장면 전환 빠르기를 0.5초[Seconds]로 변경합니다. 장면 지연을 0초[Seconds]로 변경합니다.

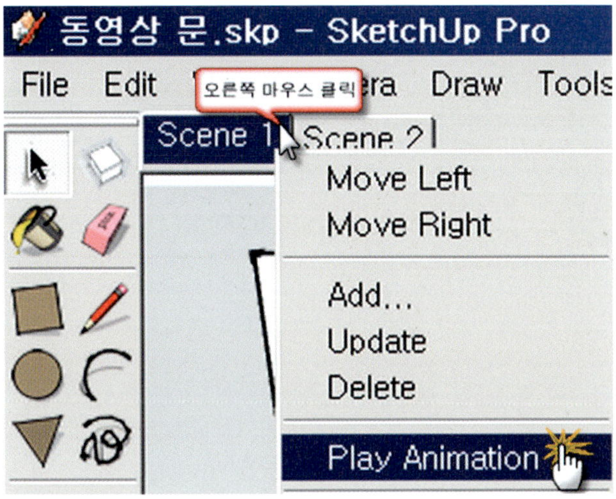

❸ 장면[Scene 1] 탭을 선택 후 마우스 우측버튼을 눌러 확장메뉴를 펼칩니다. 메뉴 중 동영상 재생[Play Animation] 메뉴를 클릭합니다. 설정[Setting] 값에 의하여 동영상[Animation]이 보다 빠르게 재생되는 것을 확인 할 수 있습니다.

12] 모래상자[Sandbox] 도구 활용

스케치업에서는 격자 그리드의 그물망을 활용하여 높낮이의 변화가 있는 지형이나 수면 그리고 사람의 얼굴과 같은 부정형의 입체 표면을 생성할 수 있습니다. 또한 경사지의 평탄한 부지 조성 및 이형의 평면에 대한 부정형의 바닥면 생성 등의 다양한 기능을 가지고 있습니다.

❶ 등고선 생성[From Contours] 도구 : 높이의 차가 있는 Auto-CAD등에서 작업된 등고선을 기준으로 3차원 지형 모델을 생성합니다.

❷ 삼각망 생성[From Scratch] 도구 : 기본적인 삼각망을 생성하는 도구입니다. 격자망 생성도구라고도 합니다.

❸ 곡면조작[Smoove] 도구 : 곡면이동 도구는 [smooth]와 [move]의 합성어로 부드럽게 조작한다는 의미를 담고 있습니다. 조작 반경을 설정하면 조작 범위 내에 면과 선을 선택하여 형태를 변형시킵니다.

❹ 바닥면 생성[Stamp] 도구 : 경사 지형에 평탄한 건물 바닥면이나 도로와 같은 길의 평탄면을 지형에 복사시킵니다.

❺ 바닥선 투영[Drape] 도구 : 삼각망에 도로/하천/건축물의 바닥선 등을 투영시키거나 투영받을 수 있습니다. 이를 활용하여 다양한 형태의 부정형 삼각망을 작성 할 수 있습니다.

❻ 표면 분할[Add Detail] 도구 : 기존의 삼각망의 면을 더 세분하여 분할합니다. 이를 활용하여 세밀한 면 조작을 할 수 있습니다. 과도한 면 분할은 작업 파일의 용량의 증가를 가지고 오며 컴퓨터의 속도 저하를 가져옵니다.

❼ 경계선 반전[Flip Edge] 도구 : 삼각형을 연결하는 경계[Edge]선의 방향을 뒤집을 수 있습니다. 경계선 반전으로 면의 방향을 제어하여 세밀한 면 조작을 이룰 수 있습니다.

[1] 등고선 생성[From Contours] 도구 따라하기

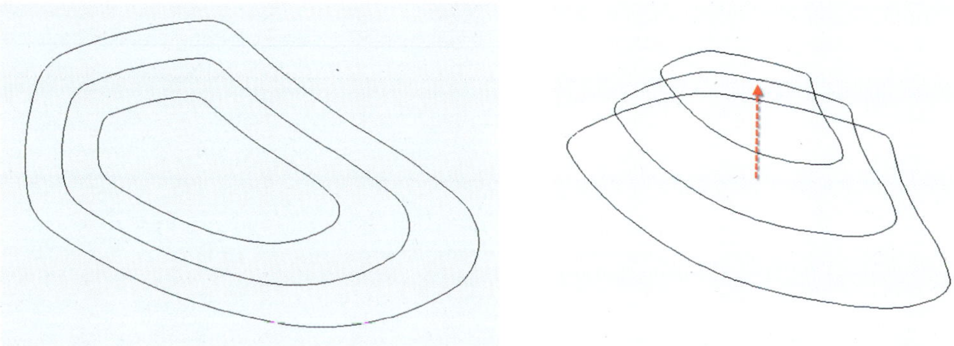

❶ Autocad를 활용하여 등고선을 작성합니다. 평면으로 보면 2차원으로 보이지만 각각의 등고선은 높이차가 있어야 합니다. 위의 우측 그림과 같이 3차원으로 보았을 때 각각의 등고선은 높이를 가지고 있습니다.

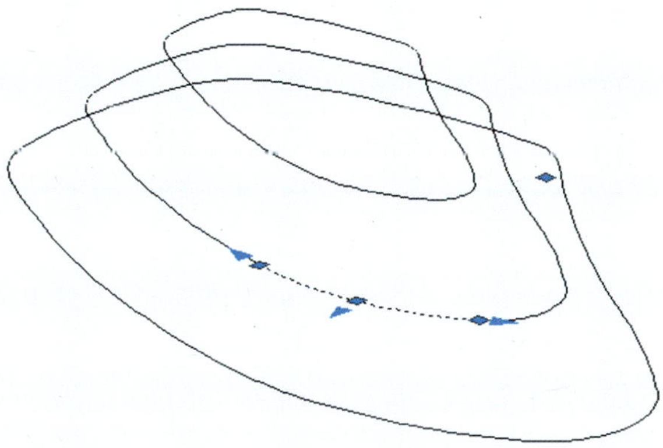

❷ Cad상에서 높이의 변화를 주어 작성된 등고선을 스케치업에서의 원활한 지형 생성을 위하여 반드시 해체[Explode, 단축키= X]하여 저장합니다.

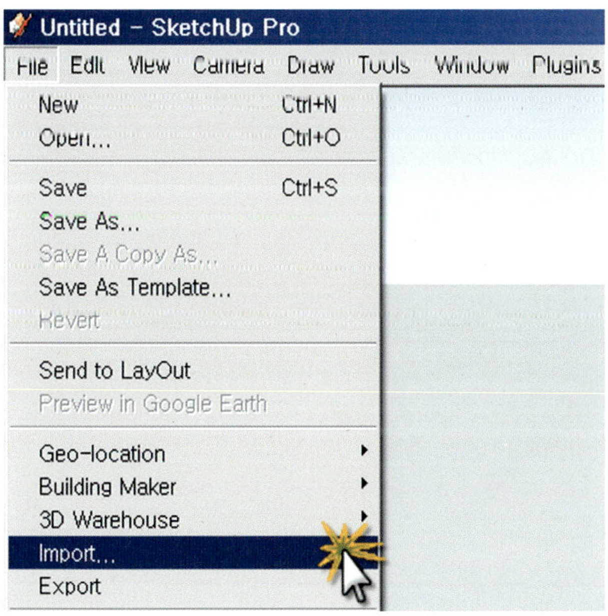

❸ 스케치업의 [상단 메뉴바 ▸ File ▸ Import 메뉴]를 클릭합니다.

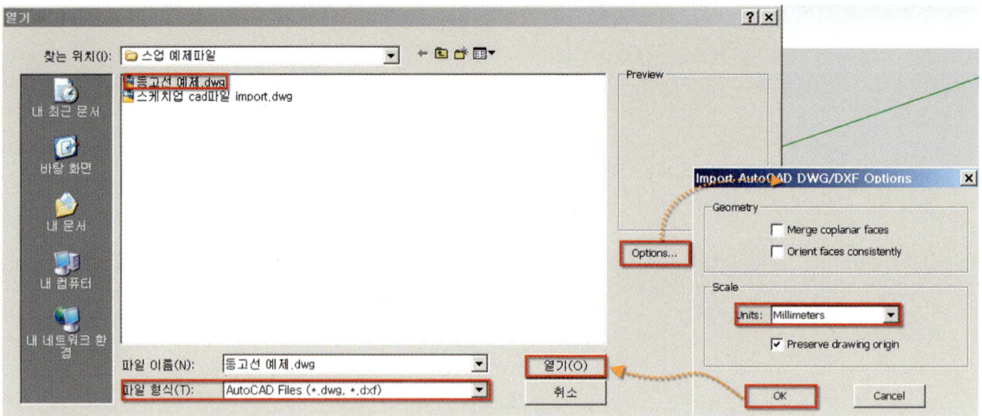

❹ 파일형식을 [dwg]로 지정 후 해당 등고선 작성 파일을 선택합니다. 열기[Open]을 클릭하기 전 옵션[Options] 버튼을 눌러 단위를 반드시 십진[Millimeters]로 변경 합니다.

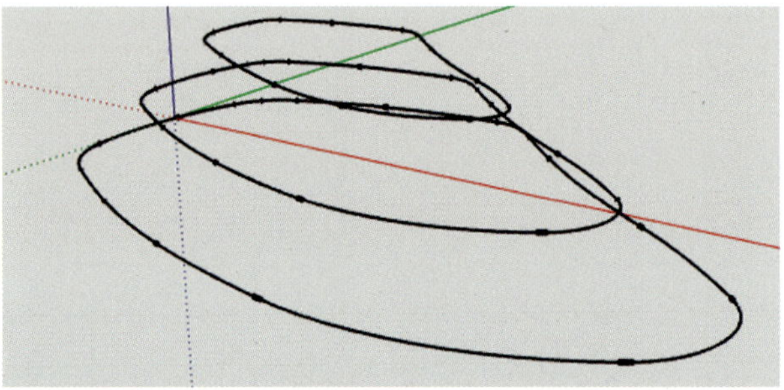

❺ 스케치업 화면에 CAD에서 작업한 등고선이 가져오기[Import] 되었습니다.

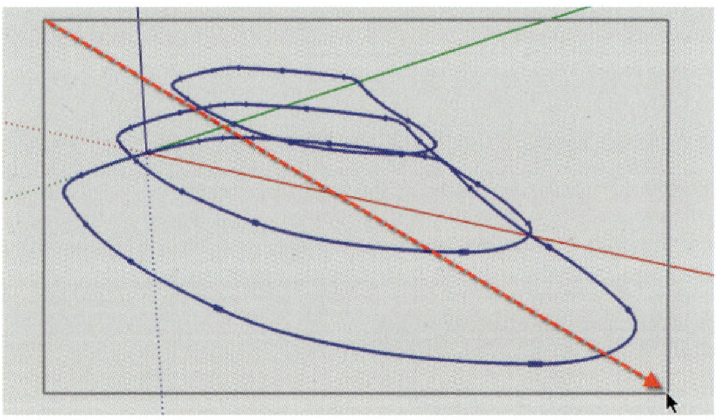

❻ 선택 [Select] 도구를 활용하여 가져온 등고선을 전체 선택합니다. 지형생성[From contours] 도구를 클릭합니다.

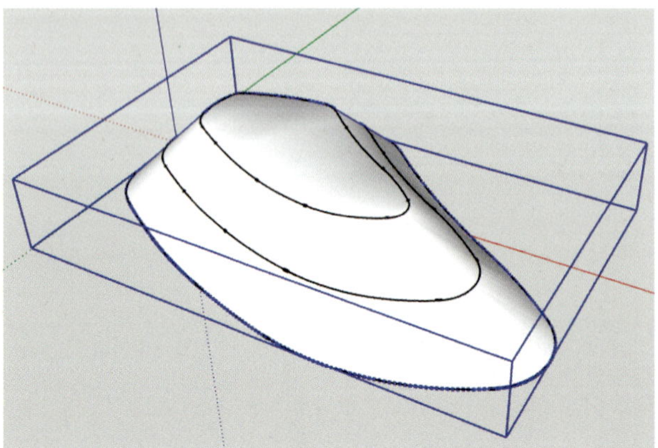

❼ 자동 그룹화 되어 등고선을 잇는 부드러운 지형이 생성되었습니다.

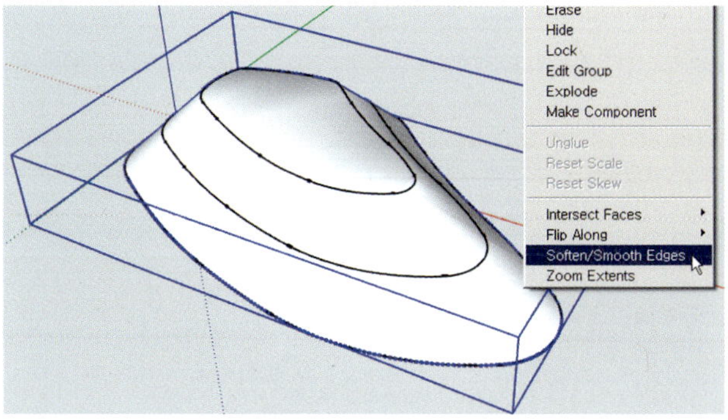

❽ 생성된 지형을 선택 후 마우스 우측버튼을 눌러 확장메뉴를 펼칩니다. 경계 부드럽게 하기 [Soften/Smooth Edges] 메뉴를 선택합니다.

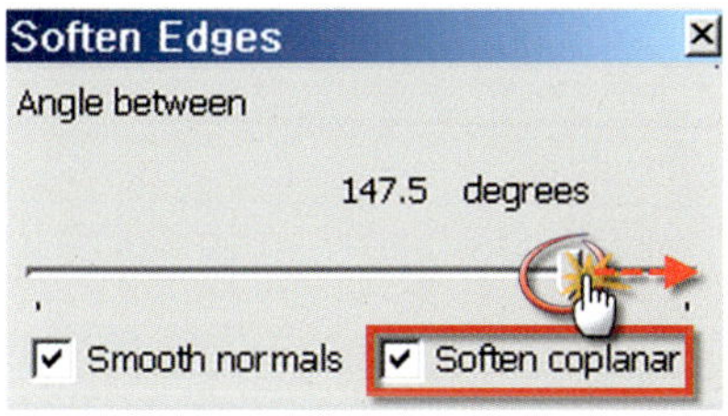

❾ 동일 평면 부드럽게 하기[Soften coplanar]를 체크 후 [Angle between] 바를 마우스로 클릭하여 우측으로 이동 시키면 해당 모델의 면을 더욱 부드럽게 만들 수 있습니다.

[2] 삼각망 생성[From Scratch] 및 곡면조작[Smoove] 도구 따라하기

❶ 삼각망 생성[From Scratch] 도구를 선택합니다.

❷ 그리드 간격을 수치입력[VCB]창에 [100]을 입력합니다. [가로 및 세로 간격 100]의 그리드가 생성됩니다.

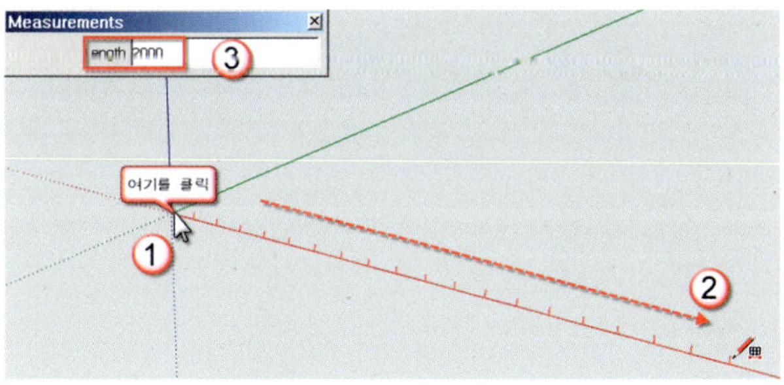

❸ 삼각망 생성[ ] 도구가 화면에 나타나면 세 축의 교차점에 그리드의 시작점을 지정합니다. X축 방향으로 그리드의 첫 번째 방향을 지시 후 수치입력창에 [2000]을 입력합니다.

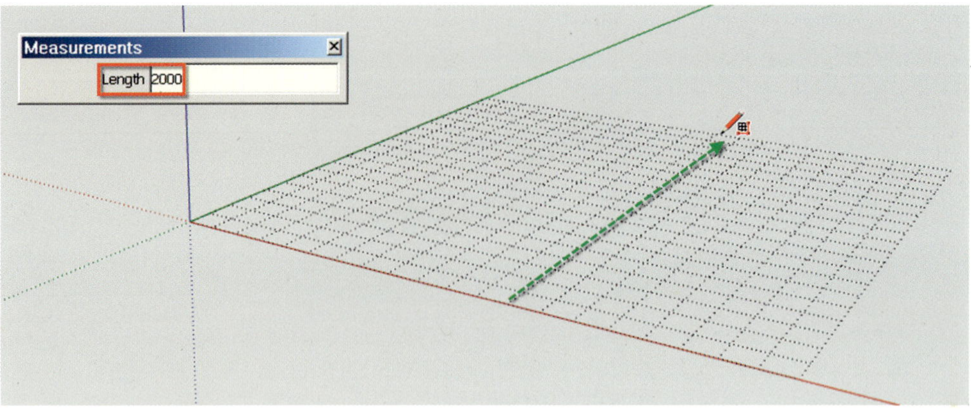

❹ 삼각망 생성[] 도구를 Y축 방향으로 그리드의 두 번째 방향을 지시 후 수치입력창에 [2000]을 입력합니다.

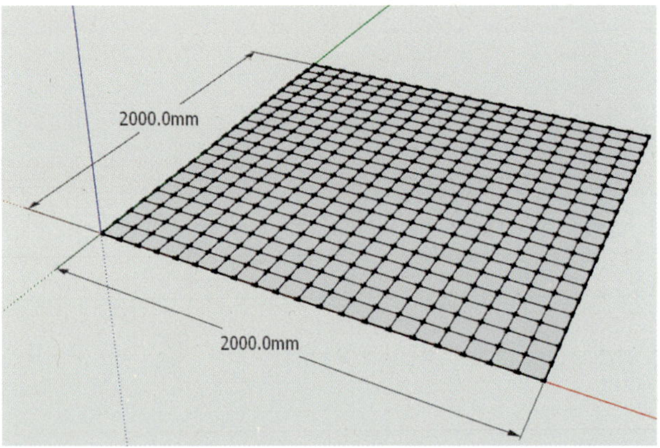

❺ 그리드 간격이 [100]인 [전체 가로 2000 세로 2000]의 그리드 플랜[Plane]이 작성되었습니다. 현재 그리드 플랜[Plane]은 그룹[Group] 상태입니다.

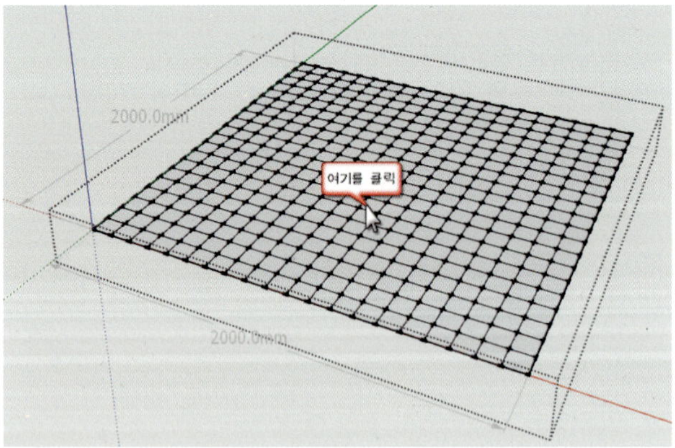

❻ 선택[Select] 도구를 활용하여 생성된 삼각망 즉 그리드 플랜을 더블 클릭합니다. 그룹 수정[Edit Group] 상태로 전환됩니다.

❼ 모래상자[Sandbox]에서 곡면조작[Smoove] 도구를 선택합니다.

❽ 수치입력창의 면 조작을 하기 위한 적용 반지름[Radius] 값을 [300]으로 입력합니다.

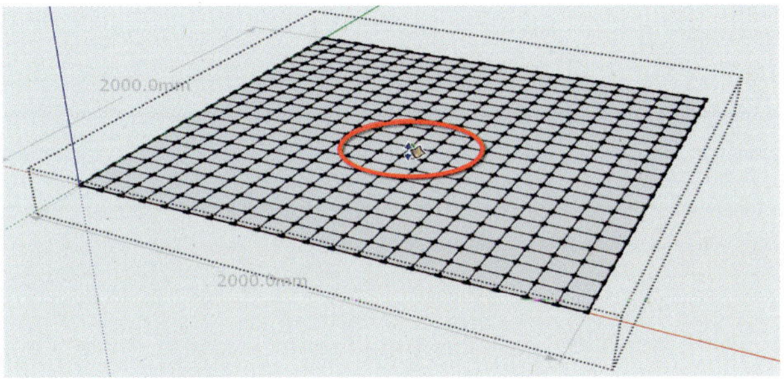

❾ 곡면조작[ ] 도구 표시와 함께 화면상에 빨간색 반경 표시가 보여 집니다.

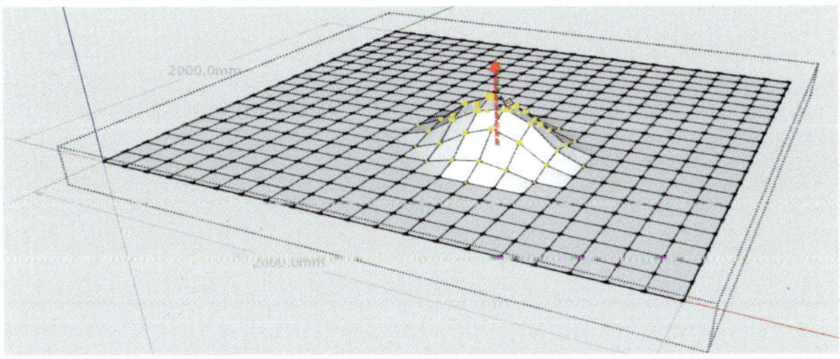

❿ 사용자가 원하는 지점을 선택 후 마우스를 Z축 방향으로 올리면 반경 내의 면과 선이 함께 올라가게 됩니다. 올라가는 높이값은 수치입력창에서 사용자가 정확히 입력하여도 됩니다.

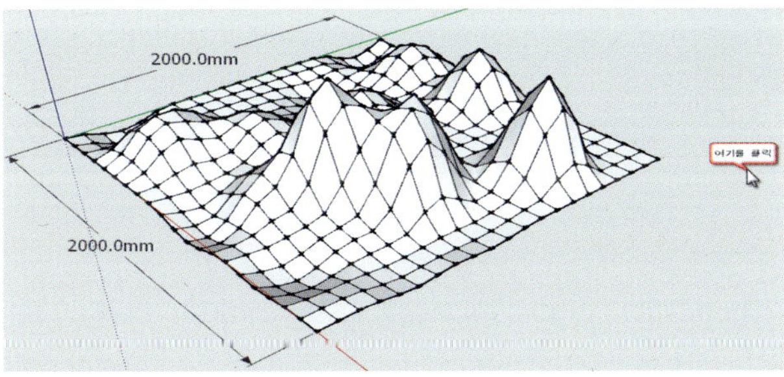

⓫ 면의 변화를 준 후 화면 빈 공간에 마우스 좌측 버튼으로 더블 클릭하면 그룹 수정 상태에서 벗어나게 됩니다.

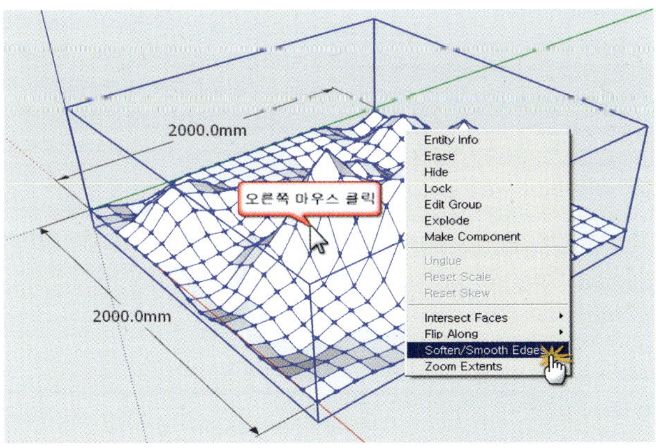

⓬ 생성된 지형을 선택 후 마우스 우측버튼을 눌러 확장메뉴를 펼칩니다. 경계 부드럽게 하기[Soften/Smooth Edges] 메뉴를 선택합니다.

SketchUP

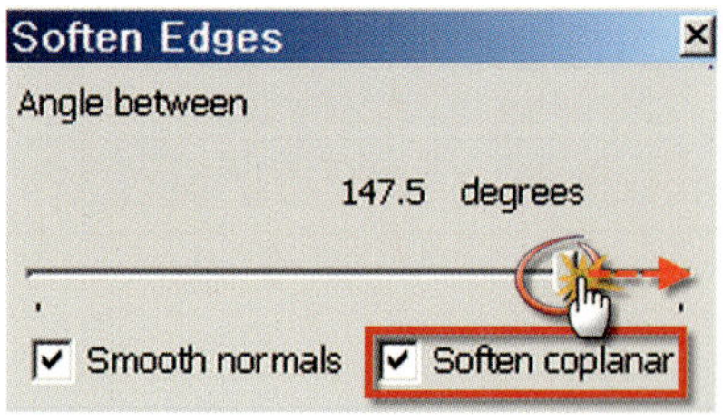

⓭ 동일 평면 부드럽게 하기[Soften coplanar]를 체크 후 법선 간 각도[Angle between] 바를 클릭하여 우측으로 이동 시키면 면을 더욱 부드럽게 만들 수 있습니다.

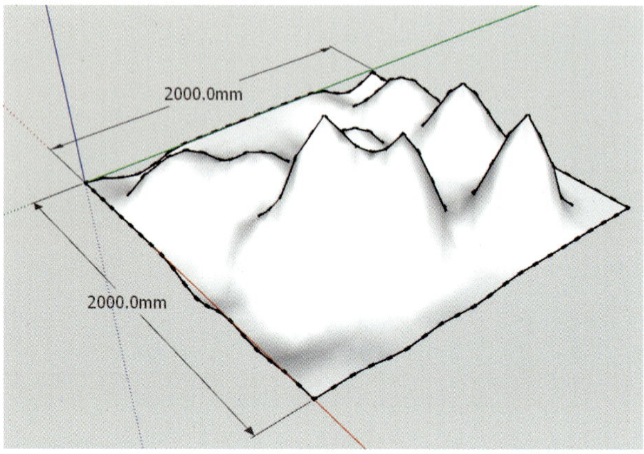

⓮ 경계 부드럽게 하기[Soften/Smooth Edges]를 적용한 결과입니다.

[3] 바닥면 생성[Stamp] 도구 따라하기

❶ 모래상자[Sandbox]에서 삼각망 생성[From Scratch] 도구를 선택합니다.

❷ 그리드 간격을 수치입력[VCB]창에 [100]으로 입력합니다. [가로 및 세로 100]의 그리드가 생성됩니다.

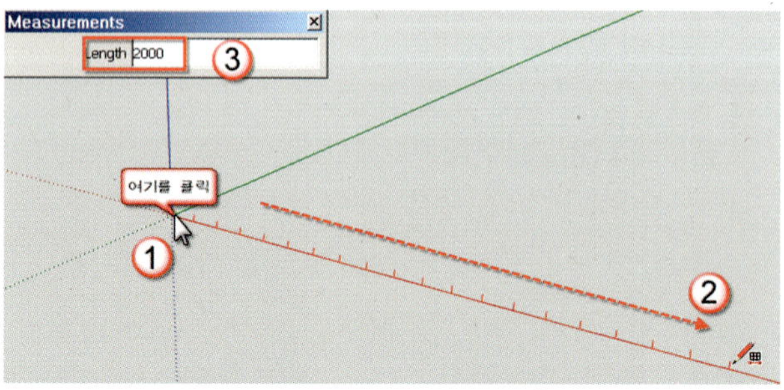

❸ 삼각망 생성[ ] 도구가 화면에 나타나면 세 축의 교차점에 그리드의 시작점을 지정합니다. X축 방향으로 그리드의 첫 번째 방향을 지시 후 수치입력창에 [2000]을 입력합니다.

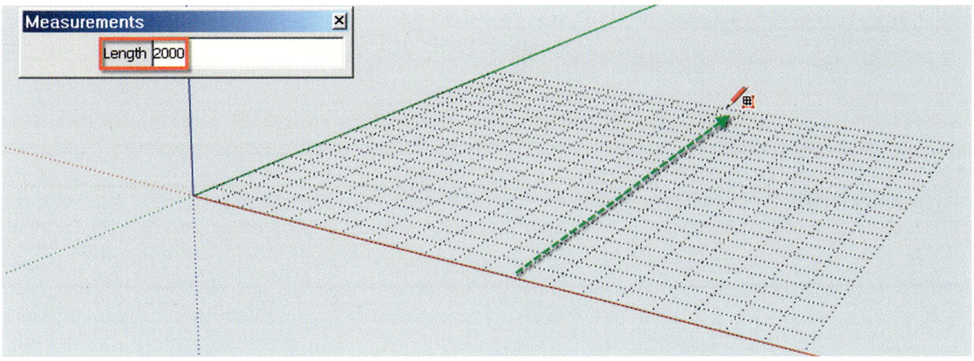

❹ 삼각망 생성[ ] 도구를 Y축 방향으로 그리드의 두 번째 방향을 지시 후 수치입력창에 [2000]을 입력합니다.

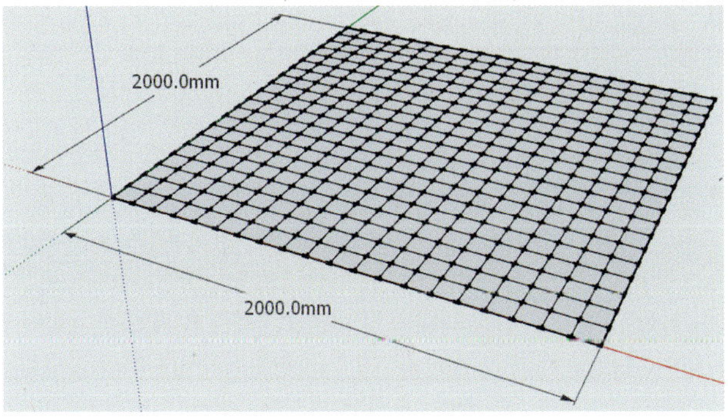

❺ 그리드 간격이 [100]인 [전체 가로 2000 세로 2000]의 그리드 플랜[Plane]이 작성되었습니다. 현재 그리드 플랜[Plane]은 그룹 상태입니다.

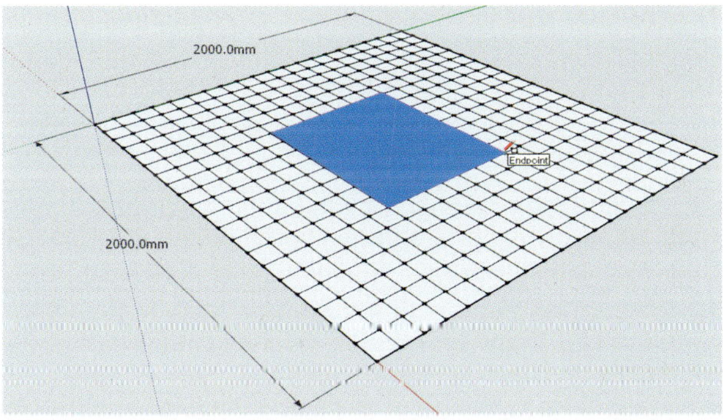

❻ 생성된 삼각망 그리드 플랜[Plane] 위에 사각형[Rectangle] 도구를 활용하여 건물의 바닥면이 될 사각면을 작성합니다. 작성된 사각면은 그룹[Make Group]으로 만들어 줍니다.

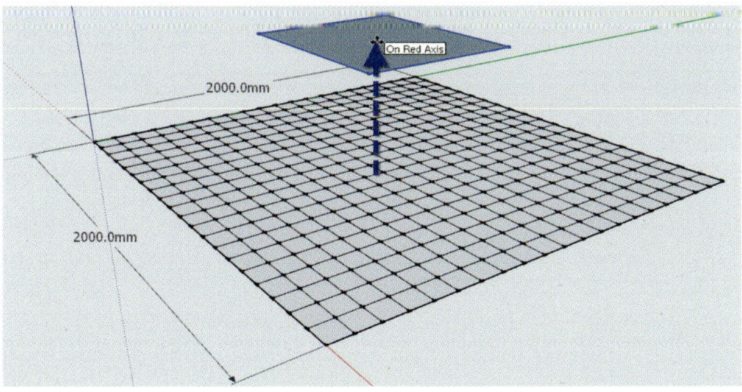

❼ 사각형 면을 선택하여 Z축 방향으로 들어 올립니다. 키보드의 [ ] 방향 버튼을 누른 후 Z축 방향으로 움직이면 편합니다. 즉 앞서 학습하였던 추정 기능을 활용하는 것입니다.

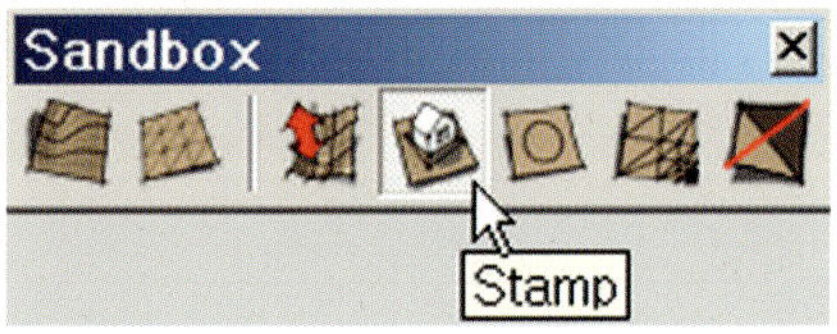

❽ 모래상자[Sandbox]에서 바닥면 생성[Stamp] 도구를 클릭합니다.

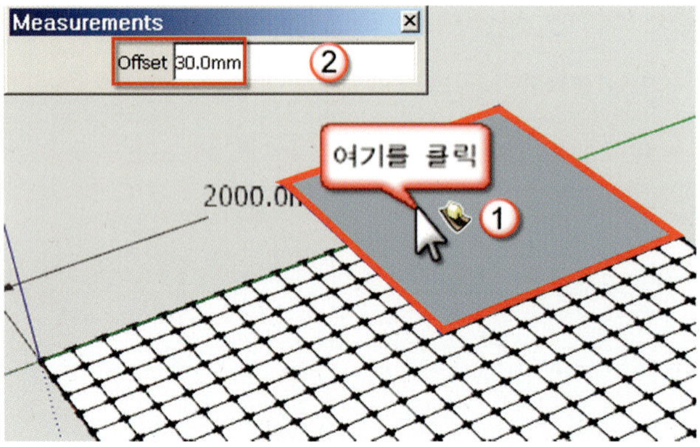

❾ 바닥면 생성[Stamp] 도구로 사각면을 선택한 후 수치입력[VCB]창에 [30]을 입력합니다. 값 30은 선택한 사각면의 외곽선으로부터 외부로 [30]간격인 확장 범위를 지정한 것입니다. 확장 범위 값이 삼각망 그리드 플랜보다 클 경우 바닥면 생성이 이루어지지 않거나 원하는 결과를 얻지 못할 수 있습니다.

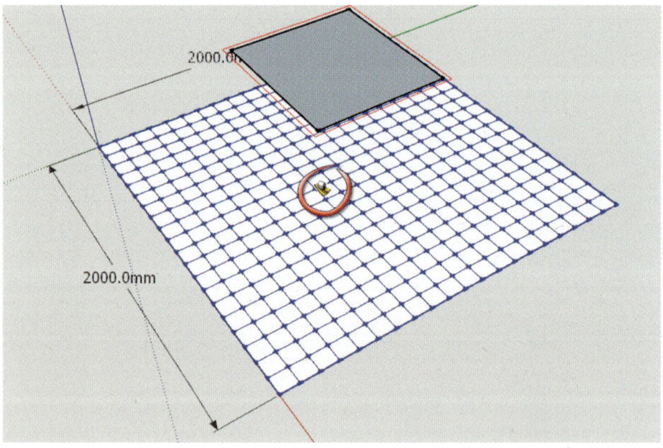

❿ 삼각망 그리드 플랜을 바닥면 생성[Stamp] 도구로 선택합니다.

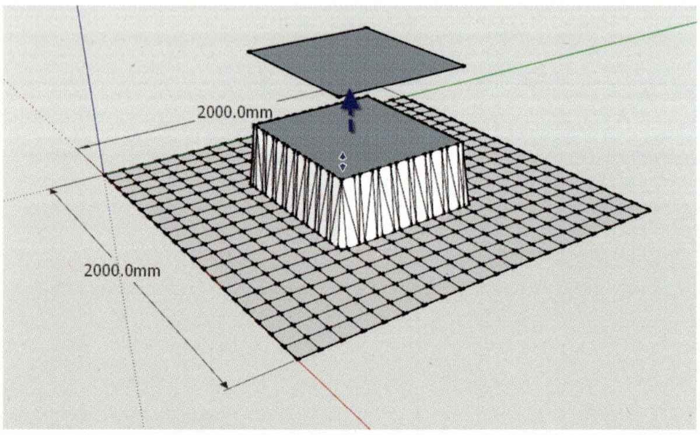

⓫ 사각면이 삼각망 그리드 플랜에 투영됩니다. 이어 마우스를 움직여 아래와 위로 투영된 면을 끌어내리거나 올릴 수 있습니다.

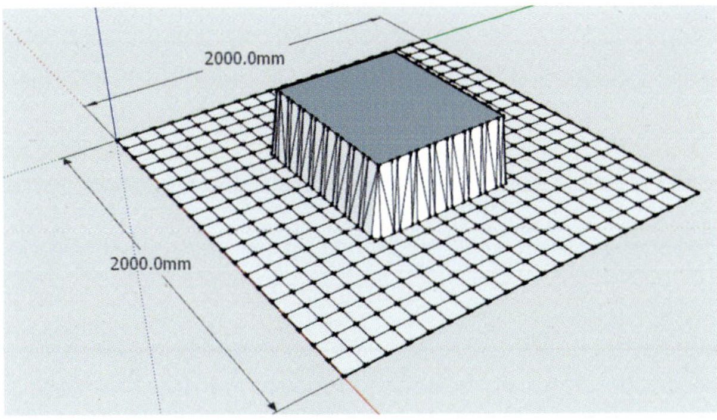

⓬ 바닥면 생성[Stamp] 도구로 완성된 결과입니다.

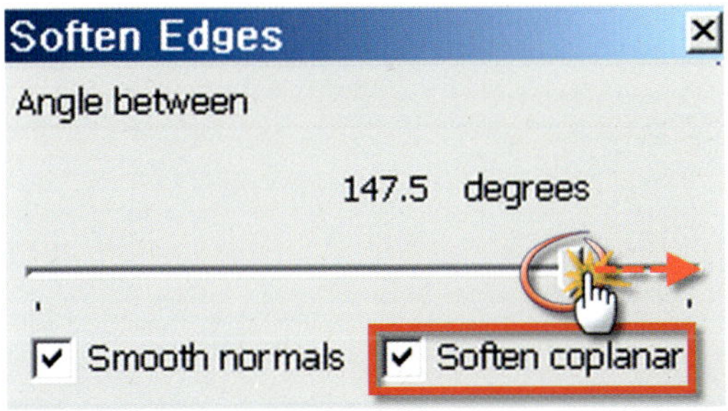

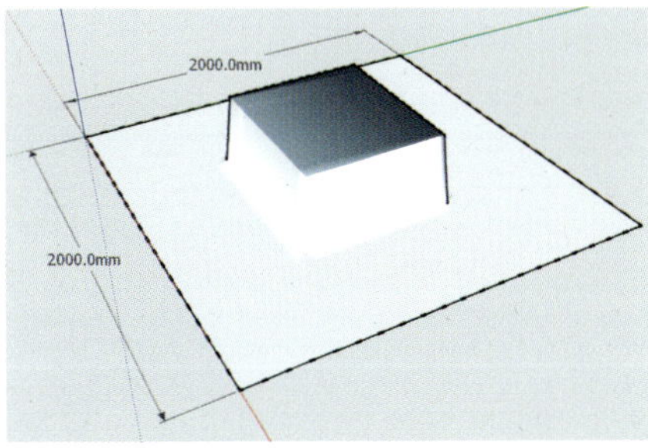

⓭ 동일 평면 부드럽게 하기[Soften coplanar]를 체크 후 법선 간 각도[Angle between] 바를 클릭하여 우측으로 이동 시키면 면을 더욱 부드럽게 만들 수 있습니다.

[4] 바닥선 투영[Drape] 도구 따라하기

❶ 모래상자[Sandbox]에서 삼각망 생성[From Scratch] 도구를 클릭합니다.

❷ 그리드 간격을 수치입력[VCB]창에 [100]으로 입력합니다. [가로 및 세로 100]의 그리드가 생성됩니다.

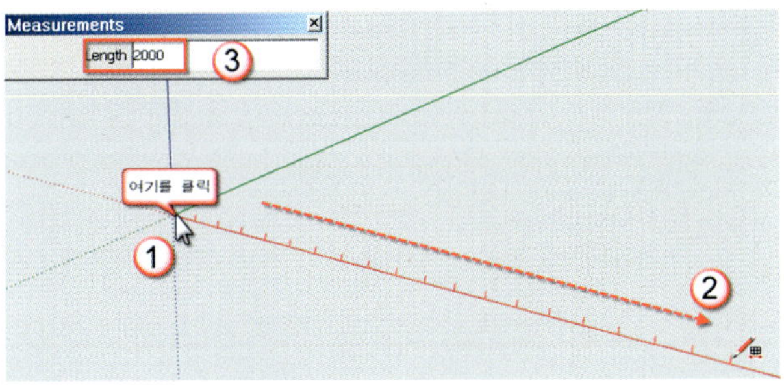

❸ 삼각망 생성[ ] 도구가 화면에 나타나면 세 축의 교차점에 그리드의 시작점을 지정합니다. X축 방향으로 그리드의 첫 번째 방향을 지시 후 수치입력창에 [2000]을 입력합니다.

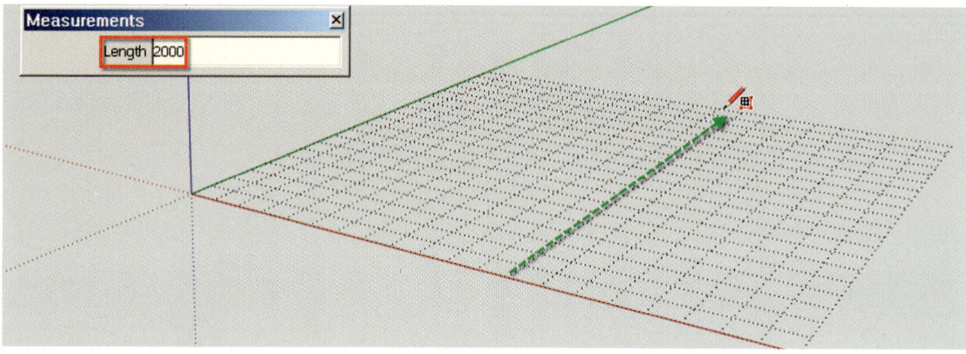

❹ 삼각망 생성[ ] 도구를 Y축 방향으로 그리드의 두 번째 방향을 지시 후 수치입력창에 [2000]을 입력합니다.

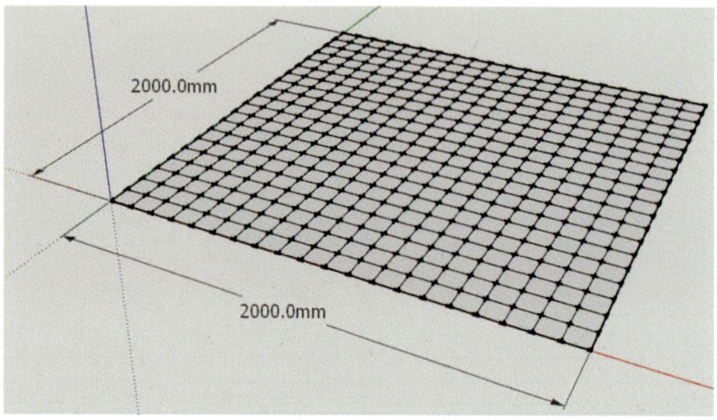

❺ 그리드 간격이 [100]인 [전체 가로 2000 세로 2000]의 그리드 플랜[Plane]이 작성되었습니다. 현재 그리드 플랜[Plane]은 그룹 상태입니다.

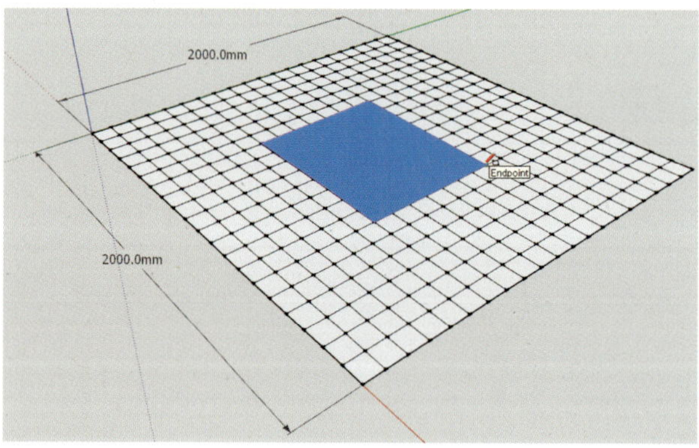

❻ 생성된 삼각망 그리드 플랜[Plane] 위에 사각형[Rectangle] 도구를 활용하여 건물의 바닥면이 될 사각면을 작성합니다. 작성된 사각면은 그룹[Make Group]으로 만듭니다.

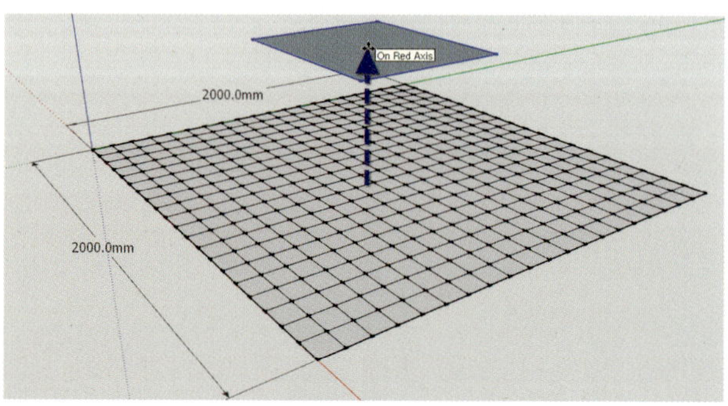

❼ 사각형 면을 선택하여 Z축 방향으로 들어 올립니다. 키보드의 [ ] 방향 버튼을 누른 후 Z축 방향으로 움직이면 편리합니다. 즉 선행 학습하였던 추정기능을 활용하는 것입니다.

❽ 모래상자[Sandbox]에서 바닥선 투영[Drape] 도구를 클릭합니다.

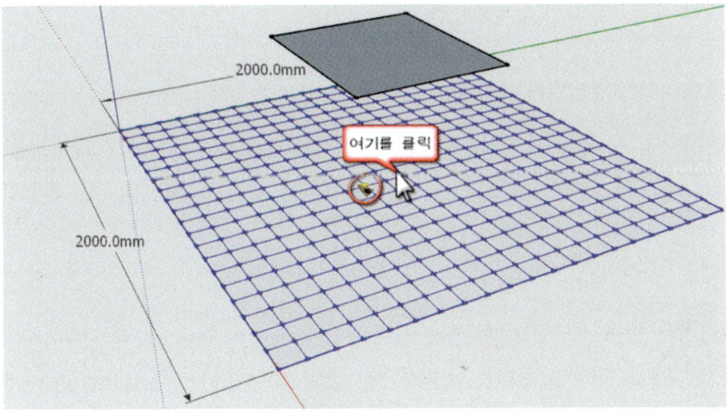

❾ 바닥선 투영 [Drape] 도구로 먼저 삼각망 그리드 플랜을 지정합니다.

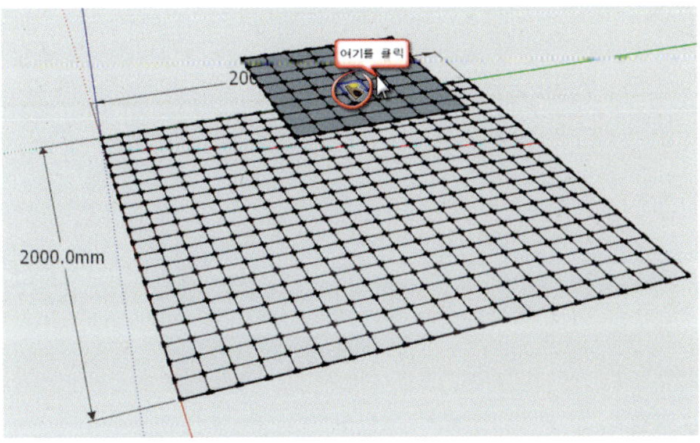

❿ 사각면을 클릭하면 삼각망 그리드 플랜이 사각면 투영됩니다. 반대로 사각면을 먼저 선택하고 그리드 플랜을 선택하면 사각면이 삼각망 그리드 플랜에 투영됩니다.

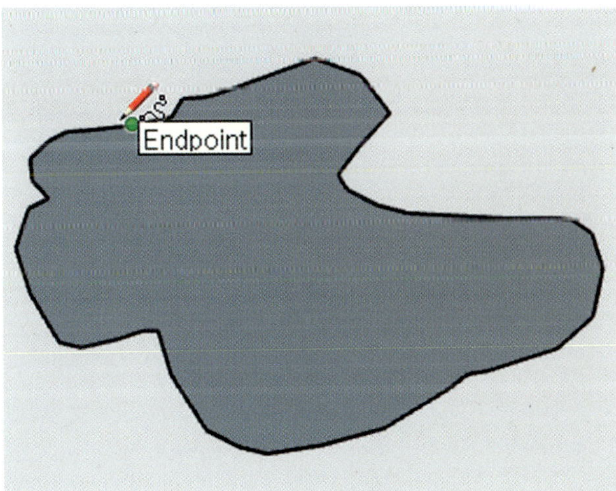

⓫ 그리기 도구 중 자유선 그리기 [ ] 도구를 선택 후 시작점의 지정과 함께 마우스 좌측버튼을 누른채 움직이면 다양한 형태의 바닥면을 작성할 수 있습니다.

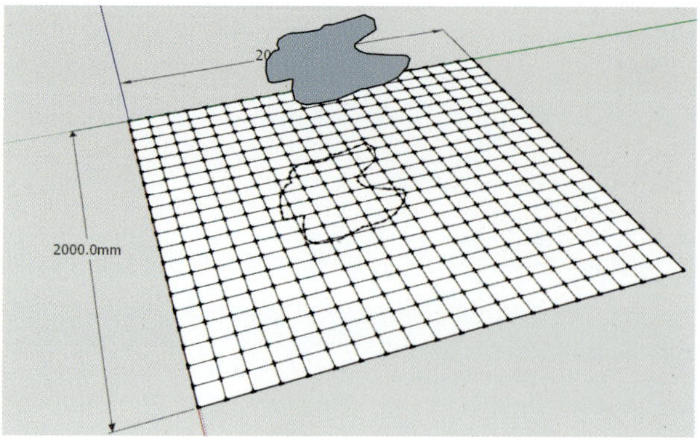

⓬ 바닥선 투영[Drape] 도구로 먼저 자유선 그리기 도구로 작성한 도형을 선택 후 그리드 플랜에 클릭한 결과입니다. 삼각망 그리드 플랜에 해당 도형이 투영된 것을 확인 할 수 있습니다.

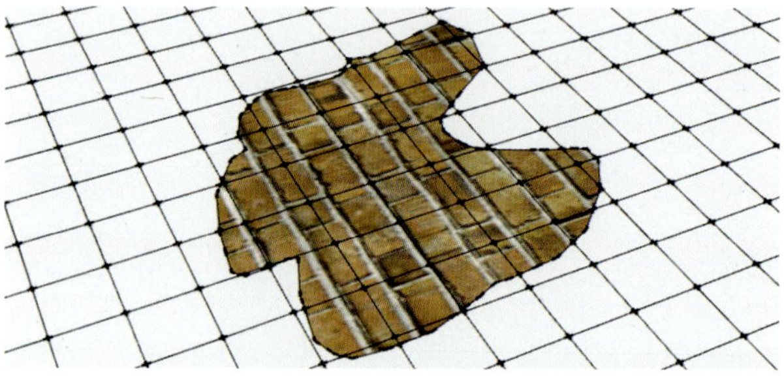

⓭ 삼각망 그리드 플랜을 더블 클릭하여 그룹 수정[Edit Group]상태로 전환 시킨 뒤 투영된 면만 선택하여 재질[Brick_Rough_Tan]을 적용하면 위의 그림과 동일해집니다.

[5] 표면 분할[Add Detail] 및 경계선 반전[Flip Edge] 도구 따라하기

❶ 모래상자[Sandbox] 도구 박스에서 삼각망 생성[From Scratch] 도구를 선택합니다.

❷ 그리드 간격을 수치입력[VCB]창에 [100]을 입력합니다. [가로 및 세로 100]의 그리드가 생성됩니다.

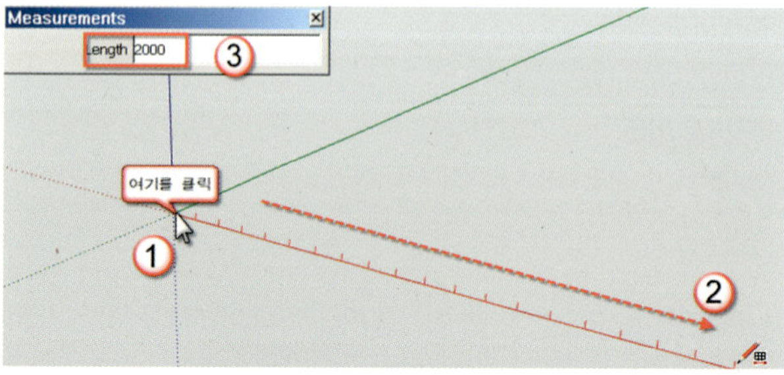

❸ 삼각망 생성[ ] 도구가 화면에 나타나면 세 축의 교차점에 그리드의 시작점을 지정합니다. X축 방향으로 그리드의 첫 번째 방향을 지시 후 수치입력창에 [2000]을 입력합니다.

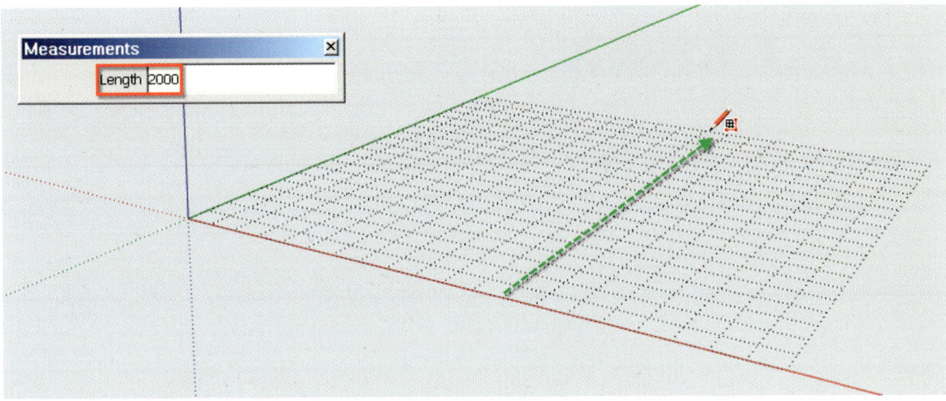

❹ 삼각망 생성[ ] 도구를 Y축 방향으로 두 번째 방향을 지시 후 수치입력창에 [2000]을 입력합니다.

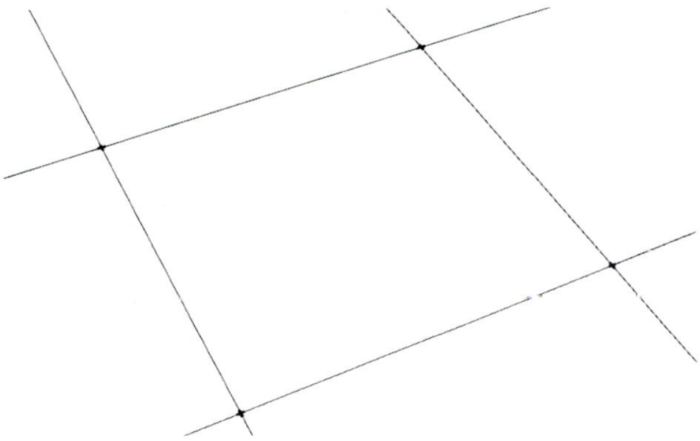

❺ 해당 삼각망 그리드 플랜을 더블 클릭하여 그룹 수정[Edit Group] 상태로 전환시킨 뒤 위 그림과 같이 그리드 한 부분을 마우스 휠을 돌려 확대[Zoom in]해 봅니다.

❻ 표면 분할 [Add Detail] 도구를 모래상자[Sandbox] 도구 박스에서 선택합니다.

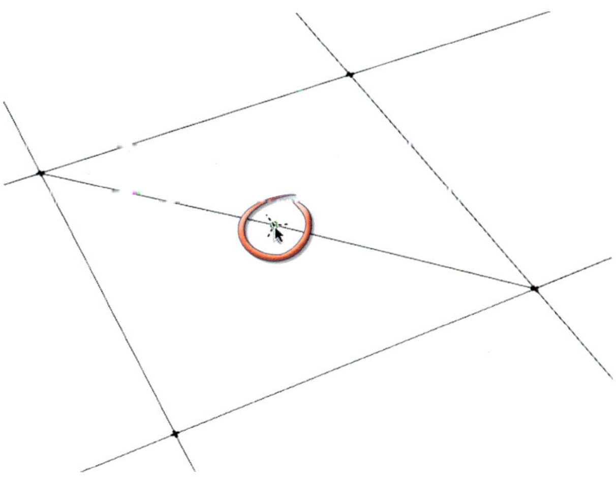

❼ 표면 분할 [ ] 도구를 분할하고자 하는 면에 두고 마우스 좌측 버튼을 누르면 위의 그림과 동일하게 면이 세분화 됩니다.

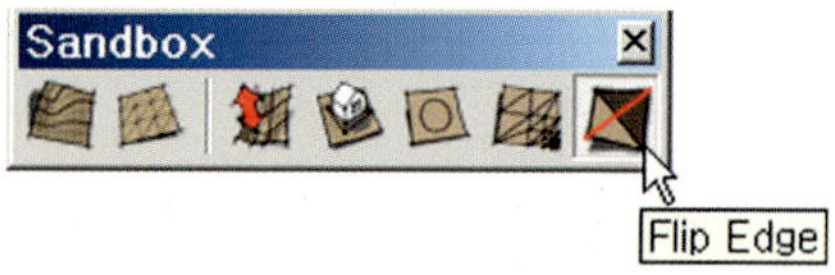

❽ 경계선 반전[Flip Edge] 도구를 모래상자[Sandbox]에서 선택합니다.

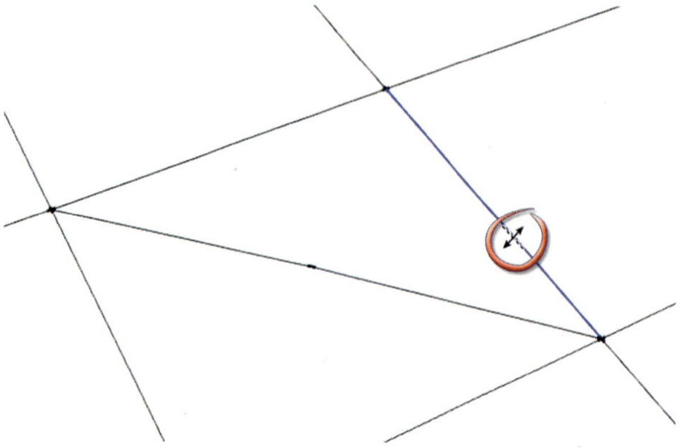

❾ 반전하고자 하는 경계선에 경계선 반전[ ] 도구를 활용하여 클릭합니다.

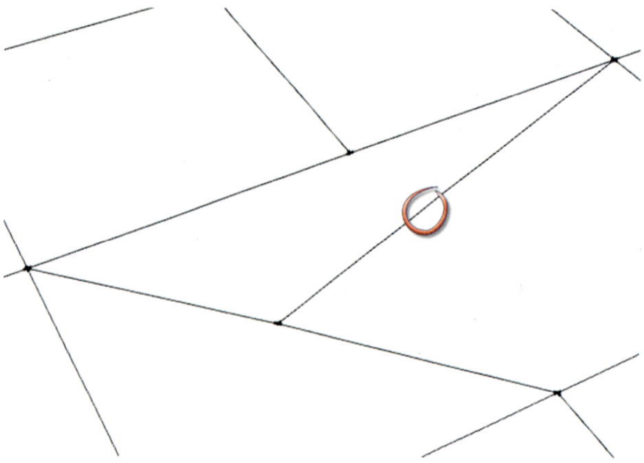

❿ 위의 그림과 동일하게 선택된 경계선의 위치가 반전됨이 화면상에서 확인됩니다.

[6] 모래상자[Sandbox]를 활용한 실례

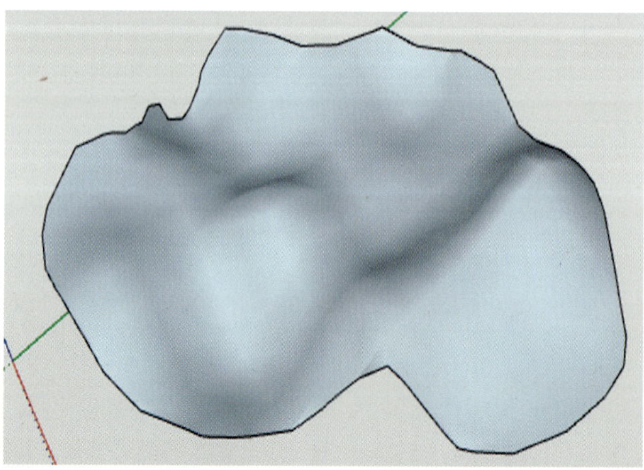

❶ 자유선 그리기 [ ] 도구, 바닥선 투영 [ ] 도구, 곡면조작[ ] 도구를 활용한 예입니다.

Green Mountains

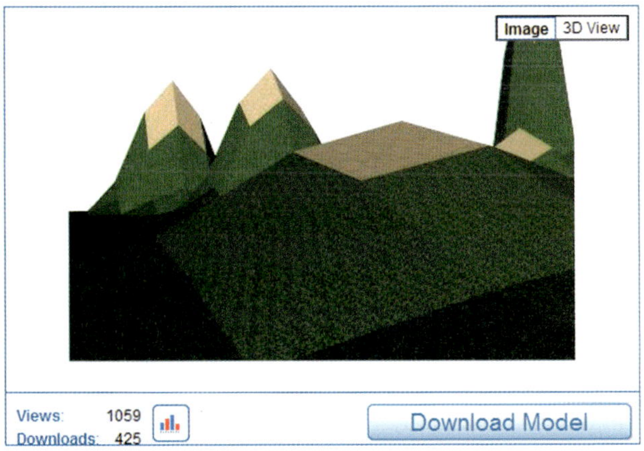

❷ 모래상자[Sandbox]를 활용한 3D Warehouse에서 공유된 실례 모델입니다.

Island

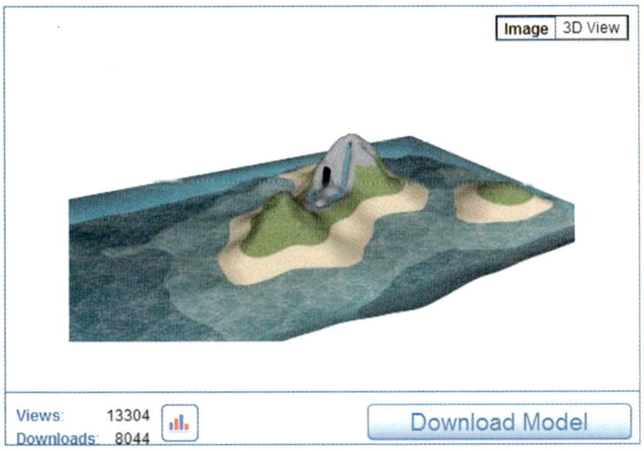

❸ 모래상자[Sandbox]를 활용한 [3D Warehouse]에서 공유된 실례 모델입니다.

13] 안개[Fog] 도구

스케치업에서는 그림자[Shadows]도구와 더불어 안개[Fog]효과 기능을 지원하고 있습니다. 사용자는 안개[Fog] 효과를 활용하여 다양한 장면 연출이 가능하며, 앞서 학습한 에니메이션 기능을 활용하여 분위기 있는 동영상을 작성할 수 있습니다.

[1] 안개[Fog] 도구 따라하기

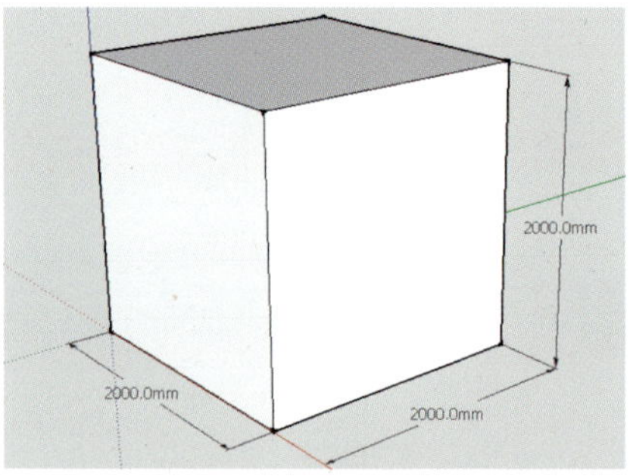

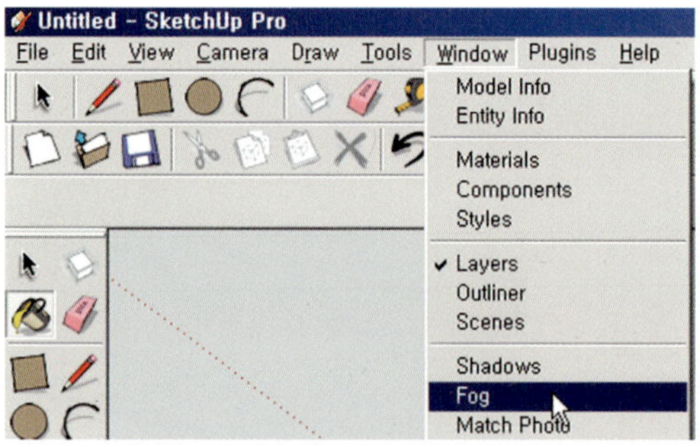

❶ 사각형[Rectangle] 도구와 밀고/당기기[Pull/Push] 도구를 활용하여 위의 그림과 동일한 치수의 입체 사각형 모델을 작성합니다. 이 후 [상단 메뉴바 ▸ Window ▸ Fog 메뉴]를 클릭합니다.

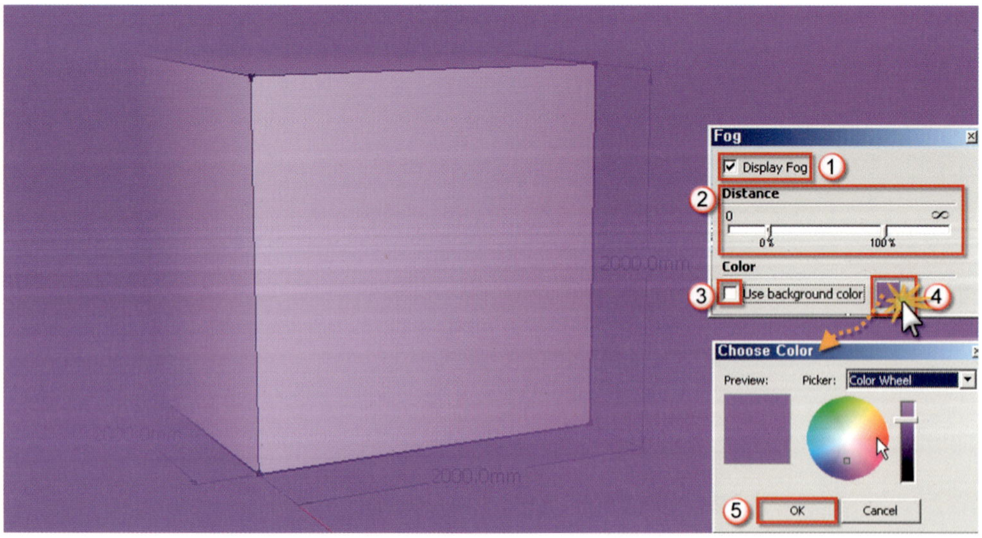

❷ 안개[Fog] 세부 옵션 창이 나타납니다. 화면상에 안개 효과가 보이도록 [Display Fog]를 체크합니다. 거리[Distance]의 스크롤을 클릭하여 위의 그림과 동일하게 조정합니다. 배경 색상 사용[Use Background Color]에 체크를 해제하고 우측의 색상[Color] 버튼을 누르면 [Color Wheel]이 나타나며 이어 사용자가 원하는 색상을 찾습니다. 선택한 색상에 따라 안개효과가 화면상에 나타납니다.

❸ 사용자는 스케치업의 애니메이션 기능을 활용하여 도시 경관 또는 건물에 대한 안개 효과 동영상을 제작할 수 있습니다.

P. A. R. T 4

필수 활용 도구 학습

SketchUP Pro 8

면 교차[Intersect-Faces] 기능

01] 면 교차[Intersect Faces] 기능

스케치업 프로 8.0에서는 선행 학습하였던 고체[Solid Tools]도구 중 차집합[Subtract]과 분할[Split] 도구와 유사한 기능을 가진 면 교차[Intersect Faces] 기능을 담고 있습니다. 고체도구와는 달리 각각의 겹쳐진 각각의 모델이 그룹[Group]이 될 필요가 없습니다. 스케치업 프로 8.0 이전 버전에서는 고체도구가 없으며 오직 면 교차[Intersect Faces] 기능만을 활용하여야 했습니다.

[1] 면 교차[Intersect Faces] 기능 따라하기

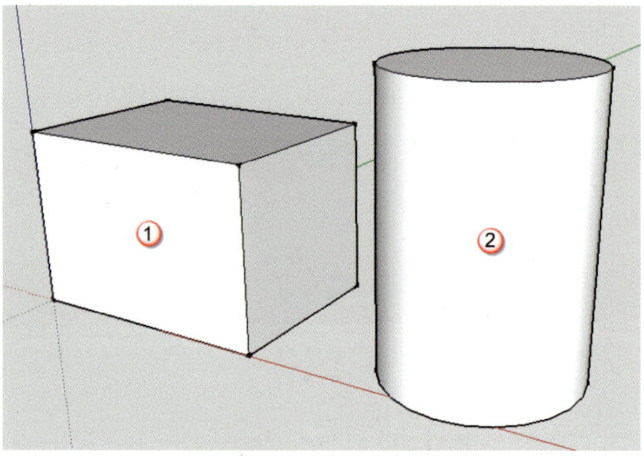

❶ 사각형[Rectangle], 원형[Circle] 도구와 밀고/당기기[Pull/Push] 도구를 활용하여 위의 그림과 유사한 두개의 모델을 작성합니다.

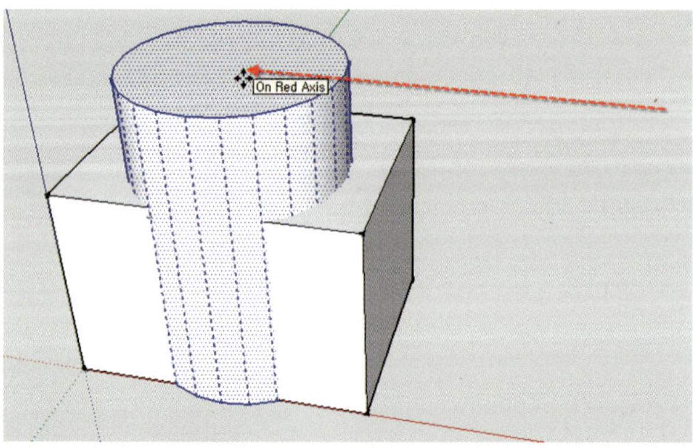

❷ 이동[Move] 도구를 활용하여 입체 원형 모델을 입체 사각형 모델 겹치도록 배치합니다.

SketchUP

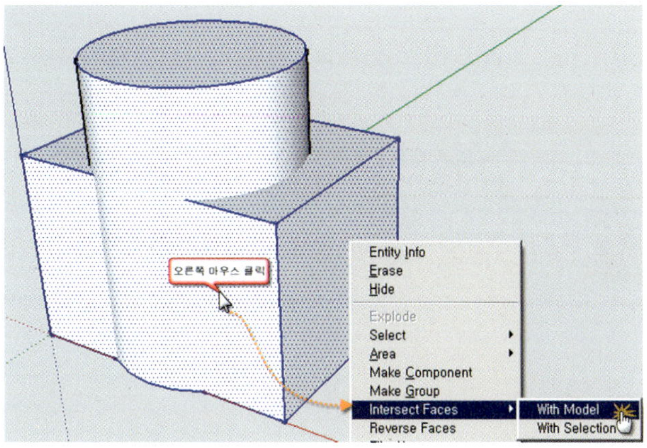

❸ 선택[Select] 도구를 활용하여 전체 모델을 선택한 후 마우스 우측버튼을 클릭하여 확장메뉴를 펼칩니다. 면 교차[Intersect Faces] 메뉴 내 모델 사용[With Model]을 선택합니다.

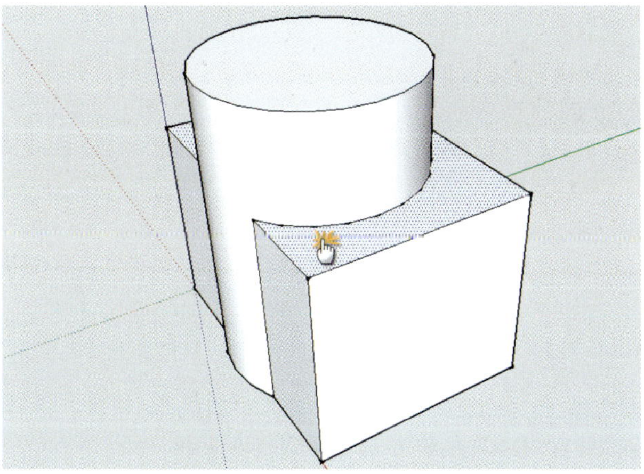

❹ 선택[Select] 도구를 활용하여 면을 선택해 보면 각각의 경계[Edge]선을 기준으로 모델의 면들이 각기 분리되어 있음을 알 수 있습니다.

02] 재질 투영[Projected] 기능

기본적으로 모델에 재질을 부여하는 방법은 앞선 학습에서 다루었습니다. 그러나 곡면에 특정 재질을 외부에서 가져와 적용시키고자 할 경우 종종 사용자는 원하지 않는 결과를 맞이하게 됩니다. [①번 그림 참고] 이번 학습에서는 재질 투영[Projected] 기능을 활용한 자연스러운 곡면 재질 부여 기법에 대하여 알아보도록 하겠습니다. [② 그림 참고]

위의 그림에서 보듯이 동일한 입체 모델에 대한 동일한 외부 재질을 부여한 결과 재질 투영[Projected] 기능을 활용한 ②번 그림이 보다 자연스러운 재질 부여 결과를 보입니다.

아래부터의 내용을 참고하여 재질 투영[Projected] 기능을 학습하도록 합니다.

[1] 재질 투영[Projected] 기능 따라하기

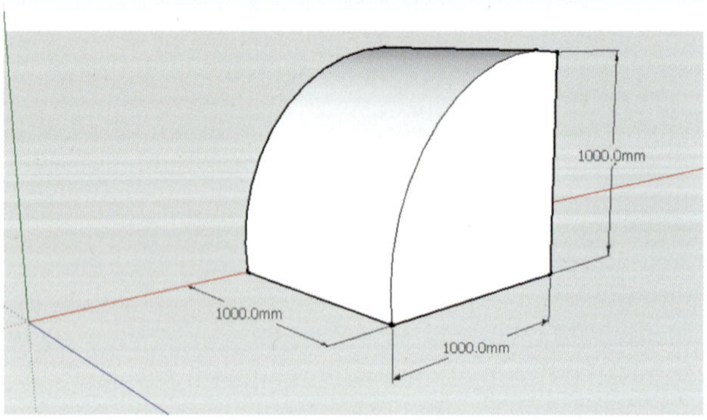

❶ 선[Line ]과 호[Arc ] 그리고 밀고/당기기[Pull/Push ]도구를 활용하여 위의 그림과 동일한 치수의 입체 모델을 작성합니다.

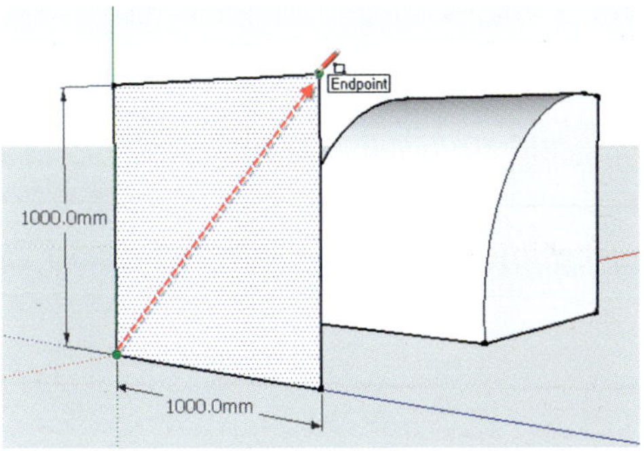

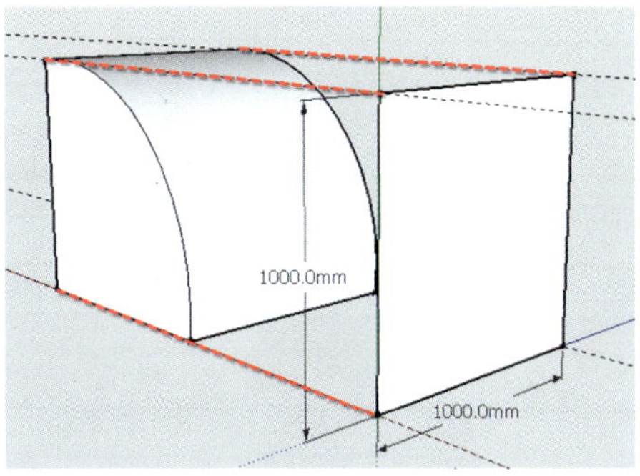

❷ 앞서 작성된 입체 모델 전면에 위의 그림과 동일한 크기의 세워진 사각면을 작성합니다. 생성되는 사각면은 재질을 부여하고자하는 곡면의 폭과 높이와 반드시 동일하거나 보다 넓게 작성되어야 하며, 또한 재질 투영 대상 전면부에 정확히 배치되어야 합니다.

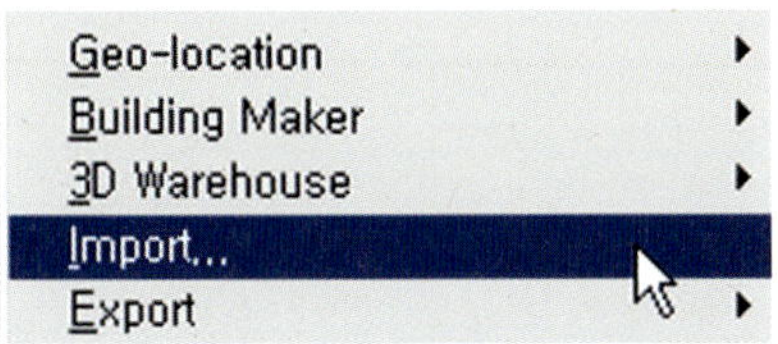

❸ [상단 메뉴바 ▸ File ▸ Import 메뉴]를 선택합니다.

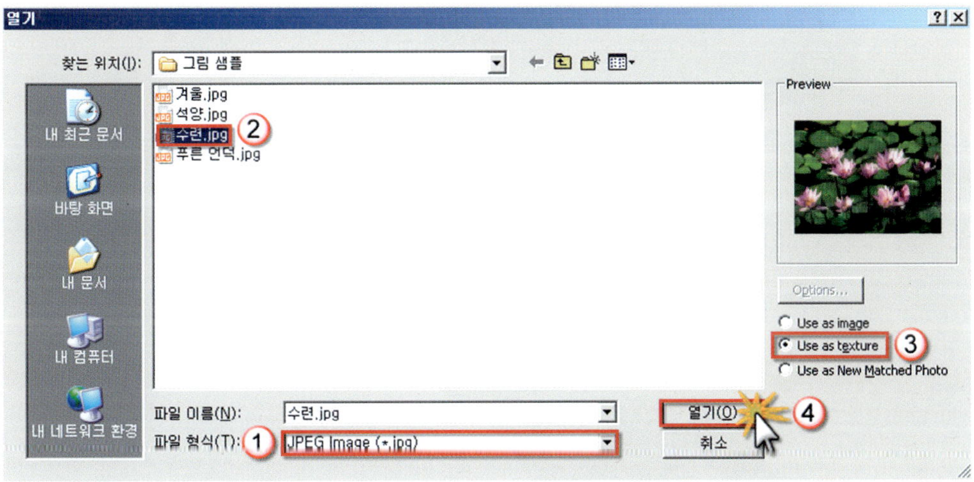

❹ Windows에서 기본으로 제공되는 그림 샘플 중 [수련.jpg] 파일을 선택합니다. 재질로 사용[Use as Texture] 항목을 체크 후 열기[Open] 버튼을 선택합니다.

❺ 전면에 작성한 사각면에 가져온[Import] 이미지를 재질로 부여합니다. 재질에 대한 크기의 재조정을 원할 경우 앞서 학습[36Page]한 바와 같이 해당 이미지를 선택 후 마우스 우측버튼을 눌러 재질[Texture] ▸ 위치[Position] 메뉴를 활용합니다.

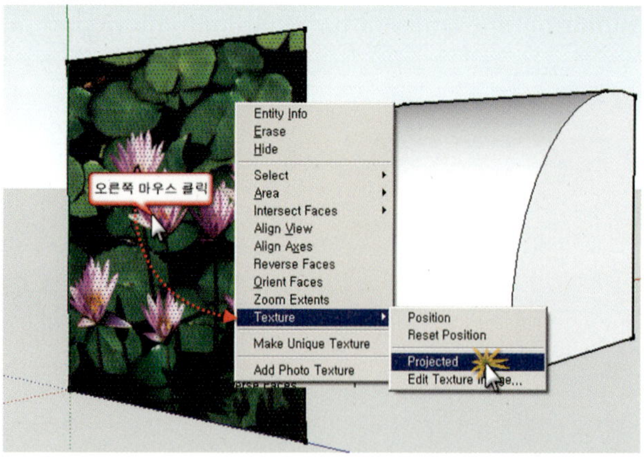

❻ 사각면에 부여된 재질을 선택 후 마우스 우측 버튼을 눌러 확장메뉴를 불러옵니다. [재질[Texture] ▸ 투영[Projected] 메뉴]를 선택합니다.

❼ 페인트 통[Paint Bucket]도구를 선택 후 키보드의 [Alt] 버튼을 눌러 샘플 페이트[Sample Paint] 도구로 전환시킨 뒤 재질을 흡수합니다.

❽ 페인트 통[Paint Bucket]도구로 위의 그림과 동일한 곡면을 클릭합니다. 곡면을 감싸는 자연스러운 재질 부여가 완성이 됩니다.

SketchUP Pro 8

구글 위성지도를 활용한 3차원 입체 표면 모델 작성

03] 구글 위성지도를 활용한 3차원 입체 표면 모델 작성

선행 학습[106 Page]한 위치 추가[Add Location] 도구를 활용하여 스케치업으로 가지고온 특정 경사지 대지의 구글 위성지도를 Autocad 파일로 내보내기[Export]하여 3차원 입체 표면 모델을 작성할 수 있습니다.

[1] 구글 위성지도를 활용한 3차원 입체 표면 모델 작성 기능 따라하기

❶ 위치 추가[Add Location] 도구를 클릭합니다.

❷ 위치명을 [GRAND CANYON]이라고 입력한 뒤 검색[Search] 버튼을 클릭하면 해당 위치의 위성지도를 찾아가게 됩니다. 마우스의 휠을 돌리면 위성지도를 확대 및 축소 할 수 있으며, 마우스 왼쪽버튼을 계속 누르면 위성지도의 위치를 조금씩 이동시킬 수 있습니다.

❸ 영역 선택[Select Region] 버튼을 클릭합니다. 스케치업으로 가져올 영역을 선택할 수 있습니다.

SketchUP

❹ [ ] 표시를 마우스 좌측 버튼으로 클릭 후 끌면[Drag] 선택 영역의 위치를 바꿀 수 있습니다.

❺ 사용자가 원하는 영역 지정이 끝나면 스케치업으로 불러들이기 위하여 가져오기[Grab] 버튼을 클릭합니다. 선택영역을 취소하려면 최소[Cancel] 버튼을 클릭합니다.

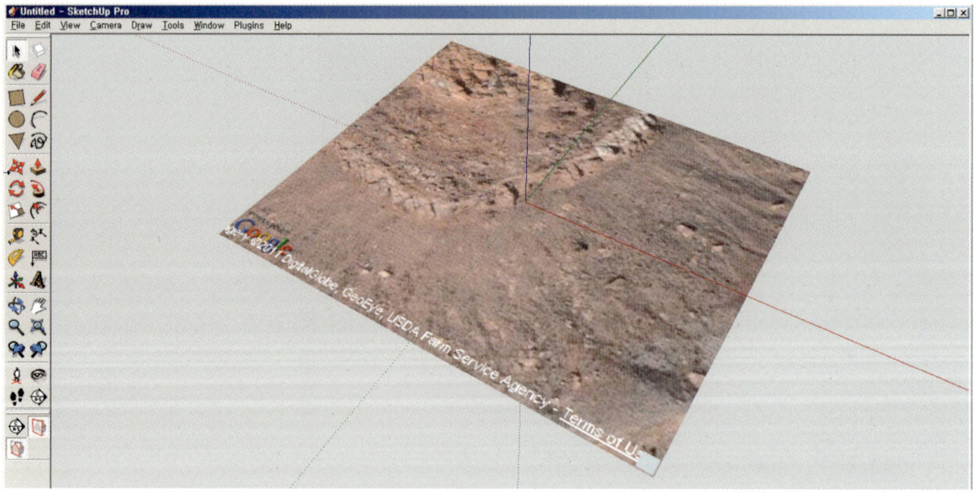

❻ 잠시 후 스케치업 화면에 사용자가 지정한 구글 위성지도 영역이 보입니다. 스케치업 프로 7.0과 다른점은 7.0에서는 흑백으로 보였지만 8.0에서는 칼라 타입으로 가져 올 수 있는 것입니다.

❼ 지형 토글 [Toggle Terrain] 도구를 클릭합니다.

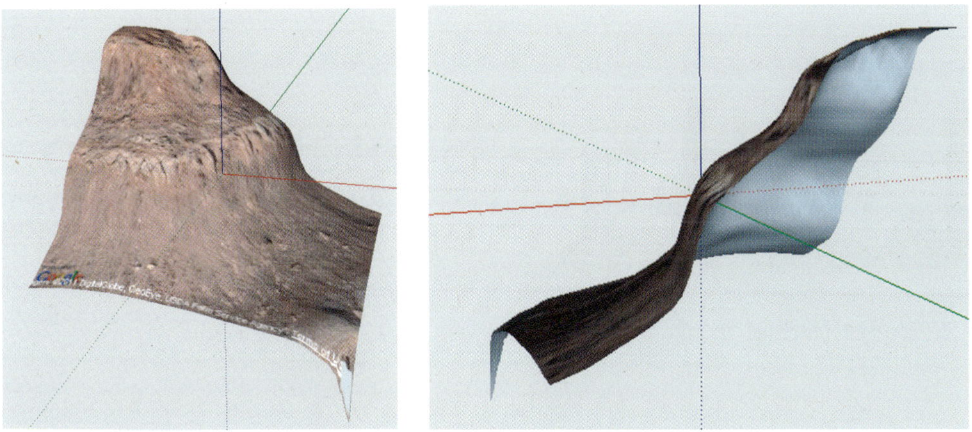

❽ 지형 토글[Toggle Terrain] 도구를 선택 즉시 화면상에는 가져온 2차원의 위성 지도가 3차원의 위성지도로 즉시 변환되게 됩니다.

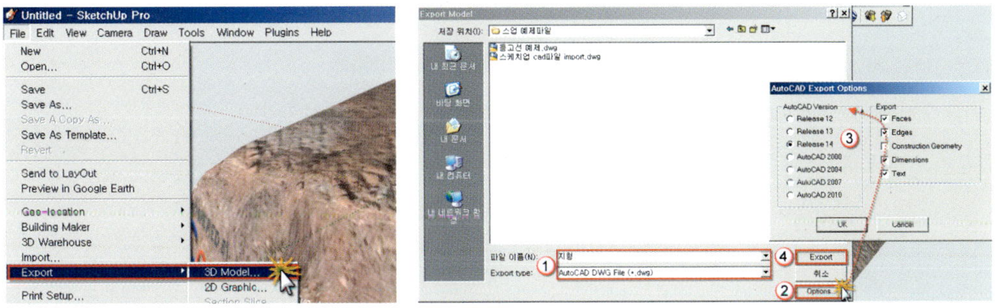

❾ [상단 메뉴바 ▸ File ▸ Export ▸ 3D Model]을 클릭합니다. 파일형식[dwg]과 파일이름[지형]을 부여하고 우측 하단의 [Option]버튼을 클릭하여 내보내기 할 [Autocad의 버전 Release 14]을 선택합니다. 이어 [Export] 버튼을 눌러 내보내기를 완료합니다.

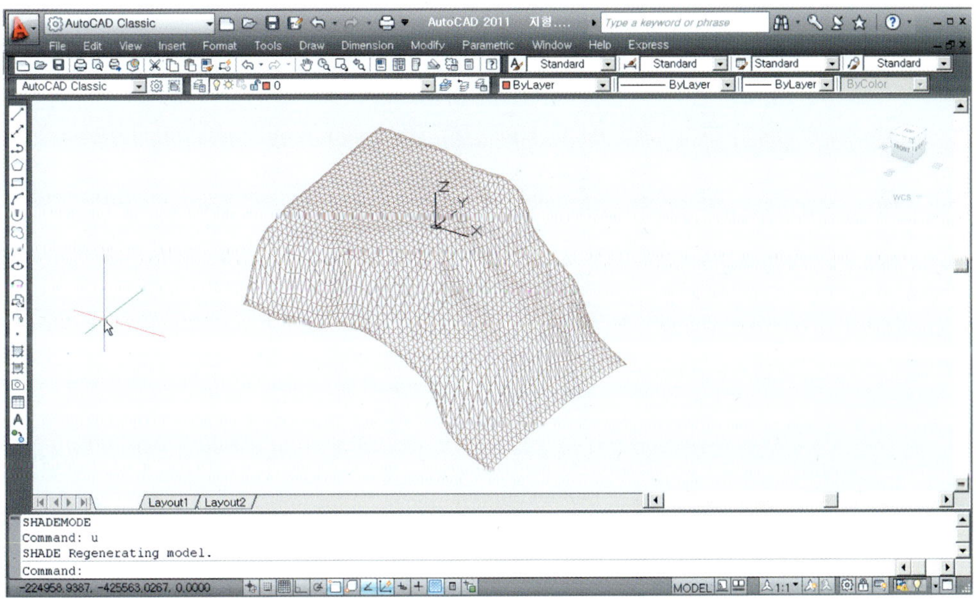

❿ Autocad에서 스케치업에서 내보내기[Export]한 [지형.dwg]파일을 열기 합니다. Autocad 화면상에 해당 구글 위성지도가 3차원 입체 지형 모델로 나타납니다.

04] 모델 정보[Model Info] 설정

모델 정보[Model Info]에서는 작업 모델의 다양한 정보 즉, 치수, 문자, 단위, 재질의 질 등의 설정을 할수 있습니다.

[1] 모델 정보[Model Info] 설정 기능 살펴보기

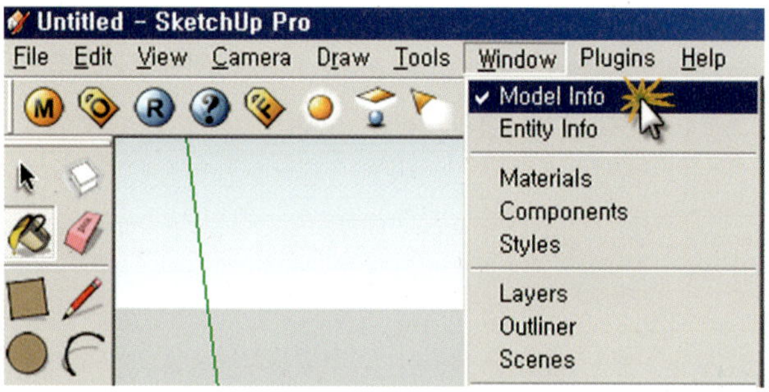

❶ [상단 메뉴바 ▸ Window ▸ 모델 정보[Model Info]]를 선택합니다.

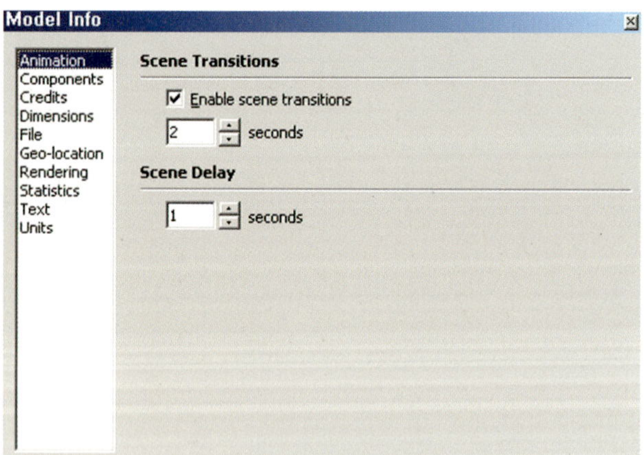

❷ 동영상[Animation] 항목은 이미 학습한 바 있으며, 동영상 재생에 관련된 장면 전환과 속도를 제어합니다.

① 장면전환가능[Enable scene transitions] : 체크를 해제하면 장면이 전환 효과가 사라집니다.
② Scene Transitions seconds : 장면 전환 시간을 초 단위로 설정합니다.
③ Scene Delay seconds : 장면 전환 사이의 지연 시간을 설정합니다.

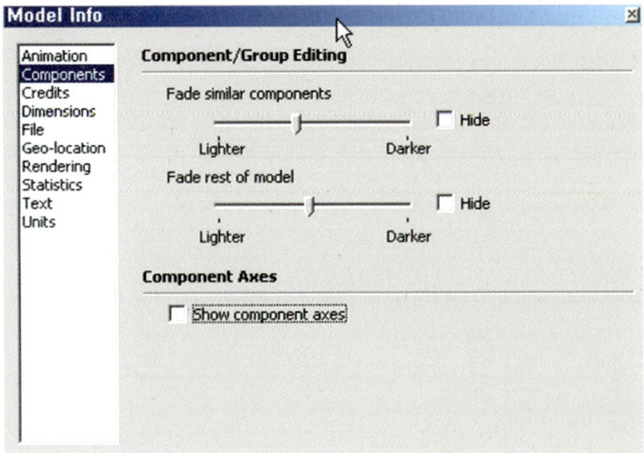

❸ 컴포넌트[Component]란 완성된 모델을 의미하며, 컴포넌트를 복사하여 사용할 경우 원본 컴포넌트의 수정이 생기면 복사된 컴포넌트도 함께 수정이 됩니다. 그룹[Group]과 유사한 것 같으나 성격이 엄연히 다릅니다.

① 복사된 동일 컴포넌트 흐림 [Fade similar components] : Lighter에 가까울수록 수정 상태 컴포넌트[Edit Components]와 동일한 복사된 컴포넌트의 화면 표시색이 흐려집니다. 숨김[Hide]를 체크하면 복제 컴포넌트가 화면상에서 사라집니다.
[원본의 컴포넌트 객체를 더블 클릭하면 수정 상태로 전환됩니다. 수정 후 화면 빈 곳을 클릭하면 수정 상태에서 벗어납니다]
아래의 그림을 참고 하세요

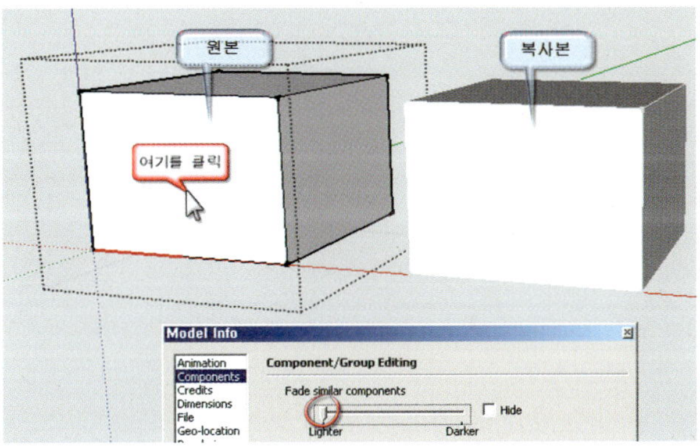

② 나머지 모델 흐림 [Fade rest of model] : Lighter에 가까울수록 수정 상태 컴포넌트[Edit Components]외 타 컴포넌트나 그룹 등의 모델 화면 표시색이 흐려집니다. 숨김[Hide]를 체크하면 수정 상태의 컴포넌트 외 타 모델들은 화면상에서 사라집니다.
아래의 그림을 참고 하세요

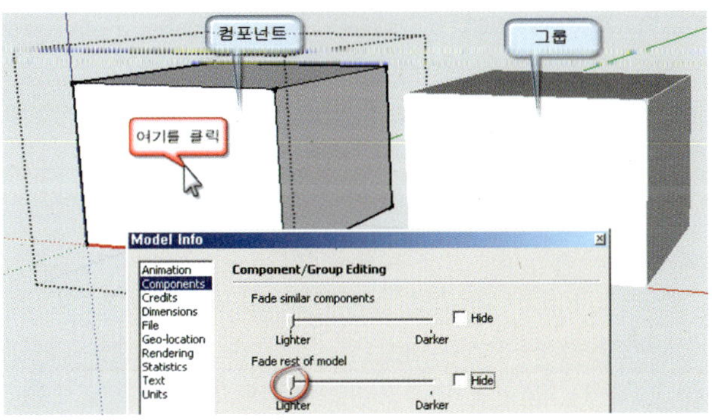

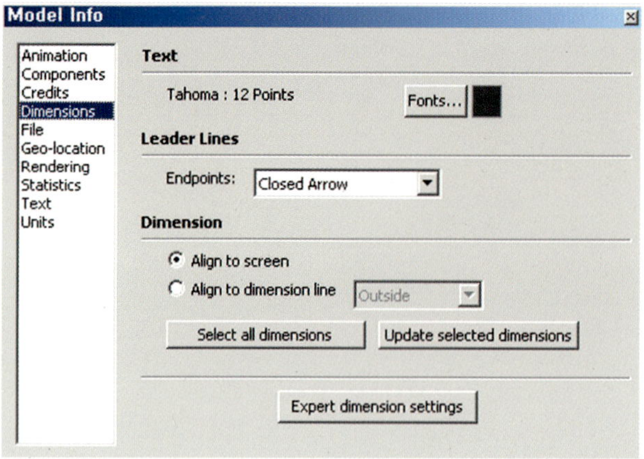

❹ 치수[Dimensions] 항목에서는 치수와 치수선의 크기, 모양 등을 수정합니다.

① 문자 [Text] : 치수 문자의 크기와 글꼴, 색상을 선택합니다. 스케치업에서 문자의 크기를 변경하는 방법에는 포인트[Points] / 높이[Height]가 있습니다. 높이[Height]를 선택하면 화면의 축소 및 확대에 따라 치수 문자의 크기도 축소 및 확대 되어 보입니다.
포인트[Points]는 화면 축소 및 확대에 영향을 받지 않고 동일한 크기로 화면에 보입니다.
아래의 그림을 참고 하세요

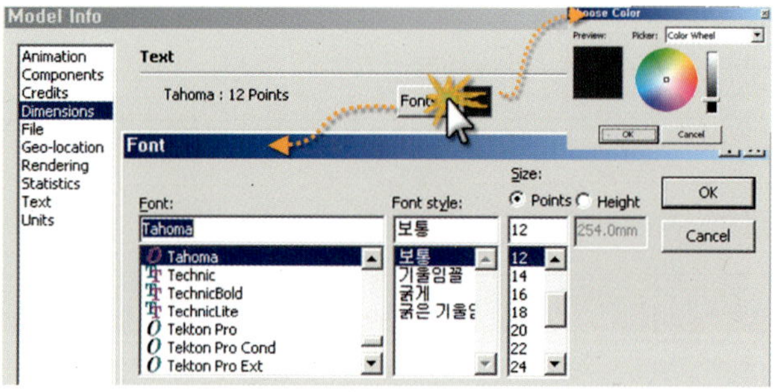

② 지시선[Leader Lines] : 치수선 끝점을 형식을 지정합니다.
아래의 그림을 참고 하세요

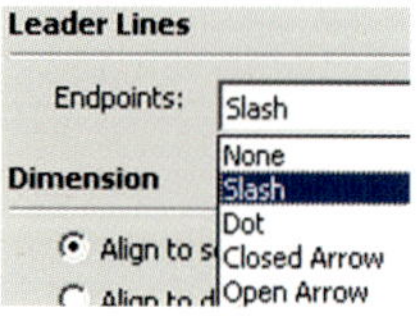

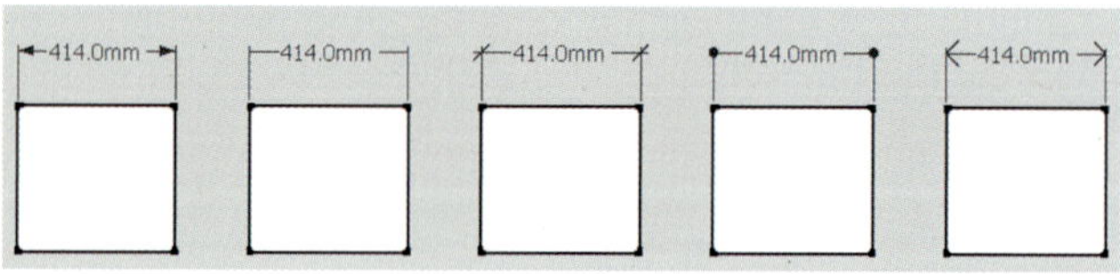

Close Arrow　None　Slash　Dot　Open Arrow

③ 치수선 [Dimension] : 치수선 위 치수문자의 정렬방식을 설정합니다.
화면에 정렬[Align to screen]을 체크하면 치수문자는 항상 수평으로 보입니다. 치수선에 정렬[Align to dimension line]을 선택하면 위[above]/중앙[center]/외부[outside] 세 가지의 형식에 따라 치수선의 방향에 일치되어 보입니다.
현재 작성된 치수 전체에 설정 변경 사항을 적용시키려면 [Select all dimensions] 버튼을 클릭 후 [Update selected dimensions] 버튼을 누르면 됩니다.
아래의 그림을 참고 하세요

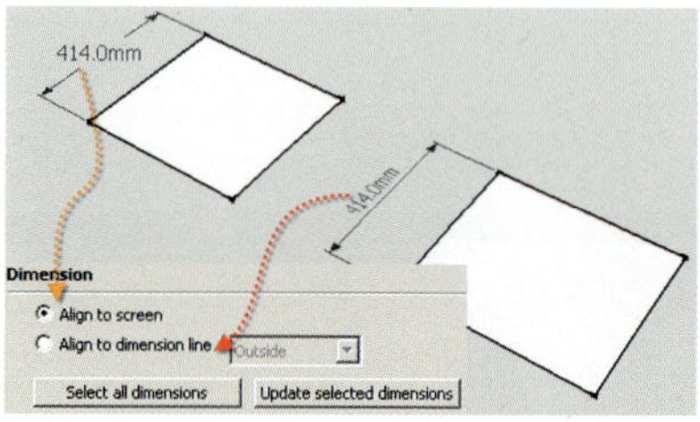

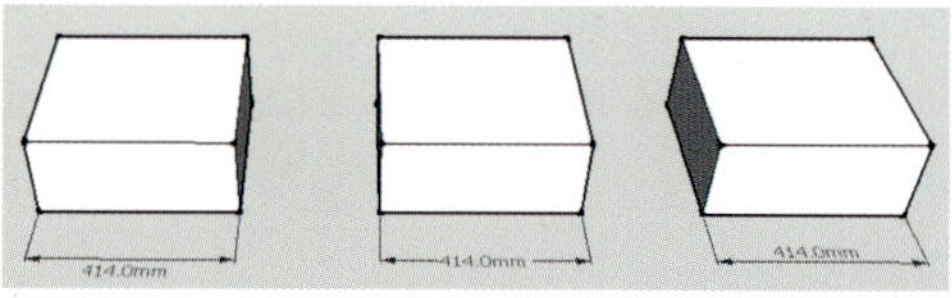

outside　center　above

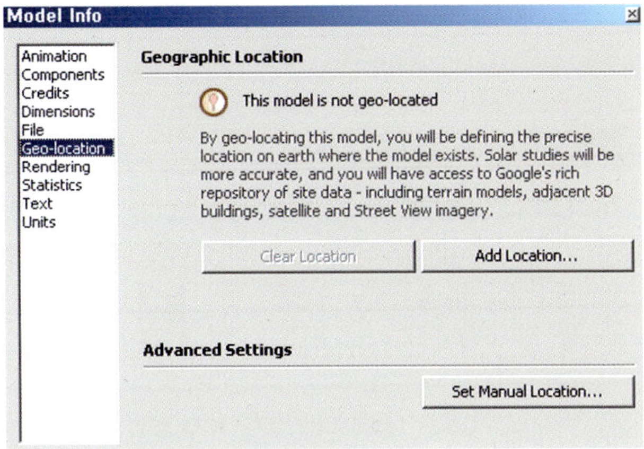

❺ 지리적 위치[Geo-Location]는 현재 작업 모델에 실제의 위치를 지정해 줌으로서 실제에 가까운 일조와 일영을 적용시켜 줍니다.
지리적 위치[Geo-Location]는 [117 Page]에서 학습하였으므로 다시 참고하기 바랍니다.

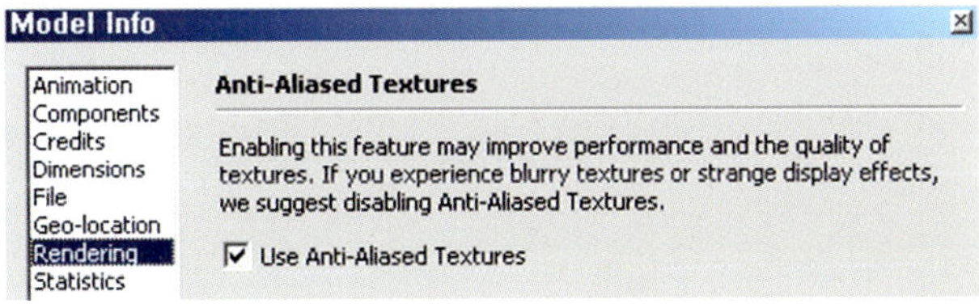

❻ 렌더링[Rendering] 항목에서는 모델에 부여된 재질의 품질을 제어합니다. 재질의 계단현상 방지 사용[Use Anti-Aliased Textures]를 체크하면 재질의 품질이 향상됩니다. 그러나 조금은 흐릿하게 보이는 경향이 보입니다. 사용자의 선택에 의하여 체크 유무를 판단하기를 바랍니다.

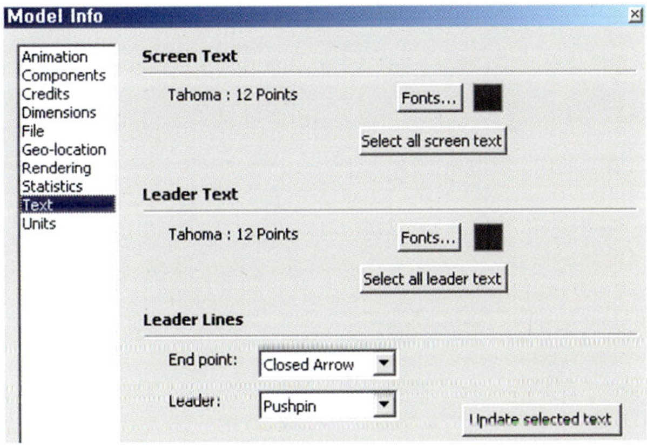

❼ 문자[Text]항목에서는 문자의 크기와 글꼴을 설정합니다.

① 화면 문자 [Screen Text] : 문자[ ]도구로 작성되어지는 문자의 크기 및 글꼴을 조정 합니다.
아래의 그림을 참고 하세요

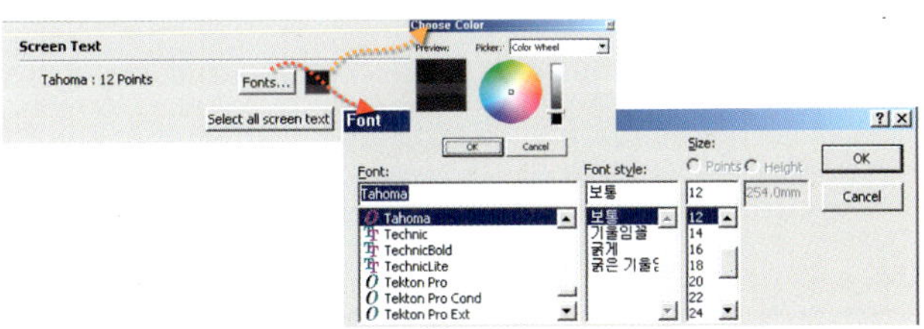

글꼴[Font] 버튼을 클릭하여 글꼴을 지정합니다. Color box를 클릭하여 글자의 색상을 지정합니다. 모든 화면 문자 선택[Select all screen text] 버튼을 클릭한 후 글꼴과 색상을 변경하면 화면상의 모든 문자가 자동 변경됩니다.

② 지시 문자[Leader Text] : 문자[ ] 도구로 작성되어지는 지시 문자의 크기 및 글꼴을 조정합니다. 설정 방법은 화면 문자 [Screen Text]와 동일합니다.

③ 지시선[Leader LInes] : 문자[ ] 도구로 작성되어지는 지시선의 끝점의 형식과 화면 표현 형식을 설정합니다.
아래의 그림을 참고 하세요

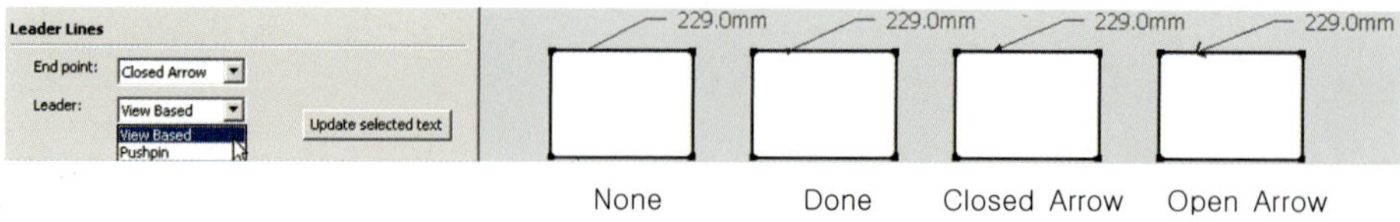

❍ 2D 이미지 기반[View Based] : 화면의 시점의 궤도[Orbit] 도구에 따라 지시선이 함께 움직여 사용자의 문자 내용 파악에 도움을 줍니다.

❍ 압정[Pushpin] : 화면의 시점과 관계없이 지시선이 고정 됩니다.

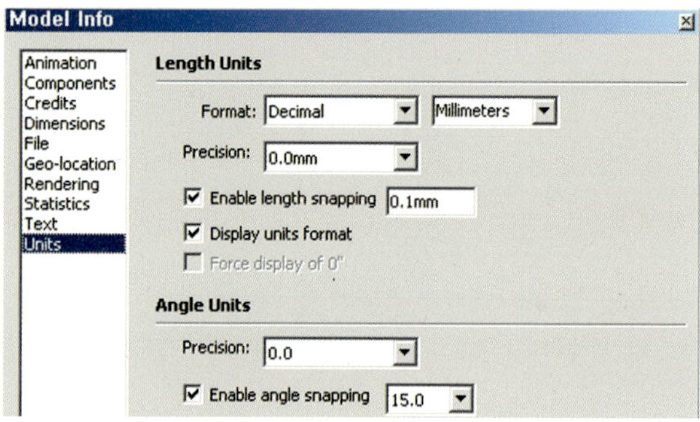

❽ 단위[Units] 항목에서는 길이와 각도의 단위 설정과 소수점 자릿수를 제어 합니다.

① 길이 단위 [Length Units] : 길이의 단위를 설정합니다.

- 단위 형식 [Format] : 기본적으로 십진[Decimal]을 선택 후 밀리미터 단위를 선택합니다.
- 소수점 자릿수 [Precision] : 내림[▼] 버튼을 눌러 소수점의 자릿수를 조정합니다.
- 지정 길이 추정 가능[Enable length snapping] : 지정한 값에 의하여 길이마다 스냅이 잡히도록 합니다.
- 단위 표시 [Display units format] : 치수 문자 뒤에 단위가 보이도록 합니다.

아래의 그림을 참고 하세요

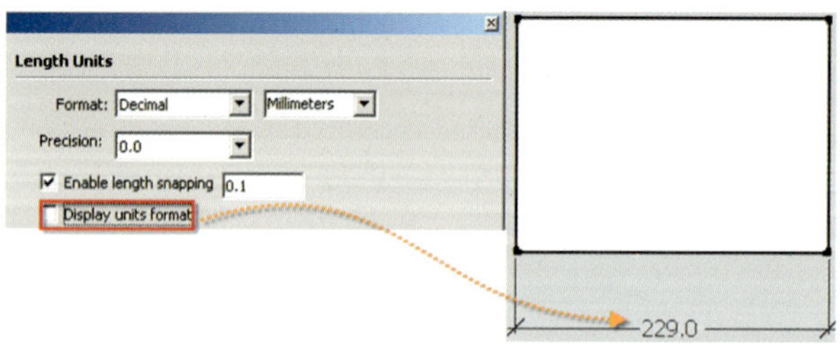

② 각도 단위 [Angle Units] : 각도의 단위를 설정합니다.

- 소수점 자릿수 [Precision] : 내림[▼] 버튼을 눌러 소수점의 자릿수를 조정합니다.
- 각도 스냅 사용[Enable length snapping] : 지정한 값에 의하여 길이마다 스냅이 잡히도록 합니다.

아래의 그림을 참고 하세요

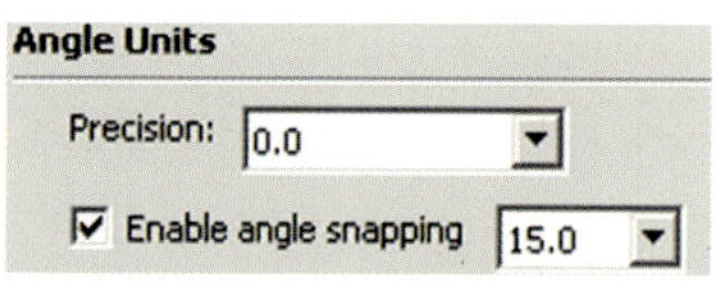

SketchUP Pro 8

선호사항[Preference] 설정

05] 선호사항[Preference] 설정

선호사항 설정이란 단어의 의미 그대로 스케치업 사용자가 선호하는 확장기능, 연계 응용프로그램 설정, 각종 파일의 경로, 단축키 설정, 템플릿 설정 등을 할 수 있습니다.

[1] 선호사항[Preference] 설정 기능 살펴보기

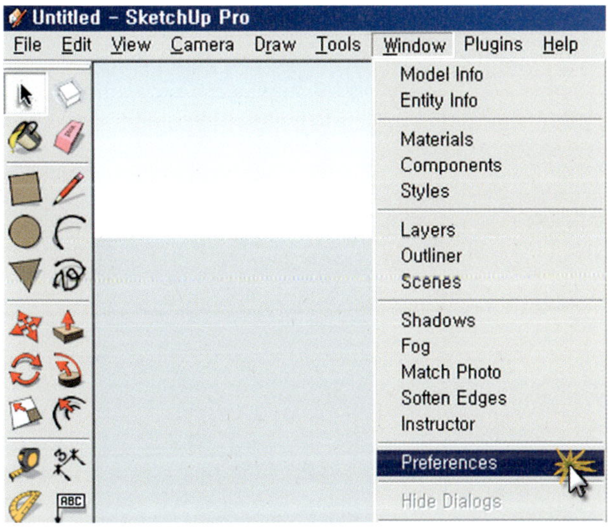

❶ 상단 메뉴바 ▸ Window ▸ 선호사항[Preferences]을 선택합니다.

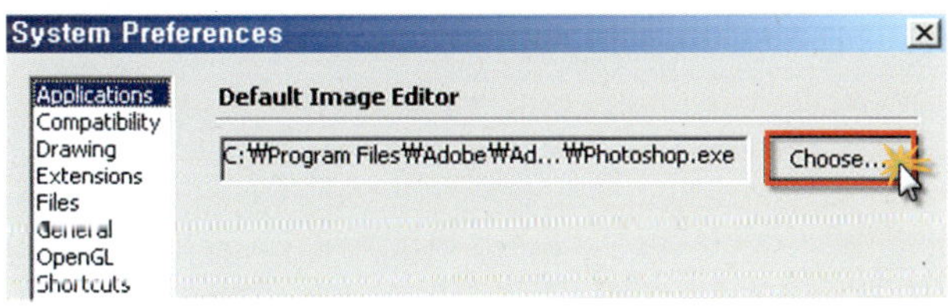

❷ 응용프로그램[Applications] 항목은 스케치업의 재질을 편집을 해주는 외부 프로그램을 등록시킬 수 있습니다. 보편적으로 재질 편집을 위하여 자주 활용되어지는 프로그램은 Adobe Photoshop 프로그램입니다. 선택[Choose] 버튼을 클릭합니다.

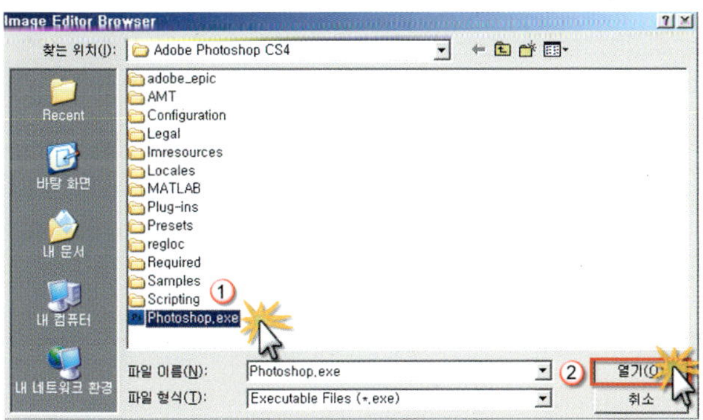

- 포토샵이 설치된 폴더로 찾아 들어가 [Photoshop.exe] 실행 파일을 선택 후 열기[Open]을 누르면 재질 편집을 위한 응용프로그램의 등록이 완료가 됩니다.

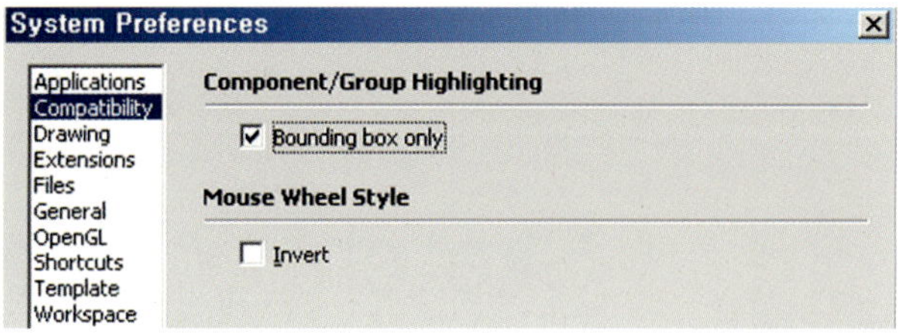

❸ 호환성[Compatibility] 항목에서는 컴포넌트/그룹 모델을 선택할 경우 나타나는 화면상 표현 방식과 화면의 축소 및 확대를 위하여 사용하는 마우스 휠의 돌림 방향을 설정합니다.

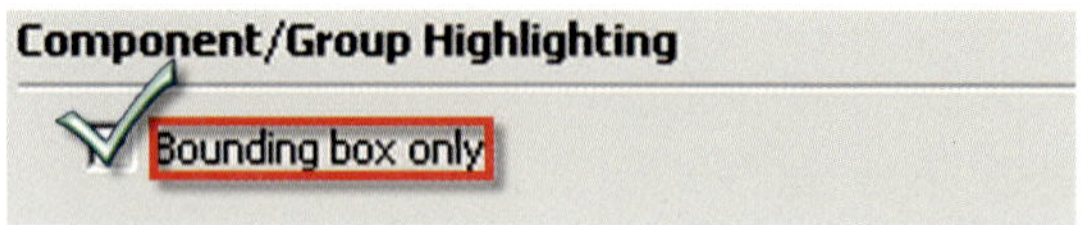

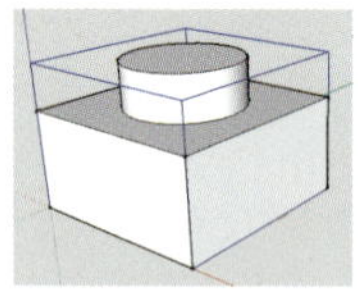
범위상자 체크

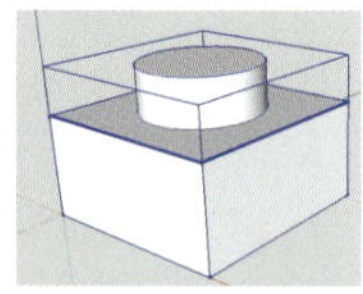
범위상자 미체크

- 범위 상자[Bounding box only]에 체크 후 컴포넌트 또는 그룹을 선택할 경우에는 모델의 경계선들은 선택 표시가 되지 않고 오로지 전체 범위만 표시됩니다.

- 마우스 휠의 방향을 제어합니다. 기본적으로 마우스 휠을 손 바깥쪽으로 돌려야 화면이 확대되지만 반전[Invert]를 체크하면 손 안쪽으로 돌려야 화면이 확대됩니다.

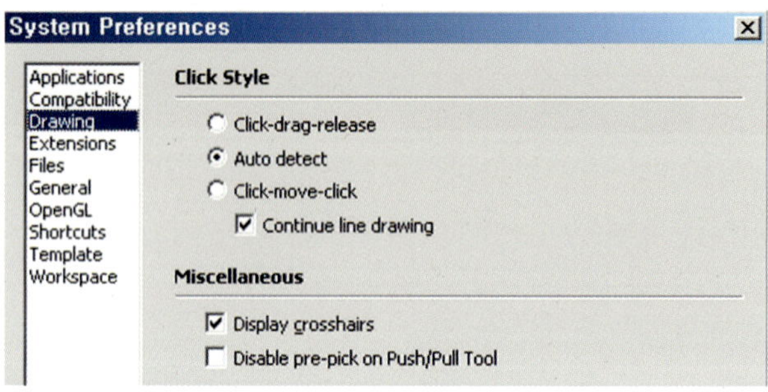

❹ 그리기[Drawing] 항목은 선[ ] 도구를 활용할 경우 클릭에 관한 형식을 설정합니다.

① 클릭 형식[Click Style]

- 클릭-끌어가기-놓기[Click-drag-release] : 시작점을 마우스 좌측 버튼으로 지정 후 계속 누른 채 마우스를 드래그[Drag]하여 다음점 위치에 두고 좌측버튼을 놓으면 선이 그려집니다. 상당히 불편한 형식입니다.
- 클릭-이동-클릭[Click-move-click] : 시작점과 다음점을 마우스로 이동하면 각각 지정하여 선을 작성합니다. 가장 일반적인 형식입니다.
- 자동탐지[Auto detect] : Click-drag-release와 Click-move-click 두 가지 형식을 모두 사용합니다.
- 선 그리기 계속[Continue line drawing] : 연속성을 가진 선을 작성합니다. 체크를 해제하면 선을 작성할 때마다 연속된 선의 작성일 경우라도 시작점을 각각 다시 지정해줘야 하는 번거러움이 있습니다.

② 기타[Miscellaneous] : 그리기의 부수적인 편리성을 도모합니다.

- 십자선 표시[Display crosshairs] : 그리기[ ] 도구 등을 활용하여 모델 작성시 십자축선이 도구와 함께 보입니다.

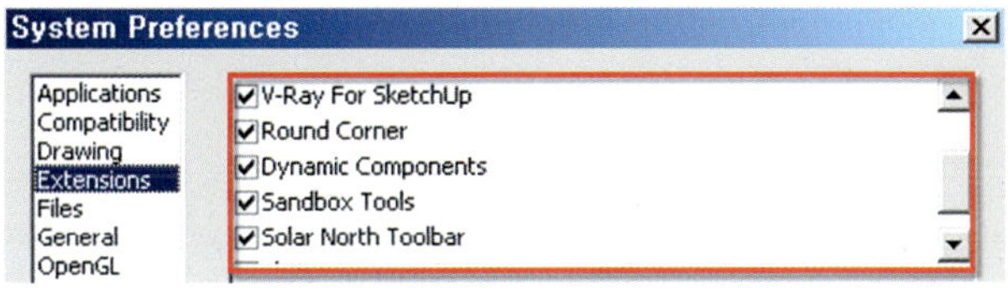

❺ 확장[Extensions] 항목은 기본 도구 외에 추가로 설치된 플러그인이나 고급기능들을 스케치업 메뉴로 불러오는 역할을 합니다. 예를 들어 우측의 모래상자[Sandbox]에 대한 체크 해제시 모래상자 도구는 스케치업 메뉴에서 불러 올 수 없습니다.

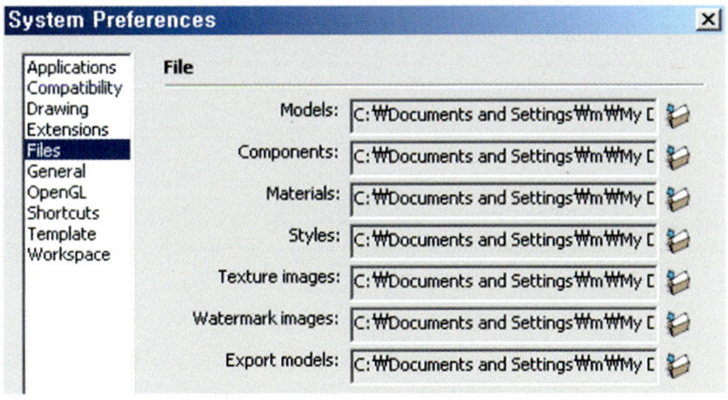

❻ 파일[File] 항목은 모델, 컴포넌트, 재질, 스타일, 재질 이미지 등의 경로를 설정합니다.

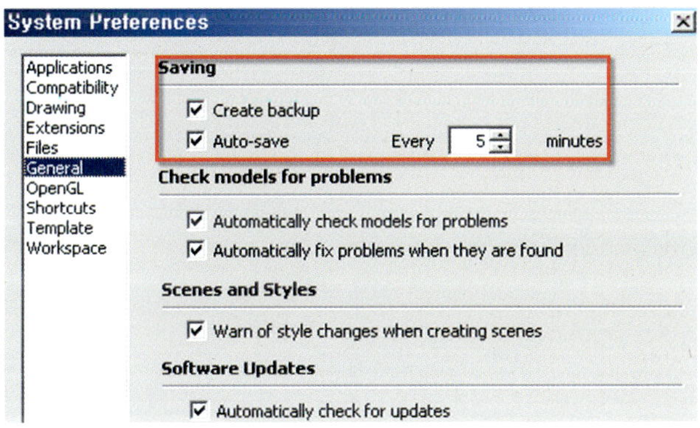

❼ 일반[General] 항목은 작업 과정 중에 발생하는 문제점들에 대하여 경고하고 예방하는 기능을 담고 있습니다.

- 저장[Saving] : 백업 파일을 작성할 수 있으며, 분단위의 자동저장시간을 설정합니다.
- 모델 문제점 체크[Check models of problems] : 모델의 문제점을 자동 체크합니다.
- 장면과 스타일[Scenes and Styles] : 장면과 스타일 변경시 경고합니다.
- Software Updates : 자동으로 소프트웨어를 체크하고 업데이트 합니다.

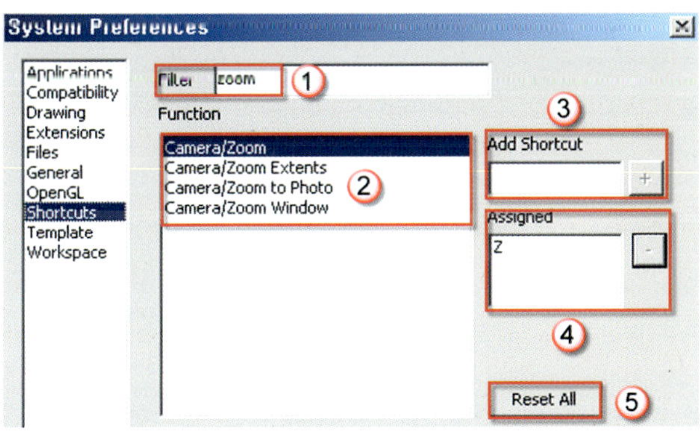

❽ 단축키[shortcuts] 항목에서는 사용자가 자주 활용하는 도구마다 임의의 단축키를 재설정할 수 있습니다.

- 필터[Filter] : 사용자가 찾고자 하는 도구의 명칭[예, zoom]을 입력합니다.
- 기능[Function] : Filter에서 입력한 명칭과 관련된 도구들이 리스트로 보입니다. 단축키를 재설정하고자하는 도구 명칭을 선택합니다.
- 바로가기 추가[Add shortcut] : 선택된 도구에 단축키를 재부여합니다. 단축키를 입력하면 우측 추가[+] 버튼이 활성화되며 + 버튼을 누르면 할당됨[Assigned] 창에 등록이 됩니다.
- 할당됨[Assigned] : 등록된 단축키는 우측 [-] 버튼을 눌러 제거할 수 있습니다.
- 모두 재설정[Reset All] : 모든 도구의 단축키를 변경전의 원래 값으로 되돌립니다.

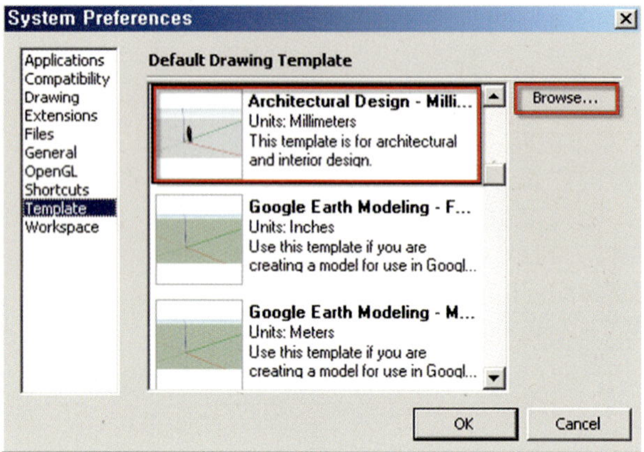

❾ 템플릿[Template]이란 전반적인 사용자 작업 환경을 의미합니다. 스케치업에는 미리 만들어진 기본 템플릿이 있으며 보편적으로 [Architectural Design - Millimeters]를 사용합니다.

- 탐색[Browse] : 사용자가 임의로 만들어 놓은 새로운 템플릿 등을 찾아 활용하도록 합니다.

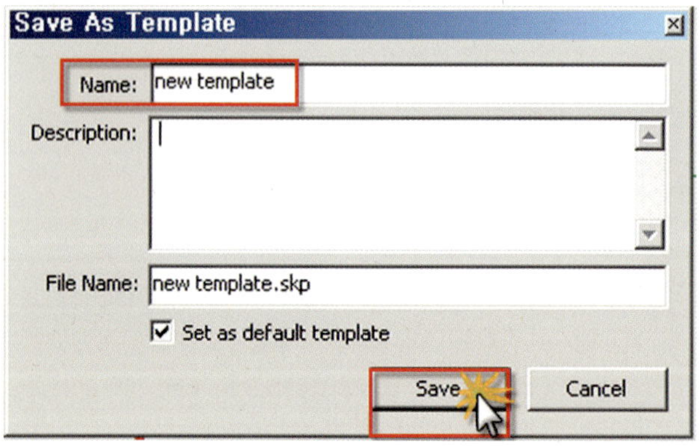

▼

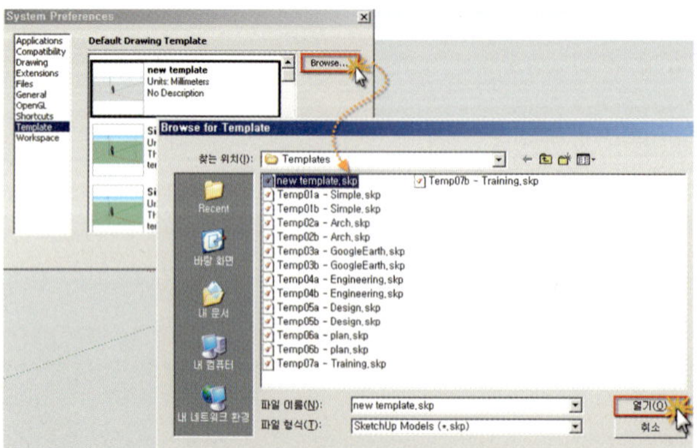

❿ 위의 그림과 같이 새로운 템플릿을 만들기 위해서는 [상단 메뉴바 ▸ 템플릿으로 저장하기 [Save as Template]]를 클릭하면 됩니다. 새롭게 만들어진 템플릿은 스케치업 폴더 내 Template 폴더에 저장되며 언제든지 탐색[Browse]하여 사용할 수 있습니다.

SketchUP Pro 8

루비[Ruby] 등록

01] 루비[Ruby] 등록

스케치업에서 루비 스크립트[Ruby script]은 단어 해석 그대로 보석과도 같습니다. 즉 스케치업의 기본 기능에서 날개를 달아 주는 것이며, 보다 난해한 모델 작성 과정을 편리하게 도와주는 유용한 외부 도구들입니다.

스케치업 사용자는 누구나 언제든지 작업 중 필요한 플러그인이나 루비 스크립트 등을 수많은 공유 사이트에서 다운받아 편리하게 활용할 수 있습니다.

[1] 루비[Ruby] 등록 따라하기

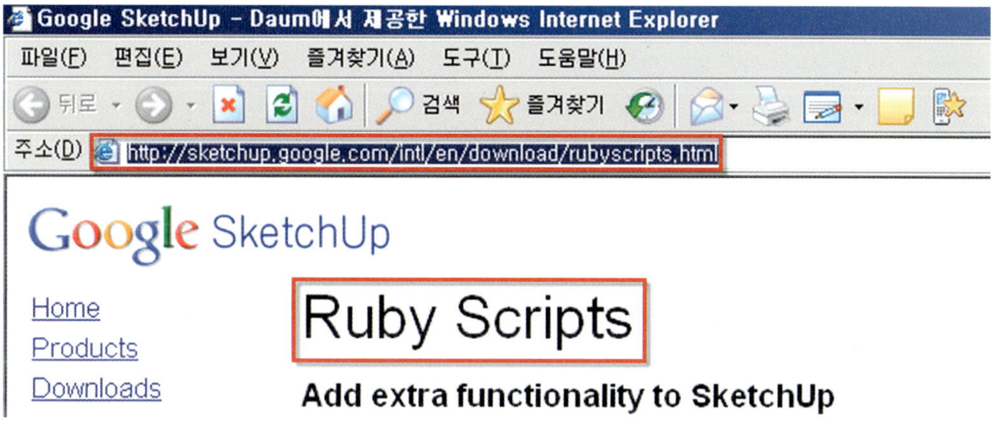

❶ [http://sketchup.google.com/intl/en/download/rubyscripts.html] 사이트에 접속합니다.

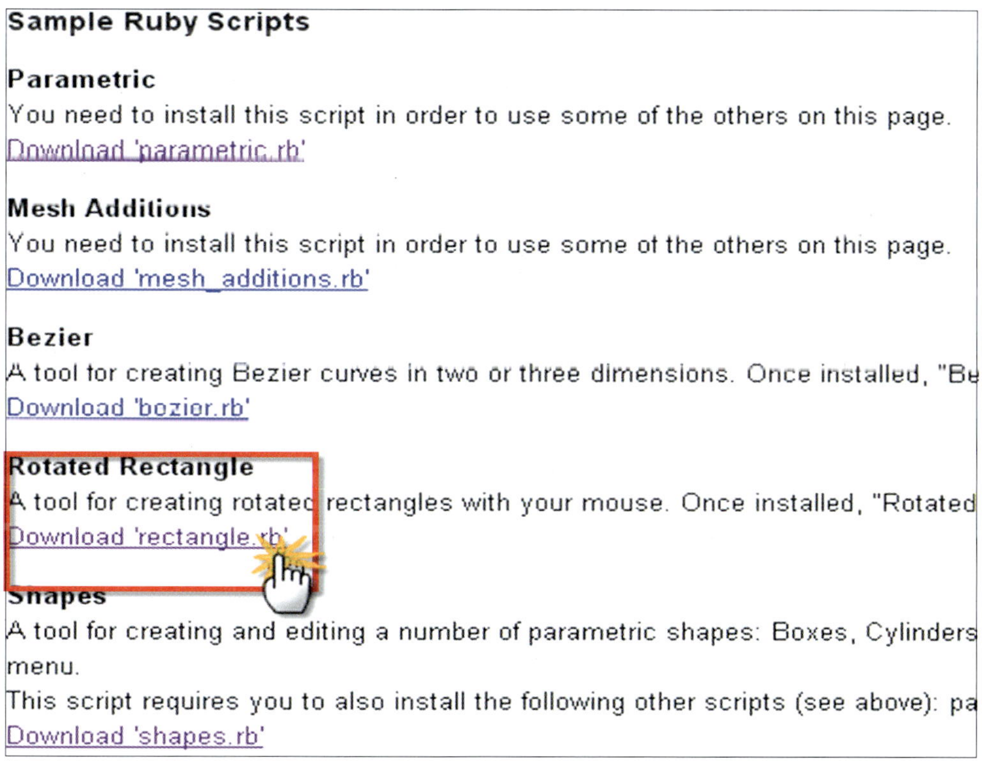

❷ 스크롤을 내려 루비 스크립트 샘플[Sample Ruby Scripts] 중에서 [Rotated Rectangle] 루비를 선택한 후 사용자가 원하는 폴더를 지정하여 다운받습니다.

❸ 다운받은 파일에 압축을 풀면 [rectangle 폴더 ▸ rectangle.rb] 파일이 존재합니다. [rectangle.rb]을 복사합니다.

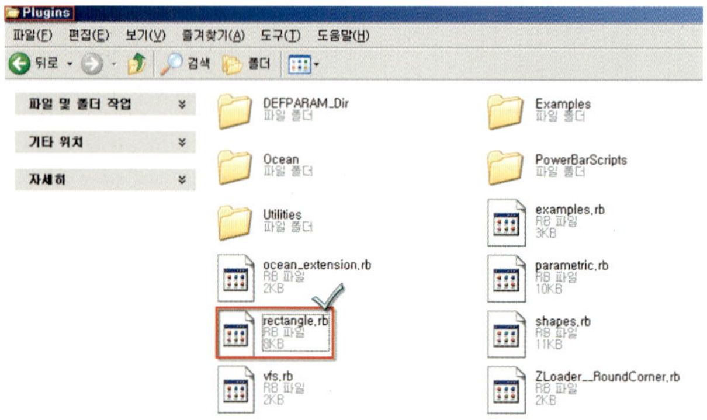

❹ 위의 그림에서와 같이 복사된 파일[rectangle.rb]을 [C:₩Program Files₩Google₩Google SketchUP 8₩Plugins] 폴더에 복사합니다.

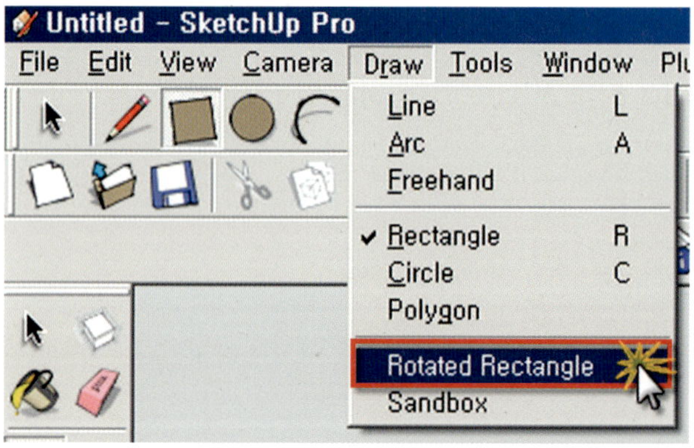

❺ 반드시 스케치업을 재실행해야 [상단 메뉴바 ▸ Draw ▸ Rotated Rectangle] 항목이 추가된 것이 확인됩니다.

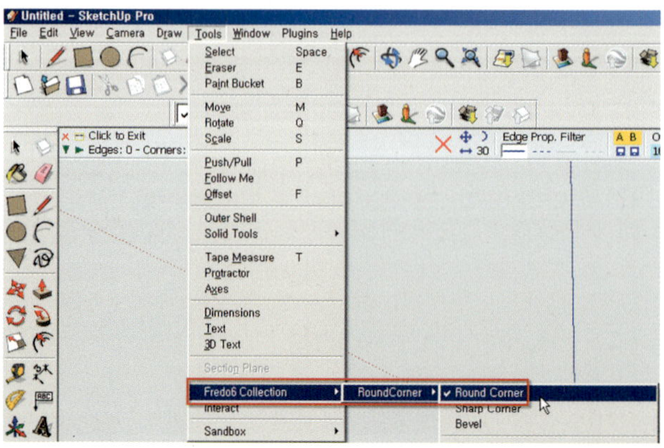

❻ 스케치업의 루비 스크립트는 루비[Ruby]의 특성에 따라 등록되는 메뉴의 위치와 도구상자가 다를 수 있습니다. 위의 그림은 필자가 설치한 [Round Corner]라는 루비[Ruby] 메뉴의 위치입니다.

[POINT UP] SketchUP Pro 8

P. A. R. T 5

스케치업을 위한 V-ray 학습

SketchUP Pro 8

V-ray Plug-in 설치

01] V-ray Plug-in 설치

스케치업 프로 8.0부터는 V-ray 1.49.01 버전이 새로 출시되어 기존 보다 향상된 실사 이미지를 구현할 수 있습니다.

[1] V-ray Plug-in 설치 따라하기

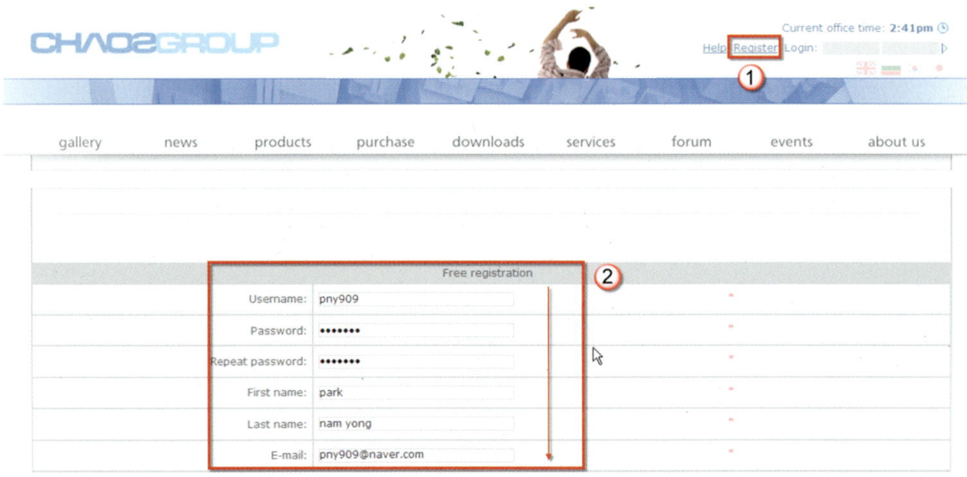

❶ [http://www.chaosgroup.com] 홈페이지에 방문하여 회원가입[Register]버튼을 클릭합니다. 회원가입에 필요한 내용들을 빠짐없이 입력합니다. 특히 사용자의 E-mail 주소는 정확하게 입력하여야 합니다.

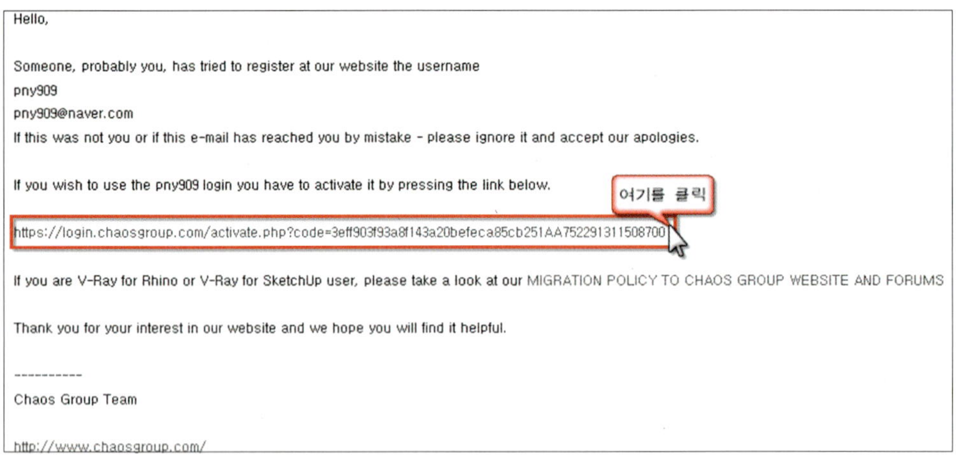

Hello,

Someone, probably you, has tried to register at our website the username
pny909
pny909@naver.com
If this was not you or if this e-mail has reached you by mistake - please ignore it and accept our apologies.

If you wish to use the pny909 login you have to activate it by pressing the link below.

https://login.chaosgroup.com/activate.php?code=3eff903f93a8f143a20befeca85cb251AA752291311508700

If you are V-Ray for Rhino or V-Ray for SketchUp user, please take a look at our MIGRATION POLICY TO CHAOS GROUP WEBSITE AND FORUMS

Thank you for your interest in our website and we hope you will find it helpful.

Chaos Group Team

http://www.chaosgroup.com/

❷ E-mail을 확인합니다. E-mail 내용 중 위의 그림과 동일한 로그인 관련 주소가 보여지면 해당 주소를 클릭합니다.

❸ 로그인[Login]란에 사용자의 아이디와 비밀번호를 입력한 후 키보드의 [Enter]를 누릅니다.

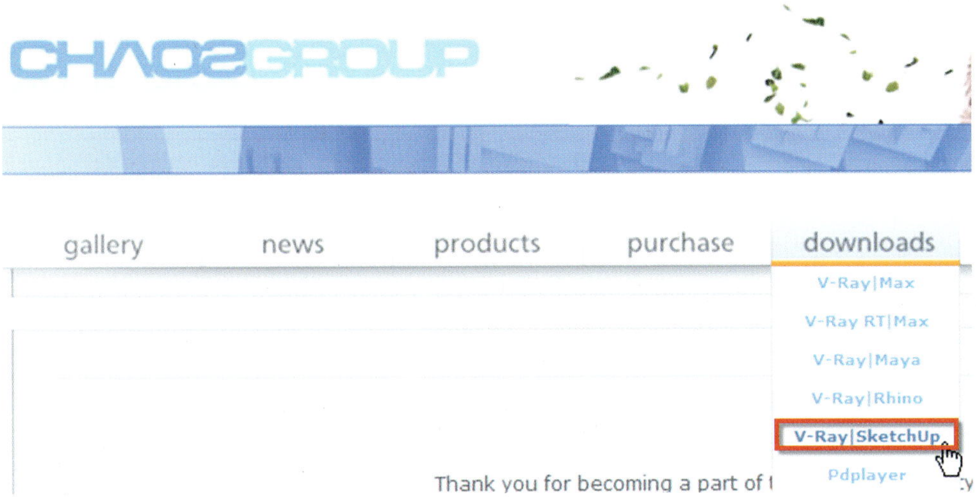

❹ [Downloads] 상단 메뉴 중 [V-Ray sketchUP] 항목을 클릭합니다.

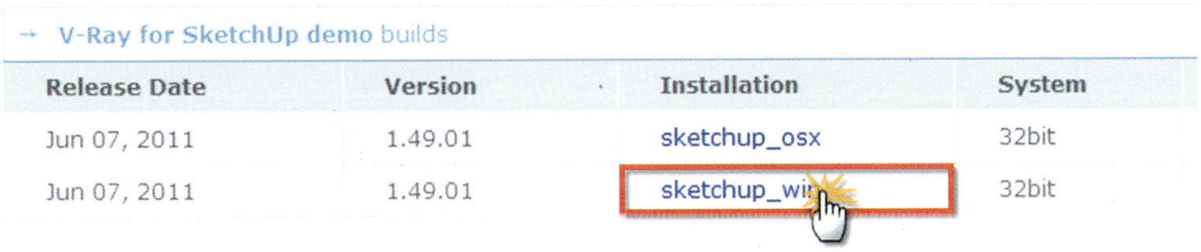

❺ 사용자 컴퓨터 시스템에 맞는 최신 날짜의 스케치업 버전[1.49.01 sketchup_win]을 선택합니다.

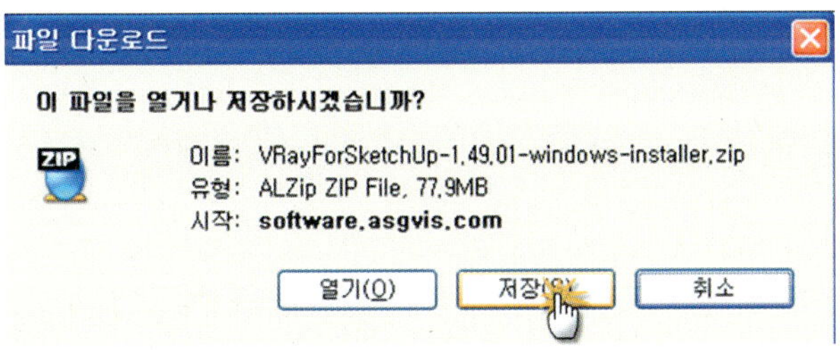

❻ 저장 버튼을 눌러 압축된 스케치업 브이레이 파일을 다운 받습니다.

❼ 다운 받은 경로를 찾아 들어가 압축을 해제한 후 브이레이 설치 파일[]을 더블 클릭하여 설치를 시작합니다.

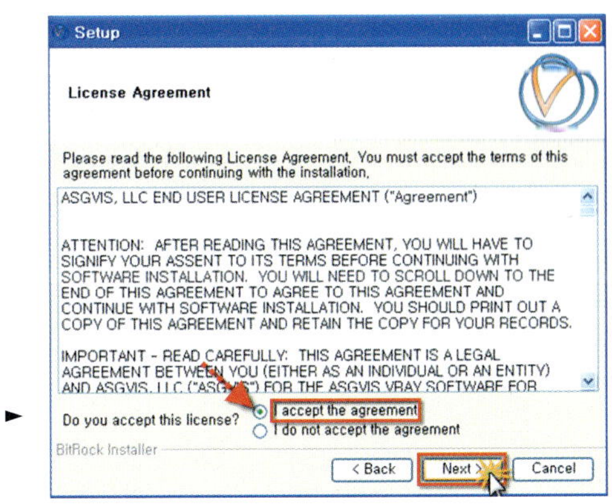

❽ Setup 창이 뜨면 다음[Next] 버튼을 클릭 후 동의함[Accept the agrement]을 체크하고 Next 버튼을 클릭합니다.

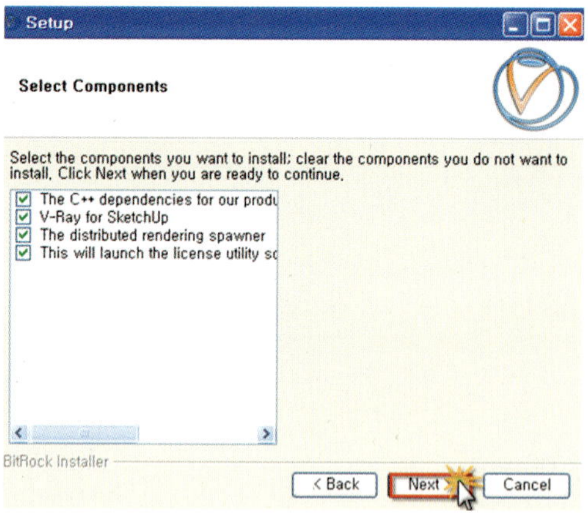

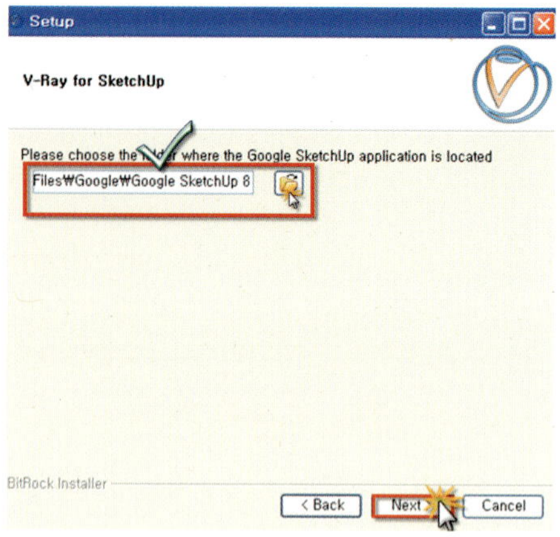

❾ 우측의 그림처럼 사용자는 반드시 V-ray를 Plug-in으로 등록 하고자하는 특정 스케치업 버전 [SketchUp 8.0]의 폴더를 지정 후 Next 버튼을 누릅니다.

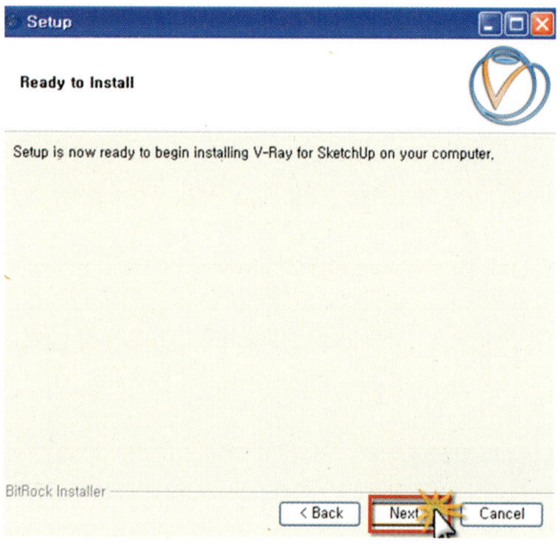

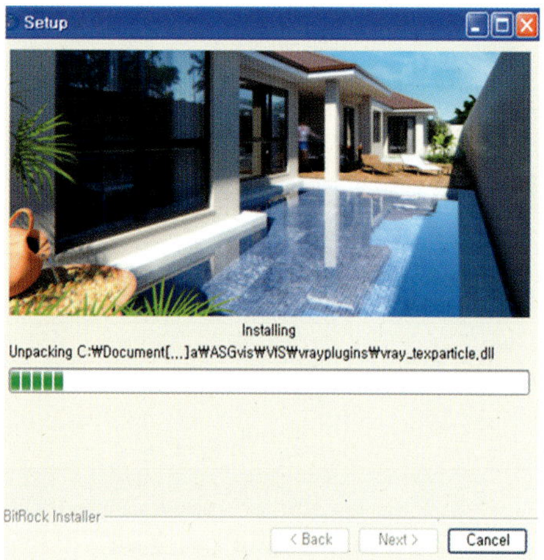

❿ 인스톨 준비[Ready to Install]창이 뜨면 [Next] 버튼을 클릭하여 인스톨을 진행합니다.

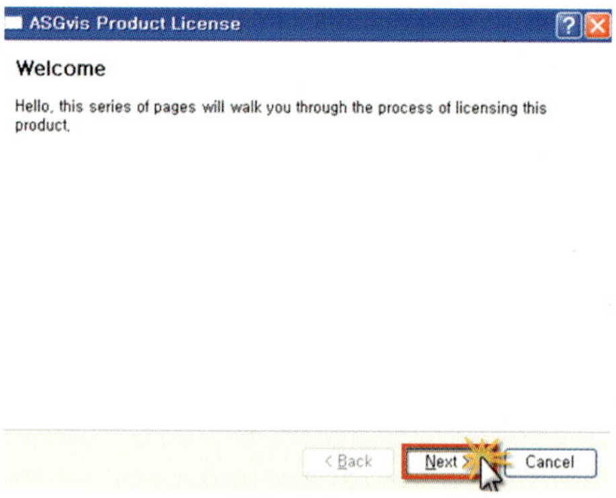

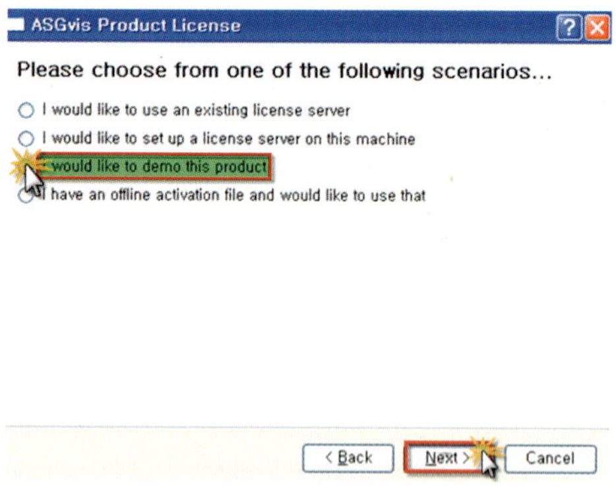

⓫ 데모 버젼 사용하기를 원함 [I would like to demo this product] 항목을 체크 후 [Next] 버튼을 클릭합니다.

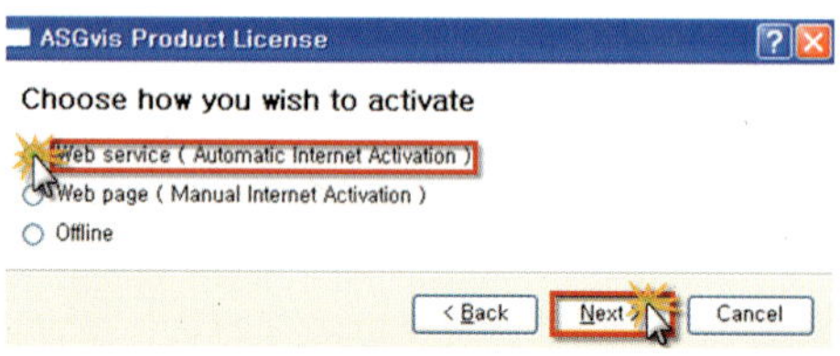

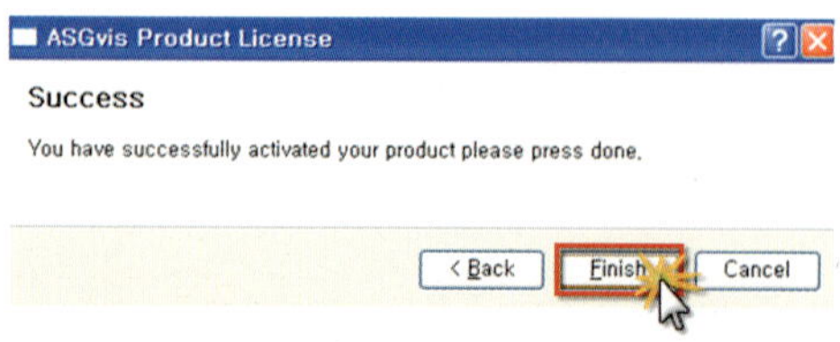

⓬ [Web sevice]항목을 체크 후 [Next] 버튼을 클릭하고 마침 [Finish] 버튼을 클릭합니다.

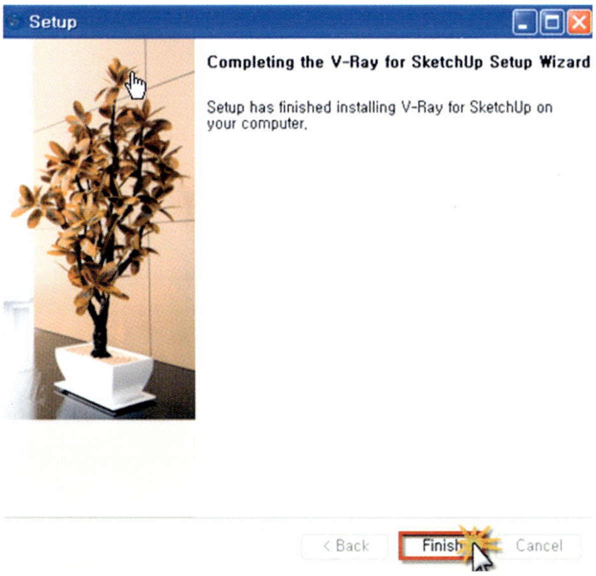

⓭ [Finish] 버튼을 눌러 V-ray의 설치를 완료합니다.

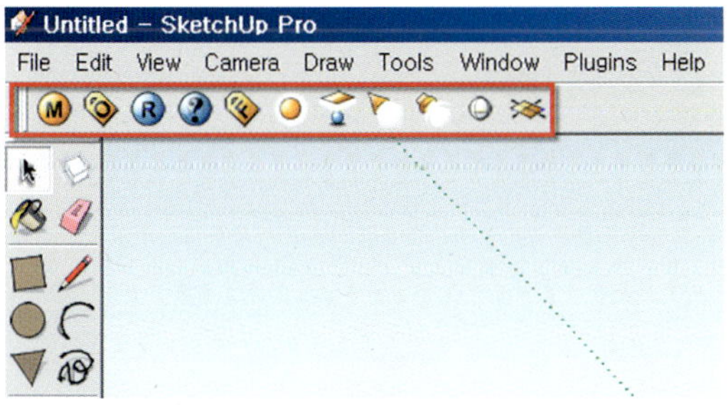

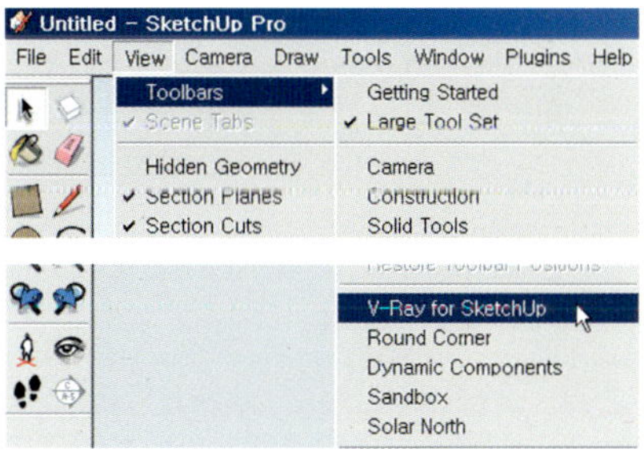

⓮ 스케치업 화면에 V-ray 도구상자가 추가됩니다. 만일 V-ray 도구상자가 보이지 않는다면 [상단 메뉴바 ▸ View ▸ Toolbars ▸ V-Ray for SketchUP]을 클릭하면 됩니다.

⓯ V-Ray 도구상자의 구성요소에 대하여 알아보겠습니다.

① [메터리얼 편집기] : 재질 값을 재설정하여 보다 실제적인 재질 표현을 합니다.
② [옵션] : 렌더링 등에 관련된 브이레이 옵션을 설정합니다.
③ [렌더] : 렌더링을 실행합니다.
④ [도움말] : 브이레이에 대한 도움말을 제공합니다.
⑤ [프레임 버퍼] : 마지막으로 렌더링된 이미지를 다시 보여줍니다.
⑥ [옴니 라이트] : 전반 조명을 생성합니다. 백열구 또는 태양과 유사한 의미의 빛입니다.
⑦ [사각 라이트] : 사각형 형태의 면에서 뿜어져 나오는 빛을 생성합니다.
⑧ [스팟 라이트] : 특정 영역을 집중적으로 빛을 모냅니다.
⑨ [Ies 라이트] : Ies 파일을 이용한 다양한 형식의 분위기 있는 빛을 생성합니다.
⑩ [원구] : 원형의 구를 만듭니다.
⑪ [평면] : 크기의 상관없이 해당 아이콘을 활용하여 사각형을 작성하면 무한 평면이 표현됩니다.

01] 반사[Reflection] 재질

[Reflection]이란 반사를 의미합니다. 반사효과는 주로 거울, 금속, 유리와 같은 재질에서 많이 사용되어집니다.

[1] 반사[Reflection] 재질 표현 따라하기

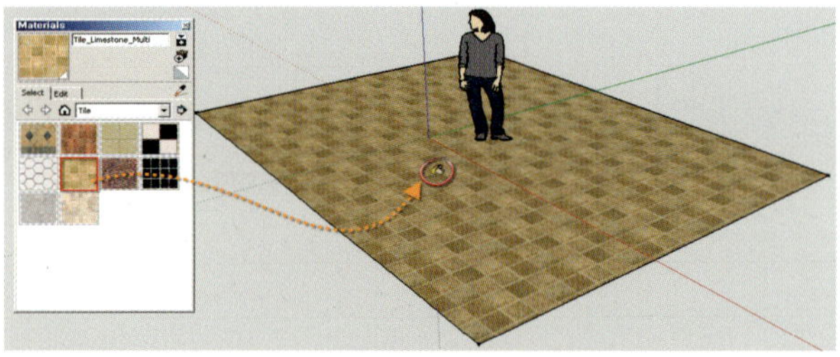

❶ 스케치업 시작시 항상 보여지는 배경 사람 모델 밑으로 사각형[Rectangle] 도구를 활용하여 면을 만듭니다. 페인트 통[Paint Bucket] 도구를 활용하여 위의 그림과 동일한 재질[Tile_Limestone_Multi]을 부여합니다.

❷ V-ray 도구상자에서 재질편집[Material Editor] 버튼을 눌러 편집창을 엽니다.

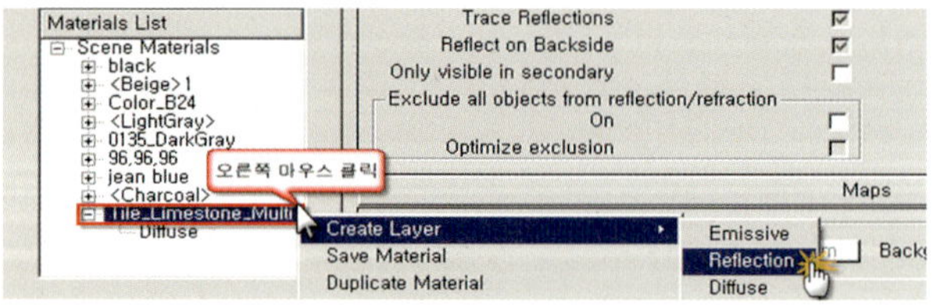

❸ 재질 리스트에서 해당 재질[Tile_Limestone_Multi]의 명칭을 선택 후 마우스 우측 버튼을 클릭합니다. [Create Layer ▸ Reflection]을 선택합니다.

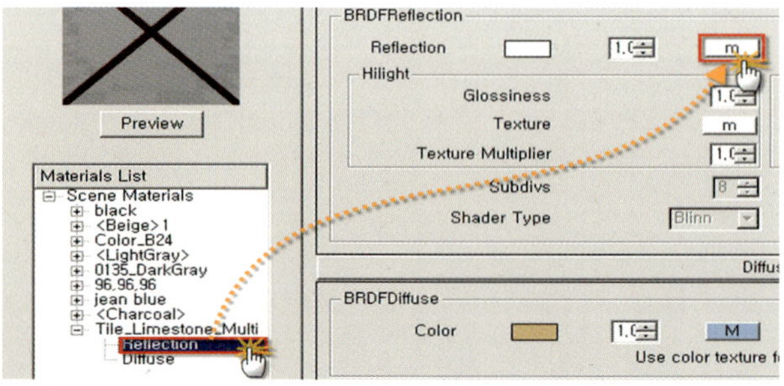

❹ 재질 리스트에 생성된 [Reflection] 항목을 클릭하면 우측 상단에 반사[Reflection] 세부 옵션창이 나타납니다. 세부 옵션 중 [m] 버튼을 클릭합니다.

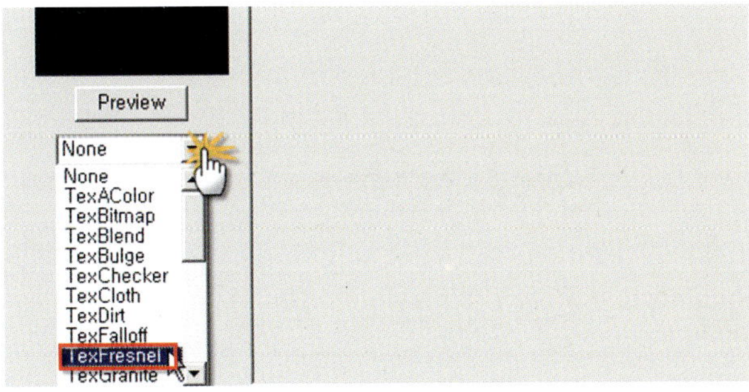

❺ 오픈된 재질 편집창[Texture Editor]의 좌측 내림 버튼[ ]을 클릭한 후 [TexFresnel]을 선택한 다음 편집창 하단의 확인[OK] 버튼을 클릭합니다.

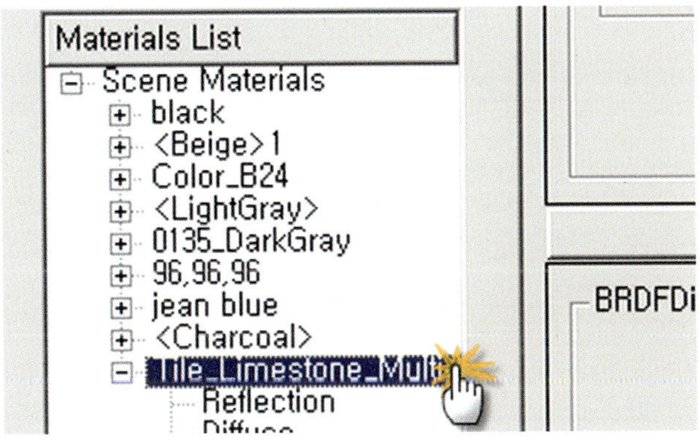

❻ 재질 편집창[Materials Editors] 좌측 리스트에서 [Tile_Limestone_Multi]를 클릭합니다.

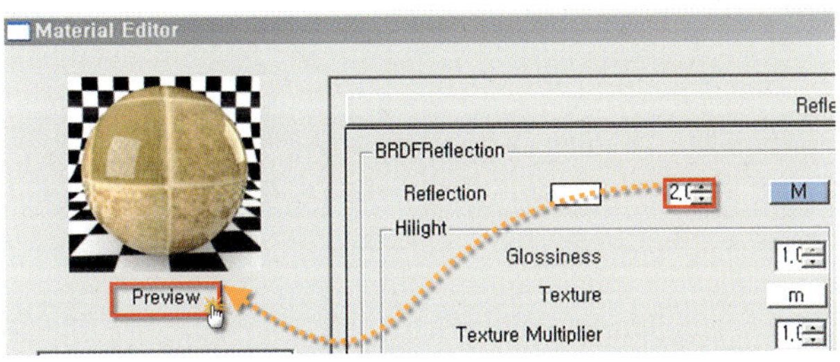

❼ 위의 그림과 동일하게 반사[Reflection]의 증폭값을 [2.0]으로 조정 후 미리보기[Preview]를 클릭합니다. 설정 값에 의한 재질의 변화를 미리 볼 수 있습니다. 증폭 값을 증가시킬수록 반사율은 커집니다.

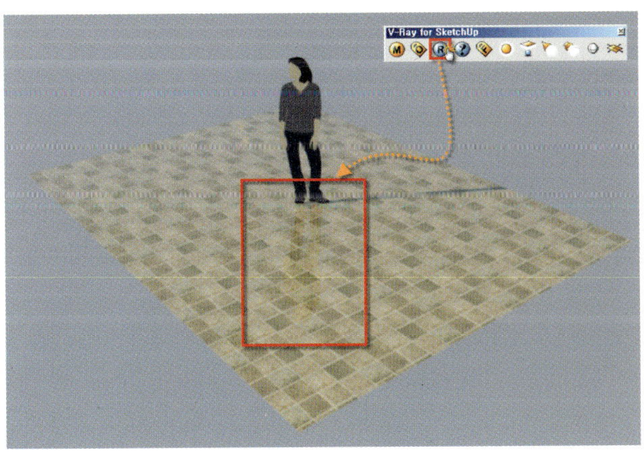

❽ V-ray 도구 상자의 실행[Render] 버튼을 눌러 렌더링을 합니다. 위의 그림과 동일하게 재질 위로 사람의 이미지가 반사 되게 됩니다.

02] 유리[Glass] 재질

유리 재질에는 완전 투명, 반투명, 흐린[Frost] 유리 재질로 크게 분류가 됩니다.

[1] 투명 유리[Clear Glass] 표현 따라하기

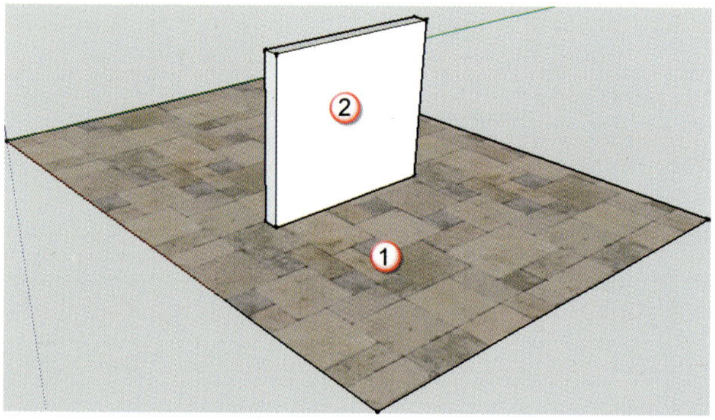

❶ 투명 유리 재질을 학습하기 위하여 위의 유사한 모델을 작성하고 재질을 부여합니다. ①번과 ②번 모델은 각각의 그룹으로 만든 후 ②번 그룹을 선택합니다.

❷ V-ray 도구상자에서 재질편집[Material Editor] 버튼을 눌러 편집창을 엽니다.

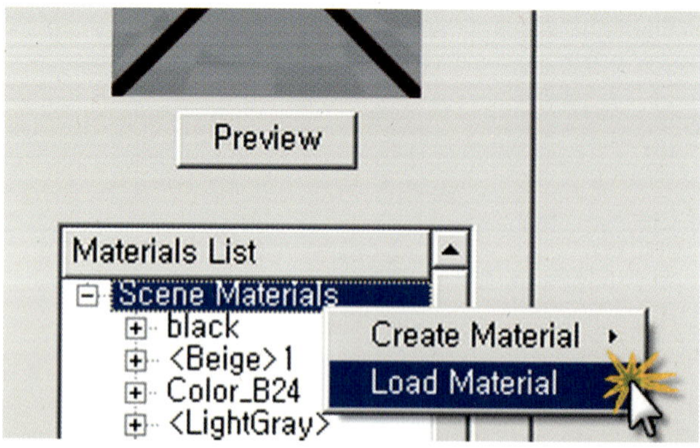

❸ 재질 리스트 상단의 [Scene Materials]를 선택하고 마우스 우측버튼을 눌러 재질 불러오기[Load Material]를 선택합니다. 유리 질감과 같이 자주 사용되어지는 재질은 V-ray Materials에 기본적으로 만들어져 있으며 사용자는 이를 불러내어 편리하게 활용할 수 있습니다. 미리 만들어진 V-ray Materials을 [vismat]이라고 합니다.

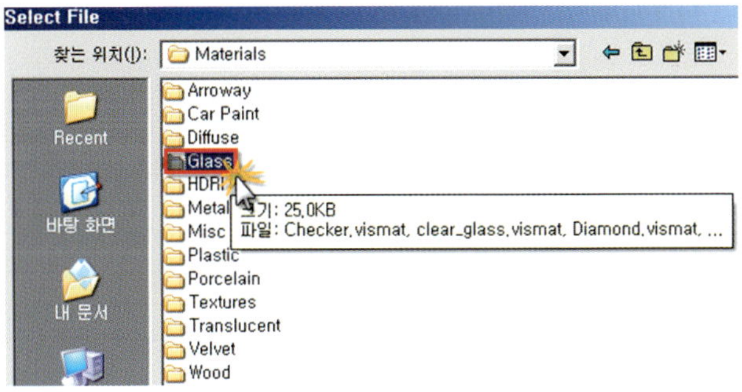

❹ 스케치업 [Materials] 폴더 내부에 자주 사용되어지는 재질별 [vismat] 폴더가 보여집니다. [Glass] 폴더를 찾아 더블 클릭합니다.

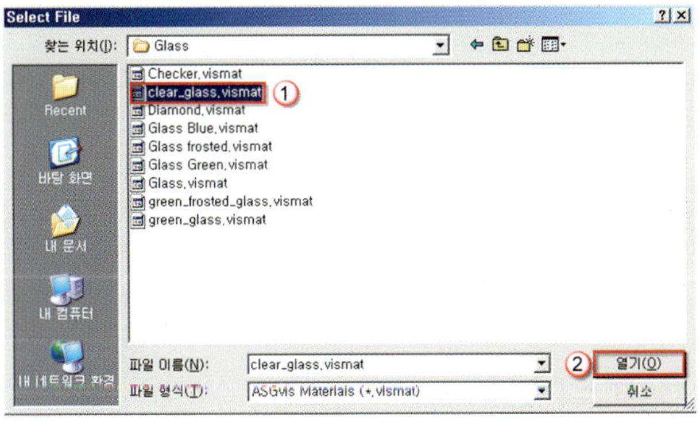

❺ [Clear Glass.vismat]을 선택한 후 열기[Open] 버튼을 클릭합니다.

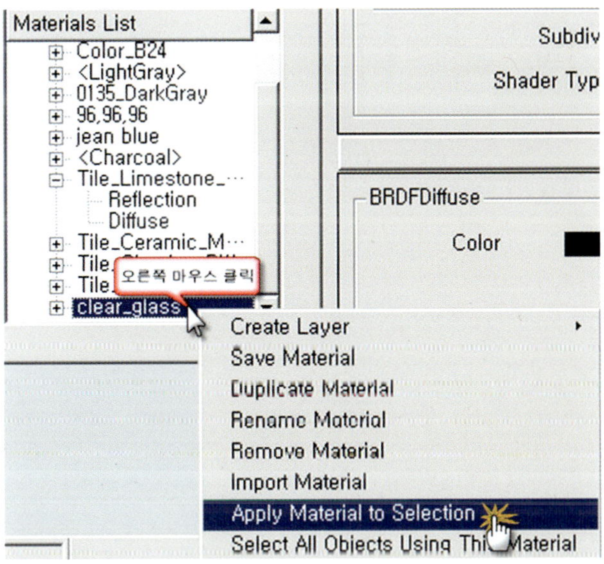

❻ 재질 편집창 좌측의 재질 리스트에서 방금 불러온 [clear_glass]를 선택 후 마우스 우측버튼을 클릭합니다. 확상 메뉴가 나타나면 선택한 객체에 해당 V-ray 재질을 적용하기 위하여 선택물에 재질 적용[Apply Material to Selection 항목]을 선택합니다.
반드시 미리 재질을 적용시킬 객체가 선택이 되어있어야 합니다.

❼ V-ray 도구상자에서 렌더링 실행 버튼을 클릭합니다.

❽ 위의 그림과 같이 렌더링 창에는 맑고 투명한 유리재질이 표현됩니다.

[2] 반투명 유리 표현 따라하기

❶ V-ray 도구상자에서 재질편집[Material Editor (M)] 버튼을 눌러 편집창을 엽니다.

❷ 재질 편집창에서 [clear_glass] 재질을 선택합니다.

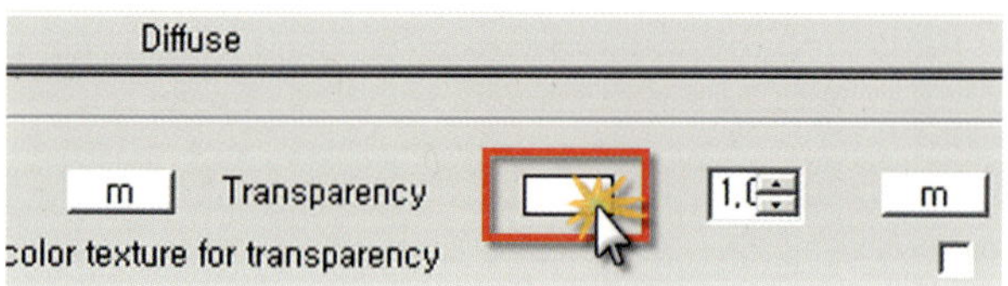

❸ 우측 Diffuse 세부 옵션 창에서 투명도[Transparency] 우측의 color 상자를 클릭합니다.

❹ 색상 선택 대화상자가 나타나면 우측 흑백 조절[◀]바를 당겨 내려 중간 위치로 조정합니다. 재질의 투명도는 검정색과 흰색의 농도비에 의하여 조절되며, 다른 컬러 색상과는 무관합니다.

❺ V-ray 도구상자에서 렌더링 실행 버튼을 클릭합니다.

❻ 처음과 다른 반투명한 재질의 유리로 변화되었습니다.

[3] 흐린[Frost] 유리 표현 따라하기

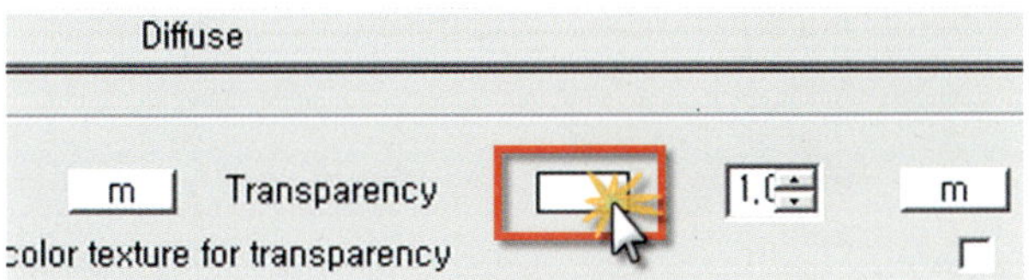

❶ 재질 편집창 좌측의 재질 리스트에서 [clear_glass]를 다시 선택 후 Diffuse의 [Transparency 색상]을 흰색[완전 투명]으로 변경합니다.

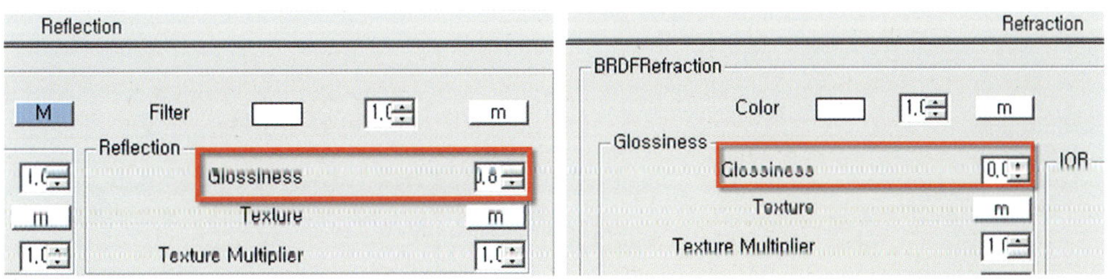

❷ 우측 반사[Reflection] 세부 옵션 창에서 반사[Reflection]의 광택[Glossiness] 값을 0.8로 조정합니다. 즉 반사 광택을 낮추는 것입니다. Refraction 세부 옵션 창에서 굴절[Refraction]의 광택[Glossiness] 값을 [0.8]로 조정합니다.

❸ 렌더링 결과 마치 모래로 유리의 표면을 거칠게 만든 것처럼 흐린[Frost] 유리가 완성이 됩니다.

04] 방사[Emissive] 재질

방사[Emissive] 재질을 다르게 표현하면 형광재질이라고도 합니다. 즉 스스로 빛을 방사하여 어둔 곳에서도 재질을 드러낼 수 있습니다. 방사 재질을 활용하여 실내 인테리어 간접 조명효과로도 활용할 수 있습니다.

[1] 방사[Emissive] 재질 표현 따라하기

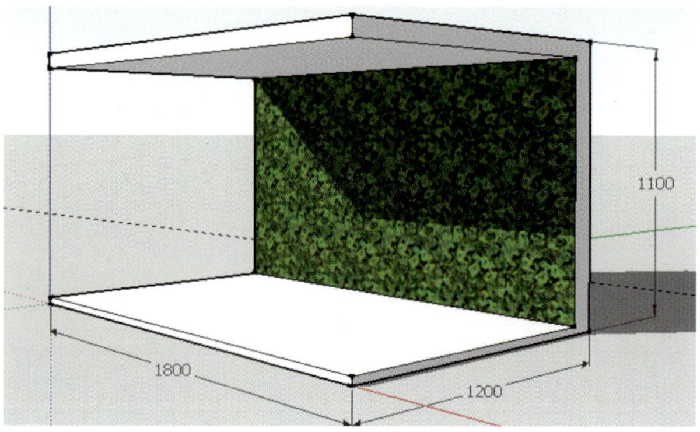

❶ 위의 주어진 치수에 맞춰 [ㄷ]자형의 모델을 작성합니다. 수직의 벽면에는 [Vegetation_Blur7] 재질을 부여합니다.

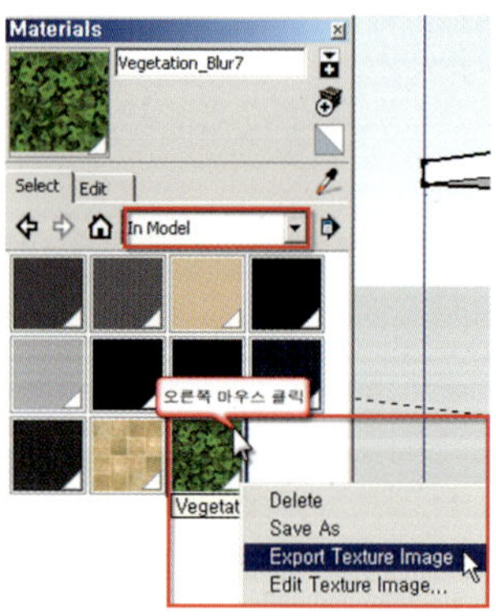

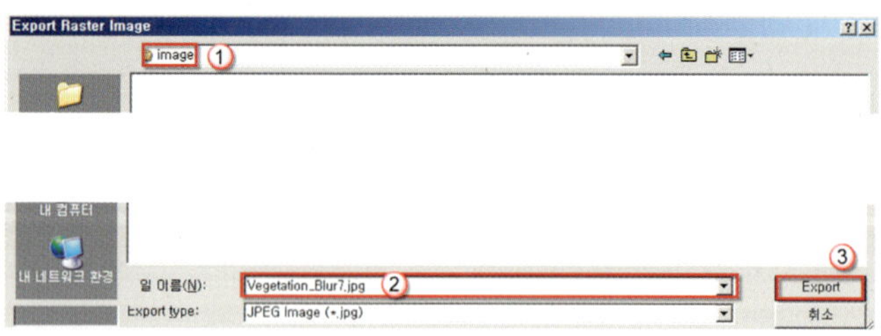

❷ 스케치업 재질부여창의 모델에서[In Model]의 [Vegetation_Blur7] 재질을 선택하고 마우스 우측 버튼을 눌러 확장메뉴를 불러냅니다. 재질 이미지 내보내기[Export Texture Image]를 선택하여 사용자가 원하는 폴더 내에 저장해 둡니다.

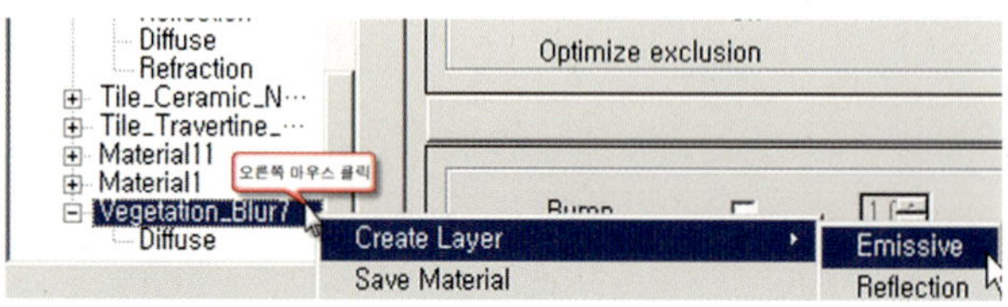

❸ 재질 리스트에서 해당 재질[Vegetation_Blur7]의 명칭을 선택 후 마우스 우측 버튼을 클릭합니다. [Create Layer ▸ Emissive]를 선택합니다.

❹ Emissive 세부 옵션 설정 창에서 Color 항목의 [m] 버튼을 클릭합니다.

❺ 오픈된 재질 편집창[Texture Editor]의 좌측 내림 버튼[▼]을 클릭한 후 [TexBitmap]을 선택합니다.

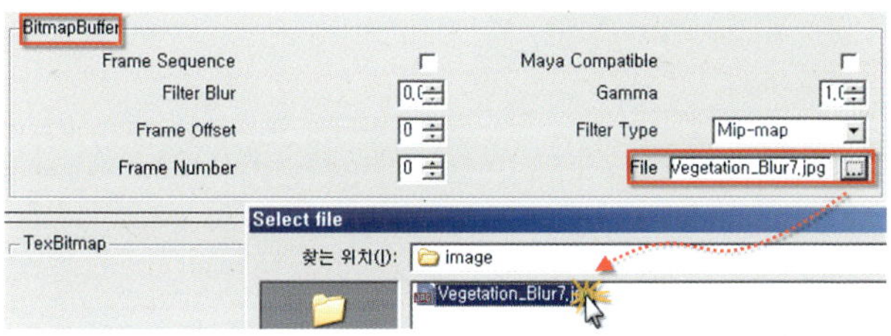

❻ 우측 옵션 항목 중 BitmapBuffer 항목의 File 찾기[...] 버튼을 눌러 사용자가 저장해 둔 재질의 이미지[Vegetation_Blur7]를 선택하여 등록합니다. 확인[OK]를 눌러 재질 편집창의 시작화면으로 전환합니다.

❼ 방사 색상[Emissive Color]의 증폭 값을 [5.0]으로 올립니다. 값이 크면 더욱 빛과 색상을 많이 방사합니다.

❽ V-ray 도구 상자에서 옵션 설정[Options] 버튼을 선택합니다.

SketchUP

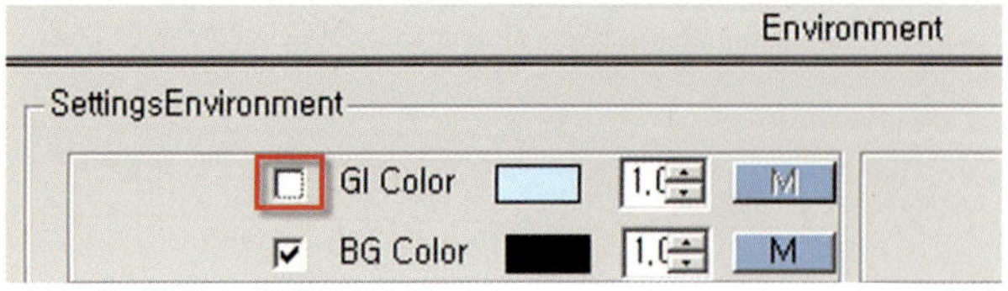

❾ V-ray 옵션 설정창에서 환경[Environment] 항목의 GI[하늘 빛] Color의 체크를 해제합니다. 체크를 해제하면 작성 모델로 향하는 모든 하늘 빛은 없어지고 모델을 어둡게 보입니다. 우측의 수치값에 따라 하늘빛의 세기가 달라집니다. 방사[Emissive] 효과를 명확히 확인하기 위하여 체크를 해제합니다.

❿ V-ray 도구상자에서 렌더링 실행 버튼을 클릭합니다.

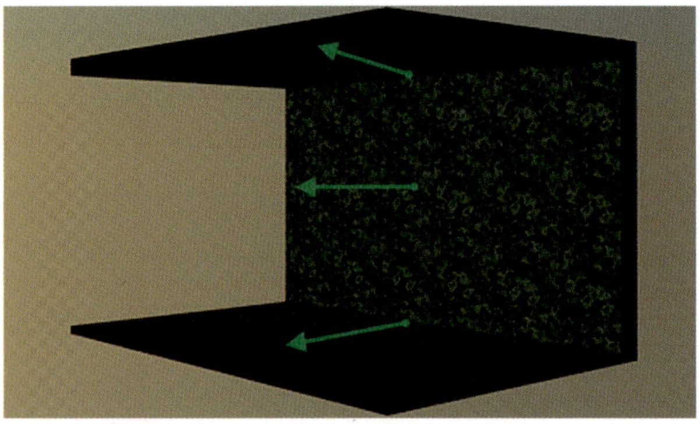

⓫ 해당 재질의 색상이 방사되어 주변에 영향을 주는 것이 확인 됩니다. 방사 색상[Emissive Color]의 증폭 값을 [5.0]에서 [10.0]으로 더 올리면 더욱 확연하게 확인 할 수 있습니다.

⓬ 방사[Emissive] 재질을 활용하면 모니터 화면, TV 화면, 핸드폰 액정화면 등의 표현을 다양하게 할 수 있습니다.

SketchUP Pro 8

거친[Bump] 재질

05] 거친[Bump] 재질

범프[Bump] 재질이란 재질의 밝고[흰색] 어두운[검정색] 색상을 이용하여 표면이 거친 질감을 표현할 때 많이 사용됩니나. 대표적인 예로는 암석, 벽돌, 천[Fabric], 목재 등의 질감 표현에 활용됩니다.

보다 정확하고 실제적인 범프 재질 표현을 위해서는 [Adobe Photoshop]의 도움이 필요합니다. 아래의 순서를 참고하여 학습해 봅니다.

[1] 거친[Bump] 재질 표현 따라하기

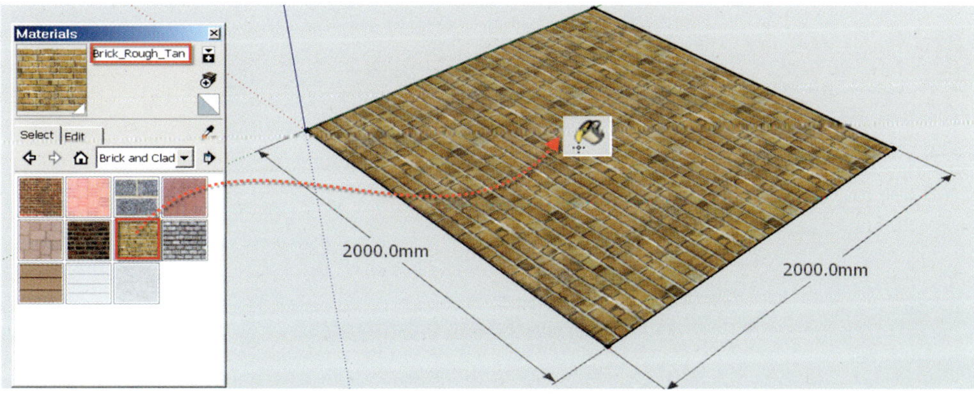

❶ [가로 및 세로 2000]의 사각면을 작성한 후 [Brick_Rough_Tan] 재질을 부여합니다.

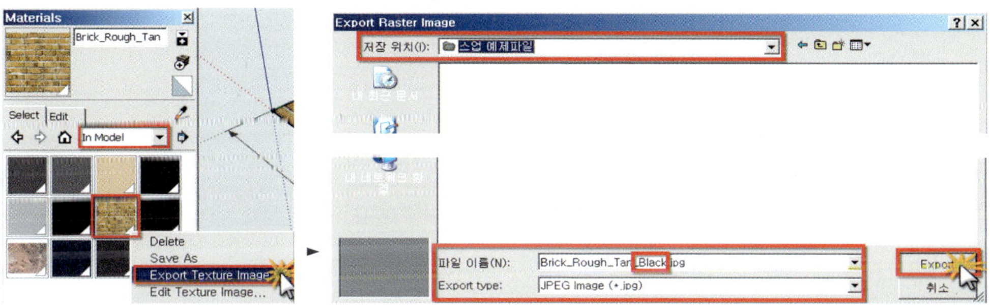

❷ 스케치업 재질창이 모델에서[In Model]를 선택한 후 모델에 적용한 [Brick_Rough_Tan] 재질을 선택하여 이미지 내보내기를 합니다. 내보내기 할 파일 이름은 [Brick_Rough_Tan_Black]으로 합니다.

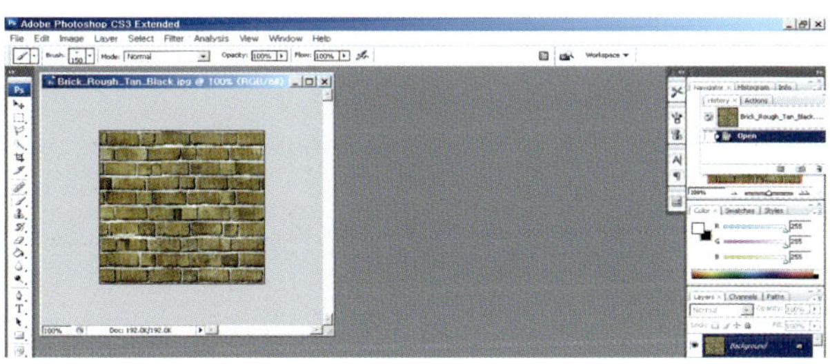

❸ Adobe Photoshop에서 내보낸 [Brick_Rough_Tan_Black] 재질을 불러옵니다.

SketchUP

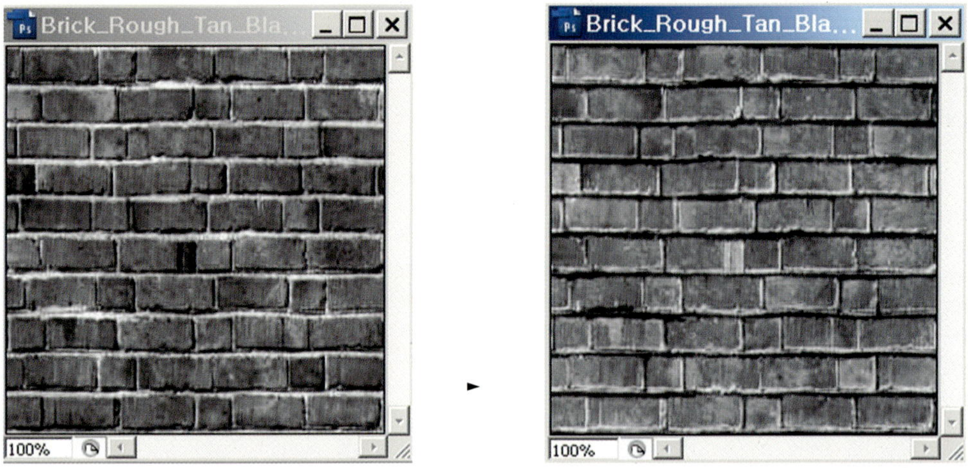

❹ 키보드에서 [Ctrl+Shift+U]를 눌러 해당 무채색으로 해당 이미지를 변경한 후 [Ctrl+I]를 눌러 밝고 어두운 부분을 반전 시킵니다. 벽돌과 벽돌사이의 줄눈이 현재 가장 밝기에 이를 어둡게 처리하여 내려앉게 하기 위함입니다. 즉 범프[Bump] 재질 표현에서 가장 어두운 무채색은 돌출되고 밝은 부분은 내려앉게 되는 원리입니다.

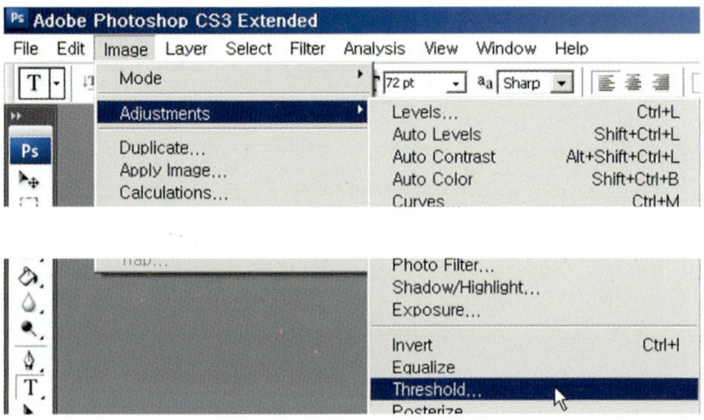

❺ [상단 메뉴바 ▸ Image ▸ Adjustments ▸ Threshold]를 선택합니다.

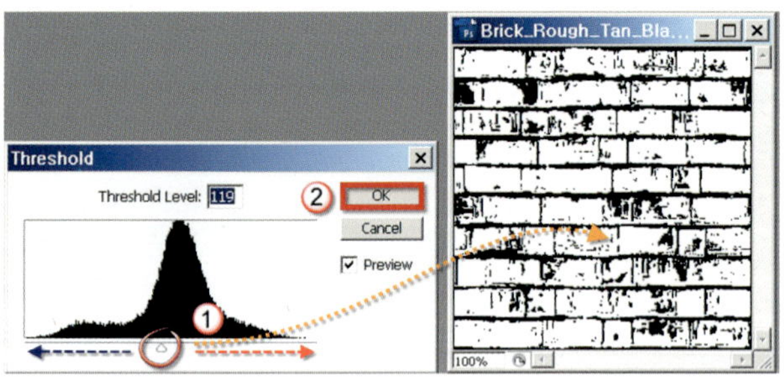

❻ [Threshold]의 조절바를 움직여 어두운 부분과 밝은 부분을 더욱 명확하게 만든 후 [OK]버튼을 누릅니다.

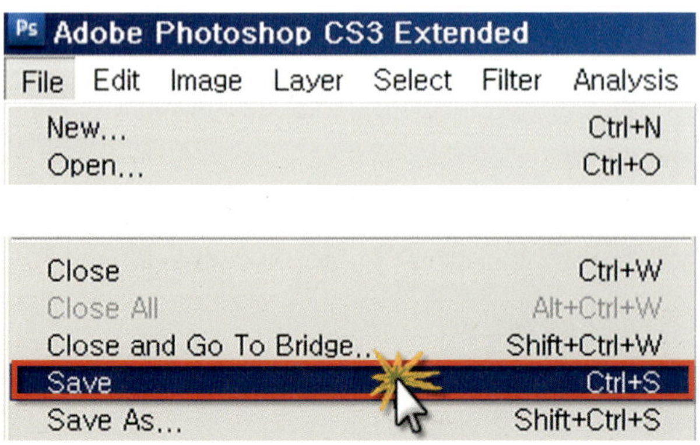

❼ [상단 메뉴바 ▸ File ▸ Save] 버튼을 눌러 변경된 이미지를 저장합니다.

❽ V-ray 도구상자에서 재질편집[Material Editor Ⓜ] 버튼을 눌러 편집창을 엽니다.

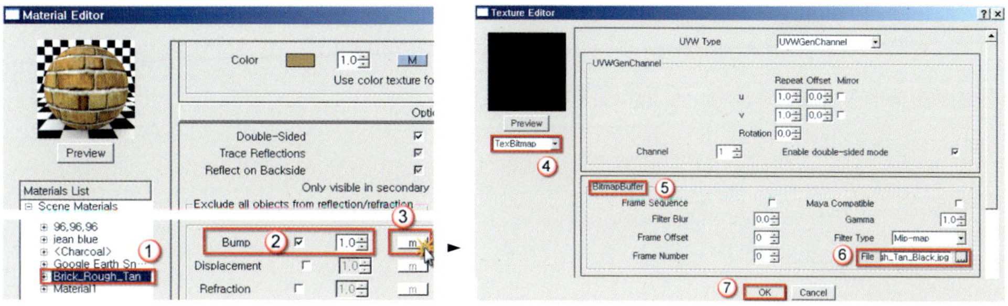

❾ 재질 리스트에서 [Brick_Rough_Tan]을 선택한 다음 우측 세부 옵션창의 Bump를 체크 후 [m] 버튼을 클릭합니다. Texture Editor 창이 뜨면 [TexBitmap]을 선택 후 BitmapBuffer ▸ File에서 포토샵에서 만들어놓은 [Brick_Rough_Tan_Black.jpg] 파일을 찾아 등록키고 확인 [OK] 버튼을 누릅니다.

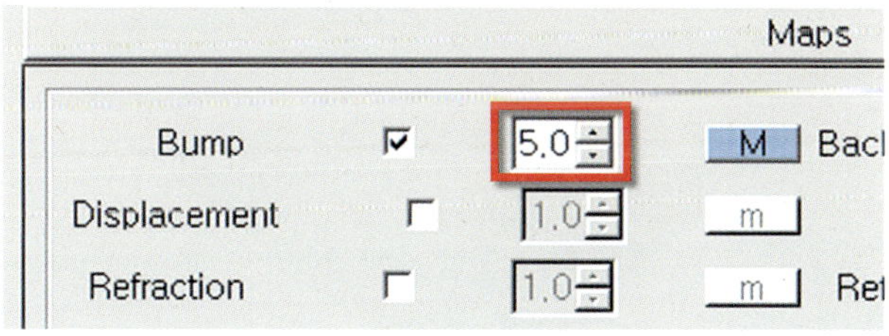

❿ Bump의 증폭 값을 [5.0]으로 조정 합니다. 값이 높을수록 재질이 더욱 거칠게 표현됩니다.

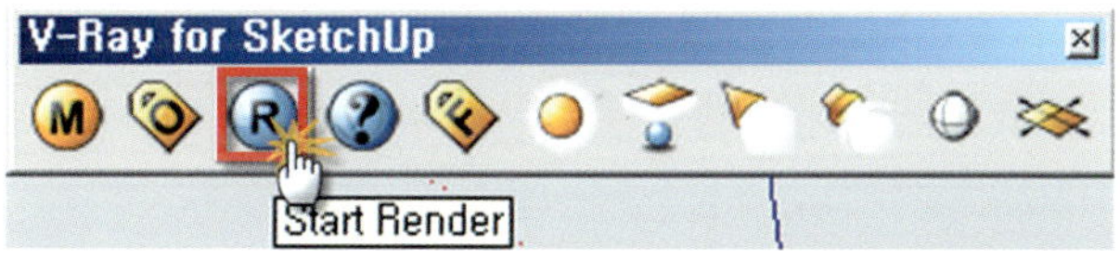

⓫ V-ray 도구상자에서 렌더링 실행 버튼을 클릭합니다.

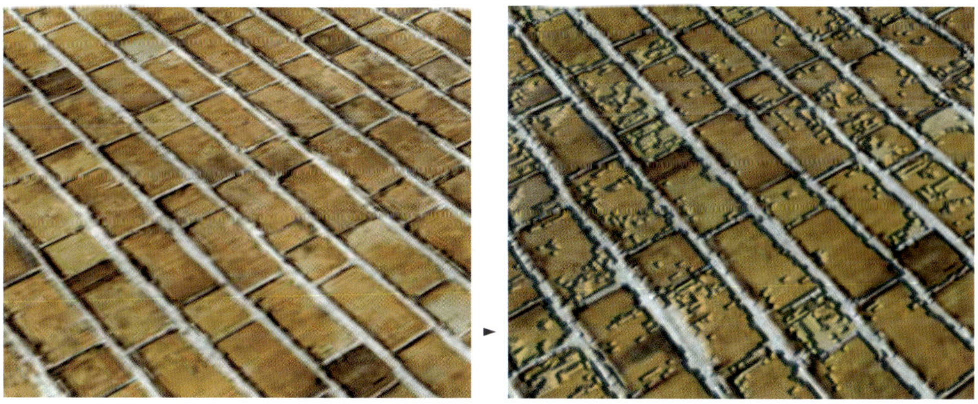

⓬ 좌측의 그림은 Bump를 적용하지 않은 결과이며, 우측의 그림은 Bump를 적용한 결과입니다. 좌측의 그림과는 달리 우측의 그림이 더욱 거친 느낌의 입체적인 표현으로 보입니다.

06] Displacement를 이용한 잔디 표현

변위[Displacement] 재질은 Bump 재질과 설정 방법이 유사합니다. 또한 입체적으로 거친 느낌을 준다는 것 또한 유사한 개념입니다. 하지만 잔디와 같이 보다 입체적이고 거친 느낌을 주고자 한다면 변위[Displacement]의 활용을 권장합니다.

[1] Displacement를 이용한 잔디 표현 따라하기

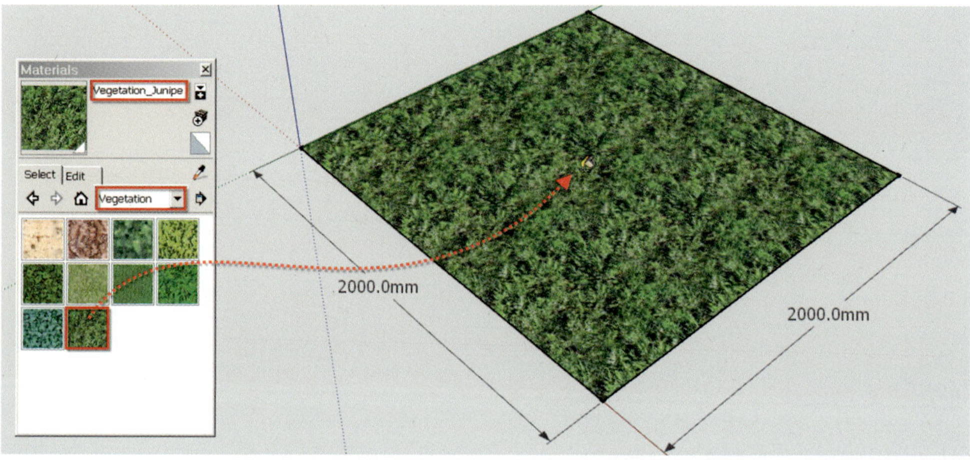

❶ [가로 및 세로 2000]의 사각면을 작성한 후 [Vegetation_Juniper2] 재질을 부여합니다.

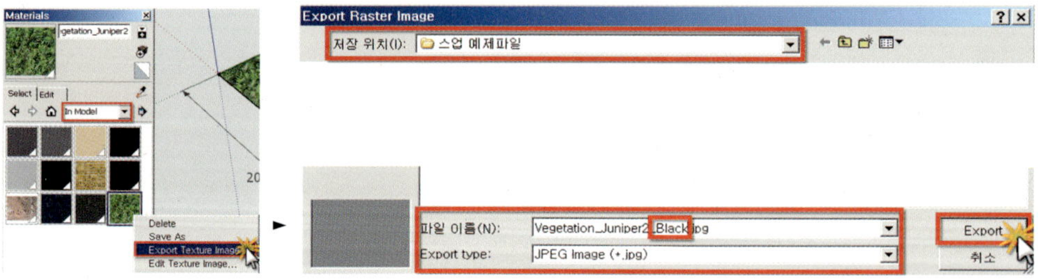

❷ 스케치업 재질창의 모델에서[In Model]를 선택한 후 모델에 적용한 [Vegetation_Juniper2] 재질을 선택하여 이미지 내보내기를 합니다. 내보낼 파일 이름은 [Vegetation_Juniper2_Black]으로 합니다.

❸ Adobe Photoshop에서 내보낸 [Vegetation_Juniper2_Black] 재질을 불러옵니다.

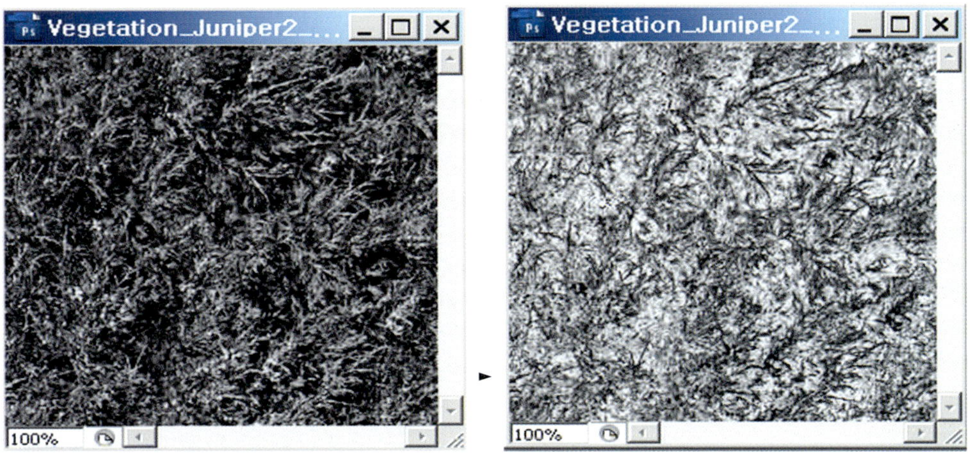

❹ 키보드에서 [Ctrl + Shift + U]를 눌러 해당 무채색으로 해당 이미지를 변경한 후 [Ctrl + I]를 눌러 밝고 어두운 부분을 반전 시킵니다. 변위[Displacement] 재질 표현에서 가장 어두운 무채색은 돌출되고 밝은 부분은 내려앉게 되는 원리입니다.

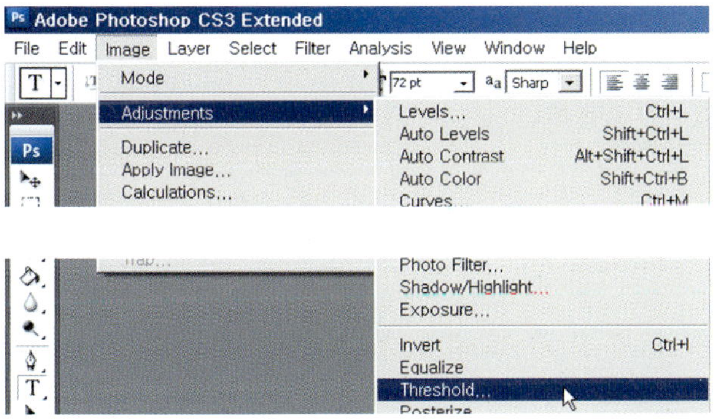

❺ [상단 메뉴바 ▸ Image ▸ Adjustments ▸ Threshold]를 선택합니다.

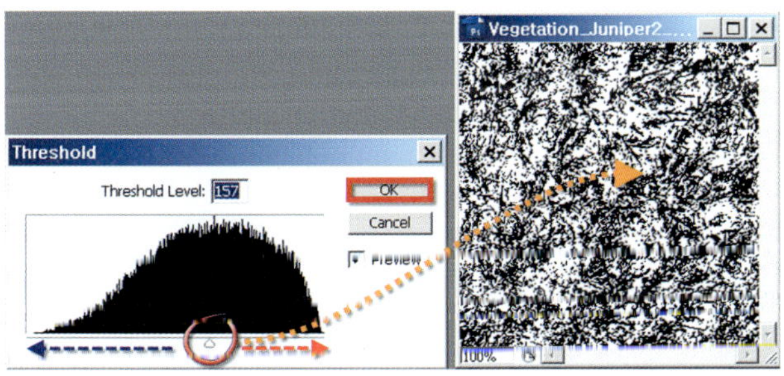

❻ [Threshold]의 조절바를 움직여 어두운 부분과 밝은 부분을 더욱 명확하게 만든 후 [OK] 버튼을 누릅니다.

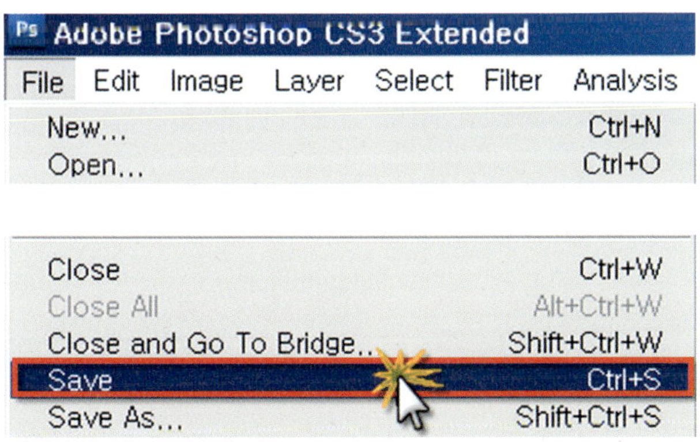

❼ [상단 메뉴바 ▸ File ▸ Save] 버튼을 눌러 변경된 이미지를 저장합니다.

❽ V-ray 도구상자에서 재질편집[Material Editor Ⓜ] 버튼을 눌러 편집창을 엽니다.

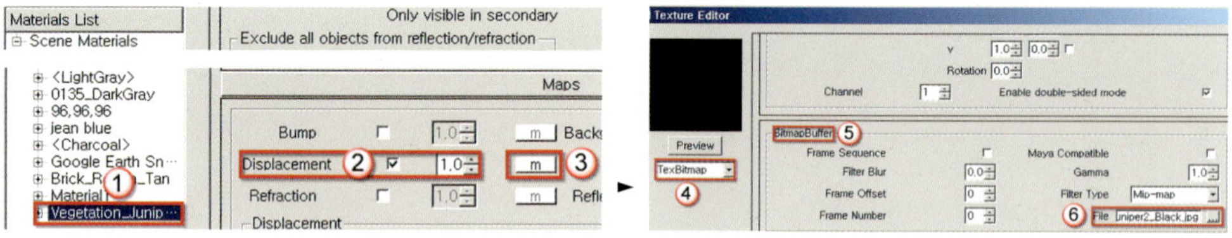

❾ 재질 리스트에서 [Vegetation_Juniper2]을 선택한 다음 우측 세부 옵션창의 Bump를 체크 후 [m] 버튼을 클릭합니다.
[Texture Editor] 창이 뜨면 [TexBitmap]을 선택 후 [BitmapBuffer ▸ File]에서 먼저 포토샵에서 만들어놓은 [Vegetation_Juniper2_Black.jpg] 파일을 찾아 등록키고 확인 [OK] 버튼을 누릅니다.

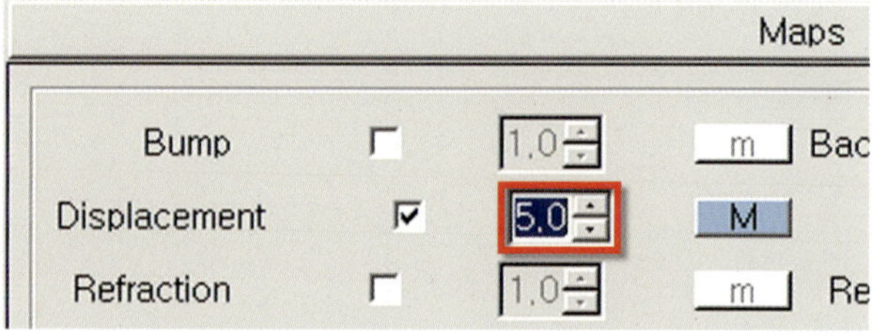

❿ 변위 [Displacement]의 증폭 값을 [5.0]으로 조정 합니다. 값이 높을수록 재질이 더욱 거칠게 표현됩니다.

⓫ V-ray 도구상자에서 렌더링 실행 버튼을 클릭합니다.

⓬ 위의 그림은 변위[Displacement]가 적용된 결과입니다. Bump 재질보다 입체적인 표현이 더욱 강조되어 보입니다.
변위[Displacement]를 활용한 재질 표현은 위의 그림과 같이 잔디 및 자갈 등의 표현을 할 때 더욱 유용합니다.

SketchUP Pro 8

투명[Transparency] 재질

07] 투명[Transparency] 재질

투명[Transparency] 재질은 검정색이나 유채색에 가까운 재질은 표현되고 흰색에 가까운 재질은 투명하게 처리하는 표현법입니다. 투명[Transparency] 재질을 활용하여 그물망이나 무늬 철망 등을 표현할 수 있습니다.

[1] 투명[Transparency] 재질 표현 따라하기

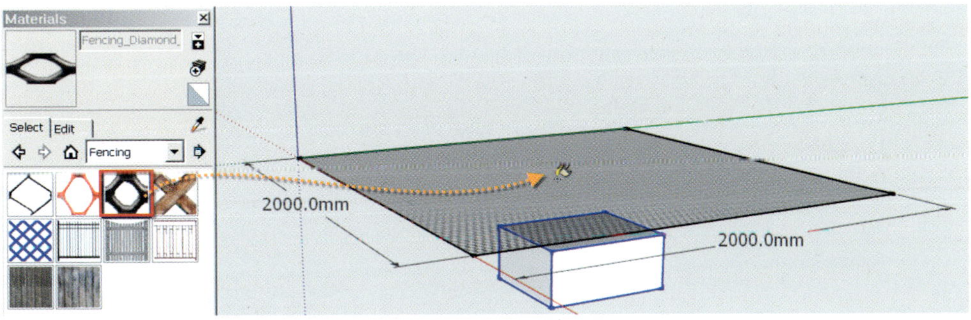

❶ [가로 및 세로 2000]의 사각면을 작성한 후 [Fencing_Diamond_Mesh] 재질을 부여합니다. 사각면 아래쪽으로 간격을 두어 입체 사각 모델을 작성하여 배치합니다.

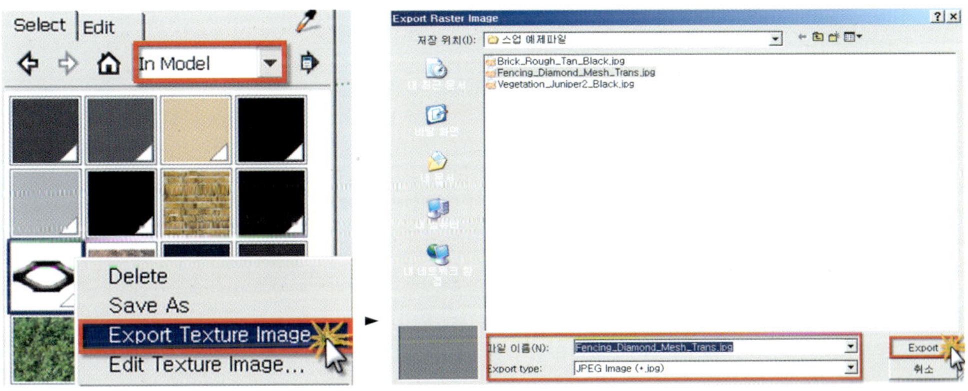

❷ 스케치업 재질창의 모델에서[In Model]를 선택한 후 모델에 적용한 [Fencing_Diamond_Mesh] 재질을 선택하여 이미지 내보내기를 합니다. 내보내기 형식[Export Type]은 [JPEG]형식으로 변경한 뒤 내보낼 파일 이름은 [Fencing_Diamond_Mesh_Trans]로 합니다.

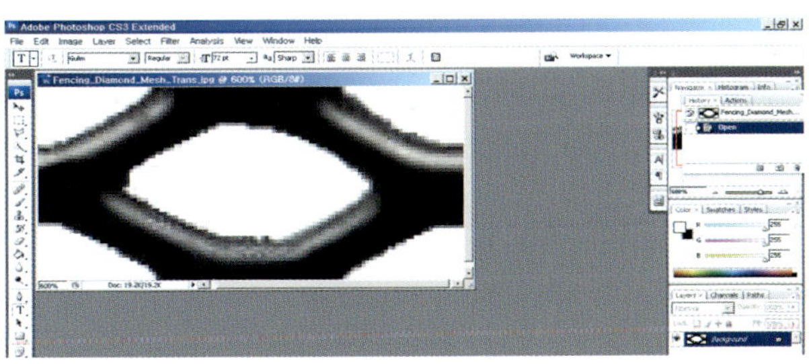

❸ 포토샵에서 [Fencing_Diamond_Mesh_Trans.jpg] 파일을 불러냅니다.

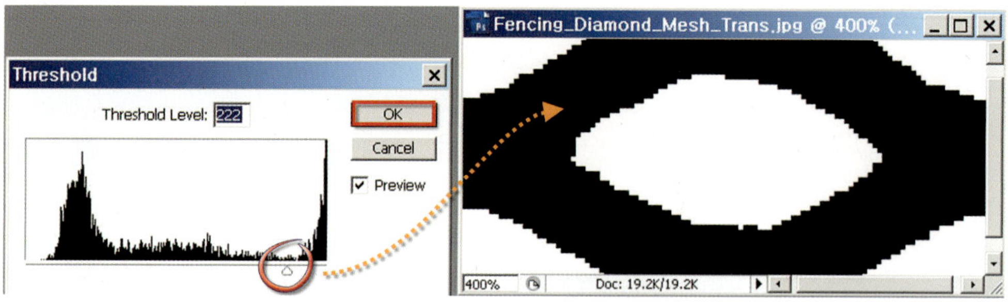

❹ [Threshold]의 조절바를 움직여 어두운 부분과 밝은 부분을 더욱 명확하게 만든 후 확인 [OK]버튼을 누른 후 해당 이미지를 다시 저장[File ▸ Save]합니다.

❺ V-ray 도구상자에서 재질편집[Material Editor M] 버튼을 눌러 편집창을 엽니다.

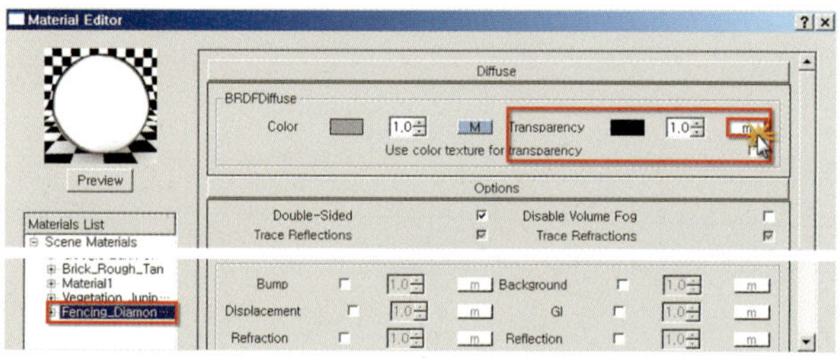

❻ 재질 리스트에서 [Fencing_Diamond_Mesh]을 선택한 다음 우측 세부 옵션창의 [Diffuse ▸ Transparency]의 [m] 버튼을 클릭합니다.

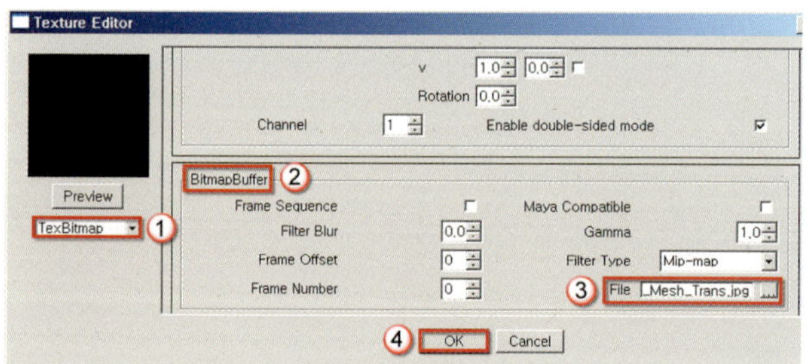

❼ Texture Editor 창이 뜨면 [TexBitmap]을 선택 후 BitmapBuffer ▸ File에 [Fencing_Diamond_Mesh_Trans.jpg] 파일을 찾아 등록키고 확인[OK] 버튼을 누릅니다.

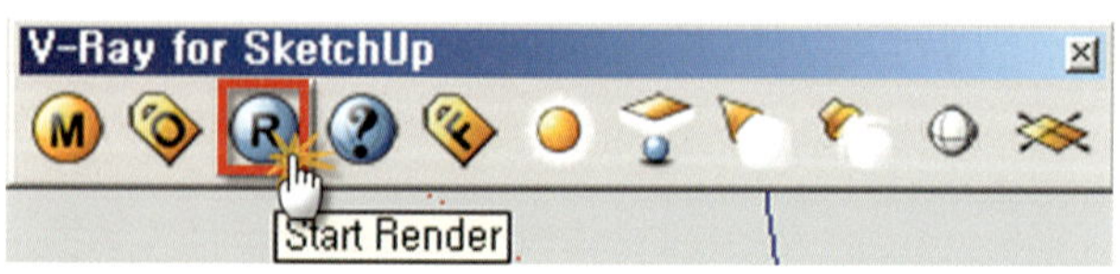

❽ V-ray 도구상자에서 렌더링 실행 버튼을 클릭합니다.

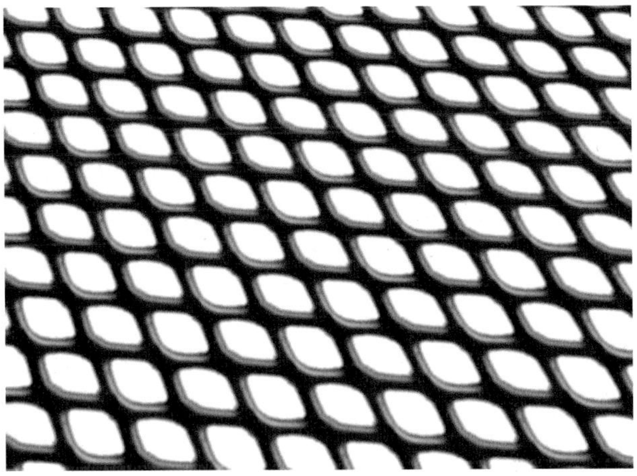

▼

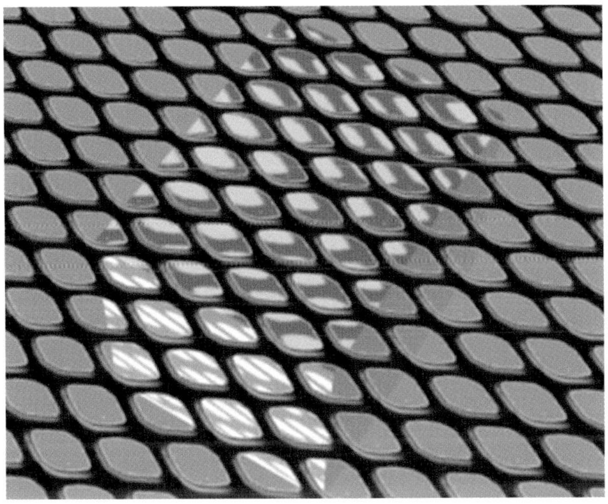

❾ 위의 그림은 투명[Transparency] 재질을 적용하지 않은 결과이며, 아래의 그림은 투명[Transparency] 재질을 적용한 결과입니다.
즉, 흰색 부분은 투명처리 되고 검정색 부분은 불투명하게 표현됩니다. 결과로 아래의 입체 사각형이 자연스럽게 보이게 됩니다.

08] 점 광원[Omni Light]

점 광원[Omni Light]이란 태양이나 백열전구와 같이 실제 현실세계에서 모든 방향으로 빛을 발산하는 광원을 말합니다. 즉, 점 광원은 방향성이라는 측면에서 V-Ray 옵션[] 내 GI[Global Illumination, 환경조명]에서의 Sun[태양광]과도 유사한 특성을 가지고 있습니다.
점 광원은 다양하게 활용가능하나 대부분 외부 투시도[Exterior]의 건물 전체 및 외부를 비추는 광원 및 실내[Interior]에서는 실 내부의 전체적인 밝기를 조절하는 광원으로 활용됩니다.

[1] 점 광원[Omni Light] 표현 따라하기

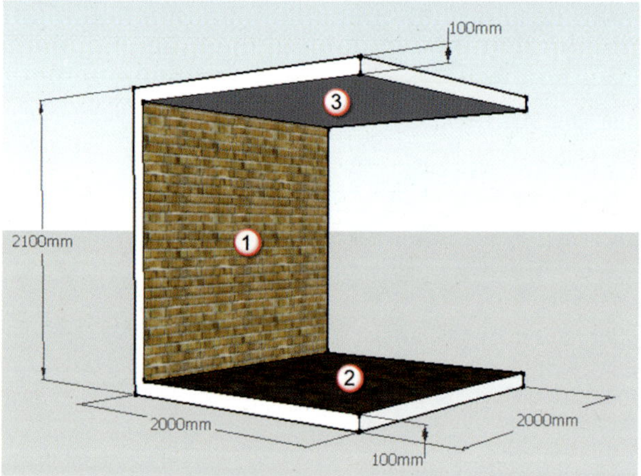

❶ 점 광원[Omni Light]의 학습을 위해 위의 치수를 참고하여 동일한 [ㄷ]자형의 모델을 작성합니다. 이어 ①번[벽]과 ②번[바닥] 면에 벽돌[Brick_Rough_Tan] 재질을 부여합니다.

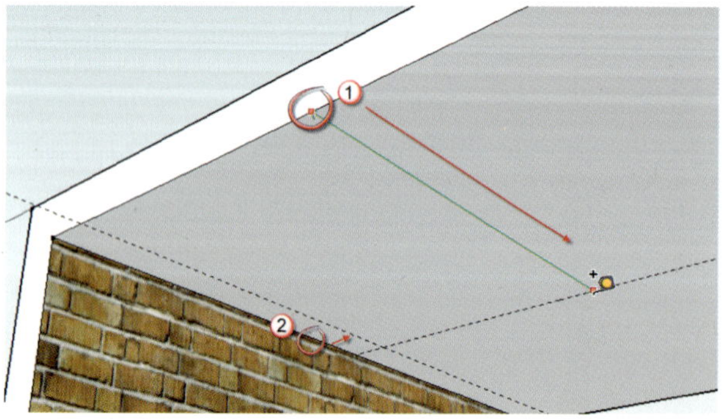

❷ 줄자[Tape measure ] 도구를 선택 후 키보드의 []버튼을 눌러 안내선 작성[] 도구로 변환시킵니다. ①번 참조 경계선을 선택 후 안내선 작성 방향을 지정한 뒤 수치입력창에 [1000] 라고 입력합니다.
위의 그림과 동일한 안내선이 작성됩니다. ②번 참조 경계선을 선택 후 안내선 작성 방향을 위의 그림과 같이 지정한 뒤 수치입력창에 [100]을 입력합니다.

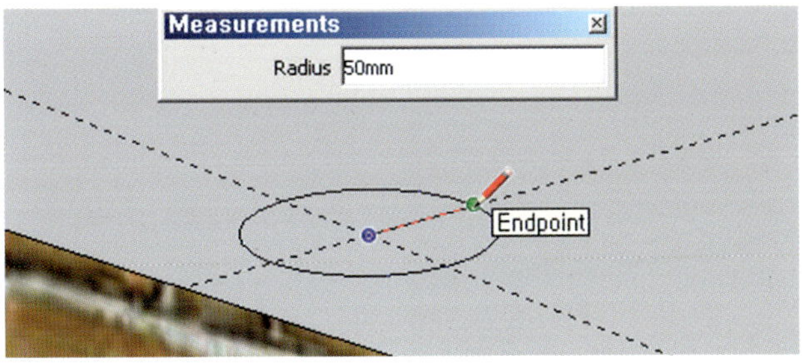

❸ 원[Circle] 도구를 선택 후 미리 작성해 둔 두 안내선의 교차점에 중심점을 지정합니다. 수치입력창에 반지름[Radius] 값 [50]을 입력합니다.

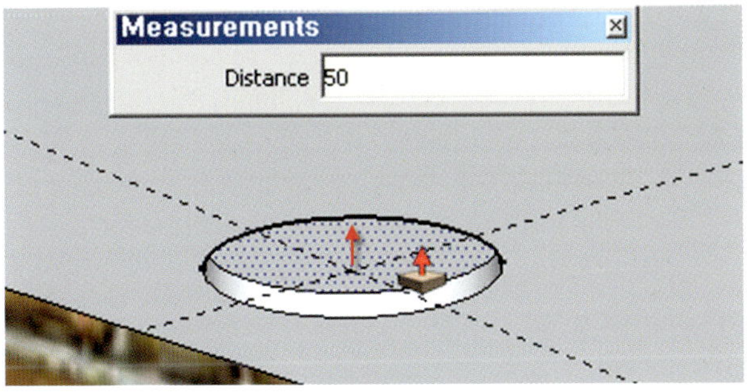

❹ 밀고/당기기[Pull/Push] 도구를 활용하여 그려신 원을 선택 후 위로 방향을 지정합니다. 이어 수치입력창에 [50]을 입력합니다.

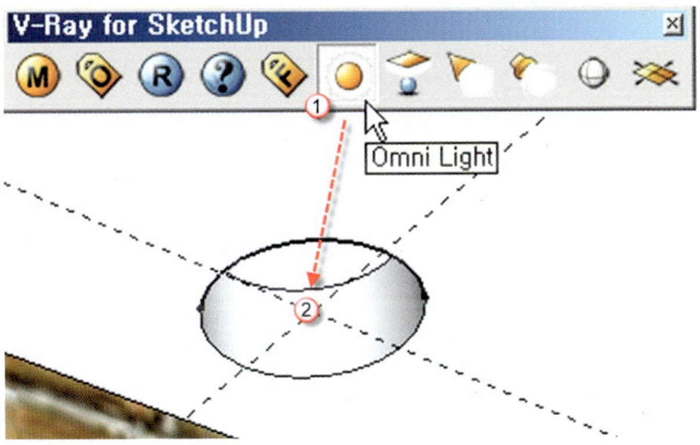

❺ V-Ray 노구상자에서 점 조명[Omni Light] 버튼을 선택 후 두 안내선이 교차하는 점에 점 조명의 위치선을 지정합니다.

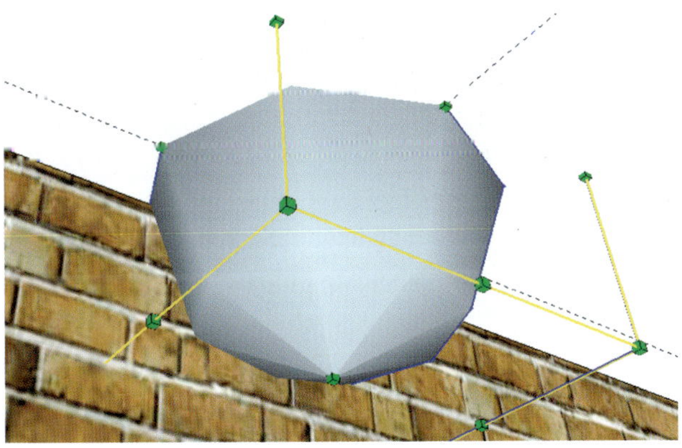

❻ 위의 그림에서와 같이 삽입된 점 조명의 크기가 클 경우 크기 조정[Scale] 도구를 선택하여 해당 크기를 재조정합니다

SketchUP

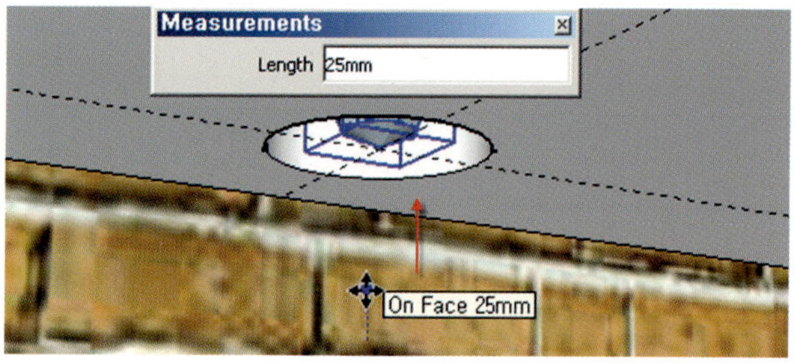

❼ 점 조명[Omni Light]를 선택 후 이동[Move] 도구를 활용하여 Z축 방향으로 [25]만큼 이동시킵니다.

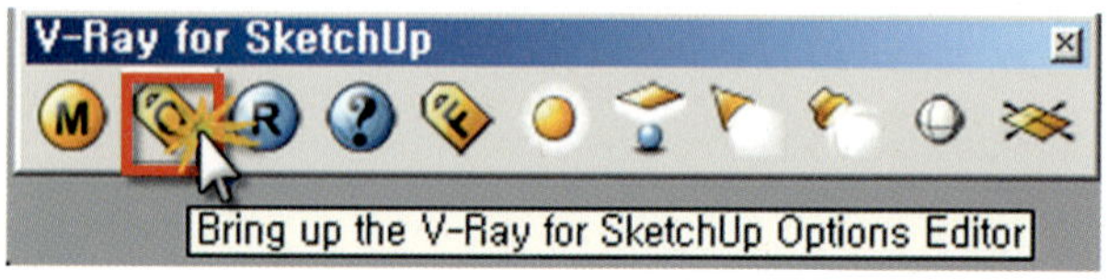

❽ V-Ray 도구상자에서 옵션[Options] 버튼을 선택합니다.

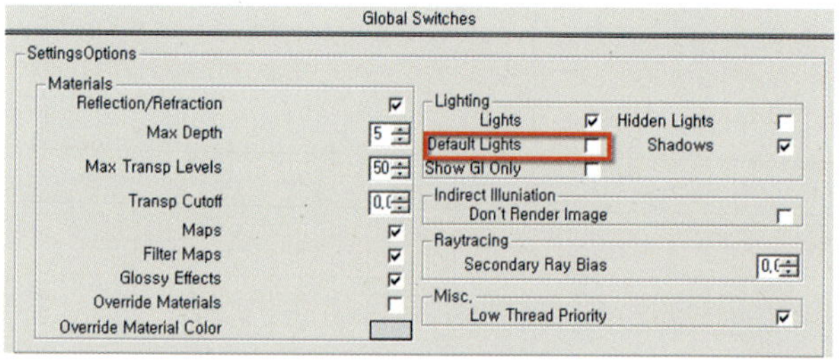

❾ [Global Switches] 항목 중 [Lighting] 항목의 [Default Lights]의 체크를 반드시 해제합니다. [Default Lights]란 기본 조명을 의미합니다. 즉, 사용자가 조명을 설치하지 않더라도 렌더링시 기본 조명에 의한 빛이 발산되게 됩니다. 기본적으로 [Default Lights]의 체크는 해제하는 것이 좋습니다.

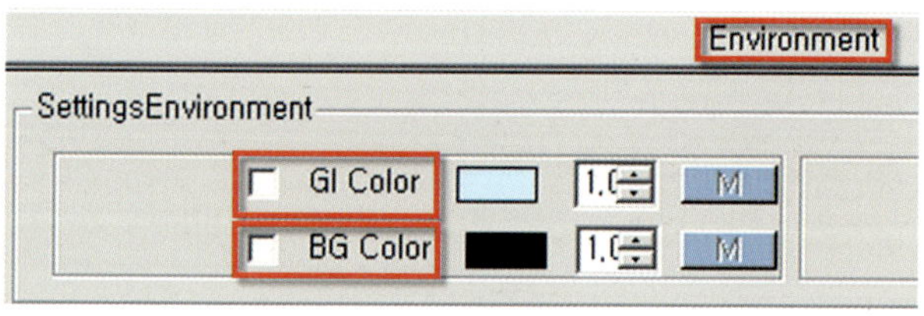

❿ [Environment] 항목 중 [Settings Environment]의 환경조명[GI]과 배경[BG]의 체크를 해제합니다. [GI]이란 쉽게 설명해 [하늘광]이라고 생각하면 이해가 쉽습니다. [GI]의 체크 해제는 하늘빛을 내보내지 않겠다는 의미입니다. 우측의 색상 [Color] 선택 상자는 하늘광의 색상을 재설정할 수 있습니다. [BG]를 체크 해제하면 렌더링시 뒷 배경이 검게 나타납니다. 우측의 색상[Color] 선택 상자는 배경의 색상을 재설정할 수 있습니다. 각 색상[Color] 상자 옆의 수치 입력창[1.( ]은 [강도 즉 세기]를 의미합니다. 예를 들어 [GI]를 체크 후 수치값을 높이면 하늘광의 세기가 커져 빛을 받는 사물이 더욱 밝아지게 됩니다. [M]은 각 항목의 세부 옵션을 추가로 재설정할 수 있습니다.

⓫ V-Ray 옵션창을 닫기 위하여 우측 상단의 닫기[X] 버튼을 클릭합니다. 닫기 버튼을 누르더라도 사용자가 재설정한 값들은 그대로 저장됩니다.

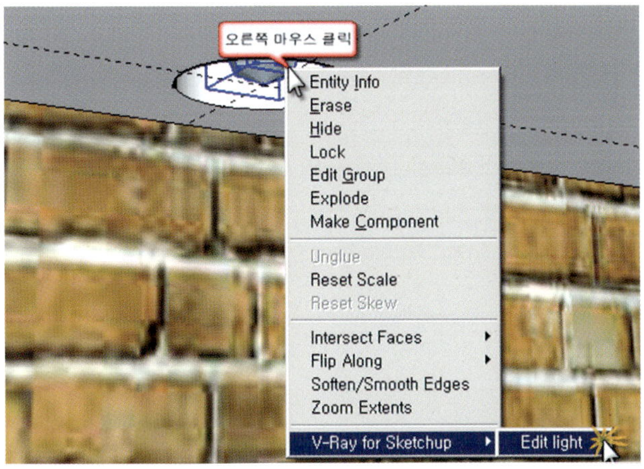

⓬ 선택[Select] 도구를 활용하여 점 조명[Omni Light]를 선택한 후 점 조명의 옵션 재설정을 위해 마우스 우측 버튼을 클릭하여 확장메뉴를 펼칩니다. 이어 확장메뉴 중 [V-Ray for Sketchup ▸ Edit light]를 선택합니다.

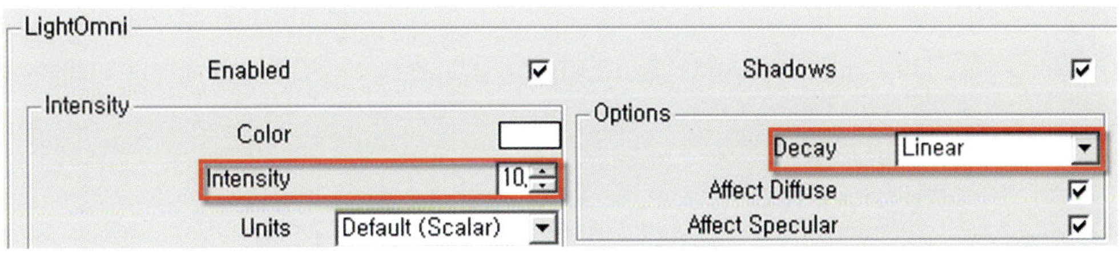

⓭ [Options ▸ Decay]를 [Linear]로 설정합니다. [Intensity ▸ Intensity]의 값을 10으로 지정합니다. [Decay]란 거리에 따른 빛의 감쇠를 말합니다. [Decay]의 내림[ ]을 누르면 세 가지의 [Linear, Inverse, Inverse Square] 타입이 있습니다. Linear는 선형(비례적), Inverse는 거리의 곱에 반비례(즉, 나누기), Inverse Square는 거리의 제곱에 반비례(면적 고려한 실제 빛의 밝기)를 말합니다. 일반적인 실내 인테리어[Interior]를 위한다면 Inverse를 선택합니다. 거리에 따른 빛의 조절이 쉽고, 사실감을 표현하기도 좋습니다. 외부 투시도[Exterior]에서 원거리에 조명을 설치할 경우 [Linear]를 건물과 가까운 거리에 조명을 설치할 경우 [Inverse Square]를 사용합니다. [Intensity]란 빛의 세기를 의미하며 값이 높일수록 더욱 강한 빛을 발산합니다.

◉ 아래의 [Decay]의 타입별 렌더링에서 보듯이 동일한 세기[Intensity] 및 위치의 조명이라도 [Decay]의 타입에 따라 빛의 표현이 달라집니다.

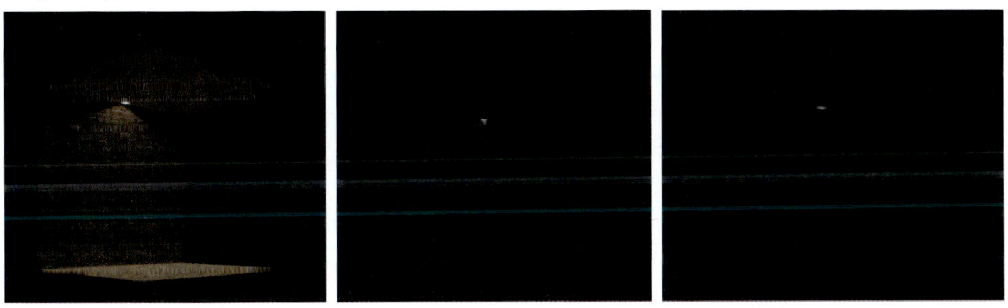

① Linear ② Inverse ③ Inverse Square

⓮ 조명 편집창[Light Editor] 하단의 확인[OK] 버튼을 눌러 창을 닫습니다.

⓯ V-Ray 도구상자에서 렌더링[Rendering] 버튼을 클릭합니다.

⑯ V-Ray 렌더링[Rendering ] 결과는 위의 그림과 같습니다.

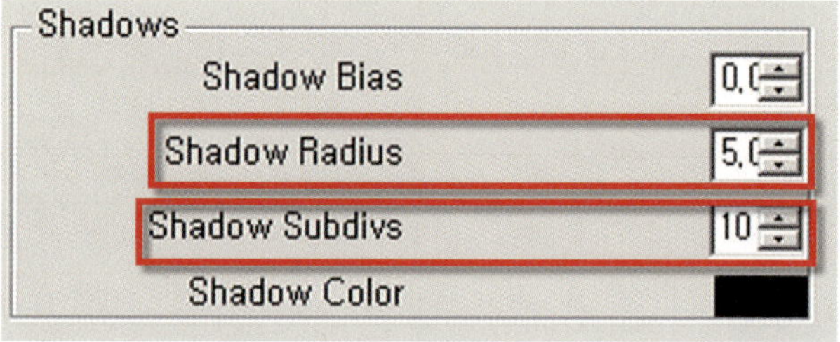

⑰ 점 조명[Omni Light]을 선택한 후 마우스 우측 버튼을 눌러 조명 편집창을 다시 불러냅니다. [Shadows] 항목 내 [Shadow Radius]와 [Shadow Subdivs]의 값을 위의 그림과 같이 변경합니다. [Shadow Radius]란 음영의 경계를 의미하며 값을 높일수록 경계 부위가 부드러워집니다. [Shadow Subdivs]란 음영의 품질을 의미하며 값을 높일수록 그림자의 질이 높아집니다. 추가적으로 [Shadow Bias]는 그림자의 길이, [Shadow Color]는 그림자의 색상을 재조정할 수 있는 항목입니다.

⑱ V-Ray 도구상자에서 렌더링[Rendering ] 버튼을 클릭합니다.

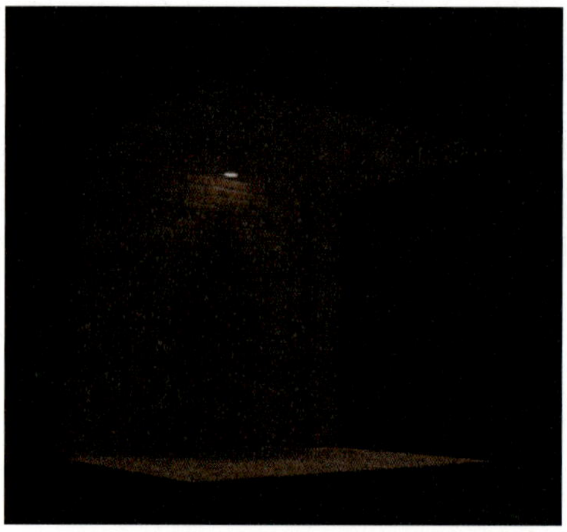

① [Shadow Radius=5]와 [Shadow Subdivs=10]

② [Shadow Radius=0]와 [Shadow Subdivs=8]

⑲ 위의 좌측 그림이 우측 그림보다 훨씬 부드러운 음영의 경계를 가진 것을 알 수 있습니다. 이에 [Shadow Radius]와 [Shadow Subdivs]의 수치를 적절히 조정하면 보다 현실감 있는 이미지를 구현할 수 있습니다. 단, [Shadow Radius]와 [Shadow Subdivs]의 값을 높일수록 렌더링 시간이 증가됩니다.

SketchUP Pro 8

사각 광원[Rectangle Light]

09] 사각 광원[Rectangle Light]

사각 광원[Rectangular Light]은 점 광원과는 달리 사각 광원은 사각면이 바라보는 방향으로 빛을 발산합니다. 이런 특성을 활용하여 Line Light[선 조명]을 이용한 간접 조명 효과 등의 표현에 유리합니다.

[1] 사각 광원[Rectangle Light] 표현 따라하기

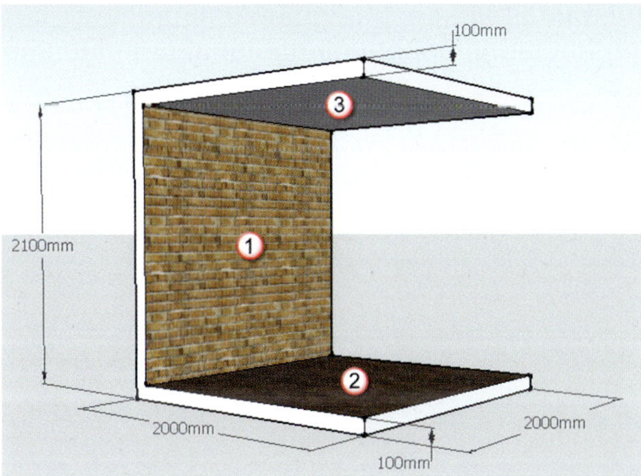

❶ 사각 광원[Rectangle Light]의 학습을 위해 위의 치수를 참고하여 동일한 [ㄷ]자형의 모델을 작성합니다. 이어 ①번[벽]과 ②번[바닥] 면에 벽돌[Brick_Rough_Tan] 재질을 부여합니다.

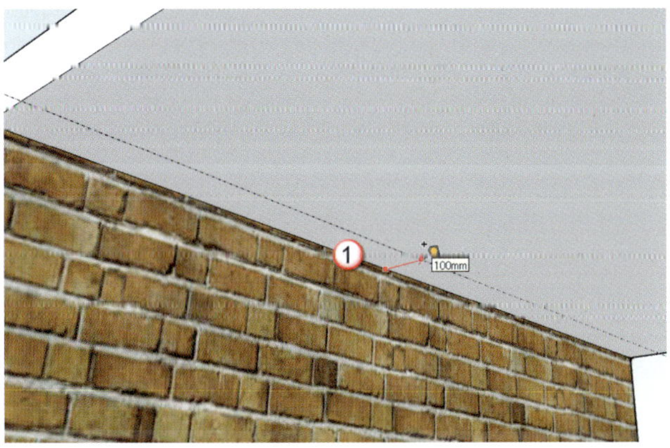

❷ 줄자[Tape Measure] 도구를 선택 후 키보드의 [Ctrl]버튼을 눌러 안내선 작성[ ] 도구로 변환시킵니다.
천장면의 ①번 경계선을 선택 후 안내선 작성 방향을 지정한 뒤 수치입력창에 [100] 라고 입력합니다.

❸ 작성된 안내선 위로 선[Line] 도구를 활용하여 따라 그려 주면 천장면이 둘로 나누어집니다.

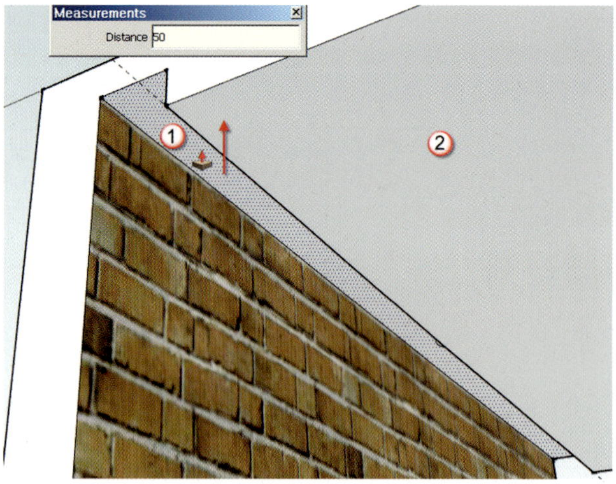

❹ 밀고/당기기[Pull/Push ] 도구를 활용하여 나누어진 천장면 중 ①번 면을 선택하여 위의 그림과 동일한 방향으로 [50]만큼 밀어 올립니다.

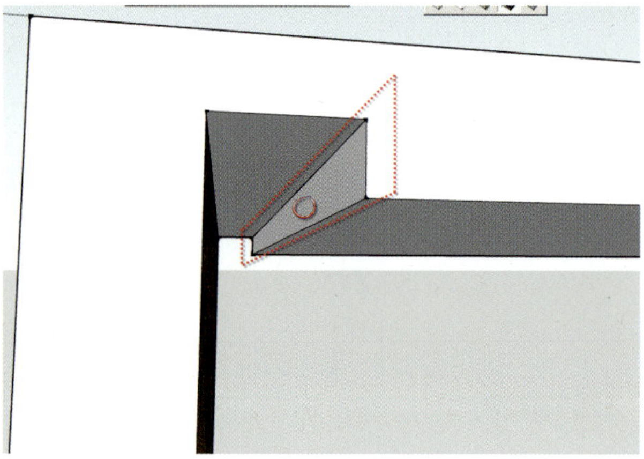

❺ 궤도[Orbit ] 도구를 활용하여 위의 그림과 같이 방금 전 밀어 올린 면의 측면이 보이도록 뷰[view]를 조정합니다.

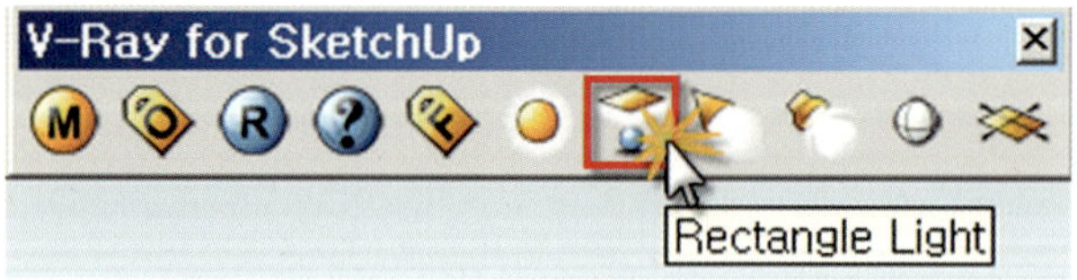

❻ V-Ray 도구상자에서 사각광원[Rectangle Light]를 선택합니다.

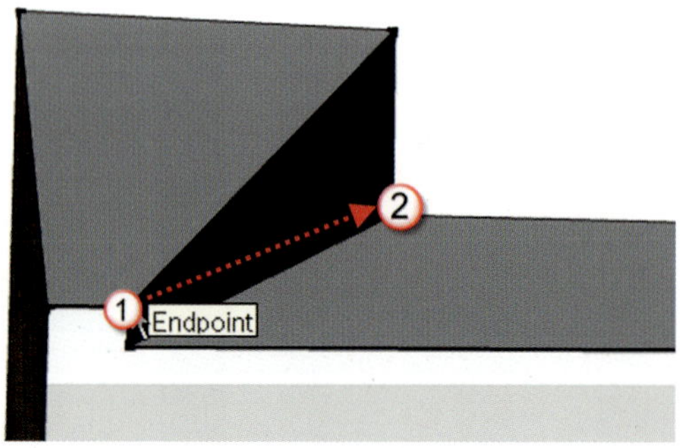

❼ ①번 모서리점을 시작점으로 지정 후 ②번 모서리점을 지정하면 사각광원[Rectangle Light]가 설치됩니다.

SketchUP

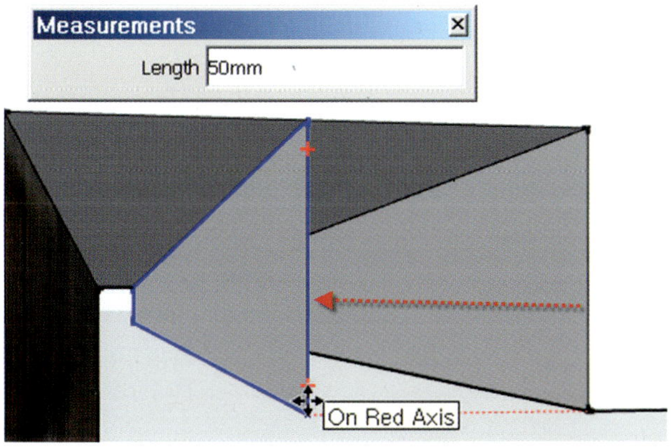

❽ 사각 광원을 선택 후 이동[Move] 도구를 활용하여 위의 그림과 동일한 방향으로 [50]만큼 이동합니다.

❽ V-Ray 도구상자에서 옵션[Options] 버튼을 선택합니다.

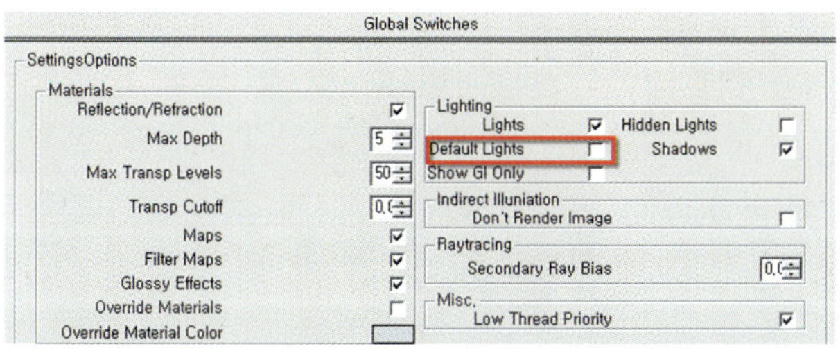

❾ [Global Switches] 항목 중 [Lighting] 항목의 [Default Lights]의 체크를 반드시 해제합니다.

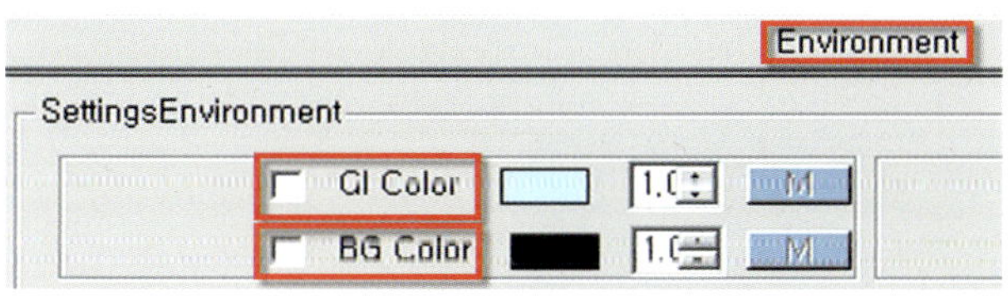

❿ [Environment] 항목 중 [Settings Environment]의 환경조명[GI]과 배경[BG]의 체크를 해제합니다.

⓫ V-Ray 옵션창을 닫기 위하여 우측 상단의 닫기[ ] 버튼을 클릭합니다. 닫기 버튼을 누르더라도 사용자가 재설정한 값들은 그대로 저장됩니다.

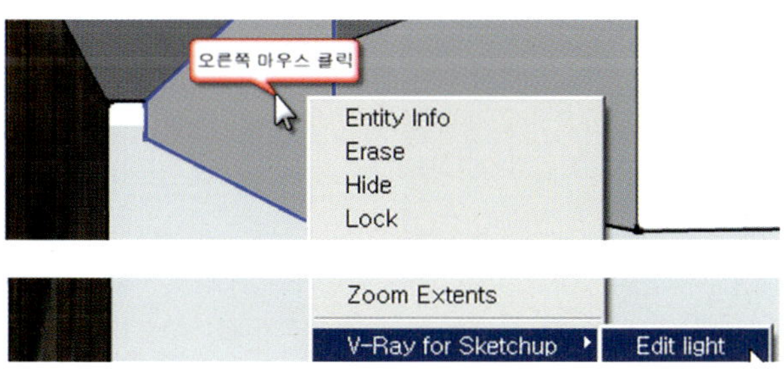

⓬ 사각 광원을 선택한 뒤 마우스 우측버튼을 눌러 확장메뉴를 불러냅니다. [V-Ray for Sketchup ▸ Edit light]를 클릭합니다.

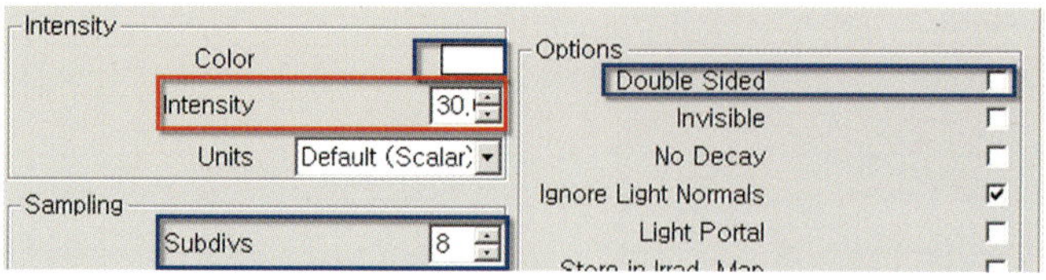

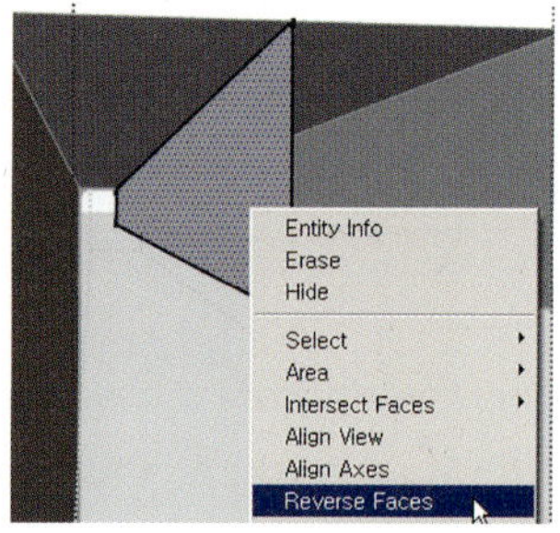

⓭ Intensity[빛의 세기]의 값을 [30]으로 조정합니다. [Color]항목에서는 사각 광원에서 발산되는 빛의 색상을 조정하며, [Subdivs]의 항목의 수치 값을 올리면 렌더링 품질이 좋아집니다. Double Sided[양면] 항목을 체크하면 빛이 사각면의 앞[밝은 회색면]/뒤[어두운 회색면] 양면으로 발산됩니다. 체크를 해제하면 사각면 중 앞면[밝은 회색면]에서만 빛이 발산됩니다. 면의 앞/뒤를 변경하고자 할 경우 사각 광원을 [더블 클릭] 후 마우스 우측 버튼을 눌러 나타나는 확장 메뉴에서 [Revers faces]를 선택하면 됩니다.

⓮ 옵션 창 하단의 확인[OK] 버튼을 반드시 클릭합니다.

⓯ V-Ray 도구상자에서 렌더링[Rendering R] 버튼을 클릭합니다.

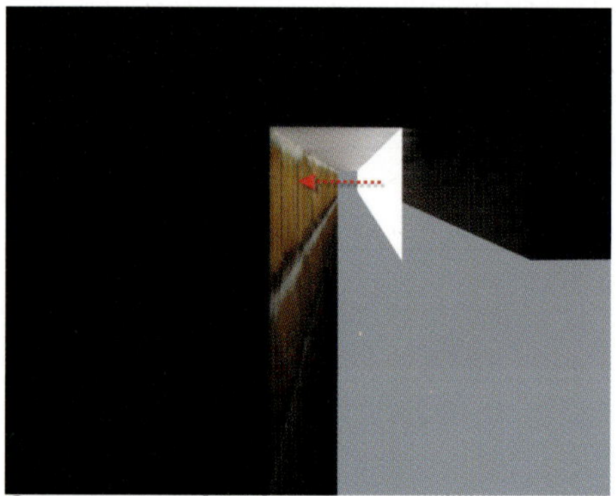
① Double Sided[양면] 항목을 체크 해제

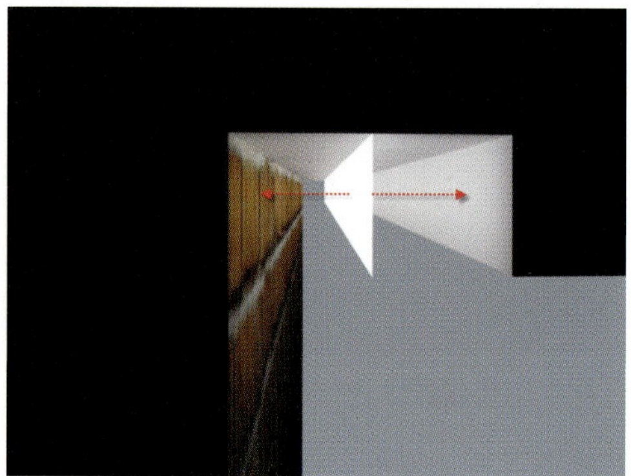
② Double Sided[양면] 항목을 체크

⓰ Double Sided의 체크 유무에 따른 렌더링 결과는 위의 이미지와 같습니다. 참고하세요.

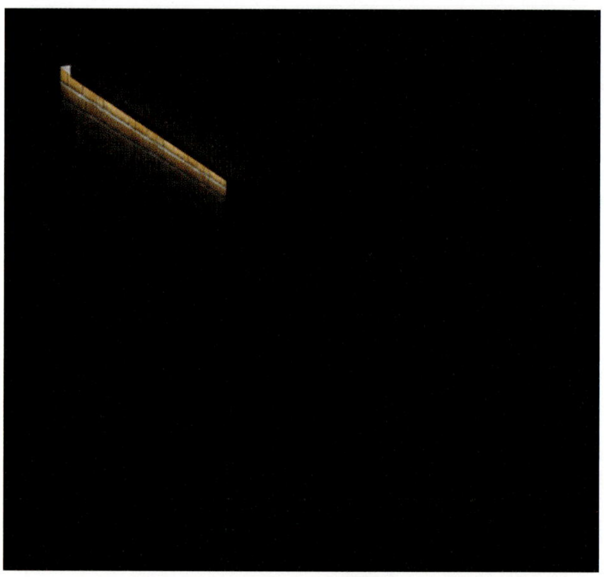

⓱ 위의 그림은 렌더링[Rendering R]을 한 전체 이미지입니다. 사각 광원에서 발산된 빛이 벽을 타고 내려오는 간접 조명의 효과를 볼 수 있습니다.

SketchUP Pro 8

스폿 광원[Spot Light]

10] 스폿 광원[Spot Light]

스폿 광원[Spot Light]은 특정부분을 조명하여 강조하고자 할 경우 사용됩니다. 미적 효과나 심리적 효과를 돋보이게 하기 위하여 사용하는 광원을 말합니다.

[1] 스폿 광원[Spot Light] 표현 따라하기

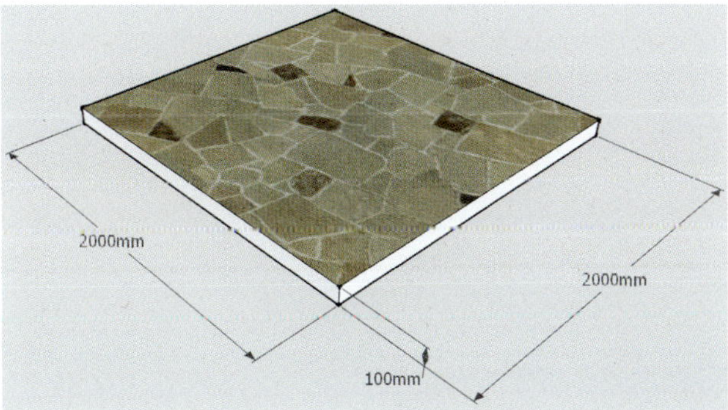

❶ 스폿 광원[Spot Light]의 학습을 위해 위의 치수를 참고하여 입체 사각 모델을 작성합니다. 이어 [Stone_Pavers_Walk] 재질을 부여합니다.

❷ 객체를 전체 선택하여 그룹[Make Group]으로 만듭니다.

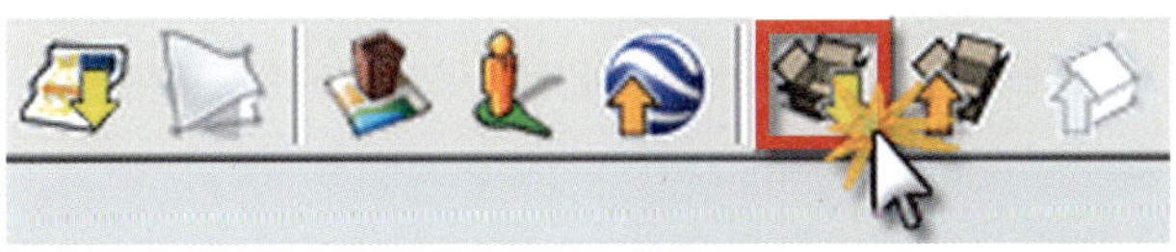

❸ 구글 도구에서 모델 가져오기[Get Model] 버튼을 선택합니다.

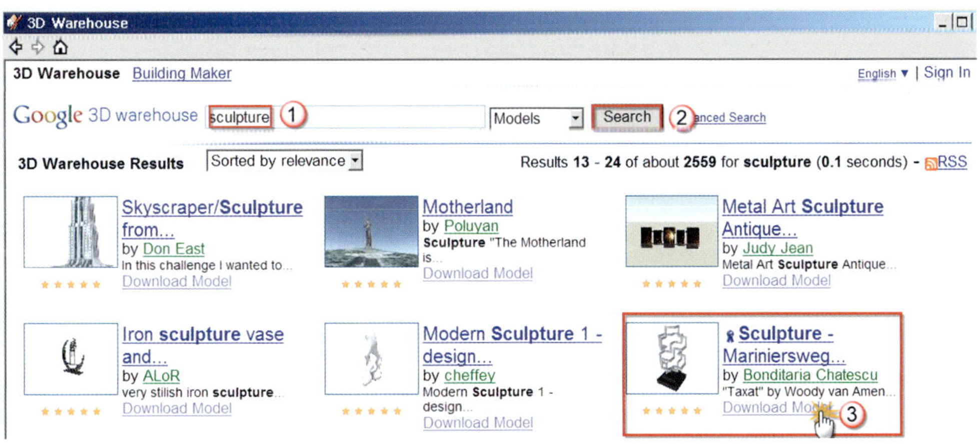

❹ 검색창에 [Sculpture] 입력한 후 찾기[Search] 버튼을 누릅니다. 검색된 공유 모델 중 위의 그림과 동일한 [Sculpture – Mariniersweg Rotterdam] 모델을 다운 받습니다.

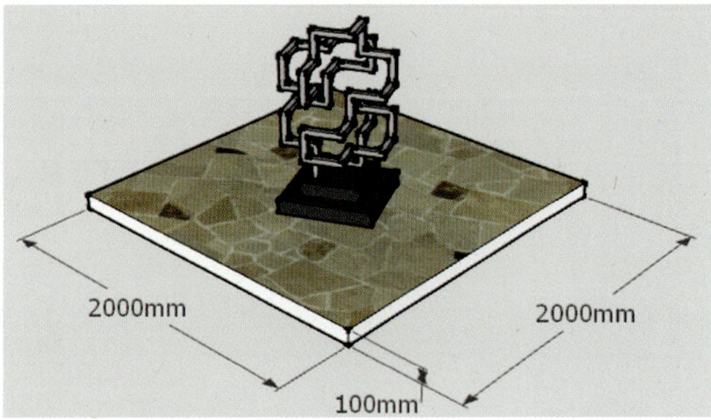

❺ 스케치업으로 다운된 모델을 크기조정[Scale] 도구와 이동[Move] 도구를 활용하여 위의 그림과 동일하게 조각상을 배치합니다.

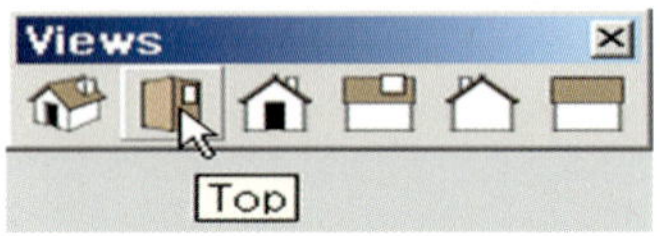

❻ 뷰[View] 도구상자에서 [Top]을 선택합니다. 스폿 광원은 뷰[view] 도구의 [Top] 뷰에서 위치를 정하면 편리합니다.

❼ V-Ray 도구상자에서 스폿 광원[Spot Light]를 선택한 후 모델의 중심에 광원의 위치점을 지정합니다.

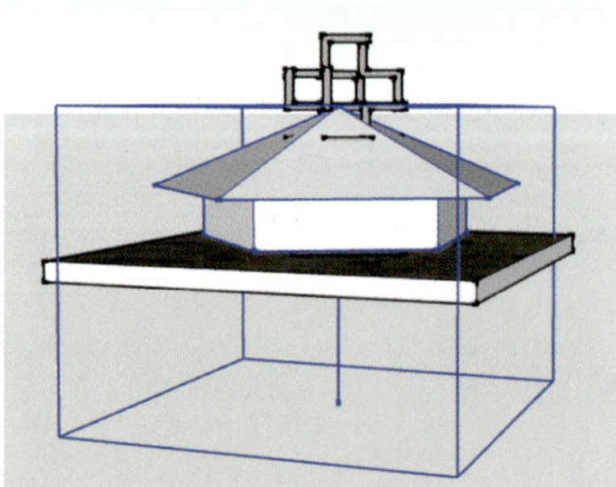

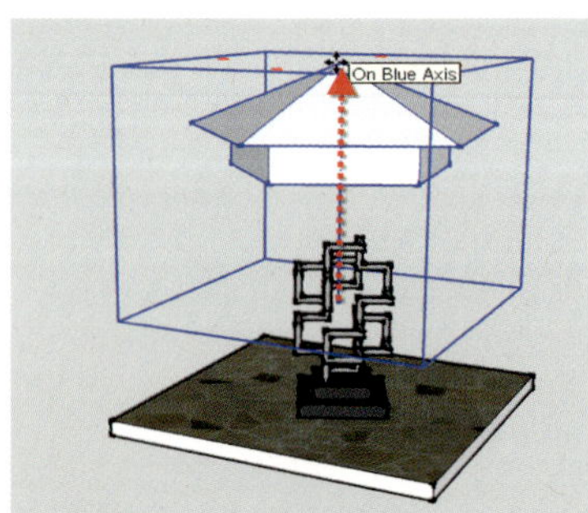

❽ 설치된 스폿 조명[Spot Light]의 상부 꼭지점을 이동[Move] 도구로 지정 후 Z축 방향으로 [2000]만큼 올립니다.

❾ 스폿 광원[Spot Light]을 선택한 뒤 마우스 우측버튼을 눌러 확장메뉴를 불러냅니다. [V-Ray for Sketchup ▸ Edit light]를 클릭합니다.

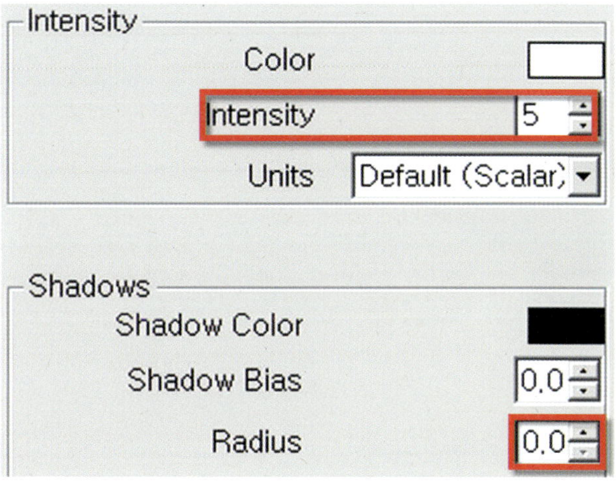

❿ Intensity[빛의 세기]의 수치 [5]를 입력합니다. [Shadow ▸ Radius]의 수치를 올리면 스폿 광원으로부터 빛을 받은 사물의 그림자의 경계가 부드러워집니다.

⓫ V-Ray 도구상자에서 옵션[Options] 버튼을 선택합니다.

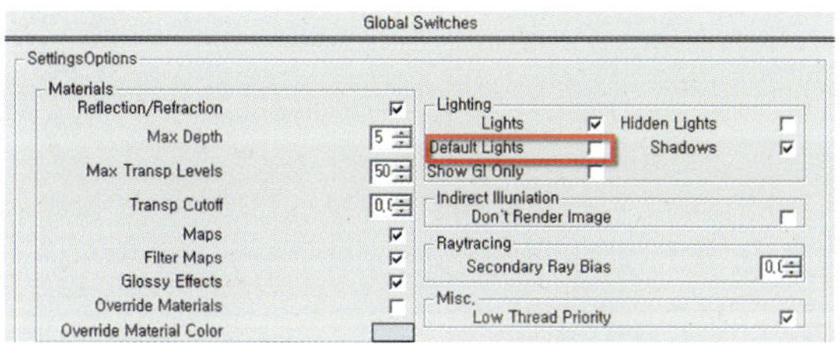

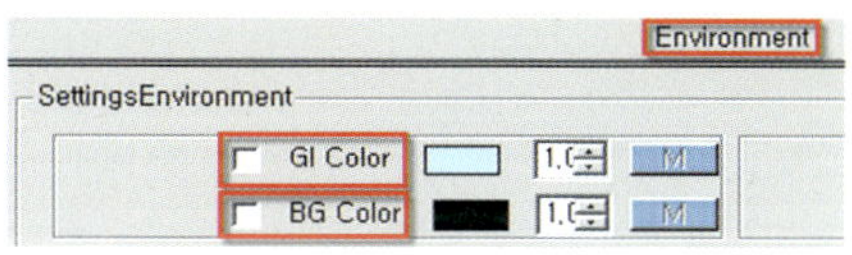

⓬ V-Ray 옵션의 [Global Switches] 항목 중 [Lighting] 항목의 [Default Lights]과 [Environment] 항목 중 [Settings Environment]의 환경조명[GI]과 배경[BG]의 체크를 해제합니다.

⓭ V-Ray 도구상자에서 렌더링[Rendering] 버튼을 클릭합니다.

① [Shadow ▸ Radius = 0]

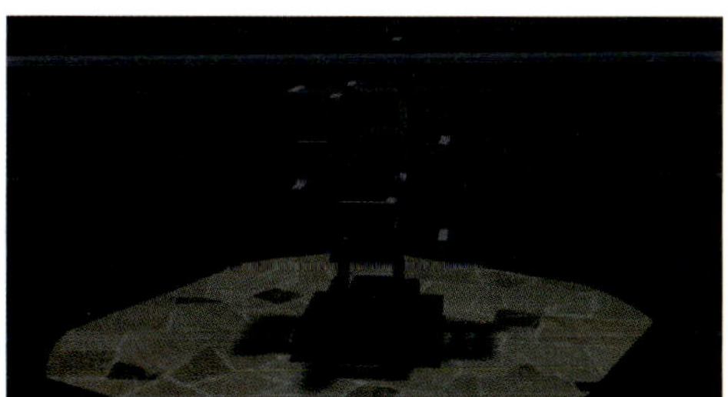

② [Shadow ▸ Radius = 5]

⓮ 위의 이미지는 동일한 빛의 세기에 [Shadow ▸ Radius]의 값을 달리한 것입니다. [Shadow ▸ Radius]의 수치 값을 올릴수록 그림자의 경계자 부드럽게 처리되며 보다 자연스런 이미지를 만들 수 있습니다. 단, [Shadow ▸ Radius]의 값이 높아지면 렌더링 시간이 증가됩니다.

⓯ 스폿 광원[Spot Light]의 크기는 언제든지 크기조정[Scale]을 할 수 있습니다. 스폿 광원의 크기에 따라 스폿의 반경[Radius]이 작아집니다. 또한 회전[Rotate] 도구로 방향을 제어할 수 있습니다.

[2] 스폿 광원[Spot Light]의 방향성 살펴보기

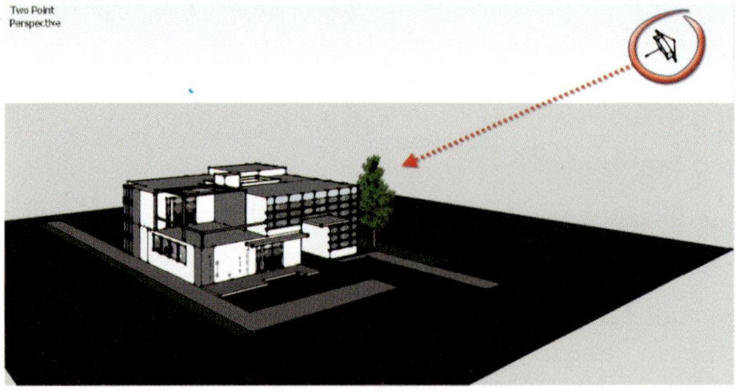

❶ 위의 이미지는 크기조정[Scale] 도구와 회전[Rotate] 도구로 스폿 광원[Spot Light]의 방향을 제어한 예입니다.

❷ V-Ray 도구상자에서 옵션[Options] 버튼을 선택합니다.

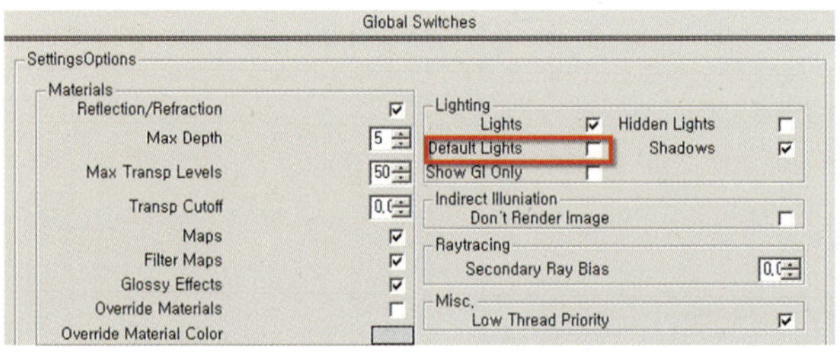

❸ V-Ray 옵션 중 [Global Switches] 항목 중 [Lighting] 항목의 [Default Lights]의 체크를 반드시 해제합니다.

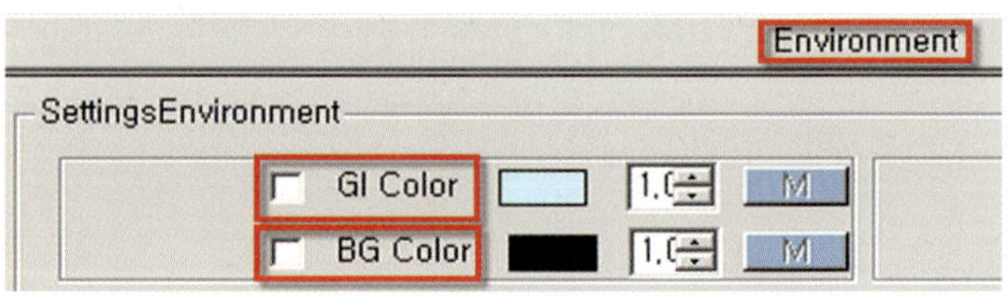

❹ [Environment] 항목 중 [Settings Environment]의 환경조명[GI]과 배경[BG]의 체크를 해제합니다.

❺ V-Ray 도구상자에서 렌더링[Rendering] 버튼을 클릭합니다.

❻ 렌더링 결과 위의 그림과 같이 방향성을 가진 스폿 광원[Spot Light]의 의한 이미지가 작성되었습니다. 스폿 광원의 반경이 이 외의 부분은 빛이 없기에 어둡게 처리됩니다.

SketchUP Pro 8

IES 광원[IES Light]

11] IES 광원[IES Light]

IES 광원[IES Light]의 IES란 [Illuminating Engineering Society]의 약자로 [조명 과학과 예술의 발전을 위한 단체]에서 세작 배포하는 장식 조명을 의미힙니다. 점 광원[Omni Light]니 스폿 광원[Spot Light]을 활용하는 것 보다 훨씬 아름다운 분위기의 조명을 연출할 수 있습니다.

[1] IES 파일 다운[Down] 받기

❶ [http://www.erco.com] 사이트에 방문합니다.

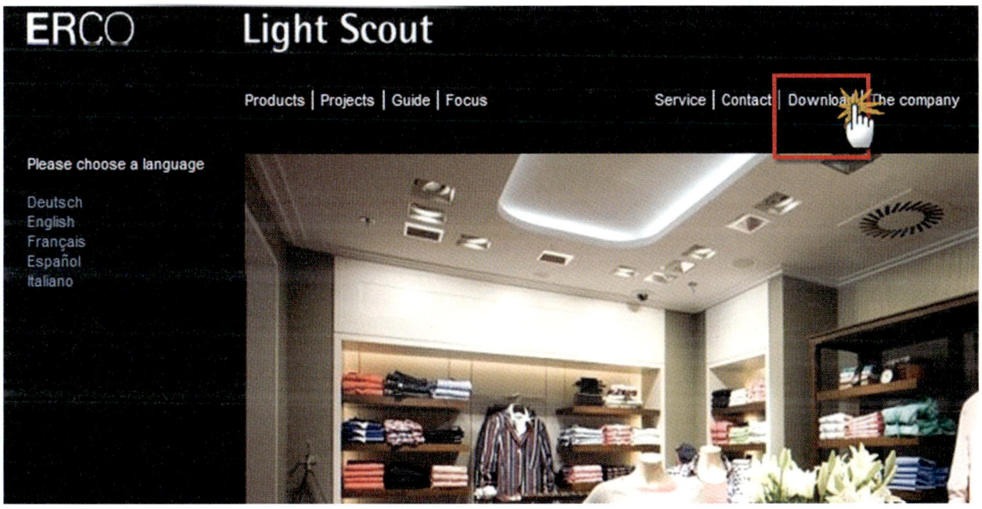

❷ [Download] 메뉴를 선택합니다.

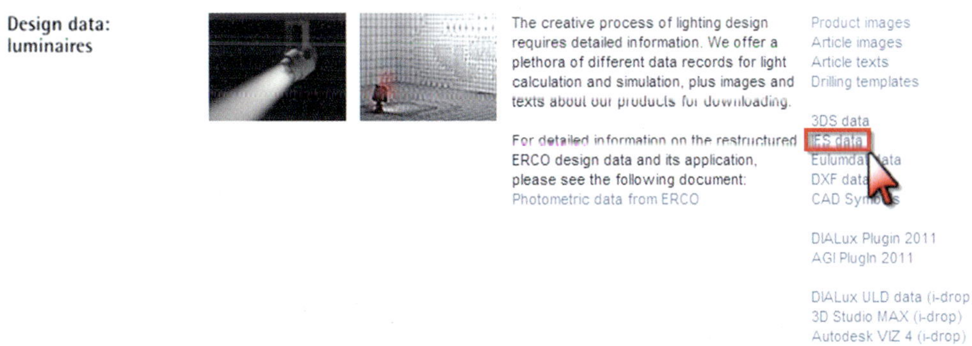

❸ [Download] 페이지의 항목 중 [Design data : luminaires]에서 위의 그림에서 표시한 [IES data] 메뉴를 클릭합니다.

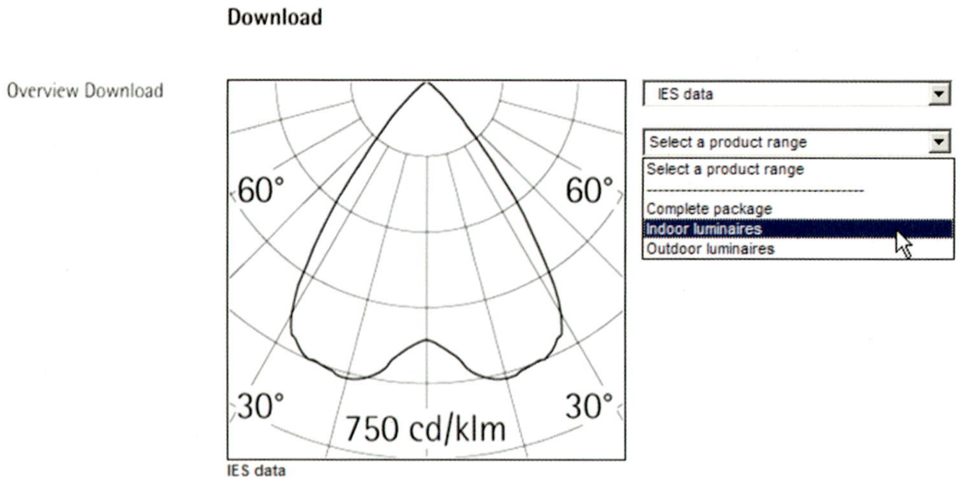

❹ 우측 내림[▼] 버튼을 눌러 [Indoor luminaires = 실내용]를 선택합니다. [Outdoor Luminaires = 실외용]을 의미합니다.

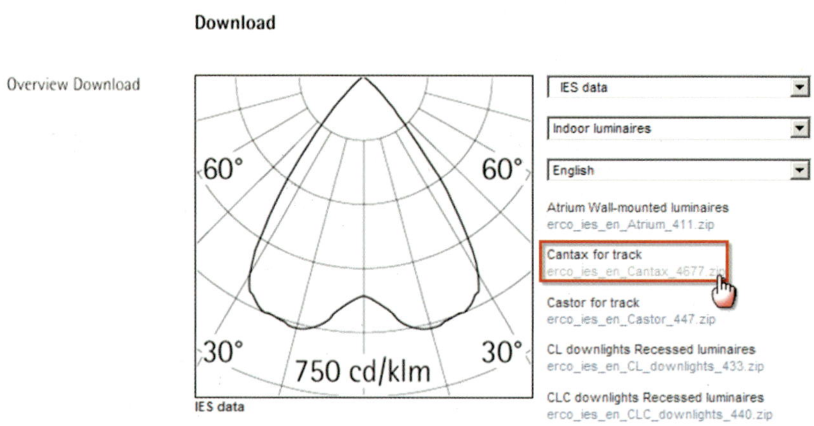

❺ [Indoor Luminaires] 다운 가능 파일 중 [Cantax for track의 erco_ies_en_Cantax_4677.zip]을 다운받아 압축을 해제합니다.

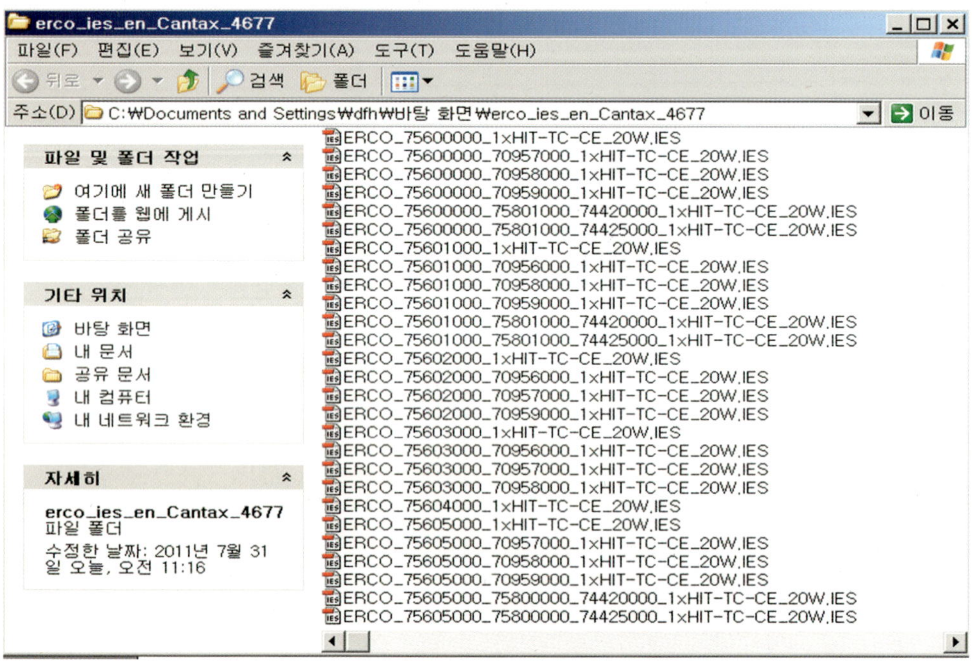

❻ 압축을 해제한 폴더에는 위와 동일한 다수의 IES파일이 존재합니다.

[2] IES 파일 미리보기

❶ IES 파일을 미리 볼수 있는 [Ies viewer]는 인터넷에 흔하게 공유 되어있습니다. 네이버에서 [IES 뷰어]를 검색합니다.

❷ 서쌤의 ARTCG 블로그[http://artcg.kr/128]에서 보다 쉽게 찾을 수 있습니다.

❸ IES 뷰어를 다운받아 압축을 해제한 후 [Pies.exe] 파일을 실행합니다.

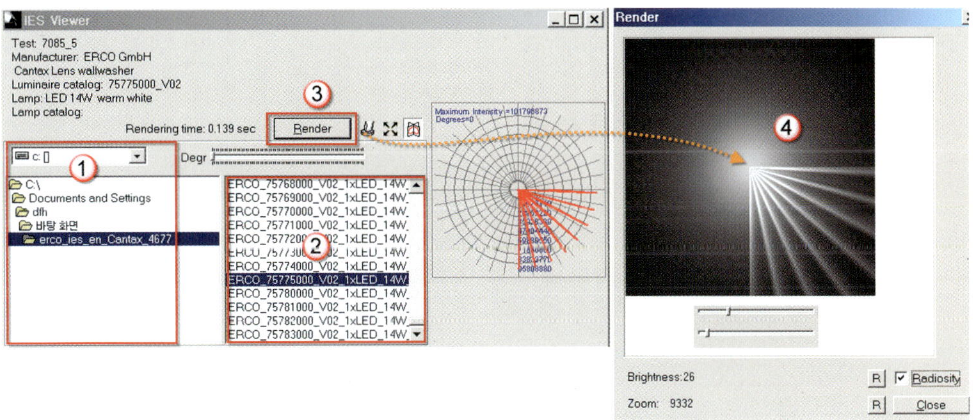

❹ Ies 파일이 모여있는 폴더를 찾아 사용자가 원하는 IES 파일을 선택합니다. 이어 [Render] 버튼을 클릭하면 [Render] 창이 열려지며 해당 IES 배광곡선을 확인할 수 있습니다.

❺ [http://www.cgarena.com/freestuff/tutorials/max/ieslights] 사이트를 클릭합니다.

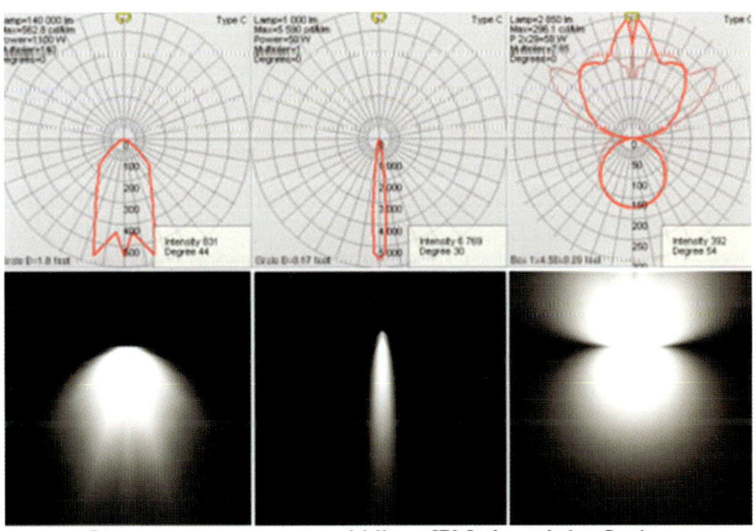

Diagrammatic representation of different IES Lights with their Renders

There are lots of such viewers out there but I recommend the one by Andrey [여기를 클릭] is the most well programmed IES Viewer with a Render option that shows you how a particular light would look. Download from here

❻ 위의 그림에서 표시된 [Download from here]를 누르면 다른 버전의 [Ies Viewer] 다운받을 수 있습니다.

❼ 위의 그림에서 3개의 광원은 각기 다른 [IES]파일을 활용한 것입니다. 그림에서 보듯이 [IES] 파일에 따라 각기 다른 조명 분위기를 만들어 집니다.

[2] IES 파일의 활용 따라하기

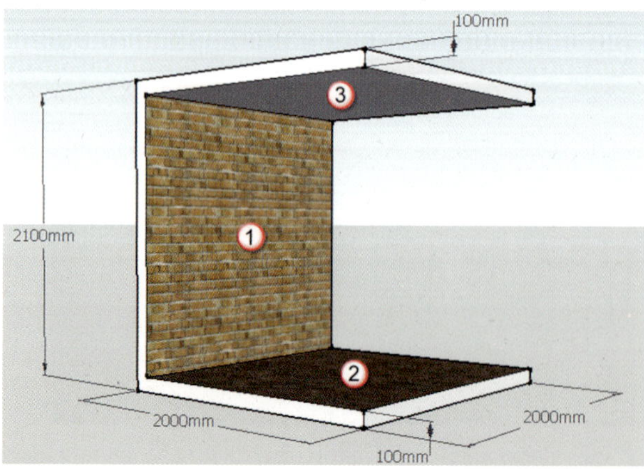

❶ 점 광원[Omni Light]의 학습을 위해 위의 치수를 참고하여 동일한 [ㄷ]자형의 모델을 작성합니다. 이어 ①번[벽]과 ②번[바닥] 면에 벽돌[Brick_Rough_Tan] 재질을 부여합니다.

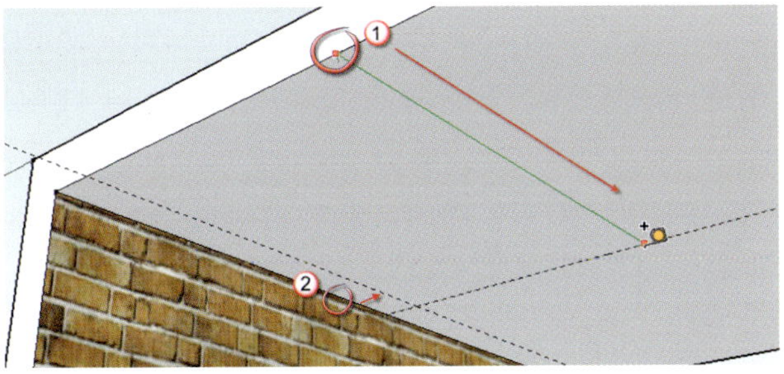

❷ 줄자[Tape measure] 도구를 선택 후 키보드의 [Ctrl]버튼을 눌러 안내선 작성[ ] 도구로 변환시킵니다. ①번 참조 경계선을 선택 후 안내선 작성 방향을 지정한 뒤 수치입력창에 [1000] 라고 입력합니다.
위의 그림과 동일한 안내선이 작성됩니다. ②번 참조 경계선을 선택 후 안내선 작성 방향을 위의 그림과 같이 지정한 뒤 수치입력창에 [100]을 입력합니다.

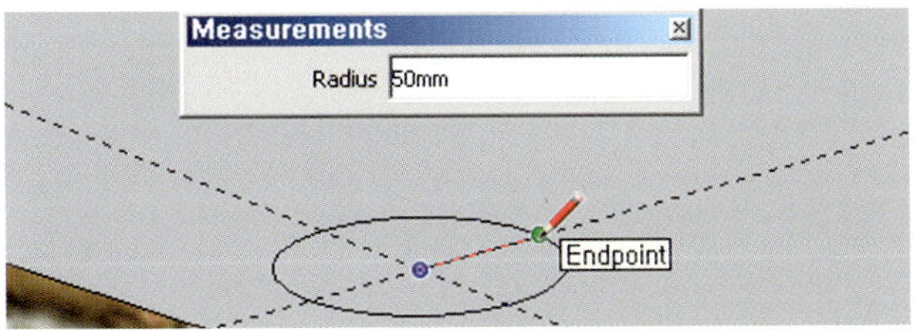

❸ 원[Circle] 도구를 선택 후 미리 작성해 둔 두 안내선의 교차점에 중심점을 지정합니다. 수치입력창에 반지름값 [50]을 입력합니다.

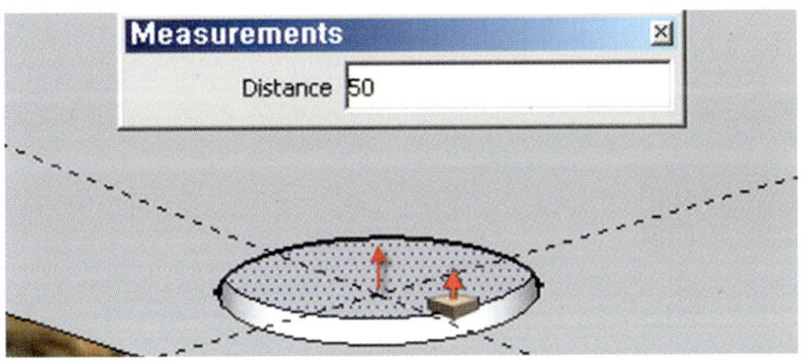

❹ 밀고/당기기[Pull/Push] 도구를 활용하여 그려진 원을 선택 후 위로 방향을 지정합니다. 이어 수치입력창에 [50]을 입력합니다.

❺ V-Ray 도구상자에서 [IES Light] 버튼을 선택합니다.

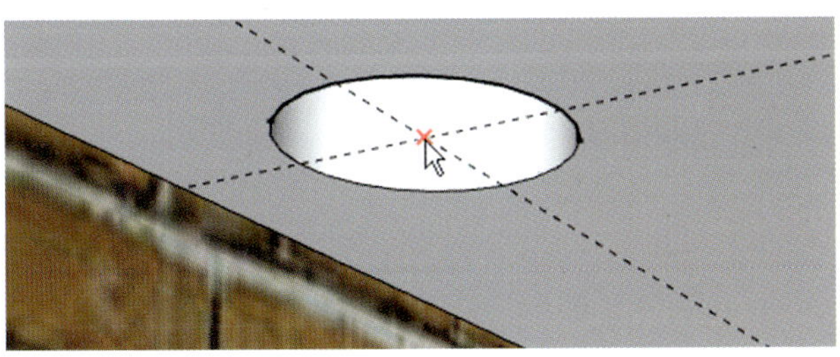

❻ 안내선의 교차지점에 [IES Light]의 위치점을 지정합니다.

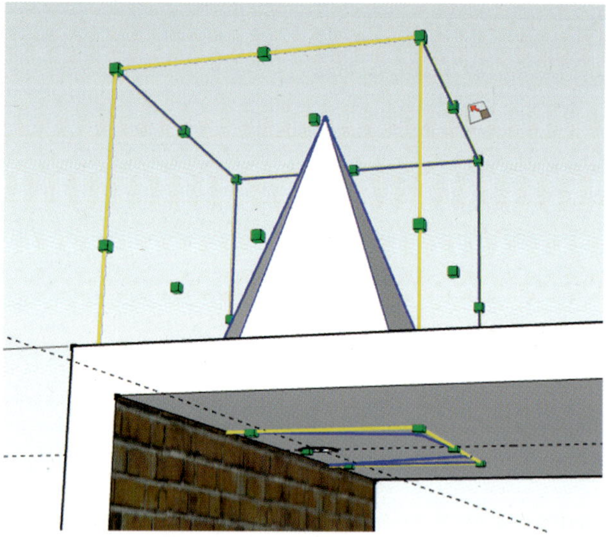

❼ 삽입된 [IES Light]가 크게 들어오면 크기 조절[Scale] 아이콘으로 재조정합니다.

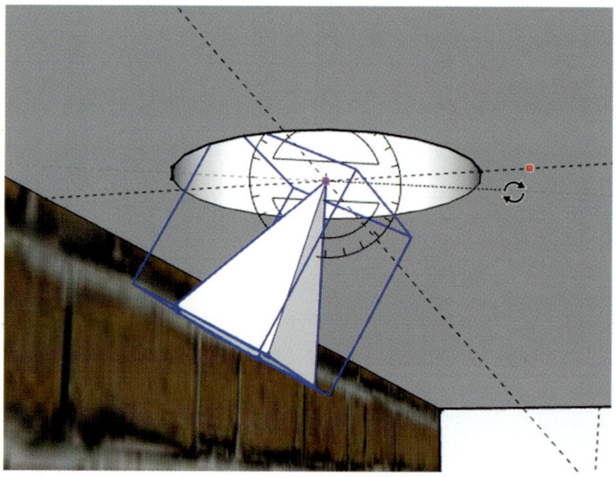

❽ 크기조절[Scale], 이동[Move], 회전[Rotate] 도구를 활용하여 위의 그림과 동일하게 IES 광원을 설치합니다.

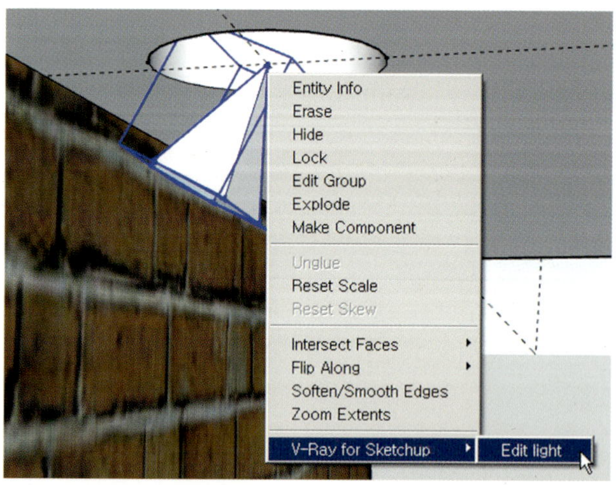

❾ IES 광원을 선택 후 마우스 우측 버튼을 눌러 [V-Ray for Sketchup ▸ Edit light]를 선택합니다.

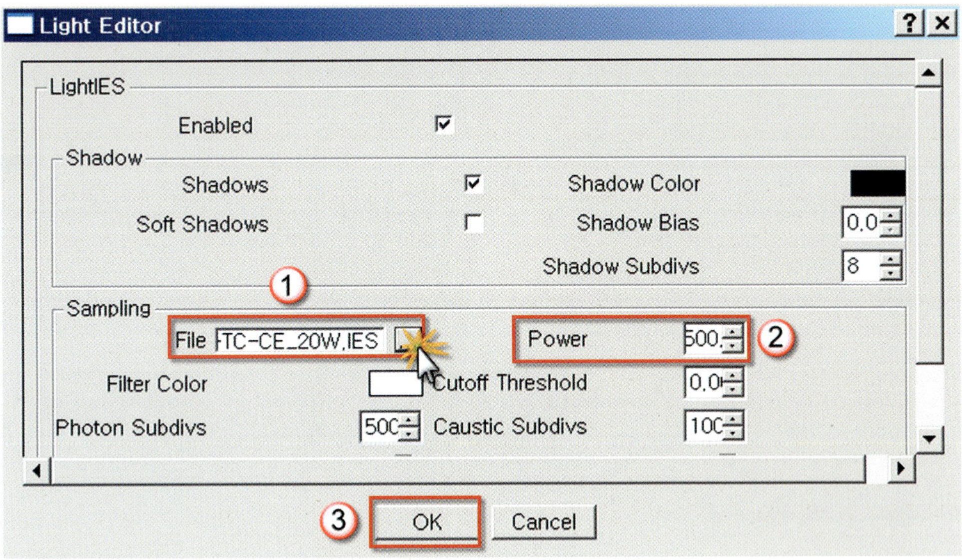

❿ 광원 편집창[Light Editor]의 세부 옵션을 조정합니다.

① [Sampling ▸ File ▸ ...]을 클릭하여 [ERCO_75600000_1xHIT-TC-CE_20W.IES] 파일을 찾아 등록시킵니다.

② 강도 즉 세기[Power] 항목의 값을 [500]으로 입력합니다.

③ 확인[OK] 버튼을 눌러 설정 내용을 저장합니다.

⓫ V-Ray 도구상자에서 옵션[Options] 버튼을 선택합니다.

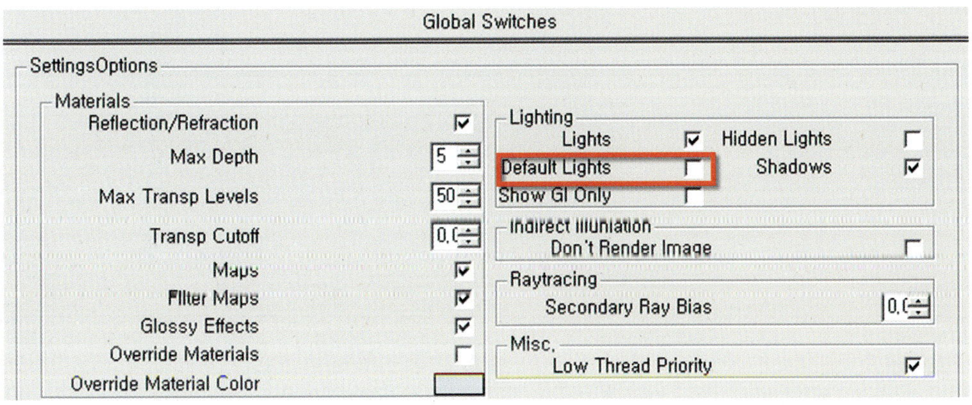

⓬ V-Ray 옵션 중 [Global Switches] 항목 중 [Lighting] 항목의 [Default Lights]의 체크를 반드시 해제합니다.

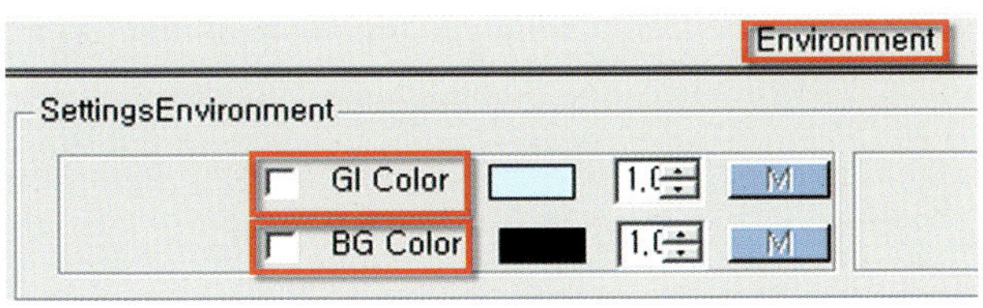

⓭ [Environment] 항목 중 [Settings Environment]의 환경조명[GI]과 배경[BG]의 체크를 해제합니다.

⓮ V-Ray 도구상자에서 렌더링[Rendering Ⓡ] 버튼을 클릭합니다.

⓯ 위의 그림과 동일한 렌더링 결과를 볼 수 있습니다. 벽에 나타난 [IES 광원]으로 점 광원[Omni Light]이나 스폿 광원[Spot Light]에서는 표현하기 힘든 미적인 조명을 연출 할 수 있습니다.

SketchUP Pro 8

V-Ray Render Options

12] V-Ray Render Options

V-ray의 기본적인 재질 및 광원의 설치 및 재조정에 관한 내용을 먼저 학습하였습니다. 이번 장에서는 [V-Ray Render Options] 창에 대하여 살펴보도록 하겠습니다. [Render Options] 창은 부여된 재질 및 조명, 카메라, 출력물의 크기, 환경광 및 백그라운드, 이미지의 품질 향상 등의 전체 및 세부적인 렌더링 옵션을 설정합니다.

[1] [Render Options] 창의 구성 살펴보기

❶ V-Ray 도구상자에서 옵션[Options] 버튼을 선택합니다.

❷ [Render Options] 창이 열립니다. 14개의 세부 항목들로 나뉘어져 있습니다.

① [Global Switches] : 개별적인 속성들에 대하여 전체적인 관리 및 조정을 합니다.
② [Image Sampler] : 샘플링의 방식을 조정합니다.
③ [Caustics] : 커스틱 효과에 대한 세부 옵션 등을 조정합니다.
④ [System] : 기본 설정과 분산 렌더링 등에 관한 옵션을 조정합니다.
⑤ [Displacement] : Displacement 재질에 대한 세부 옵션을 조정합니다.
⑥ [Environment] : 환경광과 배경의 옵션을 조정합니다.
⑦ [Camera] : 카메라 선택 및 DOF 효과 등의 옵션을 조정합니다.
⑧ [VFB Channels] : 출력형식에 대하여 추가/삭제합니다.

⑨ [Output] : 이미지의 출력 크기 및 해상도, 저장 위치를 설정합니다.
⑩ [Indirect Illumination] : 렌더링의 첫 번째와 두 번째 엔진을 설정합니다
⑪ [Irradiance Map] : [Irradiance Map] 렌더링 엔진에 대한 옵션을 조정합니다.
⑫ [Light Cashe] : [Light Cashe] 렌더링 엔진에 대한 옵션을 조정합니다.
⑬ [DMC Sampler] : Dmc 샘플러의 세부 옵션을 조정합니다.
⑭ [Color Mapping] : 컬러 매핑의 유형을 설정합니다.

[2] 주요 [Render Options]

[2-1] [Global Switches] 살펴보기

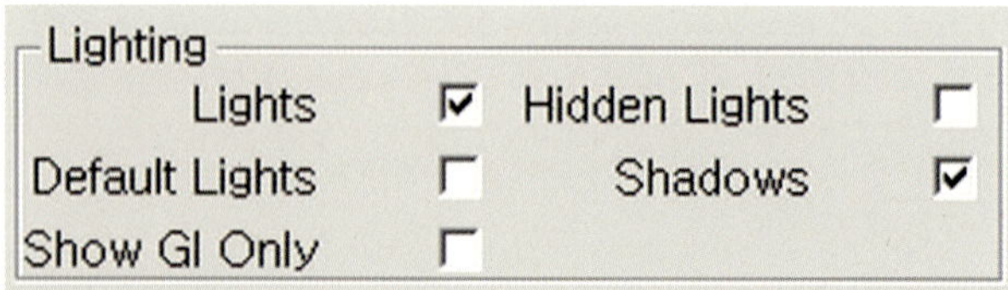

❶ Lighting

사용자가 V-Ray의 점 광원 등의 광원을 추가로 설치 하였을 경우에는 [Default LIghts]의 체크를 해제합니다. 체크가 되어있을 경우 추가로 설치된 광원의 효과를 기대할 수 없습니다. [Default LIghts]는 외부 건물에 대한 렌더링시 유리하며 기본적으로 체크 후 스케치업에서 지원하는 [Shadow] 기능으로 그림자의 방향을 조정할 수 있습니다. [Lights]와 [Shadows]는 항상 체크가 되어있어야 광원에 의한 빛과 그림자를 표현할 수 있습니다. [Show GI Only]를 체크 할 경우 모든 광원은 무시되고 오로지 환경광[GI]만 보이게 됩니다.

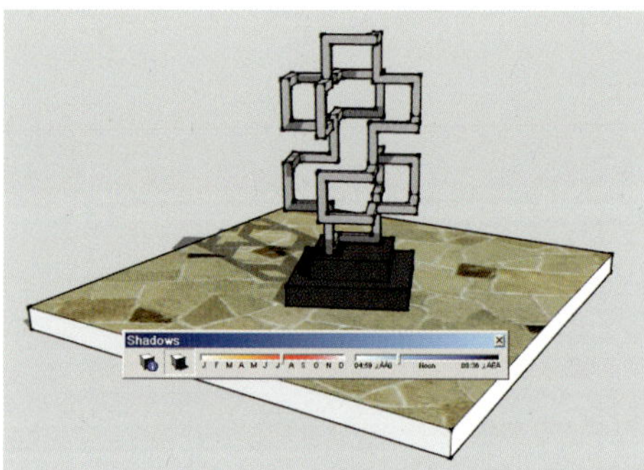

① [Shadows]기능을 활용한 그림자 방향 제어

② [Default LIghts] 체크 후 렌더링

③ [Show GI Only] 체크시 모든 광원이 무시되고 환경광[GI]만 보이게 됩니다.

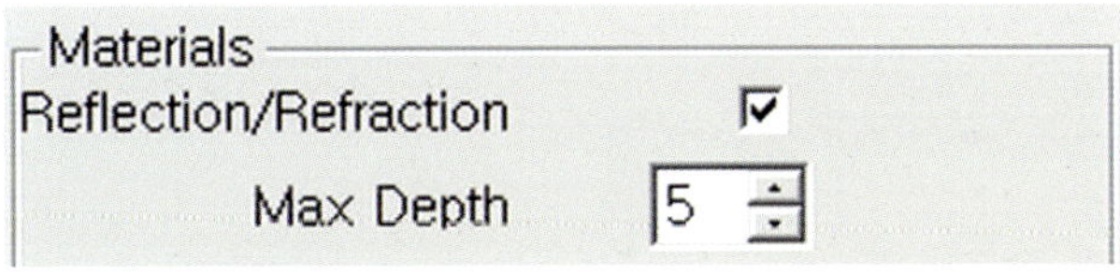

❷ Max Depth

투명한 물체 뒤의 존재하는 금속 재질에 대한 표현 여부를 설정합니다. 수치가 낮추면 재질표현이 잘 되지 않습니다.

① Max Depth = 5

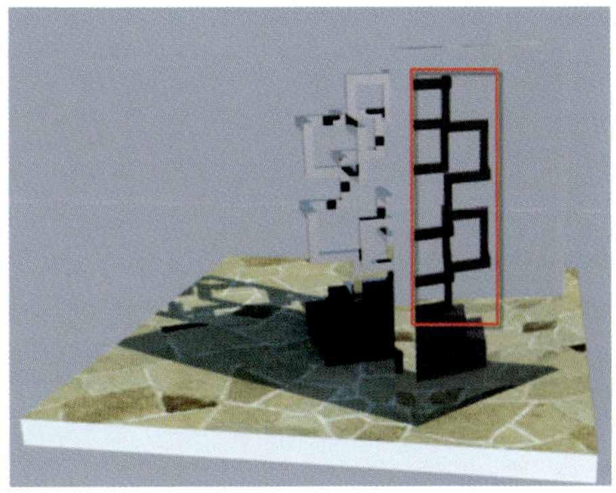

② Max Depth = 1

[2-2] [Image Sampler] 살펴보기

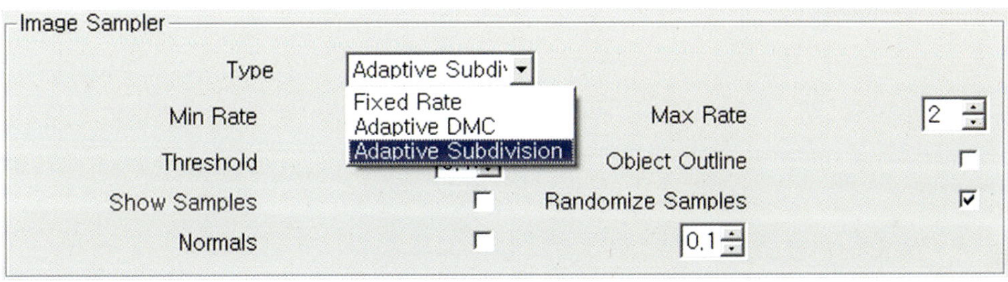

❶ Sampler Type

안티알리아싱[Antialiasing, 계단현상]에 대한 이미지 품질을 높이기 위한 샘플링 방식을 선택할 수 있습니다. 렌더링 시간을 줄이려면 [Fixed Rate] 방식을 선택하면 되나 이미지 품질이 좋지 않습니다. 보편적으로 [Adaptive Subdivison]을 선택합니다. [Adaptive Subdivison]의 Max Rate 수치가 높을수록 품질이 향상됩니다. 수치가 낮으면 렌더링 이미지에 울퉁불퉁한 계단현상이 많이 생겨납니다.

① Max Rate = 0

② Max Depth = 2

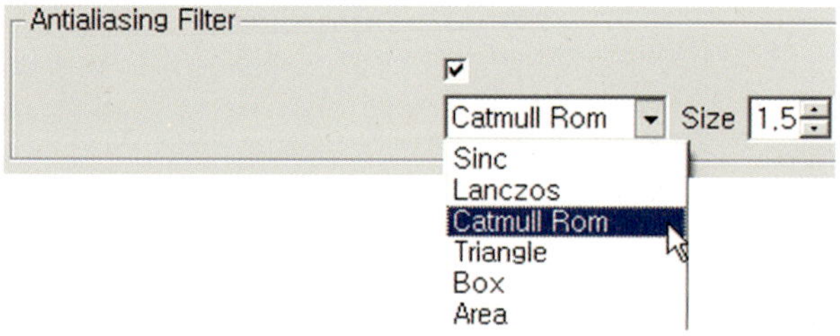

❷ 계단현상 보정 필터[Antialiasing Filter]

계단 현상을 보정하여 이미지의 선명도를 향상시킵니다. 내림[▼] 버튼을 누르면 다양한 필터들을 볼 수 있습니다. 이 가운데 건축·인테리어 분야에서 많이 사용되는 필터는 [Catmull Rom]입니다. [Catmull Rom]은 이미지의 경계 부분을 날카롭게 처리하여 보다 선명하게 보이도록 합니다. 마치 포토샵에서 [Sharpen] 필터를 사용한 것과 유사합니다. [Area]는 이미지의 경계 부분을 부드럽게 처리하여 영화와 같은 부드러운 장면 생성에 유리합니다.

① Catmull Rom 적용

② Area 적용

[2-3] [Environment] 살펴보기

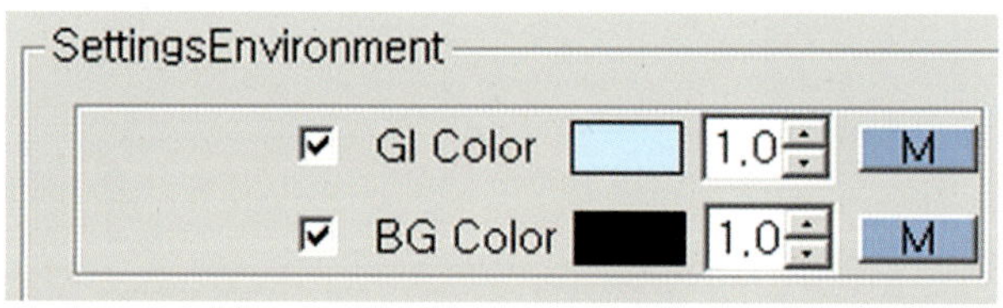

❶ GI[환경광]
환경광[하늘 빛]의 색상, 재질과 세기 등을 설정합니다.

① GI 세기 = 10

② GI 세기 = 1

❷ BG[배경]
렌더링 함께 보여지는 뒷 배경의 색상, 재질과 세기 등을 설정합니다.

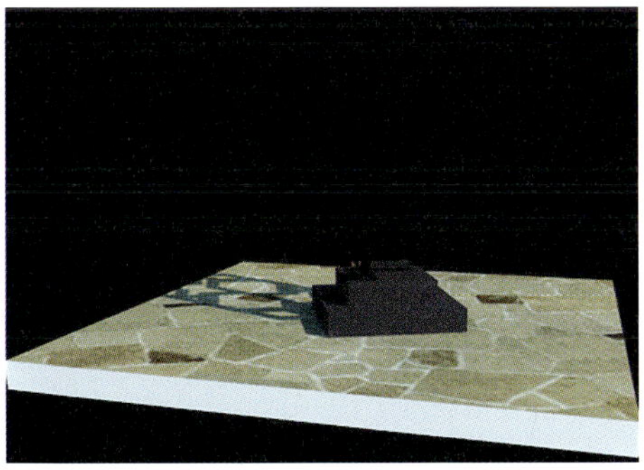

① BG 체크 해제

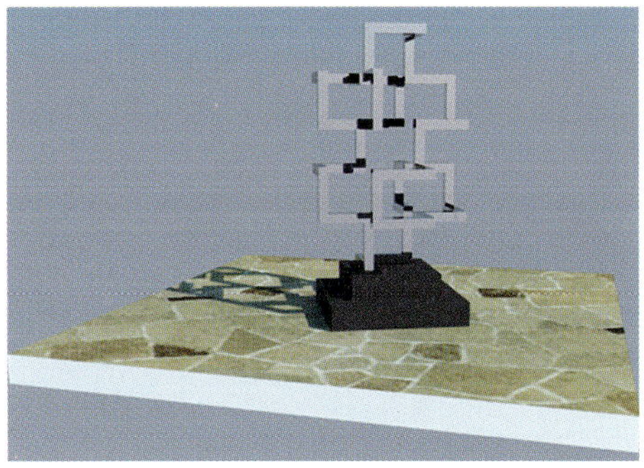

② BG 체크[Texsky 사용]

[2-4] [Environment ▸ BG의 Hdr 파일] 활용 살펴보기

BG에서 [Hdr] 파일을 활용하여 반사 재질을 더욱 돋보일 수 있습니다. 이는 금속과 유리 재질 표현에도 유용합니다.

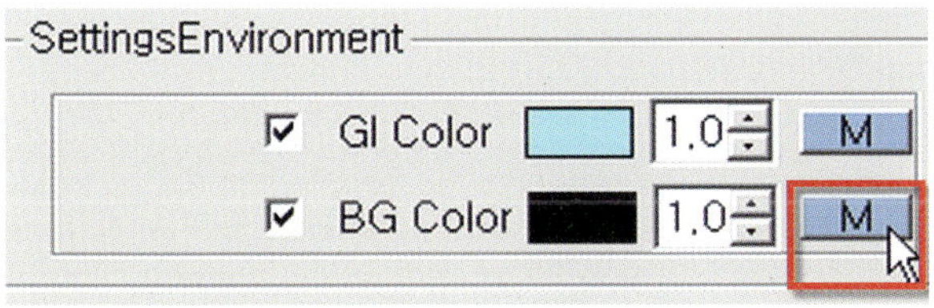

❶ BG의 [m]을 선택합니다

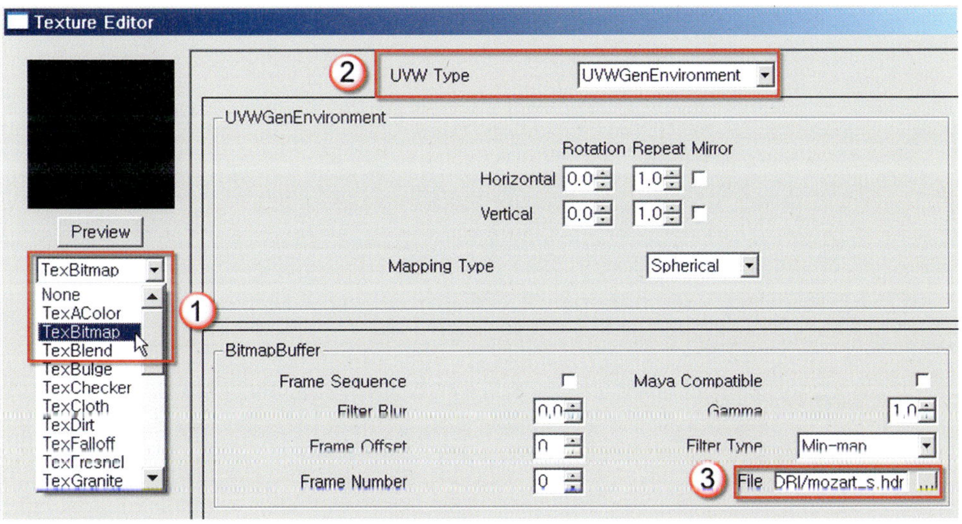

❷ [TexBitmap]을 변경 뒤 옵션 창 상단의 UVW Type을 반드시 [UVWGenEnvironment]로 변경합니다. [BitmapBuffer ▸ File]의 찾기[...] 버튼을 눌러 [Hdr] 파일을 찾아 등록 후 확인 [OK] 버튼을 누릅니다. [Hdr] 파일은 웹상에 많이 공유되어있음으로 검색하여 다운받기를 바랍니다.

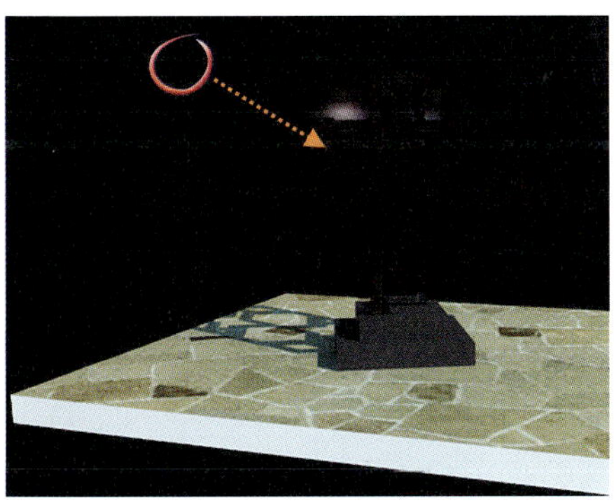

① [TexBitmap ▸ Hdr] 파일 적용

② [TexSky ▸ Sunlight] 적용

[2-5] [Output ▸ Output size] 활용 살펴보기

렌더링 시 표현되는 이미지의 크기를 정합니다. 이미지가 작으면 그 만큼 해상도도 낮아집니다.

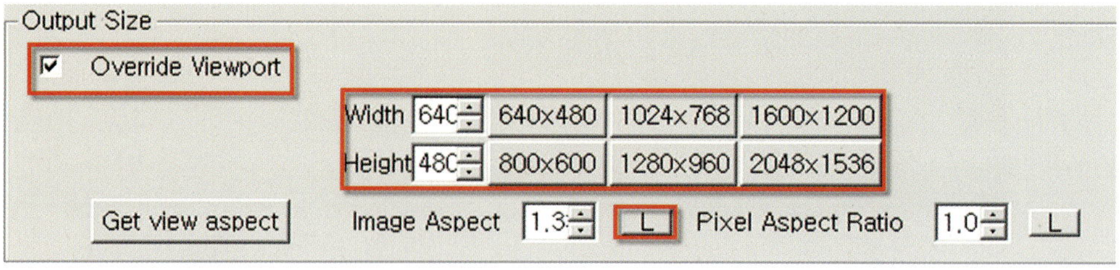

❶ Override Viewport

체크를 해제하면 사용자의 모니터 화면 해상도에 맞춰 렌더링 이미지를 출력합니다.

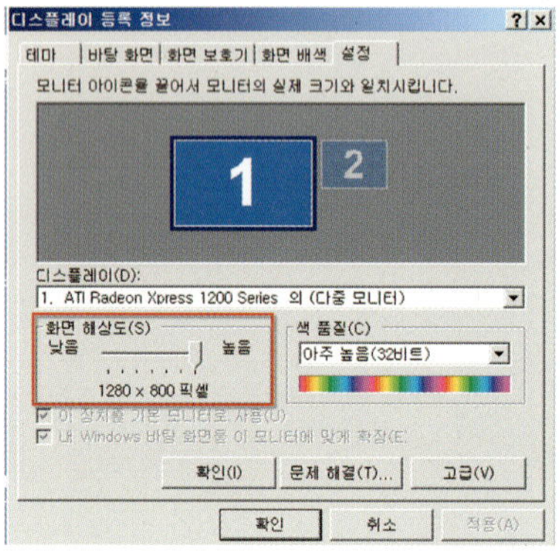

❷ 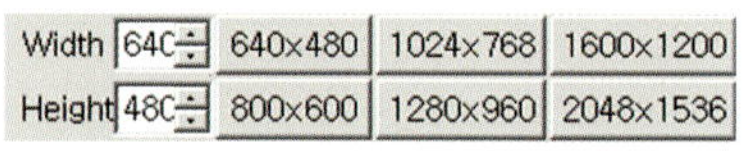

미리 정해진 화면 사이즈를 직접 선택하거나 사용자 임의로 Width[폭]와 Height[높이]의 크기를 직접 입력할 수 있습니다.

❸ [Image Aspect]의 [Lock] 버튼 활용

[L] 버튼을 클릭 후 Width[폭] 값을 입력하면 Height의 값이 자동으로 변경됩니다.

[2-6] [Indirect Illumination] 살펴보기

❶ [Ambient Occlusion]는 모서리에 발생하는 음영을 기존의 광원에 의한 그림자가 아닌 재질로서 보완해 주는 기능을 의미합니다. 이에 보다 실제적인 모서리 부분의 세밀한 음영처리를 할 수 있으며, V-Ray 버전이 업그레이드되면서 추가된 기능입니다. [On]을 체크하면 모서리의 그림자 표현이 향상됩니다.

① [Ambient Occlusion] ON 체크

② [Ambient Occlusion] ON 체크 해제

SketchUP

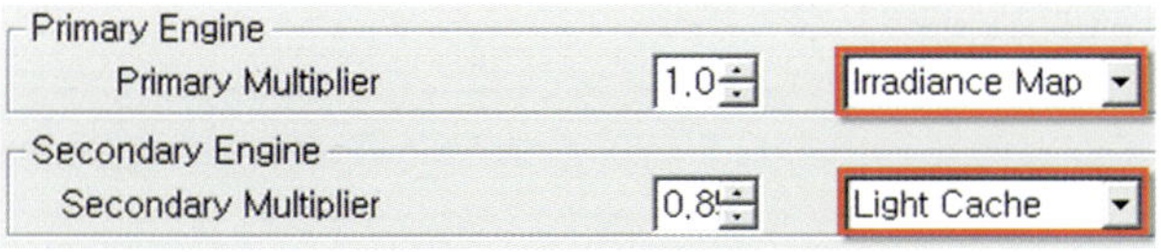

❷ V-Ray는 두 개의 렌더링 엔진을 활용합니다. 보편적으로 렌더링 품질 및 속도 대비하여 첫 번째 엔진은 [Irradiance Map], 두 번째 엔진은 [Light Cache]를 선택합니다.

[2-7] [Irradiance Map] 살펴보기

[Irradiance Map]은 카메라로부터 빛을 역추적하여 조도를 계산하는 엔진으로서 보이지 않는 부분에 대한 조도는 계산하지 않습니다. 이에 다른 엔진에 비하여 짧은 시간에 우수한 품질을 만들 낼 수 있어 많이 활용됩니다.

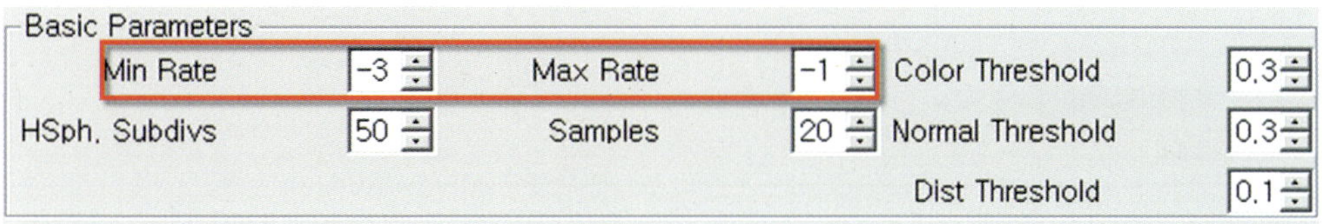

❶ Min Rate[최소 해상도]와 Max Rate[최고 해상도]를 설정할 수 있으며, Max Rate를 높이면 그 만큼 렌더링 시간이 증가됩니다.

[2-8] [Light Cache] 살펴보기

[Light Cache]는 광선을 역 추적하는 방식입니다.

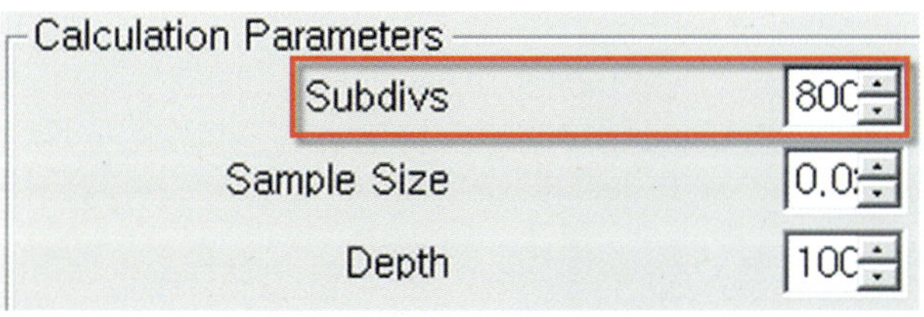

❶ [Subdivs]의 수치를 높이면 그 만큼 렌더링 품질은 좋아지나 연산 시간은 증가됩니다.

[2-9] [DMC Sampler] 살펴보기

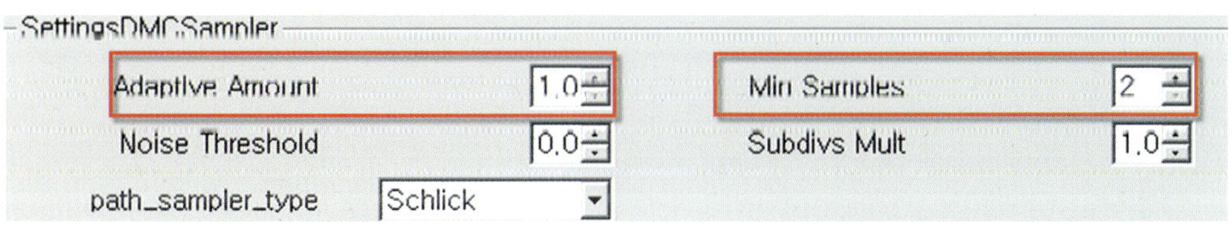

❶ [Adaptive Amount]는 보통 광원이나 [GI]에 의해 발생하는 면의 얼룩을 해결하기 위하여 [Min Samples]와 함께 많이 활용됩니다. 수치를 낮추면 렌더링 시간은 증가되지만 면에 대한 얼룩이 현저히 감소하며 이미지의 품질을 향상시킵니다. [Min Samples]는 수치 값이 높을수록 이미지의 품질이 향상됩니다.

① [Adaptive Amount = 1.0, Min Samples = 2]

② [Adaptive Amount = 0.8, Min Samples = 8]

[2-10] V-ray 옵션 설정 저장 및 설정 불러오기

사용자가 선호하는 옵션 내용은 [visopt]파일로 저장하여 작업을 할 때 마다 옵션을 재설정을 할 필요 없이 필요시에 불러내어[Load] 활용할 수 있습니다.

❶ V-Ray 도구상자에서 옵션[Options] 버튼을 선택합니다.

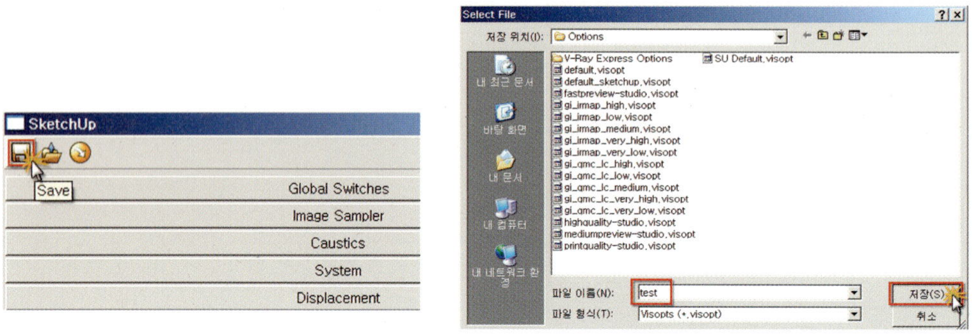

❷ 옵션 설정이 마무리되면 사용자는 [Save] 버튼을 눌러 파일이름을 정한 뒤 설정값을 저장할 수 있습니다.

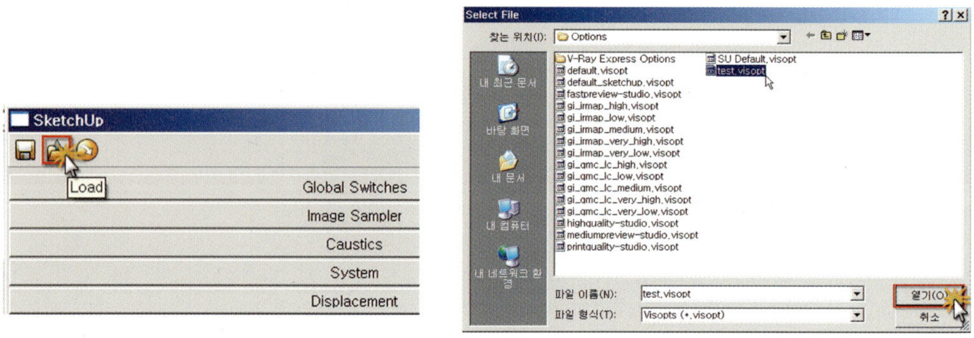

❸ 저장된 옵션 설정 파일은 [Load] 버튼을 클릭하여 해당 저장파일을 불러내어 자동으로 옵션을 설정할 수 있습니다.

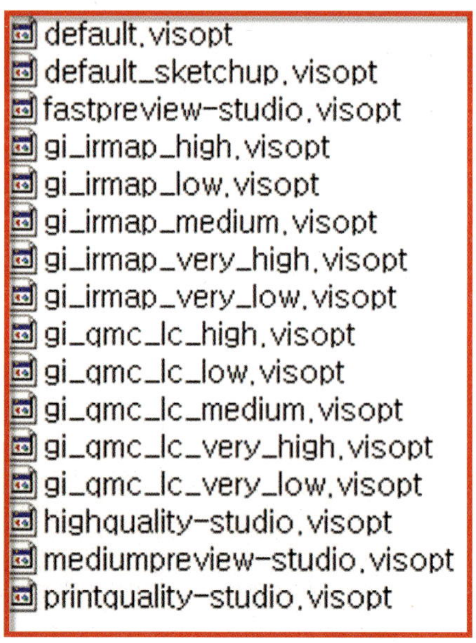

❹ 위의 내용은 V-Ray 설치시 기본적으로 지원되는 [Visopt] 파일입니다. 작업자는 옵션 설정에 부담감 없이 작업물에 대한 특성에 적합한 [Visopt]파일을 불러내어 편리하게 활용할 수 있습니다.

I.N.D.E.X

찾아보기

Sketchup

SketchUP